공익을 위한 데이터

Data Action: Using Data for Public Good by Sarah Williams

This Korean edition was published by acorn Publishing Co. in 2023
by arrangement with The MIT Press through KCC(Korea Copyright Center Inc.), Seoul.

공익을 위한 데이터

사회 발전을 위한 데이터 액션 활용법

김상현 옮김 새라 윌리엄스 지음

에이콘

에이콘출판의 기틀을 마련하신 故 정완재 선생님 (1935-2004)

투사 기질이 충만해 '핏불(pitbull)'로 불리셨던 아버지께 이 책을 바칩니다.

차례

데이터
액션 개요

들어가며: '데이터 액션' 사용법

디지털 시스템이 도심 환경 곳곳으로 확장됨에 따라 방대한 규모의 데이터를 생산하는데, 이런 데이터는 도시를 관리하고 계획하는 방법을 알려주는 데 도움이 되는 중요한 근거 자료가 될 수 있다. 또한 도시계획에서 중요하게 부각되는 형평성, 환경, 가치 창출, 서비스 제공, 여론 및 물리적 형태의 효과 등을 직접 측정할 수 있는 수단을 과거에는 불가능했던 규모와 범위로 제공한다. 그러나 많은 도시계획자는 데이터를 이용한 정량 분석이 오용된 과거의 사례 때문에 기술과 데이터를 도시계획에 활용하는 데 주저하고 의심한다. 이 책은 어떻게 하면 데이터를 사안에 대한 이해를 돕고, 대화를 촉진하고, 정책 변화를 유도하는 데 선용할 수 있는지를 실제 사례로 보여줌으로써 이런 문제의 전철에 대응하고자 한다.

단어의 모음이 이야기를 만들듯이 또는 물감을 사용하는 미술가가 세상의 이미지를 보여주듯이, 데이터는 아이디어를 구성하고 전달하기 위한 매체다. 종이 위의 단어나 캔버스에 칠해진 물감처럼 데이터를 통해 공유되는 메시지는 당사자의 생각과 아이디어를 나타낸다. 시각화를 통해 전달되는 데이터의 분석과 통찰은 질병의 위험을 줄이거나 전염병의 창궐을 막는 일부터 인권 유린과 침해 사례를 폭로하는 등 여러 분야에서 공익에 기여했다. 그와 동시에 데이터 분석학data analytics과 알고리듬은 너무나 자주 여성과 가난한 사람들 그리고 소수 인종 그룹을 배제하는 잘못 또한 저질렀다. 사람들을 소외시키고 인종주의를 격화할 수 있는 위험성과 질병을 치유하고 비인도적 행위를 폭로할 수 있는 가능성 사이에서 우리는 어떻게 데이터의 잠재력을 선용할 것인가? 이 두 가지 상반된 현실은 똑같은 데이터라도 누구의 수중에 있느냐에 따라 엄청나게 다른 결과를 초래할 수 있음을 상기시켜준다. 데이터의 이용 방식은 곧 사용하는 사람들의 세계관을 반영하기 때문이다. 데이터를 이용해 세상을 변화시키는 일이 흥미로우면서도 경계되는 이유도 거기에 있다.

『공익을 위한 데이터』는 데이터 사용을 통제하는 사람들의 이데올로기를 반영한다는 점을 인식해 기존의 일반적인 데이터 수집 및 사용 행태에 대한 보정 방안을 제시한다. 데이터는 이해당사자들의 충분한 의견 수렴 없이 정책 결정을 내리는 데 사용되고 조작돼 왔다. 이 책은 빅데이터 분석학을 옹호하는 이들에게 그들의 작업이 영향을 미치는 사람들의 의견을 더 잘 청취할 수 있도록 데이터 작업 방식을 재고하라고 요청한다. 내가 주창하는 접근법에서는 정책 전문가, 정부 관계자, 디자이너 및 일반 대중과의 협업은 필수적이다. 해당 사안을 가장 잘 아는 사람들의 의견을 작업에 반영함으로써 데이터 분석 과정에 신뢰감을 더하는 것은 물론 관련 당사자들의 공동 소유 의식을 불러일으킨다. 데이터 액션data action의 원칙을 사용하면 데이터를 수집해 구축, 분석하고, 그 결과를 적절히 공유하는 데서 한 발 더 나아가 직접 현장을 방문하고 관계자들과 인터뷰를 통해 분석 결과를 철저히 검증하는 창조적인 프로세스가 가능해진다. 따라서 입력정보를 기반으로 분석을 처음부터 다시 수행할 수 있다. 그런 결과는 정책 토론을 유도하고, 시민들의 의사 결정에 영향을 미치며, 데이터로 표현된 사람들의 목소리가 소외되거나 무시되지 않도록 설계 과정에 도움을 준다.

데이터가 불공평한 정책을 개발하는 근거로 악용될 여지가 있다는 점을 인식해 본서에서는 어떤 데이터 작업 행태가 그런 위험을 안고 있는지 판별하고 보정 방안을 제시한다. 데이터 액션은 사회의 더 큰 이익 또는 공익에 봉사하도록 데이터를 선용하는 여러 방법에 주안점을 둔다. 이 책의 목적상 필자는 '공공재public good'라는 주관적 개념을 해악을 끼치지 않고 사회의 주변부로 내몰린 사람들의 요구에 대응하며 불공정한 행태를 폭로하고, 궁극적으로 우리가 사회에 대한 이해를 증진시켜 더 나은 의사 결정을 내릴 수 있도록 돕는 행위나 방식으로 정의한다. 그리고 사회의 더 큰 선을 추구하는 과정에서 완전히 편견을 배제할 수는 없다고 하더라도 이 책에 개략적으로 서술된 방법은 여러 편견을 노출시켜 적절히 보정하려 시도한다. 소개된 방법은 대부분 데이터를 억압이 아닌 권리 증진의 수단으로 만들겠다는 목표로 필자가 개발한 것이다. 지리학, 지역사회 계획, 건축학, 디자인 등을 공부한 학업 배경은 이런 방법론을 제시하는 데 큰 도움이 됐다.

이 책에서 독자들은 데이터 사용에 여러 책임이 따른다는 점을 인식하게 될 것이다. 데이터는 순수하지도 중립적이지도 않다. 데이터는 그것을 다루는 사람들의 목적을 담보하며, 데이터를 처리하는 사람들에게 정책을 개선해 공익에 기여할 수 있도록 도와준다. 편견 없는 분석은 존재하지 않기 때문에 윤리적이고 책임 있는 데이터 사용을 강조하는 접근방식을 제안할 것이다. 이런 접근법은 이해당사자들의 신뢰를 얻기 위한 협력적 계획 이론과 관행을 참조한 것으로, 긍정적인 시각과 부정적인 시각을 모두 포용하고 결과에 공동 책임을 지며, 권한을 가진 사람들과 갖지 못한 사람들 간의 지식 간극을 좁히도록 돕는다.[1] 이 접근법은 데이터 분석에 협력적 계획 관행을 통합해 해당 절차에 관련된 사람들의 목소리를 반영한다는 점에서 다른 방법론과 차별된다. 이것은 작업의 윤리성을 높일 뿐 아니라 데이터 작업을 공유함으로써 참여자들 사이에서 새로운 공동체 의식을 구축할 수 있다.

편견 없는 데이터 분석학을 개발하기는 어렵다. 왜 그럴까? 그 이유는 데이터의 존재 자체에서 비롯한다. 데이터가 형성되고 수집되는 방식은 애초에 데이터를

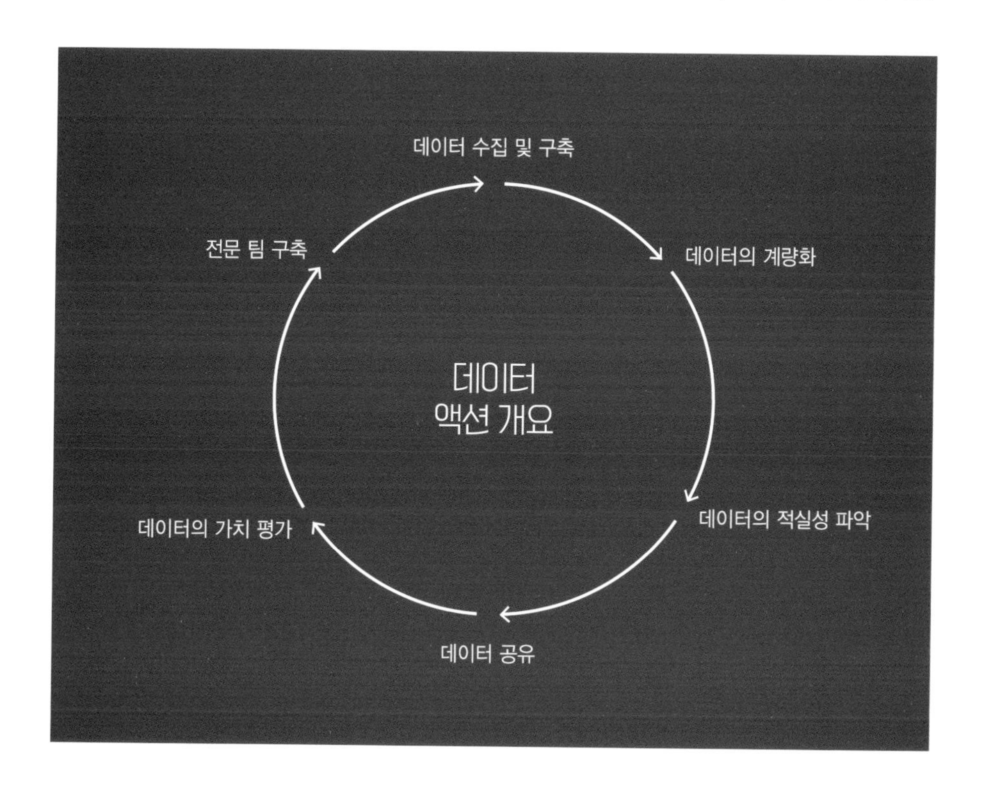

만드는 목적과 따로 분리될 수 없다. 편견은 거기에서부터 시작한다. 리사 기텔만Lisa Gitelman은 『Raw Data Is an Oxymoron로우 데이터는 모순어법이다』(MIT Press, 2013)라는 저서에서 '처리되지 않은 데이터'라는 뜻의 '로우 데이터'는 엄격한 의미에서 존재하지 않는다고 주장한다.[2] 데이터는 기본적으로 누구를 위해 어떤 이유로 만들어지고 수집되는지에 따라 의미를 갖기 때문이다.

데이터의 수집과 사용은 우리가 사는 도시에 장기적인 영향을 끼쳤다. 인종 분리를 고착화하는 데 데이터를 사용한 일은 가장 극적인 사례일 것이다. 대부분의 연구 조사는 편견을 제거하려 하지만 완전히 없애기는 거의 불가능하다. 사회가 점점 더 데이터에 의존하는 현실에서 데이터 분석가와 정책 입안자들은 편견이 의사 결정에 어떻게 영향을 미치는지 제대로 알아야 한다. 정치 현안에 관한 간단한 전화 여론조사에 내포된 편견을 예로 들어 보자. 전화 여론조사에 응답할 만한 사람, 즉 데이터 제공자는 일정한 성향을 가졌다. 가령 나 같은 사람은 전화 여론조사에 응하겠다고 동의할 만큼 인내심이 많지 않다. 그런 조사는 참가자들의 목소리를 녹음하는데, 전화 여론조사의 경우 참가자들은 조사 결과에 어떤 이해가 있든 없든 조사에 응할 만큼 시간이 있는 사람들이다. 이들은 그런 점에서 '자가 선별된self-selected' 경우다. 이것은 편견을 낳을 수 있다. 조사 설계자들은 질문을 중립적으로 작성해 응답이 왜곡되지 않도록 시도하지만, 여전히 그들 나름의 어젠다agenda가 존재할 수밖에 없다. 그리고 그 어젠다도 질문의 표현 방식이나 질문이 어떤 이슈를 다루느냐에 따라 왜곡될 수 있다. 윤리적인 조사원들은 유도성 질문을 제거하려 애쓴다. 하지만 조사는 기존 입장을 지지하는 쪽으로 진행되며, 질문은 의도했든 의도하지 않았든 그런 시각을 지지하는 데이터를 생성하도록 프레임이 짜여 있다.

데이터는 의사 결정에 이용되며 그런 과정에서 권력을 가진 이들의 목적을 더욱 강화하는 역할을 하는 경우가 많다. 데이터를 생성하는 데 점점 더 널리 이용되는 알고리듬 또한 일부 계층이나 그룹을 쉽게 소외시키는 편견의 역기능을 은폐하곤 한다. 캐시 오닐Cathy O'Neil은 『대량살상 수학무기: 어떻게 빅데이터는 불평등을 확산하고 민주주의를 위협하는가』(흐름출판, 2017)에서 우리 사회를 운영하는 알고리듬은 '오류를 범하기 쉬운 인간'에 의해 개발된 것임을 상기시킨다.[3] 그 때문에 알고리듬 개발자들의 선의에도 불구하고 훌륭한 교사들이 해고되고, 수감자들은 더 가혹한 징역형에 처해지고, 어린이들은 부모와 따로 떨어지게 되는 결과를 낳기도 한다. 이는 알고리듬이 이들에 대해 해당 공동체의 안녕과 복지를 저해할 위험이 높다고 예측한 탓이다. 오닐은 더 나아가 알고리듬을 개발하는 당사자와 규제 기관에 대해 알고리듬의 결과가 윤리성과 책임성을 담보하는지 재확인하는 방법을 제공하라고 호소한다. 데이터 분석가들에게는 다른 전문가들의 점검과 비평을 통해 해당 알고리듬의 결과를 검증하라고 요청한다. 사피야 우모자 노블Safiya Umoja Noble의 『구글은 어떻게 여성을 차별하는가』(한스미디어, 2019)는 결과를 표시하는 방식만으로 검색 알고리듬이 인종적, 성적 차별을 더욱 강화하는 방법을 보여줌으로써 데이터의 어두운 면을 상세히 보여준다.[4] 한 가지 극적인 사례는 2011년 구글에 '흑인 여성black women'을 입력하자 '흑인 여성 포르노'가 상위 검색 결과 중 하나로 표시된 경우였다. 노블은 '기술적 레드라이닝technological redlining'이라는 용어를 통해 알고리듬이 어떻게 배제 전술을 사용하는지 설명한다. 이는 흑인의 거주 지역을 제도적으로 분리하고 차별화한 20세기 중반의 '레드라이닝'[5] 관행을 연상시키는 용어다. 캐서린 디그나치오Catherine D'Ignazio와 로렌 클라인Lauren Klein은 『Data Feminism데이터 페미니즘』(MIT Press, 2020)에서 독자들에게 권력의 불균형을 깨기 위한 수단의 하나로 페미니즘의 시각을 적용한 데이터 활용을 주창한다.[6]

데이터 액션의 내부

책의 제목이자 방법론이기도 한 『공익을 위한 데이터』는 정책을 개선하거나 변경하기 위한 우리의 데이터 사용 방식을 재고하라는 실천 요구다. 다음에 이어지는 각 장의 요약문이 설명하듯이 나는 나 자신의 작업과 다른 학자들의 연구 사례를 제공할 것이다. 1장은 인류의 문명이 시작된 이래 우리가 어떻게 데이터를 사용해 사회를 통제하고 관리해 왔는지, 그리고 불균등한 결과로 특히 주변부 사람들에게 불리한 결과로 나타났는지 살펴본다.

"빅데이터를 도시계획에 활용한 역사는 유구하다"

사피야 노블과 캐시 오닐이 묘사한 것과 같은 부당한 데이터 사용 행태는 주로 21세기 도시에서 사용되지만 이것은 새로운 현상이 아니다. 인류 문명이 시작된 이래 온갖 유형의 정부는 일종의 통제 수단으로 데이터를 수집하고 사용해 왔다. 1998년 『국가처럼 보기』(에코리브르, 2010)라는 저서에서 이를 다룬 제임스 C. 스콧James C. Scott에 따르면 권력을 가진 세력의 데이터 수집은 자신들이 지배하는 대중을 더 잘 알고 통제하기 위한 수단으로 정착됐다.[7] 스콧에 따르면 데이터를 수집하고 사회의 다른 부문을 측정하는 행위 자체는 세금을 부과하든 토지 소유권을 주장하든 지배 계급에 유리하도록 설정됐다.

1장, '빅데이터를 도시계획에 활용한 역사는 유구하다'에서는 권력자들이 도시를 운영하는 데 어떻게 데이터를 활용했는지, 어떻게 구조적 인종 차별주의를 강화했는지, 그리고 다양한 계층의 소외를 더욱 악화하는 데 어떻게 사용했는지를 보여줌으로써 독자들에게 거시적인 시각을 제공한다. 그와 동시에 사회복지 서비스를 제공하거나 질병 확산을 막는 등 데이터 분석이 사회에 안겨준 여러 혜택도 설명한다. 두 가지 상반된 결과를 대비함으로써 데이터를 분석하는 사람이 바로 그 용도를 규정한다는 점을 보여줄 것이다.

역사적으로 데이터는 사회의 엘리트 층에만 허용됐다. 산업혁명 기간 동안 과학적 방법론을 추구한 사회학자들은 데이터에 의존해 모두 급속한 도시화로 인해 야기된 극빈, 위생 시설 부족, 열악한 주거 환경 등의 문제를 연구하고자 했다. 이들 초기 계획자들은 그들의 도시를 '알기know' 위해 빈곤, 인종, 위생 및 질병 등의 문제가 두드러진 지역을 표시한 지도를 만들었다. 이들 19세기의 사회학자들은 산업화로 초래된 혼돈상을 이해하는 도구로 지적도地籍圖, cadastral map와 데이터 분석법을 사용하기 시작했다. 그러나 사회인구학적 구성이 일단 드러나게 되자 해당 지도는 일정 지역은 바람직하지 못한 곳으로 표시하는 등 배제와 분리의 정책을 개발하는 데 이용되곤 했다. 이들 초창기 사회학자들이 개발한 방법론은 현재의 도시계획에서 내리는 의사 결정에도 여전히 영향력을 발휘하고 있다. 현재 지적도는 컴퓨터를 통해 누구든 접근할 수 있다. 지금은 구획 데이터parcel data로 더 잘 알려진 지적도는 미국의 경우 누구나 온라인에서 구할 수 있고, 오픈소스 소프트웨어를 사용해 읽을 수 있다. 이 데이터는 누구나 쉽게 내려받을 수 있지만 누구나 거기에 담긴 내용을 제대로 파악할 수 있는 것은 아니며, 따라서 데이터의 가치는 여전히 권력자들의 손에 달려 있는 경우가 많다.

1장에서 나는 궁극적으로 정책 변화를 위해 데이터를 활용하는 과거와 미래의 동기를 묻는다. 이제까지 논의된 방법론보다 더 책임감 있고 윤리적인 방식으로 데이터를 분석하는 지침을 제공함으로써 그러한 역사적 전례에 대응한다. 10년여에 걸쳐 개발한 필자의 데이터 액션 방법론은 "데이터를 구축하자build it, 데이터를 해킹하자hack it, 데이터를 공유하자share it"라는 세 가지 중요한 행동 강령으로 구성된다. 이어지는 3장에 걸쳐 필자는 데이터 액션 방법론의 세부 사항을 설명하고, 데이터 연구자들이 모두 윤리적이고 책임감 있게 작업하도록 요청하려는 의도를 설명한다. 각 장에서 필자는 실제 작업 사례를 통해 데이터 액션 전략이 어떻게 정책 변경을 지향하는지 제시할 것이다. 각각의 데이터 분석 및 활용 사례는 다른 사례 연구를 위한 기반 단계가 되며, 이는 데이터를 시민 운동에 활용하려는 사람들에게 다양한 모델을 제공할 것이다.

"데이터를 구축하자! 데이터는 날 것이 아니라 의식적으로 수집된 것이다"

지금 존재하는 방대한 양의 데이터를 둘러싼 온갖 기대와 호들갑을 감안하면, 필수적인 일부 데이터가 여전히 빠져 있다는 점은 놀라운 대목이다. 이 누락된 데이터는 보통 사회 주변부로 밀려난 사람들의 이해와 요구를 대표한다. 하지만 이것은 또한 정부와 기업이 계속해서 숨기고 싶은 주제를 대표하기도 한다. 2장, '데이터를 구축하자!'에서는 지역 공동체와 데이터 전문가 모두에게 정책 개발과 실행에 필요한 데이터를 구축하자고 제안한다. 정부나 기관 당사자들은 특정 부문의 데이터를 구축하는 대신 의도적으로 덜 노출하고 심지어 숨기려 드는 데이터가 있다. '데이터를 구축하자'는 이런 데이터를 만들어 대중에게 널리 알리고 시민적 변화를 일으키자고 요청한다.

'데이터를 구축하자!'에 소개된 사례는 요즘은 거의 아무런 교육을 받지 않은 사람들도 손쉽게 데이터를 수집할 수 있음을 보여준다. 디지털 기술 분야의 혁신이 과거 그 어느 때보다도 개인 정보 수집을 더 쉽게 만들었기 때문이다. 우리가 휴대하는 모바일 기기부터 가정의 여러 센서에 이르기까지 현대 생활은 우리 삶의 온갖 측면을 측정하는 도구로 가득 차 있다. 어떤 데이터가 필요한지, 그리고 이런 기술을 이용해 정책에 영향을 미칠 수 있는 논리를 개발하는 방법을 파악하는 일은 우리에게 달려 있다. 데이터 수집은 중요하며, 2장은 데이터를 함께 짓는 행위와 과정이 어떻게 공동체의 이익과 연대를 강화하는지 강조해 보여준다. 센서를 설치하고, 데이터 측정에 관해 배우고, 서로 협업하는 가운데 변화를 일으키는 데 필요한 유대감이 생겨난다. 지역의 프래킹fracking[8] 작업이 대기질을 떨어뜨리고 지역민의 건강을 해친다는 점을 환경보호국EPA에 입증하는 일이든, 혹은 풍선을 만들어 원유 유출을 추적하는 일이든 '데이터를 구축하자!'에 자세히 소개된 지역사회의 이니셔티브는 우리 지역의 데이터를 직접 수집해 구축하는 일은 그런 과정에서 지역 공동체를 실제로 변화시킬 뿐 아니라 새로운 공동체를 건설하는 데 도움이 될 수 있기 때문에 더없이 중요하다는 사실을 일깨운다.

"데이터를 해킹하자! 데이터를 창의적으로 활용하기"

'데이터를 구축하자!'가 누락된 데이터를 수집하고 사용해 지식의 간극을 메울 수 있는 방법을 설명한다면 3장, '데이터를 해킹하자!'에서는 데이터가 이미 공개적으로 존재하는 경우도 많다는 점을 보여준다. 때로 그런 사실을 모르는 이유는 민간기업이 그런 데이터를 보유하고 관리하기 때문이다. 글로벌 시장 분석 기관인 IDCThe International Data Corporation는 2025년에 이르러 전 세계가 175제타바이트ZB 규모의 데이터를 생성, 복제할 것으로 추정하며, 이는 10년 전인 2015년의 데이터 규모보다 10배 이상 증가한 수준이다.[9] 1제타바이트는 대략 1조 기가바이트 혹은 DVD 2천 5백억 장에 담을 수 있는 데이터 규모다.[10] 민간기업은 현재 존재하는 데이터의 대부분을 보유하고 있으며, 대체로 일반의 접근은 불가능하다. 정부가 데이터를 엄격히 통제하는 일부 국가의 경우, 사적인 데이터는 우리 생활의 역동성을 분석하기 위해 공개적으로 존재하는 데이터뿐이다. 3장의 요지는 사회에 관한 중요 질문에 적절히 대답하기 위해 여러 창의적인 방법을 동원하되, 한 가지 목적을 위해 취득한 데이터를 다른 목적에 적용하는 행위는 수많은 윤리적 우려를 안고 있다는 점도 고려해야 한다.

『공익을 위한 데이터』는 공개된 데이터를 사용하려는 사용자를 위한 지침을 제공한다. 첫째 우리는 사회를 개선하는 데 도움이 되리라고 믿는 프로젝트를 개발해야 한다. 그게 아니라면 왜 사람들의 프라이버시를 침해할 위험을 감수해야 하는가? 둘째 해당 데이터와 연계된 사람들과 협력해야 한다. 결과의 정확성을 확인할 뿐만 아니라 그것이 데이터 당사자들에게 해악을 끼칠지 여부를 이해하기 위함이다. 데이터로 표현된 그룹이나 데이터 분석의 결과로 영향을 받게 될 사람들의 적극적인 참여를 독려함으로써 우리는 해당 데이터 분석 과정과 결과에 대해 공동 소유권을 주장할 수 있다. 이렇게 하면 데이터의 윤리적 사용을 보장하는 것은 물론 데이터 관련 당사자들의 신뢰를 확보하고, 공동 관심사를 바탕으로 새로운 공동체를 구축할 수 있을 것이다. 셋째 공개 데이터를 보유하고 통제하는 이들에게 우리가 해당 데이터를 사용하고 어떤 목적으로 사용하는지 알려 이들의 약관에 저촉되지 않도록 해야 한다. 이는 신뢰를 쌓고 데이터의 가치를 입증하는 효과도 있을 것이다. 마지막으로 우리는 이 데이터가 그것을 수집한 기업이나 기관의 의도에 맞춰 고도로 편향돼 있음을 인식해야 한다. 예를 들면 휴대폰과 인터넷 데이터는 그런 서비스를 이용하는 사람들을 대변할 뿐이어서 그렇지 못한 사람들을 뜻하지 않게 소외시킬 수 있다는 의미다. 요즘 대부분의 사람들은 휴대폰을 소유한 데 반해, 신기술이 매일같이 소개되는 주요 채널인 온라인에 전체 인구가 모두 접근할 수 있는 것은 아니다. 따라서 데이터 수집에 사용되는 기술 자체가 잠재적으로 편향을 불러일으키는 것은 아닌지 검토해야 한다.

창의적인 수단을 이용해 취득한 데이터를 분석할 때는 해당 분야의 전문가와 그 데이터와 직접 연계된 공동체의 구성원들을 포함해야 한다. 데이터 연구자들은 정책 전문가의 힘을 빌려 적절한 질문을 할 수 있다. 각계 전문가를 아우른 팀은 수집된 데이터로부터 더 정확하고 윤리적인 결과를 도출할 수 있다. 데이터 과학자들만으로도 처음 한두 번은 정확한 예측을 내릴 수 있을지 모른다. 하지만 다른 분야 전문가의 도움을 빌리지 않는다면 이들의 데이터 모델은 금방 시대에 뒤쳐질 수 있다. 이것은 빅데이터의 위험성이기도 하다. 왜 우리는 빅데이터만 있으면 데이터 분석가는 해당 분야 전문가의 도움을 빌리지 않고도 적절한 질문을 던질 수 있을 것이라고 안이하게 생각하는가?

"데이터를 공유하자! 데이터로부터 얻은 통찰을 소통하기"

'데이터를 해킹하자!'는 혁신적으로 데이터를 찾아 취득하고 분석해 정책 변화를 이끌어내자고 제안하면서, 그를 위해서는 분석 결과를 정교하게 소통하는 일이 필수적이라고 강조한다. 4장, '데이터를 공유하자!'에서는 데이터를 원시적 형태와 시각화를 통해 공유하는 행위의 중요성을 강조한다. 데이터 공유는 일반의 정보 접근과 지식 습득을 돕고, 궁극적으로 더 나은 시민적 결정을 가능케 한다. 시각화 기법을 통한 데이터 공유는 데이터 전문가가 아니라도 어렵지 않게 데이터의 의미를 소통할 수 있게 해준다.

시각화를 통한 데이터 공유는 이미지가 주제를 빨리 이해할 수 있게 도와주기 때문에 매우 효과적이며, 동시에 이미지가 데이터의 정당성을 담보한다는 인식 때문에 설득력도 높다. 사람들은 시각화된 데이터에 대해서는 더 강하게 사실이라고 믿고 굳이 의심하지 않는 경향을 보인다. 데이터의 시각화는 이해하기 쉽게 정보를 작은 단위로 쪼개어 소개하고 공유하는 소셜미디어나 웹의 매개적 문화와도 잘 맞는다. 데이터의 시각화가 아이디어를 나누고 소통하는 데 그토록 성공적인 이유는 현재의 미디어 문화 때문만은 아니다. 시각화하는 디자인 프로세스가 데이터에서 파악한 통찰이나 의미를 단순화하는 것을 도와줌으로써 누구나 이해할 수 있기 때문이다. 데이터 시각화는 그것을 만든 사람의 편견을 담고 있으며, 따라서 이들 이미지는 온갖 유형의 정치적 사회적 이데올로기를 반영하고 있다는 점을 기억하는 것도 중요하다. 우리는 모두 인스타그램에서 대뜸 '공유' 버튼을 클릭하기 전에 데이터 시각화의 막 뒤에 존재하는 정치적, 사회적 의도를 면밀히 따져 거짓 정보의 유포를 막아야 한다.

협력자들, 정책 전문가들 및 우리가 대상으로 삼는 지역 공동체와 힘을 합쳐 데이터 시각화 작업을 펼친다면 우리의 편견을 보정하는 것은 물론 시각화를 통해 전달하는 메시지의 신뢰성을 확보할 수 있으며, 더 중요하게는 그런 메시지를 다양한 계층의 사람들에게 유포해 궁극적으로 더 크고 광범위한 영향력을 발휘할 수 있다. 이러한 협업 노력은 이 책에 소개한 프로젝트에서 특별 소스에 해당한다. 4장, '데이터를 공유하자!'에서 우리는 나이로비의 반半 공식 수송시스템에서 진행된 데이터 공동 생산 사례를 살펴본다. 이 데이터는 원시 형태와 지도를 통해 공유됐다. 데이터를 공동 생산함으로써 프로젝트에 참여한 복수의 이해당사자들 사이에서 신뢰가 쌓였으며, 그 덕택에 지금은 나이로비시의 공식 지도로 채택됐다. 이런 방식의 데이터 공유는 다른 기업이나 기관 등에서 자체 정책을 바꾸는 데 사용되기도 하며, 해당 데이터의 최초 목적과 의도가 달성된 이후에도 다른 용도로 쓰일 수 있다.

데이터 공유는 사회에 필수적인 정치적 논의에서도 중요한 역할을 한다. 데이터 시각화는 일정한 화제나 아이디어의 중요성을 더 강조하고 두드러지게 만든다. 앞에서 언급한 것처럼 데이터 시각화는 적법하다는 인상을 효과적으로 전달하기 때문에 정책 소통에 더욱 유용하다. 이것은 물론 데이터 시각화로 소통하려는 메시지는 궁극적으로 시각화를 설계한 사람들로부터 나오는 셈이기 때문에 양날의 검이다. 투명성을 유지하고, 대중의 참여를 보장하며, 데이터 시각화에 다양한 이해당사자를 참여시킨다면 부작용을 최소화하는 데 도움이 될 것이다. 하지만 사회 전체에 걸쳐 사람들의 데이터 이해력을 높임으로써 데이터 시각화가 제공하는 메시지를 비판적으로 소비할 수 있도록 변화시키는 것도 중요하다.

"공공재로서의 데이터"

마지막 5장은 빠르게 성장하는 데이터 지형에서 데이터에 접근할 수 있는 사람들과 그렇지 못한 사람들 간의 간극도 커지고 있다는 점을 일깨운다. 데이터는 과거에 지주와 정부만이 통제할 수 있는 것이었지만, 지금은 민간기업이 매일 기하급수적인 규모의 데이터를 축적하면서 한때 정부만이 행사할 수 있었던 수준의 권력을 보유하게 됐다. 일각에서는 이에 대해 민간기업이 우리의 개인 정보를 자원으로 채취해 통제의 수단으로 이용하는 '데이터 식민주의data colonialism'나 다름없다고 주장한다.[11] 데이터 식민주의의 개념은 잠시 접어두자. 필자는 데이터를 '공공재'로, 다시 말해 데이터를 소비하는 모든 사람에게 유용한 비경쟁적 재화로 간주하는 것이 중요하다고 믿는다. 전력과 유사한 공공재로서 규제를 통해 누구나 평등하게 사용할 수 있게 해야 한다. 사회적 차원에서 민간기업에게 그들이 보유한 데이터를 윤리적이고 책임감 있게 공유하도록 함으로써 데이터를 사회 발전에 활용할 수 있어야 한다.

그러나 민간기업이 보유한 데이터를 공유하는 일은 재산권 차원과 윤리적 시각 양쪽에서 대단히 복잡하다. 첫째 기업이 자신들의 데이터를 공유해야만 할 인센티브는 무엇인가? 따지고 보면 데이터는 그들의 비즈니스를 지원하기 위한 것이고, 데이터를 보유하고 수집하는 데 비용을 투자했으며, 따라서 데이터는 그들이 마음대로 처분할 수 있는 자산이다. 민간기업이 데이터를 누군가와 공유할 때는 대체로 그럴 만한 이유와 의도가 있다. 그것이 반드시 사악한 것은 아니지만 데이터의 공유 상대 못지않게 이들도 그럴 필요가 있기 때문에 공유하는 것이다. 민간기업의 데이터 공유가 가장 이타적으로 여겨지는 경우는 재난이나 비상 상황이다. 가령 휴대폰의 통화 내역 기록 같은 데이터는 질병의 확산이나 자원이 필요한 사람들의 이동을 파악하는 데 사용될 수 있다. 다른 한편, 데이터가 이런 식으로 공유될 때 윤리적 우려는 부차적인 것으로 치부돼 그런 데이터와 직접 연계됐거나 그로 인해 영향을 받는 사람들이 위험한 처지에 내몰릴 수 있다. 공익을 위한 다른 데이터 공유 시도에서 드러난 문제는 적절한 라이선스 계약을 맺기까지 너무 오랜 시간이 걸려 데이터 분석 능력을 약화시키고, 그 때문에 알맞은 때 정책 결정을 내리기 어렵게 만든다는 점이었다.

'일반개인정보보호법GDPR, General Data Protection Regulation'을 발효한 유럽연합EU의 경우처럼 일부 국가는 자국민의 프라이버시를 적절히 보호하기 위해 바람직한 대책을 내놓고 있지만(4장 참조) 우리는 아직 갈 길이 멀다. 게다가 기술은 규제보다 더 빠르게 움직이기 일쑤다. 따라서 데이터를 다루는 주체가 자율 규제를 통해 데이터를 윤리적으로 사용하는 것이 중요하다. 정부의 규제 기관도 민간기업에 자율 규제를 요청한다. 하지만 페이스북과 케임브리지 애널리티카를 둘러싼 근래의 논란이 보여주듯이 이들이 그렇게 행동해야 할 인센티브는 존재하지 않는다. 그래서 정부의 규제가 없으면 민간기업이 스스로 모니터하고 규제할 가능성도 낮다. 그렇다고 프라이버시 보호를 정부의 규제에만 맡기는 것이 늘 바람직하지는 않다는 점이 데이터 프라이버시를 둘러싼 최근의 법원 판례에 드러난다. 예를 들면 '카펜터 대 미국Carpenter v. United States'의 소송에 대한 2018년 6월의 판결에서 미국 대법원은 무선 통신 사업자의 데이터베이스에 저장된 GPS 위치 데이터에 대한 정부의 무제한 접근을 허락하지 않았다.[12]

필자는 5장에서 민간기업이 보유한 데이터를 어떻게 보호해야 하는지에 대한 해답을 제공하려는 것은 아니다. 대신 민간기업이 보유한 데이터가 어떻게, 새로운 자원으로서 우리 사회에 커다란 혜택을 안겨줄 수 있는지 보여주고자 한다. 물론 우리가 해당 데이터를 윤리적으로 사용해야 한다는 전제에서다. 필자는 이 책에서 소개한 '데이터 액션' 방법론이 우리를 바른 방향으로 인도한다고 믿는다. 인도적 차원에서든, 공중보건 분야든 혹은 형사 사법 정책 부문에서든 우리는 서로 힘을 합쳐 데이터 작업을 수행할 수 있고, 궁극적으로 바람직한 사회 변화를 이끌어낼 수 있다.

데이터 액션과 '구축하자! 해킹하자! 공유하자!' 방법론

이 책 전체에 걸쳐 정책 개정을 위한 데이터 작업은 정책 전문가, 데이터 과학자, 데이터 시각화 전문가 등을 아우르는 학제간 팀을 꾸릴 때 최선의 결과를 이끌어낼 수 있다고 주장한다. 이 책의 결론으로 필자는 "정말로 중요한 것은 데이터 작업을 '어떻게' 하느냐"이며, 관련 전문가들을 함께 모아 협력함으로써 데이터의 창의적 표현을 진정으로 꽃피울 수 있다고 강조한다. 정책 전문가들은 이슈가 무엇인지 잘 알고, 데이터 과학자들은 알고리듬을 개발하는 방법을 알고 있으며, 그래픽 디자이너는 데이터 분석 결과를 설득력 있는 비주얼로 공유할 수 있다. 이들 전문가와 함께 작업함으로써 그들의 발견이나 통찰은 학계나 시청의 벽을 넘어 널리 공유되고 일반 대중의 손과 정신에까지 미친다.

이 책은 사용하기로 결정한 알고리듬, 연구대상으로 선정한 주제 및 작업 결과에 영향을 받게 될 사람들 모두를 통해 데이터 분석 프로젝트의 중심에 사람이 있음을 종종 보여준다. 이것은 연구자들이 그들의 세계관을 분석 작업에 반영해 선과 악 양면에서 사뭇 다른 결과를 생성할 수 있다는 뜻이다. 또한 데이터 작업자들 간의 논의와 관찰을 통해 데이터와 데이터 분석학을 더 책임감 있게 다루는 방법을 개발하려고 시도하며, 데이터 분석 작업에 대한 우리의 접근법을 비판적으로 바라보라고 주문한다. 향후 10년 뒤를 전망할 때 많은 민간기업은 정부기관보다 훨씬 더 많은 데이터를 보유할 것이고, 따라서 더욱 강력한 통제력을 지니게 될 것이다. 전 세계의 정부기관이 민간기업과 협력하는 방법은 주변부로 소외된 사람들의 요구가 잊혀지지 않도록 보장하는 데 더욱 더 긴요한 변수로 작용할 것이다.

St. JAMES THE LESS
St. BARNABAS
St. STEPHEN
Old Ford
St. JOHN
St. SIMON
Zelotes
St. MARY BOW
BROMLEY St. MARY
or St. LEONARD
HOLY TRINITY
Stepney
St. ANTHONY
Stepney
St. BENET
Stepney
St. PETER
Stepney
CITY OF LONDON AND TOWER HAMLETS CEMETERY
St. ANDREW
Bromley St. Leonard
IMPERIAL GAS WORKS
West Ham Abbey
St. LUKE
Stepney
ALL HALLOWS
CHRIST CHURCH
Stepney
St. DUNSTAN
Stepney
St. PAUL
Bow Common
St. GABRIEL
St. Bromley
St. MICHAEL AND ALL ANGELS
COMMERCIAL GAS WORKS
St. THOMAS
Arbour Sq. Stepney
St. MATTHIAS
Stepney
St. SAVIOUR
ALL HALLOWS
East India Docks
St. FRIDESWIDE
St. MARY
Johnson Street
St. ANNE
Limehouse
St. JAMES
Ratcliffe
St. STEPHEN
St. MATTHIAS
EAST INDIA
DOCKS
St. PAUL
SHADWELL NEW BASIN
St. PETER
London Docks
St. PETER
Limehouse
WEST
INDIA
DOCKS
ALL SAINTS
POPLAR DOCK
BLACKWALL BASIN
BLACKWALL TUNNEL
LOWER POOL
Lavender Pond
Acorn Pond
LIMEHOUSE REACH
St. MARY
Rotherhithe
HOLY TRINITY
SURREY COMMERCIAL DOCKS
Quebec Pond
St. LUKE
Millwall
St. JOHN
Cubitt Town
ALL SAINTS
Greenland Dock
St. BARNABAS
St. CUTHBERT
Millwall
CHRIST CHURCH
Isle of Dogs
ISLE OF DOGS
BLACKWALL REACH

빅데이터를 도시계획에 활용한 역사는 유구하다

도시계획에 빅데이터를 활용하는 일은 새로운 게 아니다. 데이터 수집은 인류 문명 자체만큼이나 오래됐다고 주장할 수도 있다. 문명 초창기에 수집된 데이터는 재산권, 토지 생산, 자산 등에 관한 것으로, 권력을 가진 이들이 주민을 통치하고 가치를 추출하기 위한 목적이었다. 제임스 C. 스콧의 저서 『국가처럼 보기』(에코리브르, 2010)는 도량형度量衡의 단위가 자원 착취를 위해 개발된 사실을 상기시킨다. 예를 들면 지주들은 밀 1부셸bushel의 크기를 줄이거나 늘리는 방법을 찾아냈다. 아마도 밀을 담을 때 도량형 용기 위로 수북이 올라오도록 담거나 용기의 높이와 수평이 되도록 담을지, 혹은 밀을 부을 때 어깨 높이로 할지 아니면 허리 높이로 할지(높이가 더 높을수록 밀이 들어차는 밀도도 더 높아질 것이다) 명시하는 방식이었고, 그들은 자신들에게 유리하게끔 기준을 정했다.[1] 역사적으로 데이터는 때로는 의도치 않게, 때로는 의도적으로 해당 지역이나 국가의 인구를 억압하거나 소외시키는 데 활용됐다. 그럼에도 역사적 기록물은 데이터 분석 작업이 사회복지서비스에서부터 공중보건 및 질병 퇴치 등 모든 분야에 적용돼 사회적 삶의 질을 향상시키는 데 사용됐음을 보여준다. 궁극적으로 데이터의 용도는 그것을 분석하는 사람의 의도에 따라 달라진다. 데이터를 도시 개발에 적용하는 것은 커다란 혜택을 안겨주지만 심각한 위험성을 내포하기도 한다. 적어도 그런 이유 때문에 데이터 분석학을 도시계획에 활용하는 일은 강한 논란을 불러일으킨다.

물론 데이터는 통치governance에 필수적이지만, 누구의 수중에 놓이느냐에 따라 매우 다른 결과를 보인다. 1장에서 우리는 산업화 기간과 그 이후의 시기에 초점을 맞춰 도시계획에 데이터가 선용되거나 악용된 역사를 간략히 짚는다. 이 기간에 집중하는 이유는 과학적 방법이 어떻게 사회 제도와 절차에 사용될 수 있는지에 대한 관심과 이해가 급속히 높아진 시기이기 때문이다. 산업화 과정에서 현대적 인구조사와 인구 동태 통계(인구 수, 신생아 수와 사망자 수)의 사용이 늘었고, 이런 데이터가 통치에 필수적인 만큼 정치적 논쟁의 주제로 부각됐다. 하지만 전후戰後 미국에서 개발된 데이터 모델은 도시의 복잡한 속성을 지나치게 단순화하는 경향이 있었고, 그 때문에 주민들에게 부정적인 의사 결정으로 이어지기도 했다. 도시에서 데이터를 어떻게 사용했는지에 관한 역사적 성공과 실패 사례를 검토함으로써 우리는 데이터를 더 윤리적이고 책임감 있게 정책 개정에 적용하는 방안을 파악할 수 있을 것이다. 도시계획을 위한 데이터 활용의 약사略史는 데이터를 실행의 근거로 삼을지 구상하는 데 도움을 줄 뿐 아니라 때로는 파괴적이고 때로는 유익하지만 지속적인 효과와 함께 데이터가 사회적, 정치적 통제력을 행사하는 데 어떻게 사용될 수 있는지를 보여줄 수 있다.

데이터: 통치의 필수 요소

초기 문명 사회의 통치기구는 서비스를 제공하고, 인프라를 구축해 세금을 징수하고, 정책을 시행하기 위해 인구 데이터를 수집했다. 역사적으로 이 데이터는 지배 계급이나 귀족에게만 접근이 허용돼 대중을 통제하는 데 사용됐다.[2] 고대 로마도 기원전 5세기부터 인구조사를 실시했고(census라는 단어 자체가 라틴어다), 그래서 로마인들은 최초로 사회조사를 시행했다고 인용된다. 이와 유사하게 중국의 고대 제국을 비롯한 초창기 왕조들도 대규모 관료주의와 데이터 수집 없이는 광대한 영토를 제대로 관리할 수 없었을 것으로 추정된다.[3] 쉽게 짐작할 수 있다시피 중국에는 가장 오래된 인구조사 기록이 남아 있는데, 2세기에 작성된 이 기록에는 57,671,400명의 인명이 등록돼 있다.[4] 중세 영국의 경우 정복왕 윌리엄(윌리엄 1세)은 군대 유지에 필요한 징세와 영국의 국부 규모를 파악할 목적으로, 자신의 신하가 소유한 모든 재산을 1086년에 펴낸 『둠스데이 북Doomsday Book』에 기록하라고 명령했다(그림 1.1). 1786년 나온 윌리엄 플레이페어William Playfair의 『Commercial and Political Atlas and Statistical Breviary상업 및 정치적 지도책과 통계 규칙서』(Cambridge University Press, 1786)가 '만국 공통어'라고 할 수 있는 차트와 파이

WARWICSCIRE.

230

IN BURGO DE WARWIC habet rex in dnio suo .c.xiii. domus. 7 barones regis hnt. c.xii. de quib; omib; rex habet geldu suum.

Eps de Wirecestre ht .ix. masuras. Eps de Cestre .vii. Abb de Couentreu .xxxvi. 7 .iiii. sunt uastę ppt situ castelli. Eps constantiensis .i. domu ht. Comes de Mellend .xii. masur. Albicus com habuit .iiii. que ptin ad tra qua tenuit. Hugo de grentemaisnil .iiii. 7 monachi de pilardintone hnt .i. de eo. Henricus de fereres ht .ii. Harold .ii. Robtus de stadford .vi. Rogeri de uun .ii. Ricard uenator .i. Radulf de limesi .ix. Abb malmesberie .i. Witts bonuaslet .i. Witts fili corbucion .ii. Goisfrid de magneuille .i. Goisfrid de Wirce .i. Gislebt de gant .ii. Gislebt buis .i. Nicolaus balistar .i. Stefan stirman .i. Turchil .iiii. Harold .ii. Osbn f. Ricardi .i. Cristina .i. Liuith monialis .ii.

Hę masurę ptin ad tras qs ipsi barones ten extra burgu. 7 ibi appciate sunt.

Pter has supdictas masuras. sunt in ipso burgo .xix. burgses. qui hnt .xix. masuras cu saca 7 soca. 7 omnib; consuetudinib;. 7 ita habeb T.R.E.

Tepore Regis .E. uicecomitat de Waruuic cu burgo 7 cu regalib; maneriis. reddeb. lxv. lib. 7 xxxvi. sextaria mellis. aut .xxiiii. lib 7 viii. solid. p omib; quę ad mel ptinebant.

Modo inter firma regaliu manerior 7 placita comitat reddit p annu .c.xlv. lib ad pondus. 7 xxiii. lib pro consuetudine canu. 7 xx. solid p sumario. 7 x. lib p accipitre. 7 c. solid reginę p gersuma.

Pter h redd .xxiiii. sextar mell cu maiori mensura. 7 de burgo .vi. sextar mell. Sextar scilicet p .xv. denar. De his ht comes de mellend .vi. sext. 7 v. solid.

Consuetudo Waruuic fuit. ut eunte rege p terra in expeditione. decē burgenses de Waruuic p omib; aliis irent. Qui monitus non ibat. c. solid regi emdabat. Si u p mare cta hostes suos ibat rex. uel .iiii. batsuens uel .iiii. lib denarior ei mittebant.

TERRA REGIS. In [illegible] hund.

Rex ten BRAILES. Eduin com tenuit. Ibi sunt .xl.vi. hidę. Tra .e. lx. car. In dnio sunt .vi. 7 xx. serui. 7 iii. ancillę. 7 c. uitti 7 xxx. bord. cu .xl.vi. car. Ibi molin de .x. sol. 7 c. ac pti. Silua .iii. leuu lg. 7 .ii. leuu lat. T.R.E. reddeb .xvii. lib 7 x. sol. Modo ualet .l.v. lib 7 xx. sumas salis.

Rex ten QUINTONE 7 WALEBORNE. Rex .E. tenuit. Ibi sunt .iii. hidę. Tra .e. In dnio sunt .vi. car. 7 iii. serui 7 ii. ancillę. 7 c. uitti .vii. min. 7 xviii. bord cu .xxxii. car. Ibi .c xxx. ac pti. Silua dimid leuu 7 ii. qrc lg. 7 .iiii. qrent lat. hoc .e. uni an 7 Berewich.

Rex ten BEDEFORD. Rex .E. tenuit. Ibi sunt .v. hidę. Tra .e. In dnio sunt .v. car. 7 viii. serui 7 v. ancillę. 7 xxviii. uitti 7 xiii. bord cu .xvi. car. Ibi .iiii. molini de .xl.iii. solid 7 iiii. den. 7 cl. ac pti. Silua .iiii. leuu lg. 7 una leuu lat.

Rex ten STANLEI. Rex .E. tenuit. Ibi sunt .vi. hidę. Tra .e. In dnio sunt .v. car. 7 i. seru 7 i. ancilla. 7 lx viii. uitti 7 iiii. bord cu .ii. pbris hnt .xxx. car. Ibi .ii. molini de .xxx.v. solid. 7 iiii. den. 7 xx. ac pti. Silua .iiii. leuu lg. 7 ii. leuu lat. past ad .ii. mit porc.

Rex ten COLESHELLE. Rex .E. tenuit. Ibi sunt .iii. hidę. Tra .e. Ibi .xxx. uitti cu pbro 7 .xiii. bord hnt .xxi. car. Ibi molin de .xl. denar. 7 in Tameuuorde .x. burgses huic an ptin. Silua .ii. leuu lg. 7 .ii. leuu 7 dimid lat.

Rex ten COTES. Eduin com tenuit. Ibi .e. i. hida. Tra .e. xx. car. In dnio .e. una. 7 iiii. serui. 7 x. uitti 7 vi. bord cu .iii. car. Ibi .ii. molini de .c. solid. 7 qt xx. ac pti. Silua .iii. qrent lg. 7 dimid lat. De ptis 7 pascuis .iiii. lib. Extra burgu .c. bord cu hortulis suis reddt .l. solid. H tra cu burgo de Waruuic 7 tcio denario placitor scir. reddeb T.R.E. .xvii. lib. Qdo Robt recep ad firma. ualb .xxx. lib. Modo simil cu omib; que ibi ptin.

Rex ten SUTONE. Eduin com tenuit. Ibi sunt .viii. hidę 7 i. virg tre. Tra .e. xxii. car. In dnio .e. i. car 7 ii. serui. 7 xx. uitti 7 iiii. bord cu .vii. [illegible] Ibi .x. ac pti. Silua .ii. leuu lg. 7 i. lat. Cu onerat ualet .xx. solid. Totu m Valuit 7 ualet .iiii. lib.

In OPTONE ten Albtus clerico .iii. hid de rege in elemos. Ibi sunt .ii. pbri cu .ii. car 7 x. int uitlos 7 bord cu .iiii. car. Silua dimid leuu lg. 7 iii. qrent lat.

In CLUMENDONE ten Ricard forest .iii. virg tre de rege. Ibi sunt .x. uitti 7 vii. bord cu .iii. car. Silua dim leu lg. 7 iiii. qrc lat. H duo mebra iac ad Stanlei m regis.

HIC ANNOTANT TENENTES TERRAS IN WARWICSCIRE.

.I.	Rex Willelmus.	.xx.	Rogerius de Iuri.
.II.	Eps de Cestre.	.xxi.	Robertus de Oilgi.
.III.	Eps de Wirecestre.	.xxii.	Robertus de Statford.
.IIII.	Eps Baiocensis.	.xxiii.	Robertus dispensator.
.V.	Eps Constantiensis.	.xxiiii.	Robertus de Veci.
.VI.	Abbatia de Couentreu.	.xxv.	Radulfus de Mortemer.
.VII.	Abbatia de Abendon.	.xxvi.	Radulfus de Limesi.
.VIII.	Abbatia de Bertone.	.xxvii.	Willelm filius Ansculfi.
.IX.	Abbatia de Malmesbie.	.xxviii.	Witts filius Corbucion.
.X.	Abbatia de Wincelcube.	.xxix.	Witts buenuaslech.
.XI.	Abbatia de Euesham.	.xxx.	Goisfrid de Maneuile.
.XII.	Comes Rogerius.	.xxxi.	Goisfridus de Wirce.
.XIII.	Comes Hugo.	.xxxii.	Gislebertus de Gand.
.XIIII.	Comes Albericus.	.xxxiii.	Gislebtus filius Turold.
.XV.	Comitissa Godeua.	.xxxiiii.	Gerinus.
.XVI.	Comes de Mellent.	.xxxv.	Urso de Abetot.
.XVII.	Turchil de Waruuic.	.xxxvi.	Stefanus.
.XVIII.	Hugo de Grentemaisnil.	.xxxvii.	Osbern filius Ricardi.
.XIX.	Henricus de Fereres.	.xxxviii.	Hereld filius Radulfi.
		.xxxix.	Halsart musard.
		.xl.	Nicolaus balistarius.
		.xli.	Nigellus de Albengi.

.xlii. Cristina. .xliii. Leuuin. 7 Eddid. .xliiii. Ricard 7 alii taini 7 servientes regis.
.xlv. Adeliz uxor hugonis.

그림 1.1 워릭셔의 토지 소유 현황을 열거한 「둠스데이 북」의 한 페이지.

출처: J.J.N. 파머(J.J.N. Palmer), "워릭셔(Warwickshire), 1페이지 (https://opendomesday.org/book/warwickshire/01/)"

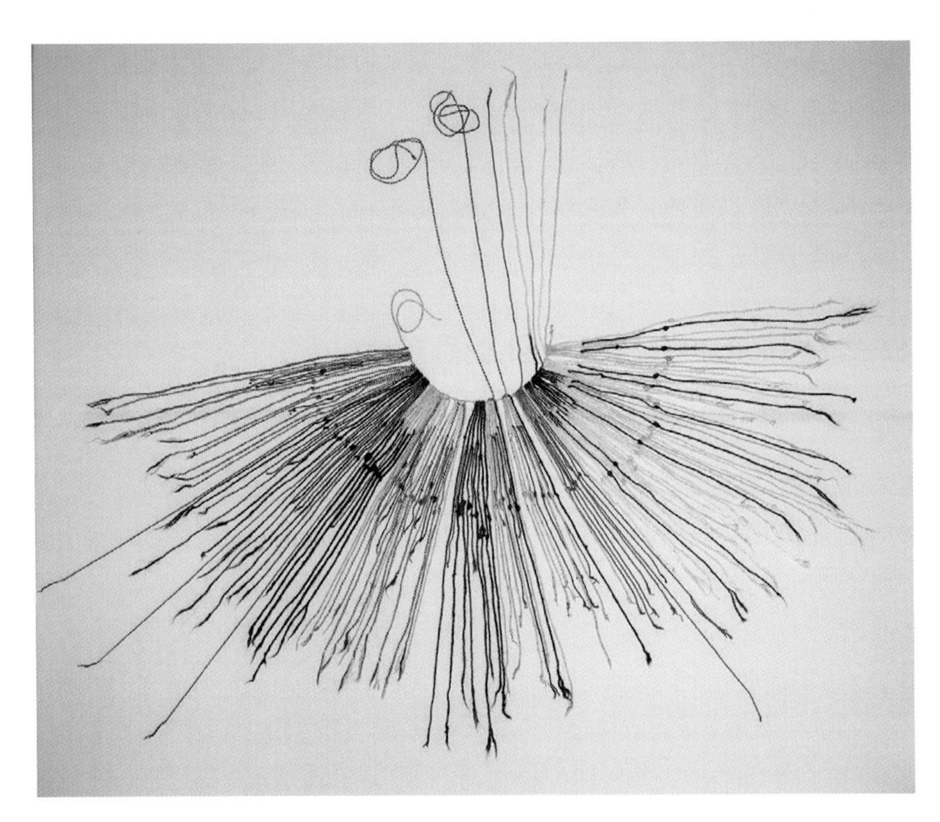

그림 1.2 페루에서 발견된 잉카 문명의 섬유 기록 수단(키푸). 1400~1532년 사이 제작 추정. 매듭으로 엮거나 비튼 끈으로 구성된다. 전체 크기는 85×108cm

출처: 클리블랜드 미술관(https://www.clevelandart.org/art/1940.469)

그래프를 처음 선보일 때까지 대부분의 경우 데이터는 문자로 표시됐다.[5] 그와 대조적으로 잉카 문명은 소통에 다른 시각적 방식을 사용했다. 키푸khipu라고 불리는 이 방식은 낙타 털로 만든 실을 정교하게 사용해 인구조사 데이터, 역사 및 재산 상태를 기록했다(그림 1.2).[6]

전반적으로 오늘날의 인구조사 데이터는 과거 그 어느 때보다도 더 대중에게 공개돼 있다. 전 세계 수많은 국가에서 징세부터 정부의 대표성 평가, 사회복지 서비스를 위한 근거 자료 등으로 사용하기 위해 일상적으로 사용하는 방식이기도 하다.[7] 인구조사는 통치에 근본적으로 필요하다고 여기지만, 그럼에도 많은 국가가 이런 조사를 실시하지 않는다. 예컨대 일부 연구자들에 따르면 2014년 아프리카에서 태어난 신생아 숫자의 채 절반도 제대로 기록되지 않았다.[8] 이런 누락은 해당 정부의 자원 부족이나 관심 부족과 겹쳐 많은 지역에서 인프라 개선 계획을 세우기 매우 어렵게 만든다.[9] 유엔이 최근 지정한 지속 가능한 개발 목표SDGs 중 하나로 데이터 개발을 포함한 이유도 여기에 있다. 정부가 더 적극 데이터를 수집하도록 장려하자는 것이다.[10]

인구조사: 데이터를 통한 민주주의 검증

인구조사 데이터는 정치적 수단이다. 인프라 구축을 계획하고, 시민들의 요구를 파악하고, 경제 개발 과정을 추적하고, 더 일반적으로는 지역 공동체의 경제적 및 사회적 건강도를 측정하는 데 사용된다. 마고 앤더슨Margo J. Anderson은 저서 『The American Census: A Social History미국의 인구조사: 사회사』(Yale University Press, 2015)에서 인구조사가 미국인들의 가치와 당대의 우려 사항을 반영하고 있음을 보여준다.[11] 10년마다 고용 현황, 가정에서 사용하는 언어 혹은 인터넷 접속 여부 등 실질적이고 새롭게 부상하는 동향을 추적하기 위해 새로운 질문이 추가됐다.

인구조사 데이터를 통해 우리는 사회의 주요 현안을 파악하고, 그렇게 파악한 내용을 공공 정책에 반영할 수 있다. 19세기 미국의 산업화가 진전되면서 인구조사 담당 부처는 더욱 전문화됐다. 데이터 표본을 추출하기 위한 새로운 통계 기법이 사용됐고, 응답 결과를 정리하기 위해 도표 작성 및 펀치 카드 장비가 도입됐다. 이 장비를 발명한 인구조사 전담 관료는 뒤에 회사를 설립했고, 이는 나중에 IBM이 됐다. 인구조사는 사방팔방으로 확장되는 미국의 전례 없는 성장 과정을 추적하는 데 필요했다. 이 시기에 인구조사국Census Bureau은 인구 급증에 따른 사회적 변화를 반영하기 위해 도시에 관한 질문을 추가했다. 추가되거나 삭제된 인구조사 질문은 정부와 대중이 무엇을 측정하는데 관심이 있는지를 드러내며, 그로부터 한 사회의 가치를 반영한다고 볼 수 있다.

선거구 조정: 포함과 배제의 정치학

지정학적 경계를 재정의하는 결과를 포함하는 미국의 의회 선거구 조정은 과정은 무해한 것처럼 보이는 데이터 세트(인구조사)가 인구조사 데이터를 적용하는 사람의 가치 판단에 따라 다양한 결과를 내놓을 수 있음을 보여주는 한 가지 사례다. 미국의 인구조사는 의회의 대표 규모를 할당하고 세금을 결정하기 위해 수립됐다. 1790년 실시한 최초의 인구조사 때부터 누구를 조사 대상에 포함하거나 제외할지의 여부가 정치적 쟁점이었다. 예를 들면 노예들은 온전한 개인으로 기록되지 않고 전체 숫자의 3/5, 즉 60%만이 반영됐다. 1868년 수정헌법 14조가 비준될 때까지 아프리카계 미국인들은 의회의 선거구 조정 절차에서 온전한 개인으로 취급되지 않았다.

인구조사에서 포함과 배제의 정치학은 지금도 지속되고 있다. 전 트럼프 행정부는 2020년 인구조사에 시민권 질문을 포함하자고 제안했고, 그에 반대하는 쪽에서는 특히 기록이 남는 것을 꺼릴 수 있는 이민자 수가 많은 도시나 지역의 거주민들이 조사에 응하지 않음으로써 실제 인구보다 훨씬 더 적은 규모만이 조사에 답할 것이라고 주장했다.[12] 「뉴욕타임스New York Times」는 기사에서 "비시민권자의 15%가 집계되지 않는다면 캘리포니아와 뉴욕주는 의석 수를 각각 하나씩 잃게 될 것이며, 이는 콜로라도와 몬태나주에 혜택을 주게 될 것이다."라고 보도했다.[13] 만약 선거 연령 시민권자들만 집계한다면 그림은 더더욱 극적으로 바뀌어 캘리포니아주는 다섯 개의 할당 의석을 잃게 된다(그림 1.3). 연방 기금은 흔히 인구 수에 기반해 할당되기 때문에 사회복지서비스에 대한 정부의 지원 규모도 영향을 받는다. 2018년 11월 기준으로 24개 이상의 주와 도시는 조사 대상에게 시민권자 여부를 질문하는 자체가 심각한 정치적 영향을 미칠 수 있으므로, 문제의 소지가 있는 질문은 배제해야 한다는 이유를 들어 트럼프 행정부에 소송을 제기했다.

2019년 6월 기준 시민권 질문은 여전히 논쟁 중이다. 「뉴욕타임스」가 '게리맨더링의 미켈란젤로'라고 부를 만큼 용의주도했던 공화당 진영의 전략가 고故 토머스 B. 호펠러Thomas B. Hofeller의 하드 드라이브에서 관련 문서가 발견됐기 때문이다.[14] 해당 문서에 따르면 호펠러는 2015년, 특정한 인구조사 질문을 추가함으로써 공화당에 유리할 수 있는지에 관한 연구를 수행했다. 한 메모에서는 호펠러가 시민권에 관한 질문을 추가하는 것이 "공화당원과 비라틴계 백인들에게 유리할 수 있다."고 발언한 내용을 인용해 이민자 인구가 다수를 차지해 민주당 지지층이 많은 지역에서 집계된 주민들의 숫자가 줄어들 것임을 시사하고 있다.[15] 이것은 아마도 데이터에 관한 의사결정이 다른 정치적 이데올로기와 정당에 유리하게 사용될 수 있는 방법을 보여주는 가장 최근의 증거 사례일 것이다.

호펠러는 데이터를 활용해 정치 지도를 파란색(민주당) 주도에서 빨간색(공화당) 주도로 바꾸는 데 자신의 경력 대부분을 바쳤다. 1970년 디지털 인구조사가 처음 도입되면서 선거구를 조정하는 데 알고리듬이 사용됐고, 호펠러는 컴퓨터 모델을 적용한 선구자들 중 한 사람이었다. 동료들 사이에서 '데이터 괴짜data geek'로 통했던 그는 투표권법Voting Rights Act 제2조에 따른 선거구를 조정하려는 흑인 그룹을 냉소적으로 지원했다. 그의 목표는 당대 아프리카계 미국인 세대가 쟁취하고자 했던 동등한 대표성을 확보하는 것이 아니라, 가장 확실한 민주당 지지자인 아프리카계 미국인들을 민주당이 우세한 지역에서 몰아내는 것이었다. 그런 의도를 보여주는 가장 충격적인 사례는 사망 후 그의 컴퓨터에서 발견됐다. 그것은 호펠러

투표 연령 시민들만 계산할 경우 의석 수의 변화

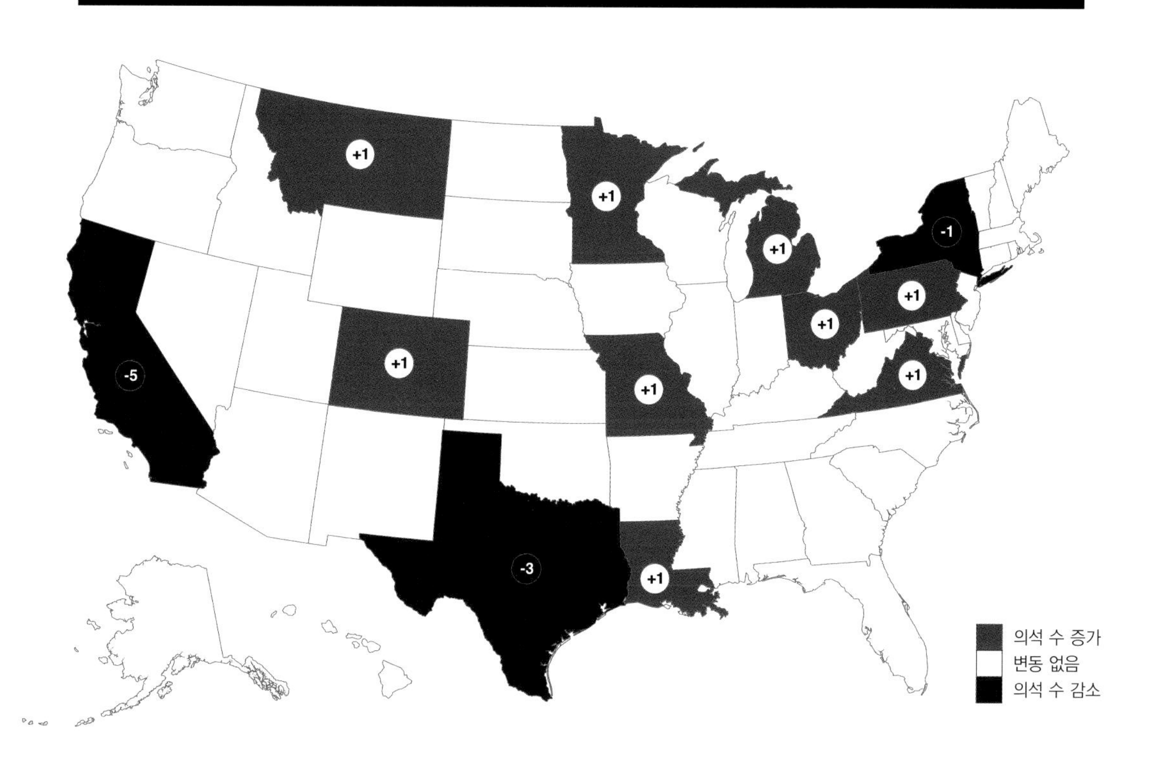

그림 1.3 이 지도는 의회 선거구 지역을 결정할 때 '투표 연령 시민들만' 계산할 경우 어느 주가 의석을 얻거나 잃을 수 있는지 보여준다. 지금 현재는 시민권 여부나 투표 자격 여부와는 상관없이 각 주의 전체 인구를 근거로 의석 수를 결정한다.

출처: MIT 산하 시민 데이터 디자인 랩(Civic Data Design Lab)에서 2016년 미국 지역 조사 데이터를 사용해 작성했다.

가 노스캐롤라이나주 그린스보로에 소재한 노스캐롤라이나 농업기술주립대A&T를 직접 관통하도록 하원 의원 선거구를 조정하는 데 광범위한 유권자 데이터를 사용했음을 보여준다. 전통적으로 흑인이 다수인 대학 캠퍼스를 절반으로 나눠 각각을 공화당 주도의 선거구와 통합함으로써 A&T 대학생들의 정치적 여론을 희석하자는 의도였다. 이 하원 의원 선거구 조정은 호펠러의 노트를 근거로 위헌 판결을 받았다.[16] 호펠러는 수많은 게리맨더링 소송의 장본인으로 적시됐다. 「뉴욕타임스」에 게재된 그의 부고 기사에 따르면, 2010년 미국 의회가 공화당 주도로 바뀐 데는 호펠러의 주도면밀한 선거구 재조정 작업이 결정적인 역할을 했다.

호펠러의 작업이 가능했던 데는 주마다 선거구를 조정하는 기준이 달라서 각 주의 선거구 조정위원회에 제출하는 데이터를 조작하기가 쉬웠기 때문이다. 공식적으로 의원 선거구는 동일한 인구와 소수인종의 대표성, 인접성, 밀집도를 반영해야 하며, 각 지역은 기존의 정치적, 지리적 경계를 유지하려 노력해야 한다. 하지만 이 규칙을 어떻게 해석할지의 결정은 각 주의 위원회에 달려 있고, 궁극적으로 새로운 지역을 승인하는 것도 의원회의 몫이다. 어떤 주는 특별한 이해가 걸린 공동체(사회, 문화, 경제, 종교 혹은 정치)를 보존하려 모색하는 반면, 다른 주는 현행 선거 의석을 유지하려 시도한다.[17] 하지만 주마다 선거구 조정위원회를 어떻게 구성할지 결정할 수 있기 때문에 편견의 여지가 남는다. 어떤 주는 초당적으로 공평하게 위원회를 구성하는 반면, 어떤 주는 다수당의 당원들로 위원회를 꾸린다. 선거구 조정작업이 권력을 쥔 정당에 의해 주도되는 경우 (예를 들면 텍사스주) 당파적 게리맨더링으로 귀결되곤 한다. 다른 주는 전적으로 포괄적이어서 (예를 들면 뉴햄프셔주) 전체 의회에 선거구 조정 결정을 내리게 한다. 의회가 일단 선거구를 조정하고 나면 법정 소송을 통해서만 논란이 되는 지역의 경계를 변경할 수 있고, 그렇게 하는 데는 많은 시간과 비용이 든다. 궁극적으로 선거구 조정작업은 데이터의 선택과 사용 방식이 어떻게 정치적으로 장기적인 영향을 미치는지 보여준다.

2020년 인구조사에 시민권 질문을 추가할지 여부를 놓고 새삼 불거진 이민자들에 대한 두려움은 미국의 정치사에 잘 기록돼 있고, 일각에서는 이것이 미국 도시와 시골 간의 오랜 분열을 대표한다고 주장한다. 찰스 W. 이글Charles W. Eagles은 그의 저서 『Delayed Democracy지연된 민주주의』(Univ. of Georgia Press, 1990)에서 1920년대 사람들이 "시골 지역을 백인 우월주의를 부르짖는 KKK, 주류 양조 판매 금지주의prohibitionsim[18], 기독교 원리주의 그리고 이민 배척주의nativism의 아성으로

그림 1.4 2017년 연방 법원의 한 판사는 텍사스주의 제35대 의원 선거구가 미국 헌법과 투표법으로 보장된 권리를 위배했다고 판결했다. 그에 따르면 2011년에 시행된 선거구 조정작업의 주요 변수는 인종 구성이었다. 이 지역구는 이후 게리맨더링의 상징처럼 굳어졌다.

출처: https://www.npr.org/sections/thetwo-way/2017/03/11/519839892/federal-court-rules-three-texas-congressional-districts-illegally-drawn

간주한 반면, 도시는 포용, 진보 및 미국적 삶의 특성을 대표한다."고 인식했음을 설명한다. 이 글에 따르면 도시와 시골 간의 이런 차이는 워낙 뚜렷해서 1920년의 인구조사 결과 사상 처음으로 도시 지역이 시골 지역보다 더 커진 사실이 드러났고, 많은 시골 지역이 영향력의 상실을 두려워한 나머지 선거구 조정작업이 중단됐다. 선거구 조정은 도시 지역의 의회 의석 수를 늘릴 게 뻔했고, 이는 시골 지역에 유리할 리 없었다.

선거구 조정작업이 답보 상태였던 탓에 1920년부터 1930년 사이에 의회 선거구의 불균형 상태는 더 심화됐고, 새로운 도시 인구의 정치적 여론을 사실상 묵살하는 결과로 이어졌다. 이 불균형은 적기 조정작업을 의무화한 1929년의 선거구 재배분법Reapportionment Act에 의해 완화됐지만 지역구 경계를 어떻게 변경할지는 도시와 시골 지역 간의 논쟁거리로 남았다. 예를 들면 2017년 소송에서 연방 법원은 35번째 선거구(그림 1.4)를 포함한 텍사스주의 3개 선거구에 대한 조정작업이 위헌이라고 판결했다.[19] 이들 경계선은 주로 시골 지역에서 우세인 공화당의 의석 확보를 도울 목적으로 조정됐다.

미지의 도시계획: 데이터와 도시 산업화

시골과 도시의 분할은 산업화에 따라 사람들이 시골에서 도시로 몰려들면서 시작됐다. 인구 유입에 따른 도시 성격의 변화는 부유층과 빈곤층 간에 커다란 격차를 만들어냈다. 산업화 기간 중에 빈민가와 임대 주택이 급증했다. 이런 변화는 많은 도시에서 부유한 백인 엘리트층과 빈민층의 직접 접촉을 초래했고, 엘리트층은 이를 달갑게 여기지 않았다. 그와 동시에 의사와 성직자를 포함한 새로운 전문직 계급은 이전까지 정부 행정 관계자들만 볼 수 있었던 데이터에 접근할 수 있게 됐다.[20] 데이터에 대한 접근성이 높아지자 빅토리아 시대의 일부 개혁가들은 빈곤층에 도움이 될 수 있는 통계 기법을 개발하기 위해 인구조사, 실태조사, 지도화mapping, 정성적 이미지와 인터뷰 등을 통해 취득한 인구 동태 통계를 활용했다. 이들의 작업은 공중보건이라는 새로운 분야를 탄생시켰고 현대적 위생 시설의 개발을 부추겼다. 이들은 종종 그래프와 지도를 동원해 자신들의 대의명분을 강조했고, 그래서 시각적 효과도 높았다.

데이터 분석학: 공중보건 분야의 탄생

제1차 산업혁명(1760-1840)은 수작업에 의존하던 사회 경제를 증기 기관 기반으로 변모시켰다. 사람들이 공장의 일자리를 찾아 시골을 떠나면서 도시 인구는 폭증했다. 아마도 세계 최초의 메가시티였을 런던의 인구는 1802년과 1850년 사

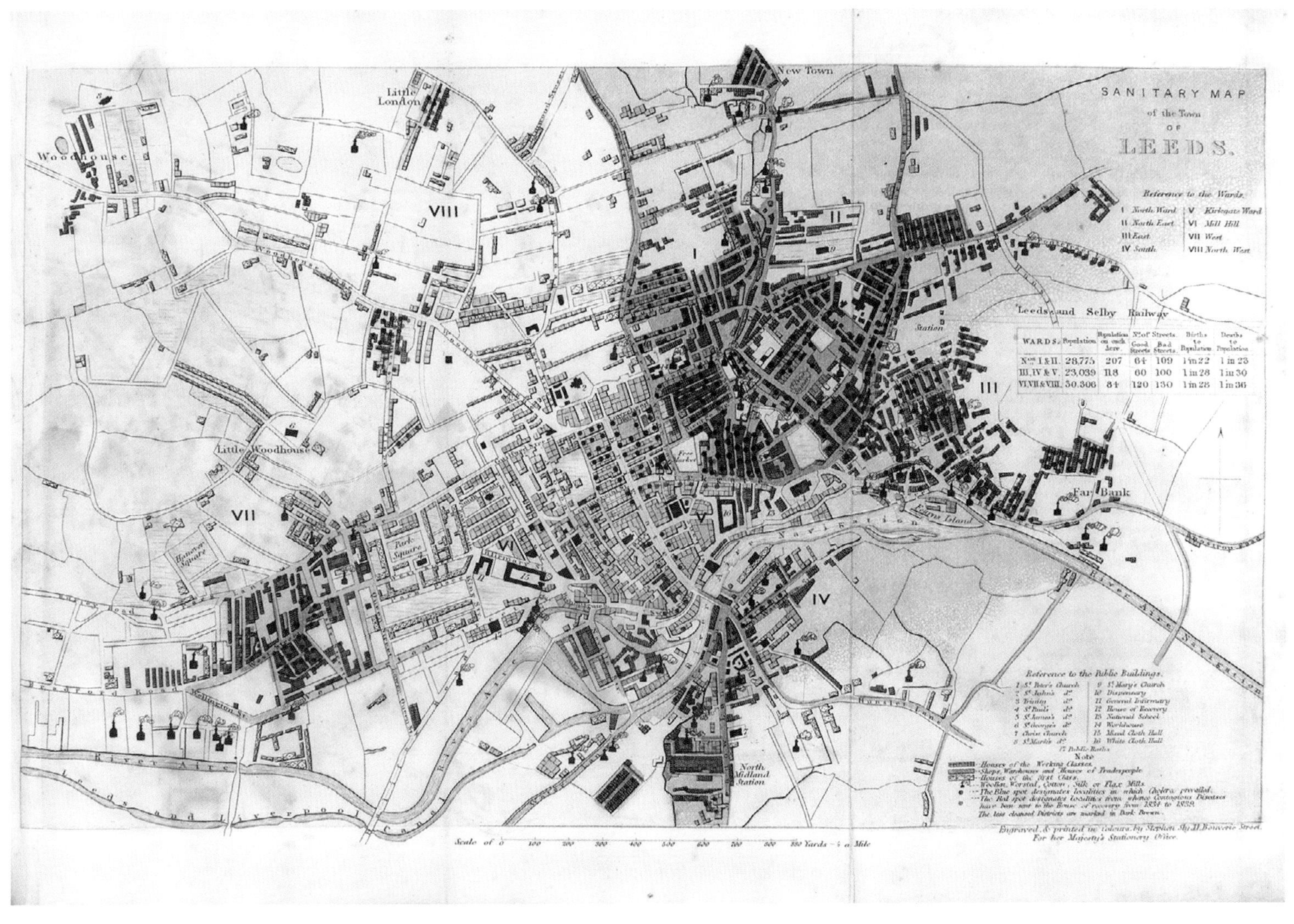

WARDS.	Population.	Population on each Acre.	No. of Streets. Good Streets	Bad Streets	Births to Population	Deaths to Population
Nos. I & II.	28,775	207	64	109	1 in 22	1 in 23
III, IV & V.	23,039	118	60	100	1 in 28	1 in 30
VI, VII & VIII.	30,306	84	120	130	1 in 28	1 in 36

그림 1.5 영국 노동 인구의 위생 환경 보고서에서 뽑은 리즈시의 위생시설 지도

출처: 1842년 위생시설 보고서(https://www.parliament.uk/about/living-heritage/transformingsociety/livinglearning/coll-9-health1/health-02/1842-sanitary-report-leeds/)

이에 두 배로 증가했다. 인구 증가와 더불어 극심한 빈곤, 온당한 주거 및 위생 시설의 결여, 그리고 콜레라 창궐(1832년과 1850년대) 같은 사회 문제가 불거졌다.[21] 공중보건 문제 및 열악한 생활 환경이나 빈곤 문제에 직접 대응하는 과정에서 결과적으로 19세기 초의 데이터 수집 노력은 더욱 높아졌다. 영국에서는 이런 관심이 높아져 수많은 통계협회의 창설로 이어졌고,[22] 그중 최초인 맨체스터 역사협회는 영국지리원Ordnance Survey이 도시에 대한 상세한 지적地籍 조사를 시작할 무렵인

1833년에 설립됐다. 그로부터 불과 1년 뒤인 1834년, 찰스 배비지Charles Babbage는 후에 왕립통계협회로 승격되는 런던통계협회를 공동 창립했다. 데이터 접근성이 높아지면서 중요한 사회 문제를 다루는 신규 기관도 더 많아졌다.

전염병학과 공중보건 분야는 이처럼 통계분석과 지도화에 대한 높아진 관심의 결과로 탄생했다. 에드윈 채드윅Edwin Chadwick, 존 스노John Snow, 윌리엄 파William Farr 등 주목할 만한 공중보건 통계학자들은 이런 협회의 회원이었다. 이들이 데이터와 그들의 분석 기법을 공유하면서 획기적인 연구를 발전시켰고, 질병 퇴치를 도왔다. 아마도 가장 주목할 만한 대목은 이들이 시각화를 통해 데이터를 공유함으로써 그들의 아이디어와 연구 결과를 한층 더 효과적으로 소통하고 정책 변화를 이끌어낼 수 있었다는 점이다. 채드윅이 1842년에 작성한 「노동 인구의 위생 환경에 관한 보고서Report on the Sanitary Condition of the Labouring Population」는 콜레라 창궐의 원인으로 추정되는 물리적, 사회적 우려를 그림으로 생생하게 묘사했다(그림 1.5). 데이터를 지도와 그림으로 이해하기 쉽게 표현하면서 발견 내용을 설득력 있게 전달한 채드윅의 보고서는 1848년 영국의 공중보건법 발효에 결정적으로 기여했다고 평가된다.[23]

존 스노는 콜레라로 인한 사망과 오염된 우물과의 상관 관계를 규명해 유명해진 브로드가 펌프(1855년) 지도(그림 1.6과 1.7)를 개발했다. 이것은 영국 중앙등기소General Register Office의 수석 통계 편찬자(혹은 수석 통계학자)인 윌리엄 파가 콜레라 사망 통계 데이터를 스노와 공개적으로 공유한 다음에야 가능한 일이었다. 스노의 지도는 콜레라 사망자가 브로드가의 우물을 식수원으로 사용하는 가구에 집중

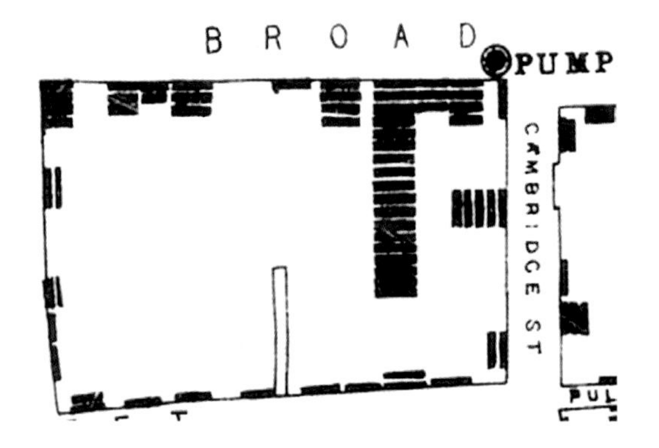

그림 1.6 그림 1.7에 표시된 존 스노의 콜레라 지도에 사용된 막대 차트를 확대한 모습

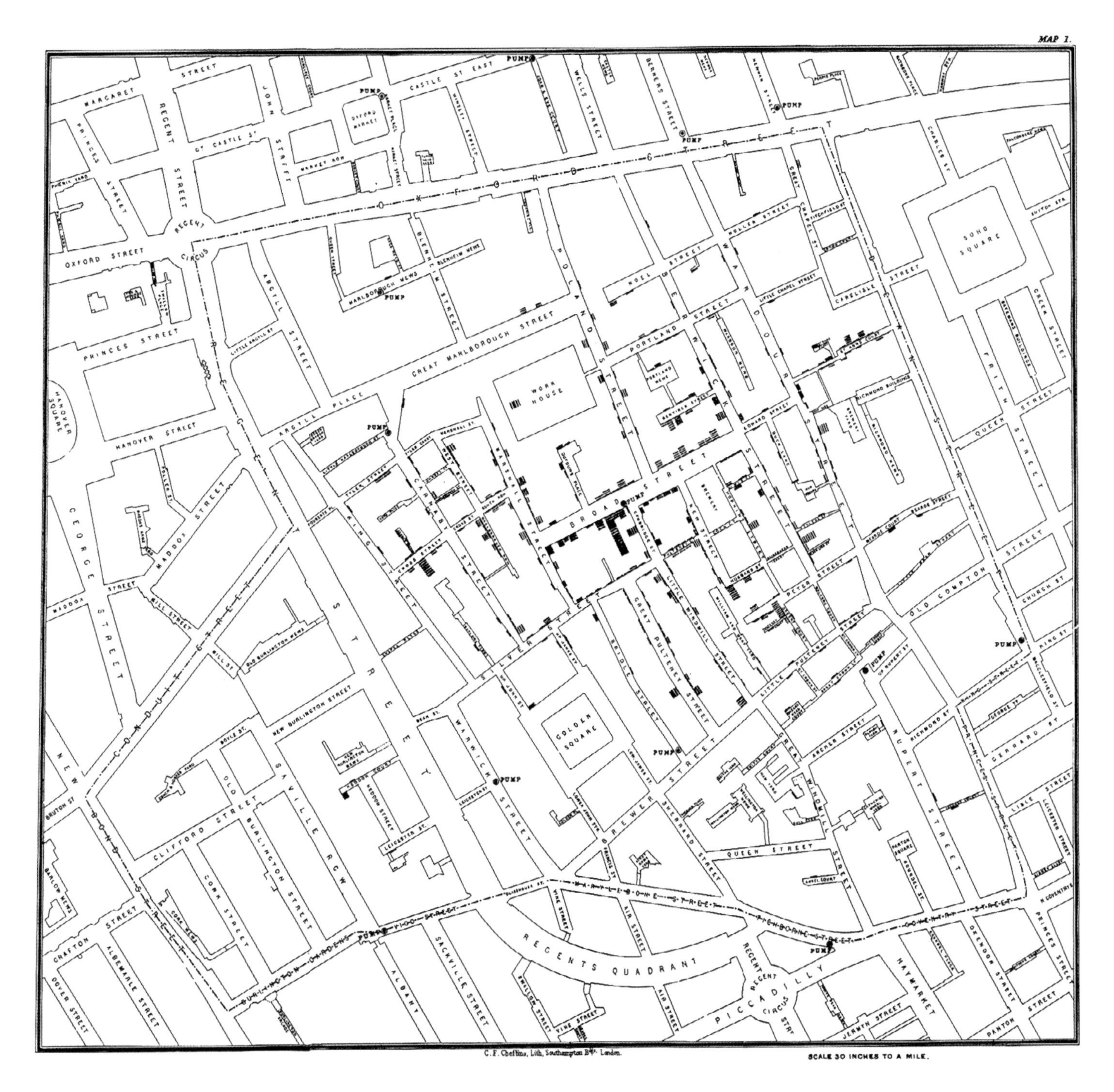

그림 1.7 존 스노의 콜레라 지도(1854년)는 콜레라로 인한 사망자의 다수가 브로드(Broad) 가(街)의 우물 근처에서 발생했음을 보여준다. 이 지도는 데이터 시각화의 한 사례로 평가되는데, 특정 주소지의 사망자 수를 정확하게 표현한 막대 차트를 포함하고 있기 때문이다.

출처: 존 스노, 『On the Mode of Communication of Cholera(콜레라의 전염 방식에 대해)』(John Churchill, 1855)

된 사실을 보여줬다. 스노의 지도화 실험 전까지 과학자들은 콜레라가 물로 전파될 수 있다는 점을 널리 수용하지 않았지만, 스노의 지도는 이런 추정을 수정해야 할 필요성을 압도적인 시각적 증거로 제공했다. 스노의 시각화 작업은 정책 수립과 시행에 필수적인 정보를 효과적으로 전달할 수 있는 그 능력 때문에 공중보건과 사회학 분야에 커다란 영향을 미쳤다. 오늘날의 최고기술책임자에 해당하는 윌리엄 파는 스노의 지도 내용을 뒷받침하는 통계적 증거를 개발함으로써 스노의 작업이 변칙적이거나 눈길만 끄는 장식도 아니라는 점을 보여줬다.

영국의 인구조사 작업을 관장하고 영국의 최고 통계학자로 활동한 파의 재임 기간(1851~1871)은 데이터를 널리 공개하는 '오픈 데이터' 흐름의 첫 사례로 꼽힐 수 있을 만큼, 영국의 오픈 데이터 운동이 성장하는 데 중요한 계기가 됐다. 그의 임기 동안 영국에서 일반이 접근할 수 있는 데이터의 유형은 크게 증가했고, 출생지와 사망일 등록(1841년) 같은 인구 동태 통계를 포함하기 시작했다.[24] 파는 사망증명서를 근거로 다른 계급과 교육 수준에 따른 자살률, 직업 사망률, 사망 원인 등을 규명하는 광범위한 연구를 수행했다. 질병의 확산에 관심을 갖게 되면서 파는 특히 인플루엔자(1847년)와 콜레라(1854년)를 집중 연구했다.[25]

지적도: 산업화된 도시를 통제하는 방법

지도 형식의 데이터는 빅토리아 시대의 사회통계학자들이 토지 자산, 빈곤 및 도시의 '체제 전복적 요소'를 기록하는 소통 수단이 됐다. 매춘굴의 위치나 혐오스러운 사회적 규범을 가진 이민자들의 위치 등을 상세히 기록함으로써 이런 지도는 도시의 불미스러운 요소를 통제하기 위한 정책 개발의 기본 수단이 됐다. 이런 지도는 많은 경우 빈곤층의 어려움을 파악하고 반영하기 위한 개념으로 나왔지만, 지도상에 단순히 '기타other'로 표시함으로써 실상은 도리어 이들을 더욱 소외시키는 데 악용됐다. 이 초기 지도는 데이터를 정책 개정에 적용할 때 존재하는 이중성을 잘 보여준다. 데이터는 증거로 사용될 수 있지만, 이것은 도움이 될 수도 피해를 입힐 수도 있다.

지도에 대한 빅토리아 시대의 매력은 영국지리원이 도시와 마을의 상세 지도를 개발하기 시작한 1824년까지 거슬러 올라간다. 이 지도는 사상 처음으로 건물이 차지하는 공간, 거리, 도로, 공원, 교회와 학교, 정부 건물 같은 공공 기관을 보여준다. 이 지도는 주로 과세 목적에 사용됐다. 1862년 영국지리원은 이 시리즈 중에서도 가장 크고 상세한 지도를 제작했다. 10,560:1 축척의 런던 지도였다(지도상의 15cm가 1.6km의 실제 거리를 나타낸다). 미국에서는 민간기업이 비슷한 지도를 제작했다. 예를 들면 1867년 후에 샌본 화재보험으로 불리는 샌본 내셔널보험 도해회사Sanborn National Insurance Diagram Company는 벽돌과 목재 구조, 오염물질, 비즈니스 유형 등을 상세하게 포함한 첫 보스턴 지도를 발표했다. 이어 대다수 미국 도시에 대한 지도를 개발했다. 이들 초기 지도는 석유나 다른 화학물질이 사용된 장소에 대한 중요한 데이터를 담고 있어서 해당 도시의 환경 연혁을 구축하는 데 도움이 되기 때문에 오늘날에도 여전히 환경개선용으로 사용된다(그림 1.8과 1.9). 백년이 넘는 역사 동안 대규모 지도 제작자들을 고용한 샌본 컴퍼니는 대규모로 급속히 진행된 미국 도시 개발의 역사를 추적할 수 있는 유일한 데이터 출처가 됐다.

샌본 지도와 런던의 비슷한 지도 제작사인 고드 화재보험계획Goad Fire Insurance Plans(1866~1930)은 토지 이용 정보의 귀중한 자원이 됐다. 하지만 이 지도는 건설된 환경에 초점을 맞췄기 때문에 해당 도시의 사회경제적 조건을 측정하지는 않았다. 런던의 자선사업가인 찰스 부스Charles Booth는 그것을 바꾸고자 나섰다. 그는 이들 지도에 빈곤 척도를 넣는 것이 빈곤층의 생활 환경을 연구하는 데 필수적이라고 믿었다.[26] 그에 따라 부스는 런던 역사상 인종과 계급에 관한 가장 광범위한 조사를 수행했다. 1892년부터 1903년까지 부스의 팀은 런던의 모든 건물을 방문해 수입, 주거 품질, 상수원 접근성 등 도시 환경의 여러 조건에 관한 일련의 설문을 벌였다.

부스의 조사는 런던에 대한 최초의 사회인구학적 지도로 유명해진 런던의 빈곤 지도Descriptive Map of London Poverty(그림 1.10a와 1.10b 참조)로 구체화했다.[27] 부스의 지도는 런던 인구의 30.7%가 빈곤 상태라고 주장하면서 빈곤 수준을 적절히 추산하는 데 도움을 줬다. 25% 정도로 추산된 이전의 결과와 현저한 차이였다. 부스의 지도는 사회 문제를 물리적 도시와 연결한 첫 시도로 주목할 만했을 뿐 아니라, 자선사업가들과 정부기관에게 도시 빈곤층의 삶이 가진 사회적-공간적 측면을 새로운 방식으로 이해할 수 있도록 도움을 줬다(그림 1.10). 비록 당시의 사회적 조사관들이 표와 숫자, 통계 자료를 자주 동원했지만, 부스의 지도는 객관적 사실을 제공하는 것으로 평가돼 그의 발표 내용에 신빙성을 더했다.[28]

그와 동시에 부스의 작업은 전체 빈곤층 인구를 런던의 핵심 지역에서 체계적

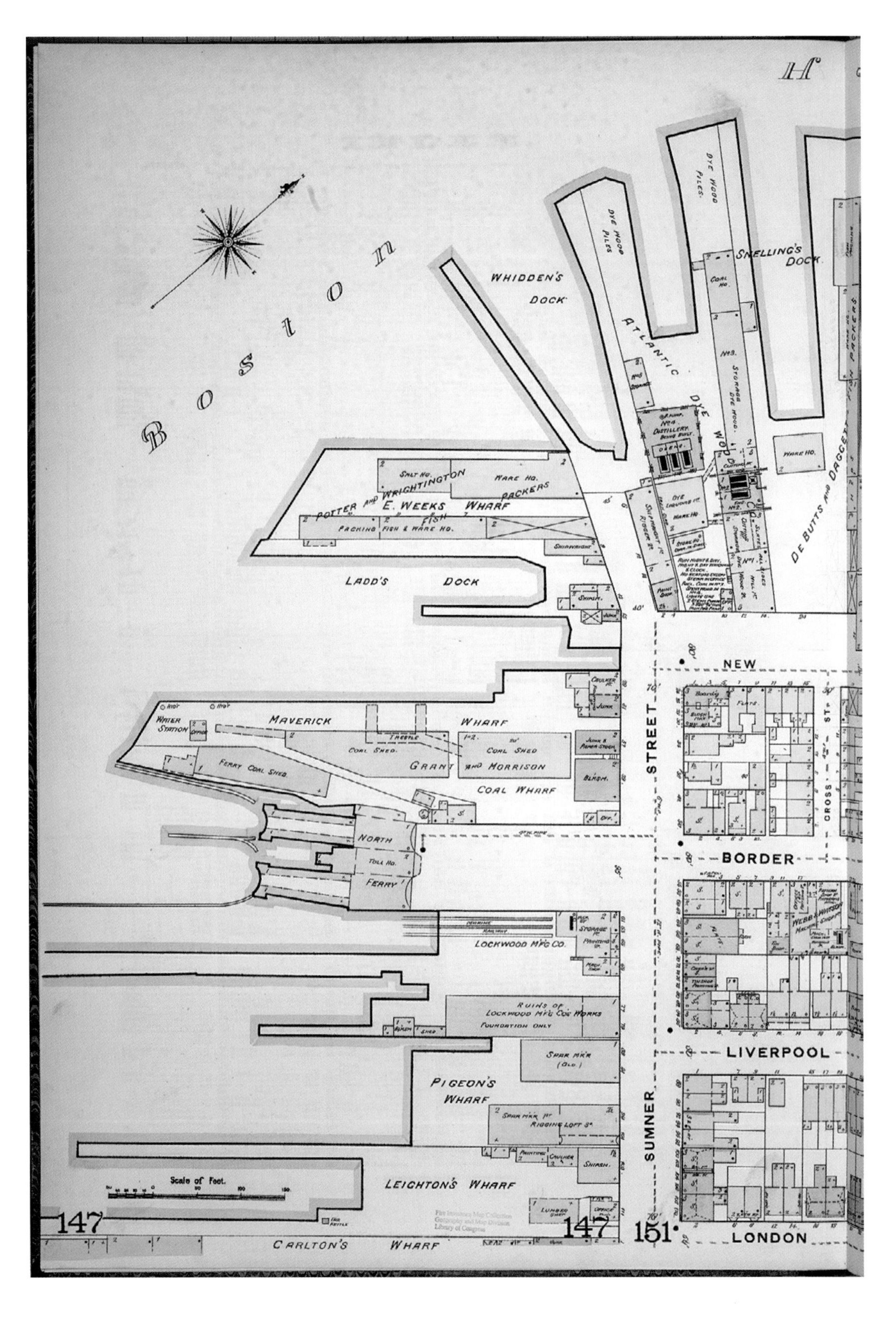

그림 1.8 1888년에 제작된 이 샌본 지도는 매사추세츠주 보스턴의 제조업 지구에 있는 한 블록을 보여준다. 석탄 창고, 염색 공장, 기계 공장 등이 여기에 포함돼 있다. 이 지도는 상세한 도시 데이터를 담은 첫 사례 중 하나다.

출처: 샌본 지도회사(Sanborn Map Company), "매사추세츠주 서포크 카운티, 보스턴에 대한 샌본 화재보험 지도 중 이미지 3번", https://www.loc.gov/resource/g3764bm.g03693188805/?sp=3&r=-0.228,0.033,1.566,1.333,0

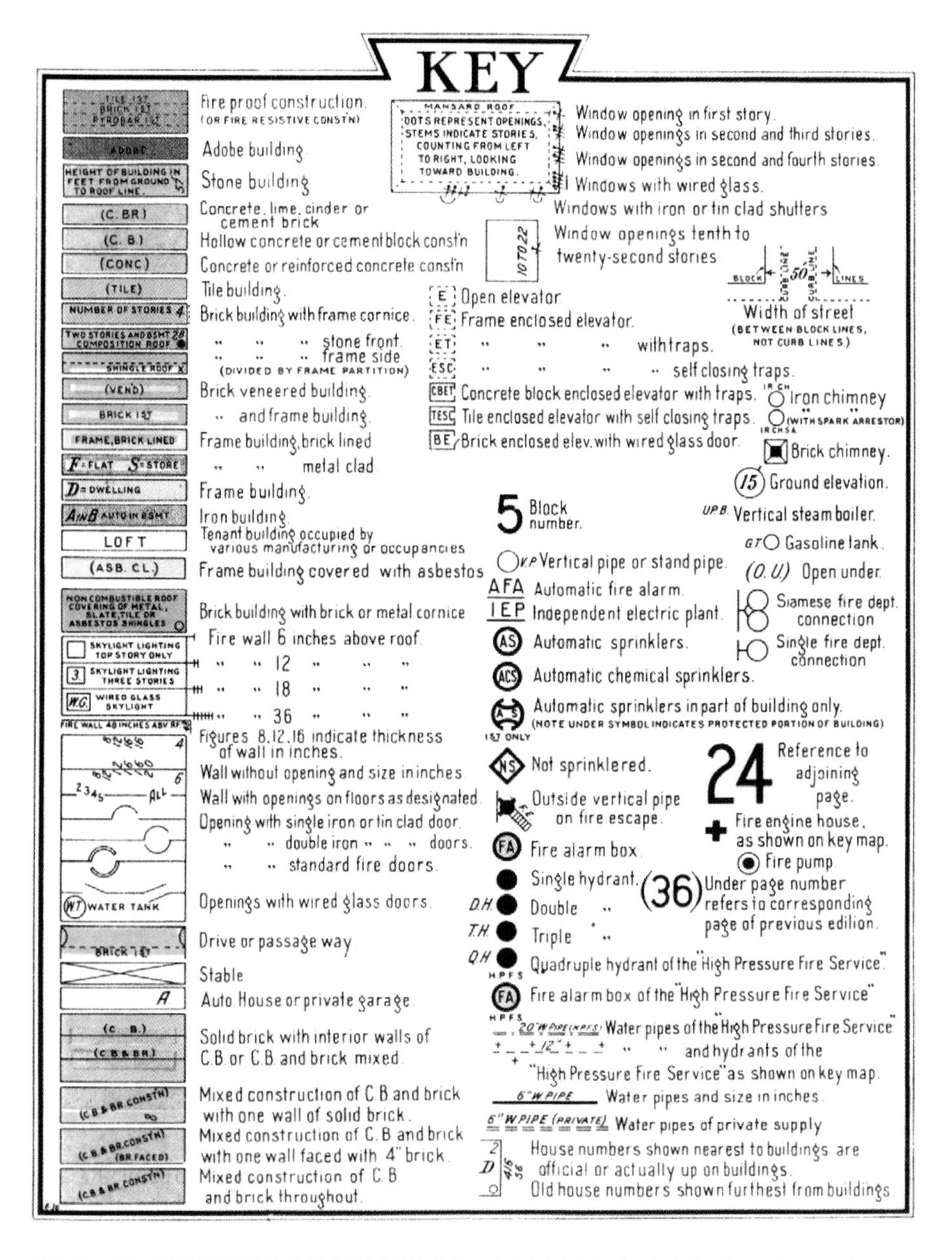

그림 1.9 샌본 지도의 전형적인 범례. 여기에서 수집된 상세 도시 데이터의 양은 지금 수집되는 대부분의 부동산 정보보다도 더 방대하다.

출처: FIMo – 샌본 지도를 판독하는 방법(http://www.historicalinfo.com/fimo-interpret-sanborn-maps/#Utilization), 2019

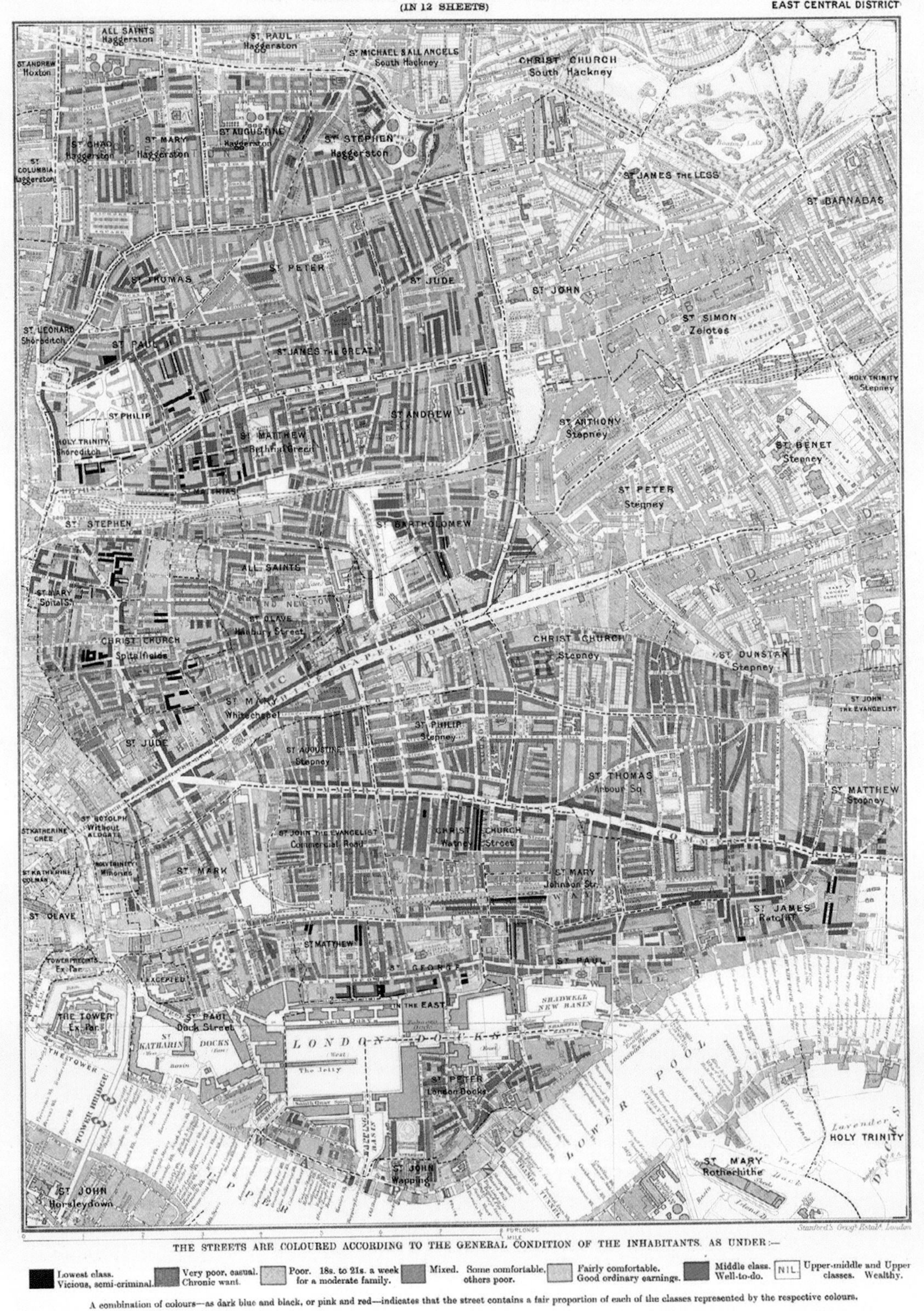

그림 1.10a와 1.10b 찰스 부스가 만든 런던의 사회인구학 지도. 그림 1.10a는 20세기 초 많은 유대인이 거주했던 런던 동부 지역에 초점을 맞춘 오리지널 지도 5를 보여준다. 그림 1.10b는 바운더리 주택단지를 개발하기 위해 철거한 세인트 니콜 빈민가의 본래 위치에 초점을 맞춘 지도를 확대한 것이다.

출처: 런던정경대학교, "찰스 부스의 런던(https://booth.lse.ac.uk/map/13/-0.1565/51.5087/100/0)"

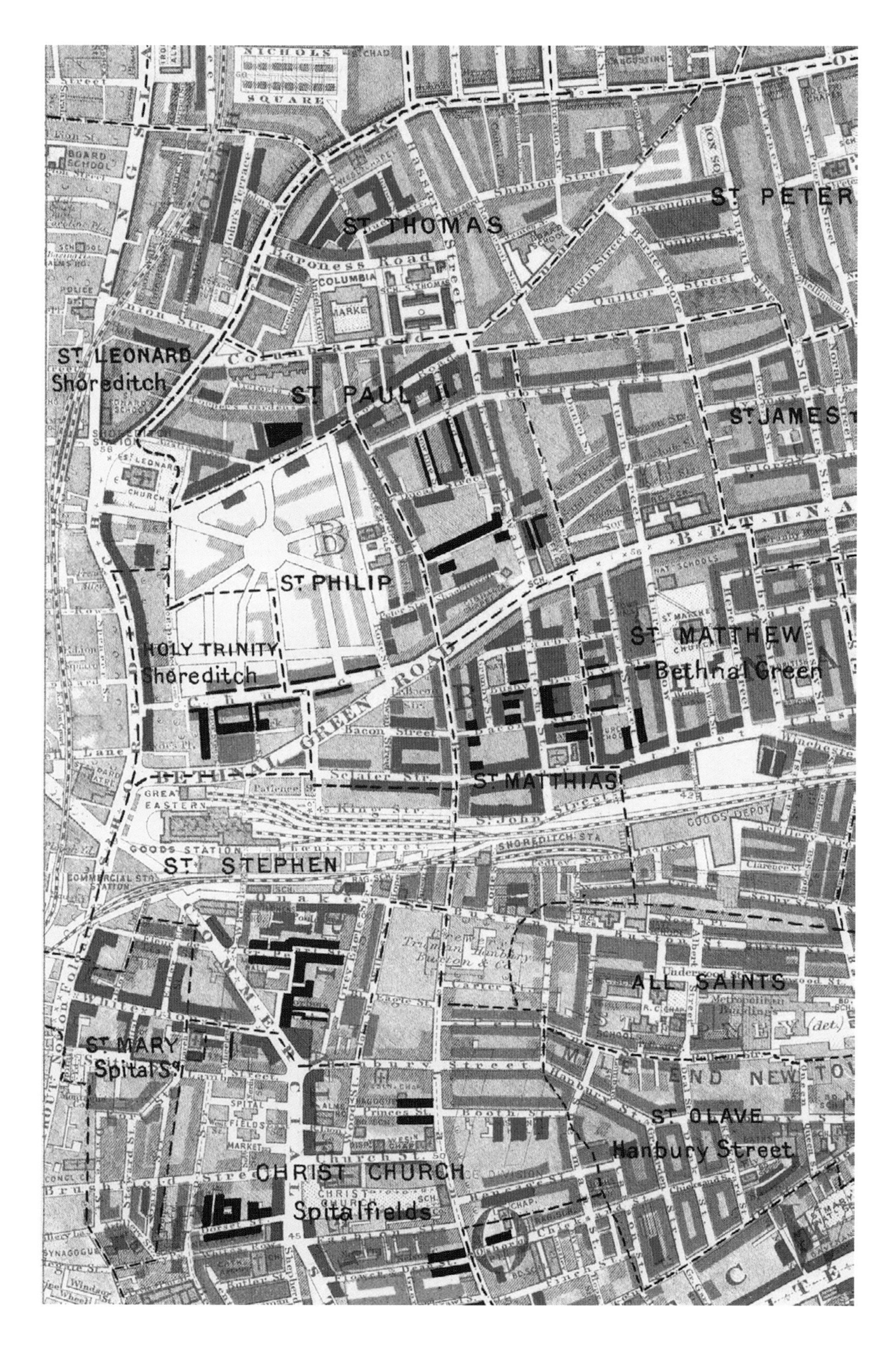

NICHOLS
SQUARE
BOARD SCHOOL
ST THOMAS
ST PETER
Shipton Street
Baroness Road
COLUMBIA
MARKET
Quilter Street
ST LEONARD
Shoreditch
ST PAUL
ST JAMES
ST PHILIP
B
HOLY TRINITY
Shoreditch
ST MATTHEW
Bethnal Green
GREEN ROAD
Bacon Street
Sclater Str.
ST MATTHIAS
GREAT EASTERN
GOODS STATION
GOODS DEPOT
SHOREDITCH STA.
ST STEPHEN
COMMERCIAL STR. STATION
ALL SAINTS
Underwood St.
ST MARY
Spital Sq
SPITAL FIELDS MARKET
ST OLAVE
Hanbury Street
CHRIST CHURCH
Spitalfields
SYNAGOGUE

으로 제거하는 수단이 됐다. 예컨대 1901년 설립된 왕립주택위원회가 그중 하나로, 부스의 지도는 해당 지역의 빈민가를 완전히 부수고 공공 지원 주택을 짓기로 한 결정의 근거로 작용했다. 가령 유대인들이 몰려 사는 런던 동부의 니콜Nichol 빈민가는 영국 최초의 공공지원 주택프로젝트인 '바운더리 주택단지Boundary Estate'로 대체됐다.[29] 런던 동부지역의 주택 업그레이드는 필요한 일이었지만, 새 주택의 임대료는 니콜 빈민가보다 더 높게 책정됐고, 그곳에 살던 사람들은 새 주택의 임대

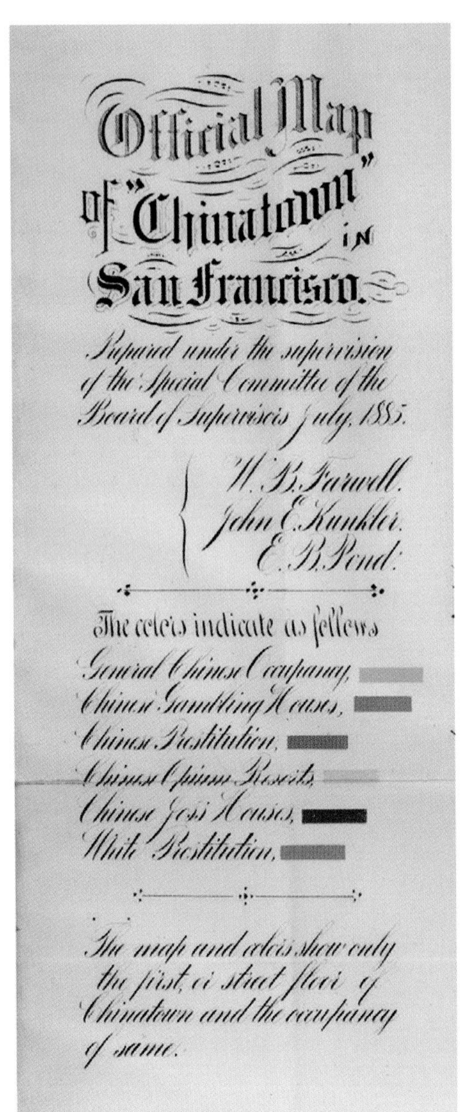

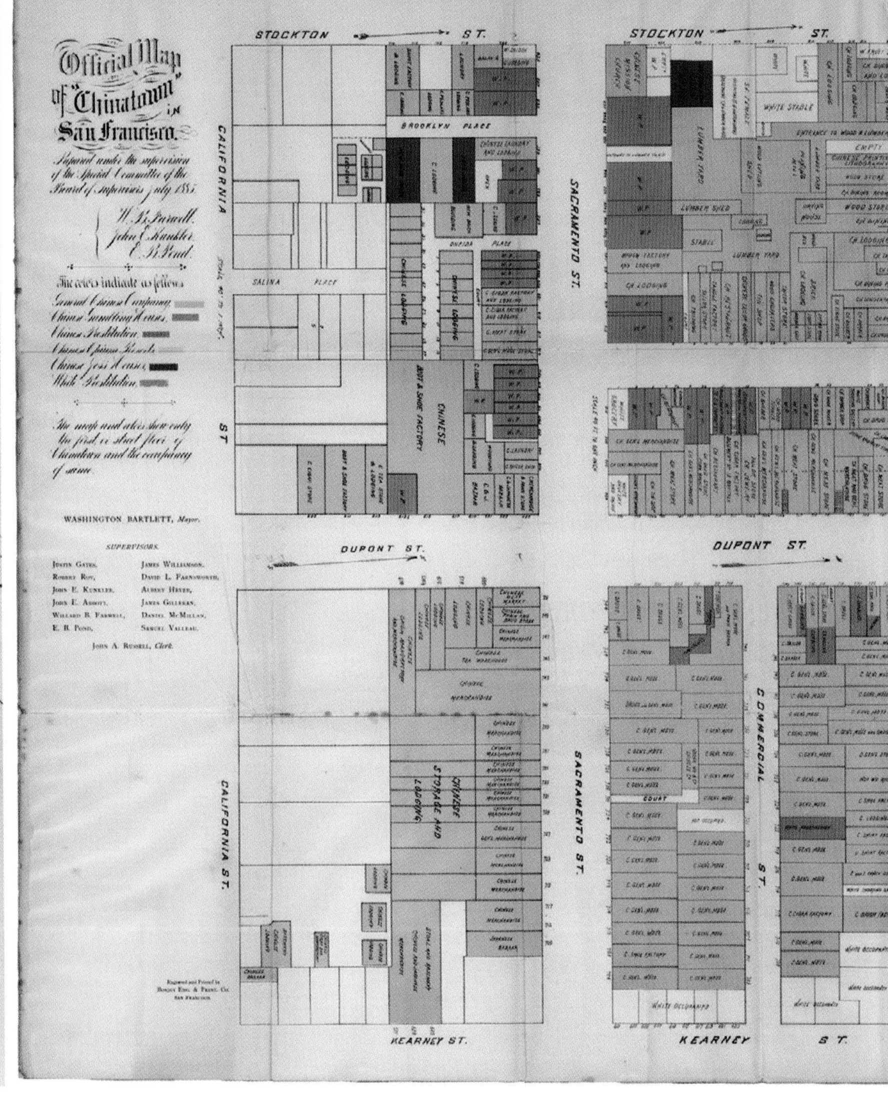

료를 지불할 능력이 없었다.[30] 그 결과 전체 유대인 공동체는 그들의 지역에서 밀려났다. 당시 기록만 봐서는 이것이 특정 그룹을 의도적으로 겨냥한 작업이었는지 판단하기가 어렵다. 일부 회고에 따르면 부스는 유대인 문화에 '혼란스러워 했으며confused', 그의 집필 내용 중 일부는 반유대주의적으로 보인다.[31] 비록 부스의 지도가 사용되기 전에 재개발이 예상되기는 했지만, 이런 잠재적 편견이 그의 초점을 니콜 슬럼가로 맞춘 것일 가능성도 있다. 따라서 부스의 지도는 시 정부가 이미

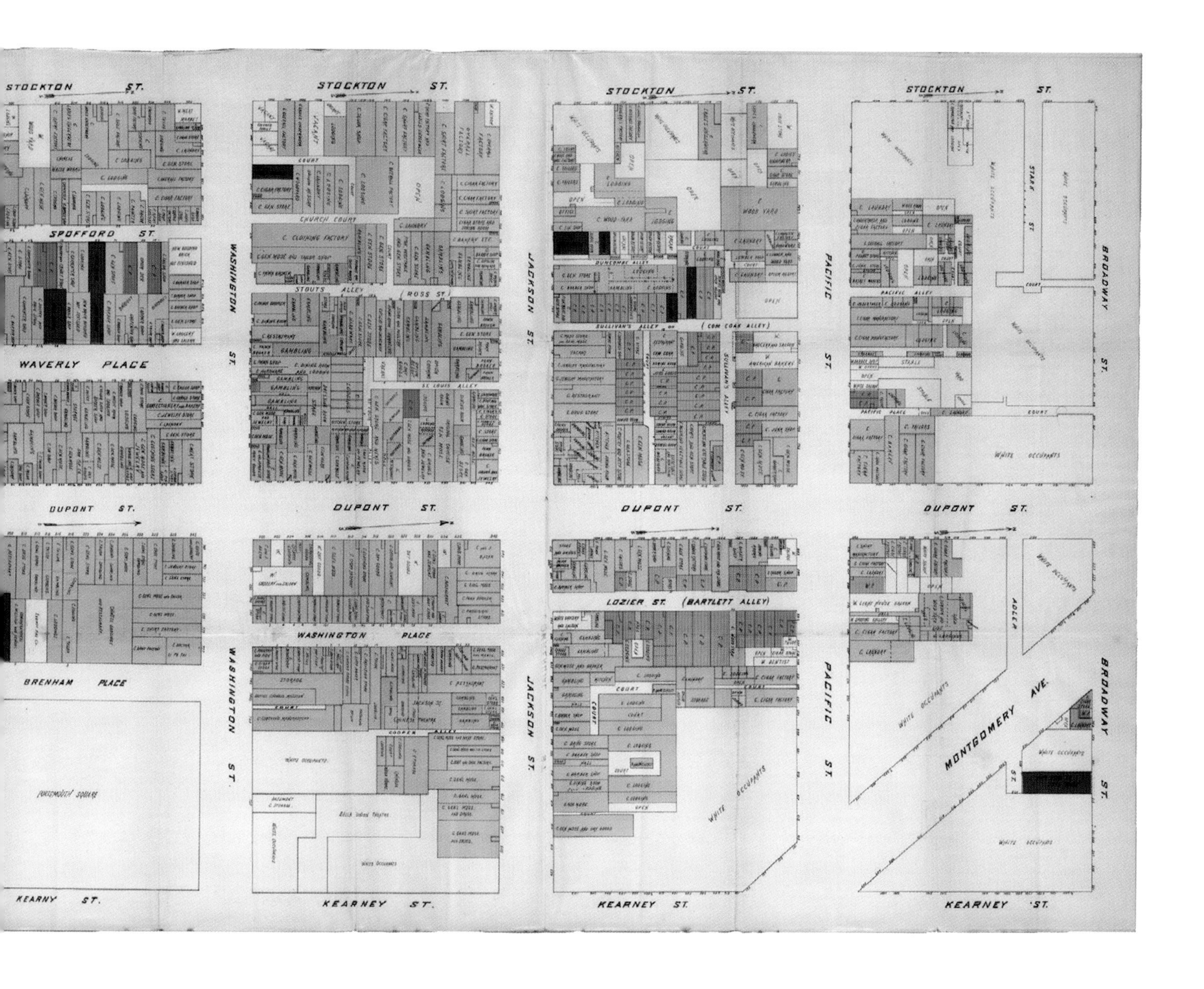

그림 1.11 1885년에 제작된 이 지도는 차이나타운의 비즈니스, 특히 바람직하지 않다고 보는 도박, 마약, 매매춘 같은 업종을 부각시켜 보여준다.

출처: "샌프란시스코의 범죄를 지도화하다", 지도화한 미국 블로그(http://www.mappingthenation.com/blog/mapping-vice-in-san-francisco/)

시행하려는 정책에 대한 대중의 지지를 모으기 위한 합리적 증거 구실을 했을 수 있다.

미국과 유럽의 자선사업가들은 부스의 작업을 모방했고, 비록 많은 지도는 도시의 빈곤층을 돕는 프로젝트의 증거로 제작됐지만, 인종차별주의적 저의를 담고 차별적 정책을 시행하기 위한 증거로 악용된 지도도 있었다.[32] 예를 들면 1885년 샌프란시스코의 감리監理 위원회는 차이나타운의 도박, 마약, 매매춘 비즈니스를 표시한 지도를 발행했다(그림 1.11). 중국인 거주민들을 해당 지역에서 몰아내는 정책을 개발하는 과정에서 작성된 보고서는 관련 지도와 더불어 "우리는 스스로 주인임을 주장하고 유지하는 대신 중국인들이 우리의 주인이 되도록 허락했다."라고 서술한다.[33] 나얀 샤Nayan Shah의 저서 『Contagious Divides중독성 분열』(University of California Press, 2001)에 따르면 "19세기 샌프란시스코의 보건 담당자와 정치인들은 차이나타운을 도시의 질병, 비행, 범죄, 가난, 그리고 타락의 상징적 장소로 간주했다."고 한다.[34] 샤는 그 지도(그림 1.11)를 감시로 해석하고, 지도의 지속적인 존재는 이런 유형의 감시가 미래에도 계속될 것임을 뜻한다고 본다. 지도는 도시 정책을 시행하는 중요한 툴이며, '기타'로 분류되는 인구를 분리하는 데 자주 활용됐다. 일부는 지적도를 특정 계층이나 계급의 인구를 소외시키는 데 악용한 반면, 다른 이들은 도시 빈민층의 열악한 삶의 질을 폭로하고 향상하는 데 활용했다. 이런 종류의 지적도는 '정주定住 운동settlement movement' 운동가들이 도시의 빈민층을 돕는 데 사용하기도 했다. 시카고의 헐 하우스Hull House는 이런 정착 주택 중에서 아마도 가장 유명한 사례일 텐데, 이곳에서는 보육, 교육, 의료 서비스를 제공했다. 1895년 헐 하우스를 운영했던 제인 애덤스Jane Addams와 그녀의 파트너인 플로렌스 켈리Florence Kelley는 부스의 런던 프로젝트를 모델로 삼아 '헐 하우스 지도와 자료'를 만들었다. 이 지도는 임대료가 임금 수준과 전혀 연동하지 않는다는 사실을 보여줌으로써 건물주들이 도시 빈민층을 어떻게 착취하는지 폭로하는 데 도움을 줬다(그림 1.12).[35]

애덤스와 켈리의 작업은 필라델피아의 아프리카계 미국인에 대한 W. E. B. 뒤부아의 유명한 연구인 『The Philadelphia Negro필라델피아의 흑인』(University of Pennsylvania, 1899)(그림 1.13)에 영향을 미쳤다. 뒤부아는 5천 명이 넘는 주민들에 대해 임금, 직업, 교육, 주거 상황을 비롯한 질문을 던졌다. 그는 많은 아프리카계 미국인이 빈곤에서 벗어나기 어려운 환경에서 살고 있다고 설명했다(그림

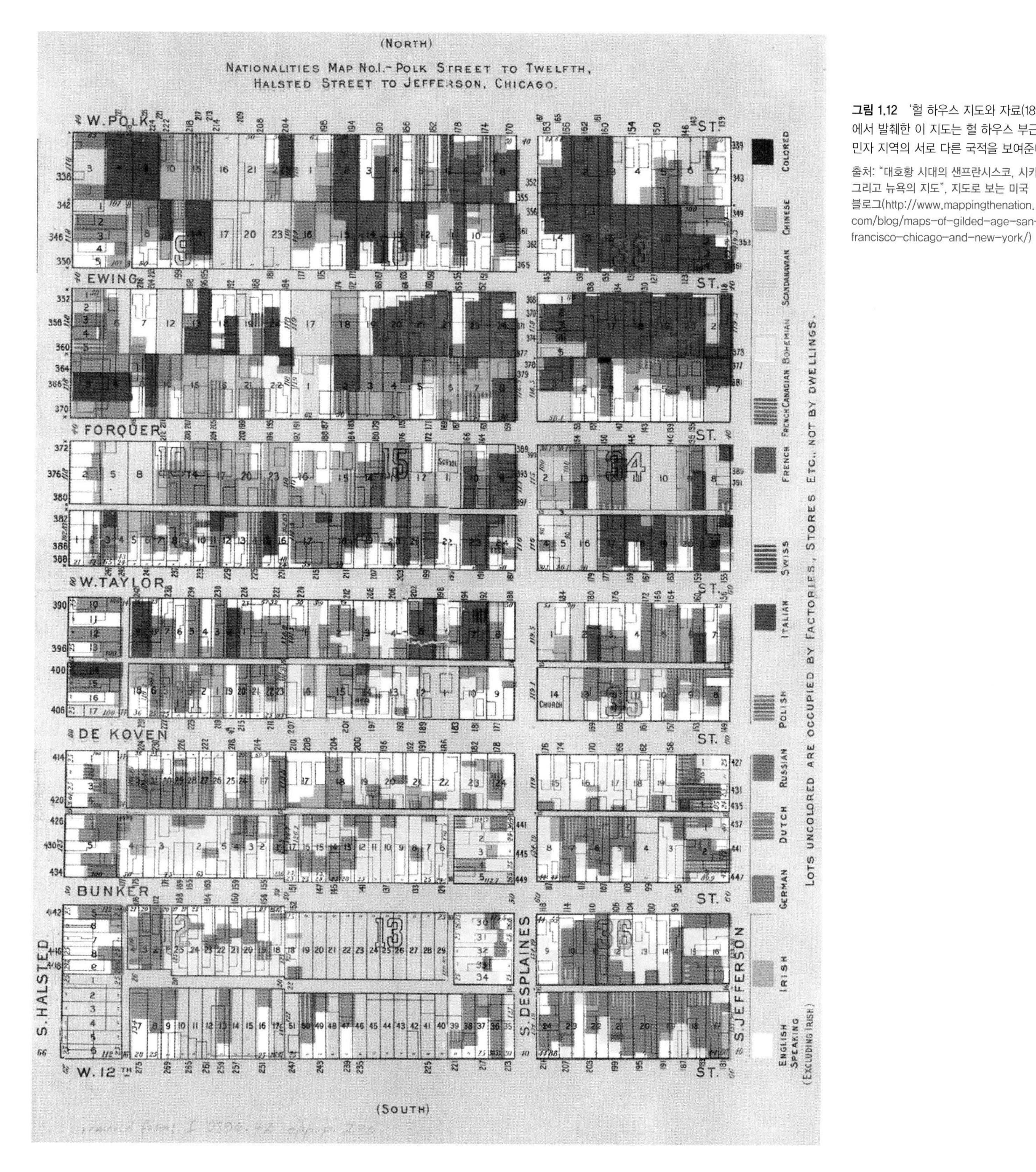

그림 1.12 '헐 하우스 지도와 자료(1895)'에서 발췌한 이 지도는 헐 하우스 부근 이민자 지역의 서로 다른 국적을 보여준다.

출처: "대호황 시대의 샌프란시스코, 시카고, 그리고 뉴욕의 지도", 지도로 보는 미국 블로그(http://www.mappingthenation.com/blog/maps-of-gilded-age-san-francisco-chicago-and-new-york/)

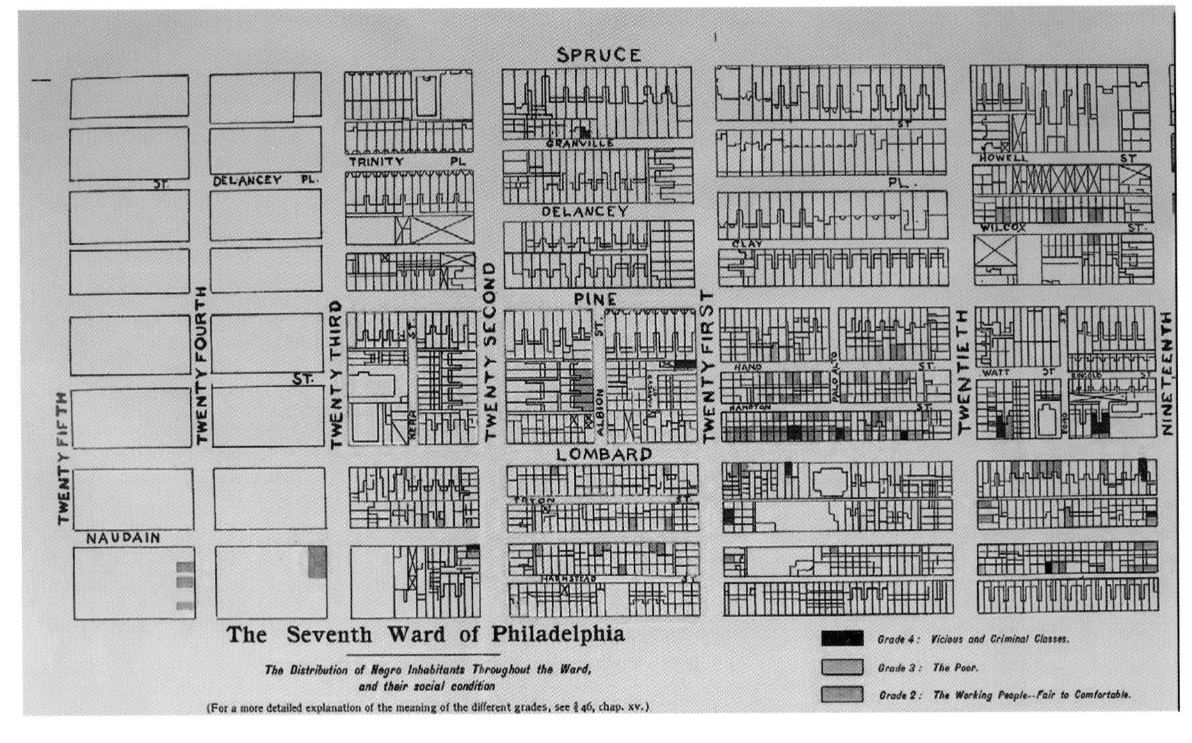

그림 1.13 W. E. B. 뒤부아는 필라델피아시 제7구(區) 지역의 아프리카계 미국인을 상세히 조사한 이 지도를 『필라델피아의 흑인』에 포함시켰다. 이 지도의 녹색과 적색은 각각 '노동 계급'과 '중간 계급'을 표시한다.

출처: W. E. B. 뒤부아, 이사벨 이튼(Isabel Eaton), 『필라델피아의 흑인 사회적 연구』, 14호, 1899

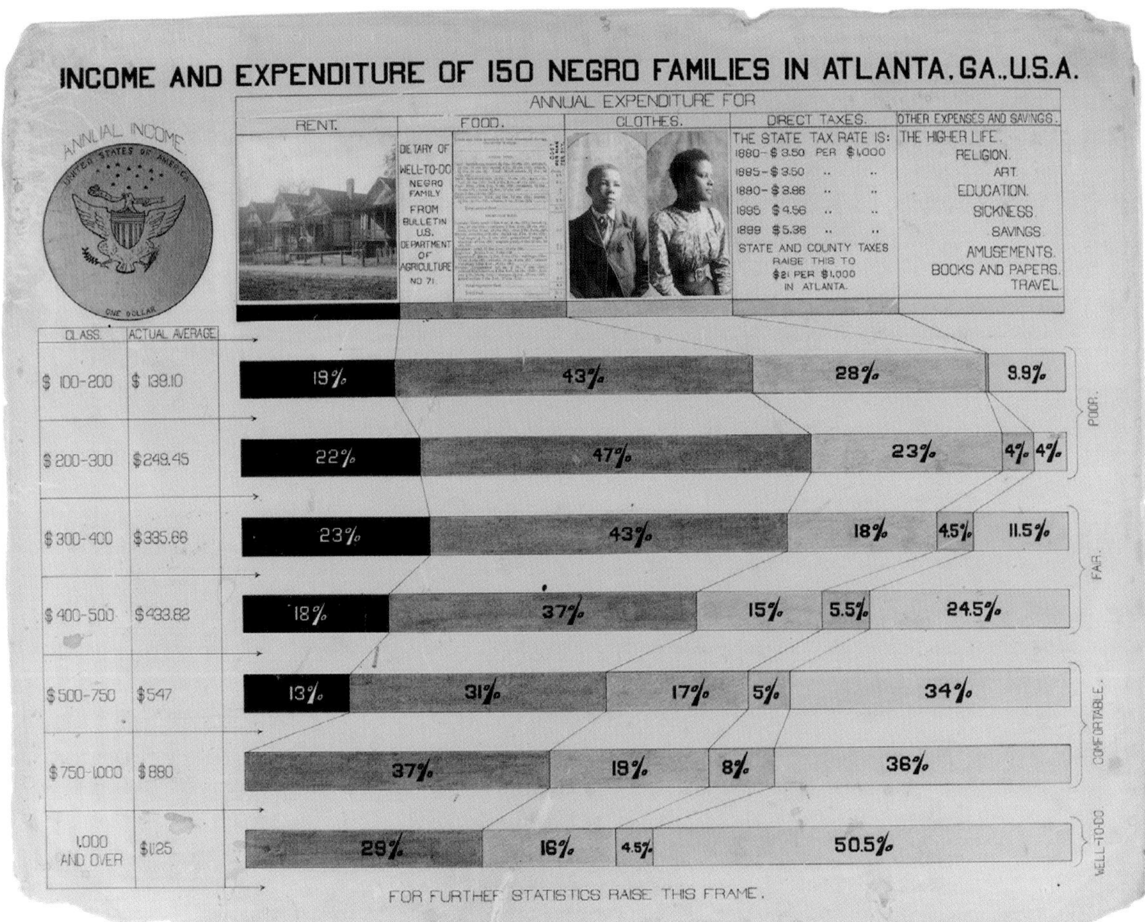

그림 1.14 W. E. B. 뒤부아의 막대 그래프는 애틀란타에 사는 아프리카계 미국인들의 평균 가계 예산을 보여준다.

출처: W. E. B. 뒤부아, 『조지아주의 흑인』, 1900년경 애틀란타 지역 흑인 가족 150가구의 수입과 지출. 소묘, 수채화 및 사진 인쇄 합성. 미국 의회 도서관의 인쇄 및 사진 분과 (https://www.loc.gov/pictures/item/2013650354/)

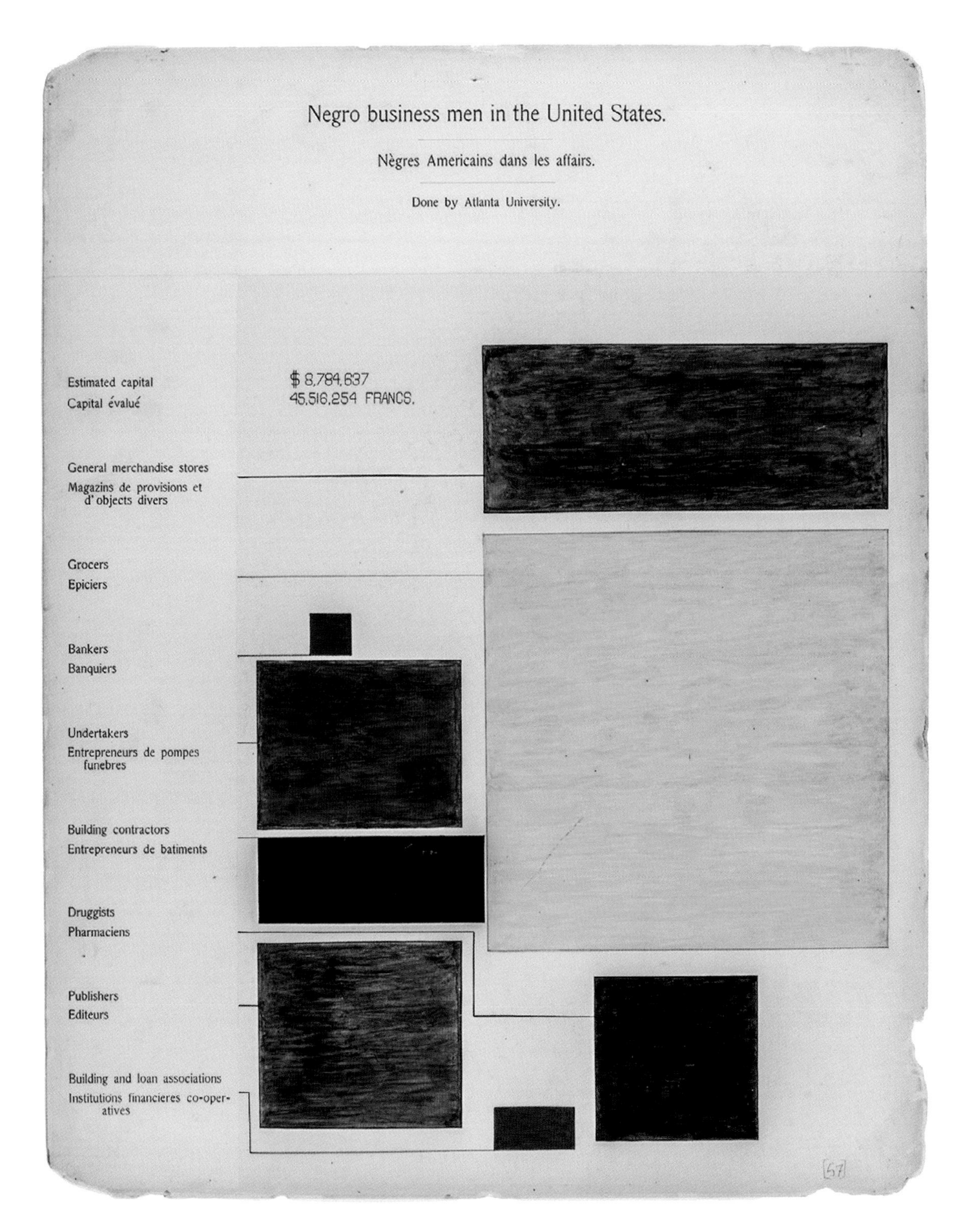

그림 1.15 W. E. B. 뒤부아의 차트는 미국 아프리카계 미국인들이 어떤 종류의 사업에 종사하는지 보여준다. 그에 따르면 흑인 남성은 백인 남성과 비슷한 직업에 종사하는 것으로 드러나 아프리카계 미국인의 지위를 높이는 데 기여한다.

출처: W. E. B. 뒤부아. 일련의 통계 차트는 과거 노예의 후손으로 미국에 거주하는 사람이 1900년 무렵 어떤 사업에 종사하는지를 보여준다. 의회도서관(https://www.loc.gov/pictures/item/2014645363/)

1.14). 뒤부아는 자신이 조직한「흑인 문제에 관한 애틀란타 콘퍼런스」[36]에 발표할 연구를 비롯한 다른 작업에도 이런 전략을 사용했다.[37] 애덤스와 뒤부아의 작업에서 지도의 형태로 표현된 데이터 시각화는 빈곤을 초래하는 구조적 문제를 부각해 보는 이들에게 그런 문제를 명확히 확인할 수 있게 했다. 임금이 기본 생계비보다 낮은 상황에서 어떻게 가난을 벗어날 수 있으리라 기대할 수 있겠는가? 초기 개혁가들은 흑인을 포괄한 더 넓은 그룹을 기반으로 이런 문제를 제기했다.

주목할 것은 제인 애덤스와 W. E. B. 뒤부아W. E. B. Du Bois가 시카고 지역에 대한 연구를 수행하던 시기에 시카고대학교의 학자들도 도시 빈민층에 대한 정량 데이터를 축적하고 있었고, 궁극적으로 사회학 분야의 시카고 학파(1915-1935)를 형성했다는 점이다. 로버트 E. 파크Robert E. Park와 어니스트 버제스Ernest Burgess가 이끄는 시카고 학파는 시 자체를 도시 연구실로 간주하고, 인류학자들이 오지의 토착 인구에 대해 사용한 것과 동일한 참여 관찰participatory observation 방식을 사용했다.[38] 데이터 분석, 지도화, 정성적qualitative 연구 등을 포괄(그림 1.16과 1.17)하는 시카고 학파의 연구 방법은 도시의 문제를 해결하려는 의도보다는 현대 도시를 경험적으로 정의하고 서술해 소위 '사회에 관한 과학science of society'을 만들려는 시도였다. 이들의 광범위한 지도화 작업을 기반으로 버제스는 유명한 '동심원 지대concentric zone' 그림을 만들었다(그림 1.16). 버제스는 이 그림을 사용해 인종 분리는 도시 개발의 자연스러운 진행 방향이며, 따라서 저지할 수 없는 현상이라고 설명했다. 이 이론은 동일한 지도화 기법을 경제 정책과 노동 정책을 바꾸는 도구로 활용한 제인 애덤스, W. E. B. 뒤부아와 극명한 대조를 보여준다. 시카고 학파의 지도는 구조적 인종 차별주의에 물든 이데올로기를 더욱 강화하는 역할을 했다는 점에서 논쟁적이다. 그보다 더 큰 문제는 시카고 학파가 여성학자인 애덤스와 아프리카계 미국인인 뒤부아로부터 지도화 기법을 빌려 왔음에도 불구하고, 그런 연계성을 의도적으로 축소하고 있다는 점이다.[39]

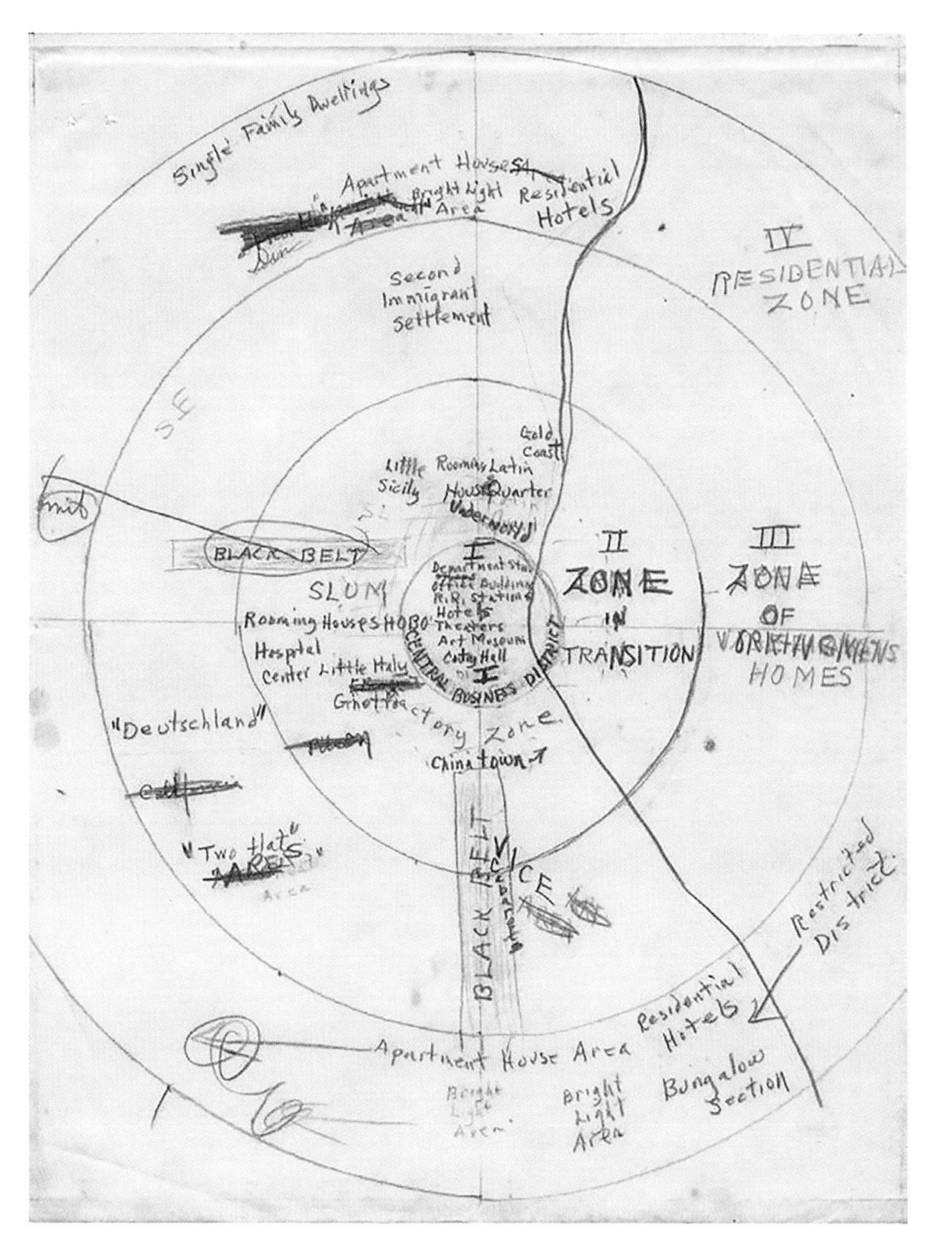

그림 1.16 도시지역 내 사회적 구성을 설명하는 데 사용된 버제스의 유명한 동심원 모델. 이 다이어그램은 사회학 시카고 학파의 핵심이라 할 만하다.

출처: 어니스트 왓슨 버제스, "방사상 확장과 다섯 개의 도시 구역을 보여주는 지도(Map of the Radial Expansion and the Five Urban Zones)", 시카고대학교 도서관

그림 1.17 이 지도는 사회학 시카고 학파에 관한 프레데릭 스래셔(Frederic Thrasher)의 『The Gang: A Study of 1,313 Gangs in Chicago(갱단: 시카고의 1,313개 갱단에 대한 연구)』(University of Chicago Press, 1927)에 딸려 있다. 이 지도는 갱단의 행태를 유발하는 것은 지리적 조건만이 아니라 제도와 기구의 와해도 작용한다는 주장에 사용됐다.

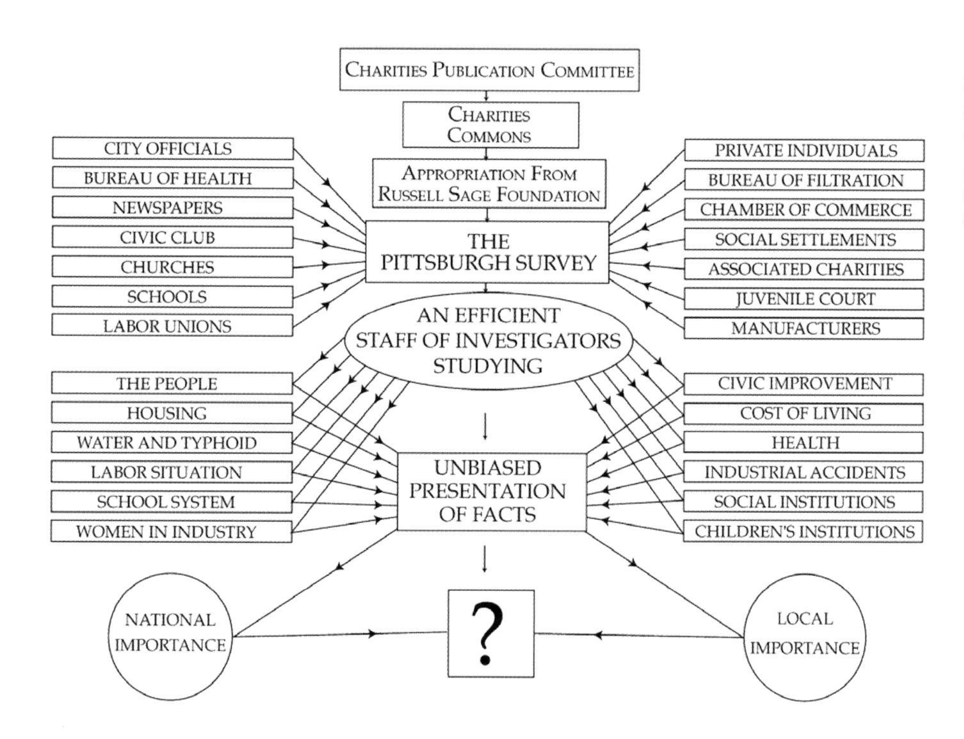

그림 1.18 『Pittsburgh Survey(피츠버그 조사)』(Russell Sage Foundation, 1909)의 저자들은 자신들의 작업을 공유하는 방식으로 복수의 시각 이미지를 활용했다.

출처: 폴 언더우드 켈로그(Paul Underwood Kellogg), 총 6권으로 구성된 『피츠버그 조사』 중 '그림 1.1'(©Russell Sage Foundation)

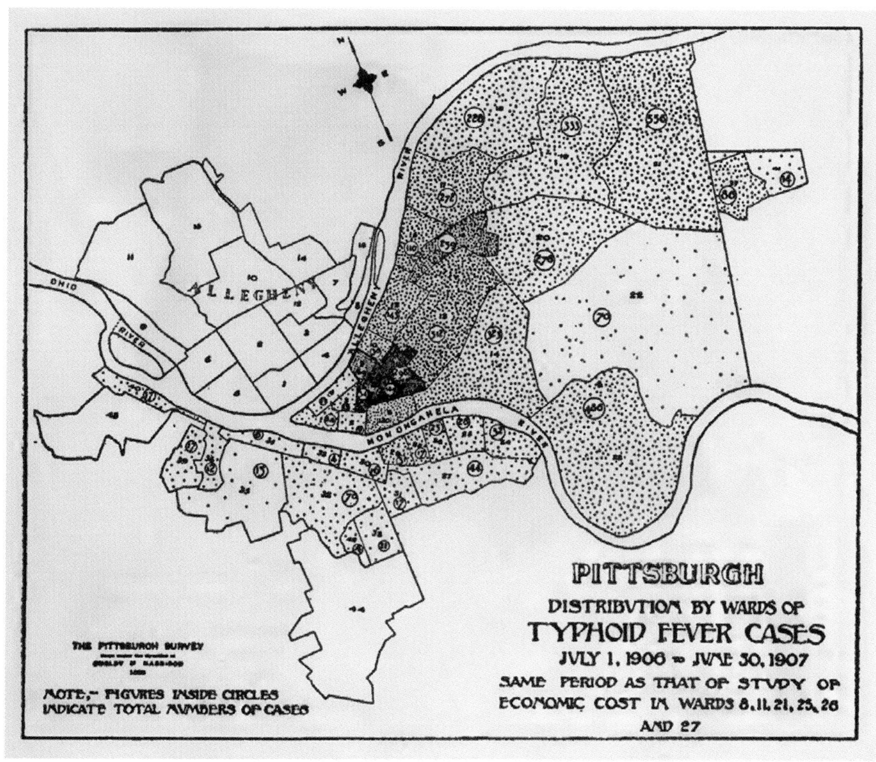

그림 1.19 지도와 사진은 피츠버그 조사의 중요한 일부였다.

출처: 폴 언더우드(https://archive.org/details/pittsburghsurvey05kelluoft/page/xvi/mode/2up)

그림 1.20a와 그림 1.20b 피츠버그 조사 중에 촬영된 사진

출처: 마가렛 프랜시스 바잉턴(Margaret Frances Byington), 폴 언더우드 켈로그(Paul Underwood Kellogg), 러셀 세이지 재단(Russell Sage Foundation), "홈스테드: 밀 타운의 가정(Homestead: The Households of a Mill Town)", 1910(https://archive.org/details/homesteadhouseho00byinuoft/page/n189) / 크리스탈 이스트만(Crystal Eastman), "작업 관련 사고와 법(Work-Accidents and the Law)", 1910(https://archive.org/details/cu31924019223035/page/n231)

시카고의 빈곤층을 이해하기 위한 애덤스와 시카고 학파의 사회적 연구는 사회학 이외의 분야에도 영향을 미쳤고 도시계획가들도 이를 널리 채택했다. 이 작업은 자선 단체와 기관에도 영향을 미쳤다. 특히 러셀 세이지 재단은 미국의 여러 도시의 사회적 조건을 파악하는 대규모 조사에 기금을 지원했다. 그중 가장 주목할 만한 연구는 1907년의 『Pittsburgh Survey피츠버그 조사』(Russell Sage Foundation, 1909)로 생활 조건, 위생, 조명 및 대기, 교육, 빈곤 등 다양한 범주로 방대한 데이터를 수집했다(그림 1.18~1.20b).[40] 다양한 분야의 전문가들로 구성된 러셀 세이지 재단의 연구자들은 사진, 지도, 차트 등을 활용해 연구 결과를 공유했고, 산업화된 도시를 서술하기 위한 정성적, 정량적 데이터의 분석 기준을 확립했다. 양적 및 질적 데이터는 도시민의 삶의 질을 바꾸는 데 매우 중요한 근거가 됐다.

지적도: 현대의 도시계획가들

20세기로 접어들 때까지도 도시계획은 전문직이 아니었고, 따라서 도시 공학을 전공한 사람이 도시계획가의 역할을 하는 경우가 많았다. 이들은 주로 애덤스, 뒤부아, 시카고 학파, 러셀 세이지 재단 등 사회학자들이 수행한 조사 결과를 참고해 구역 지정zoning과 토지 이용 계획을 개발하면서 급속한 도시화의 이점을 활용하고자 시도했다. 뉴욕시의 최초 구역 분할 계획은 1916년에 수립됐고, 서로 조화가 되지 않는 용도를 따로 분리하기 위한 목적이었다. 새 계획은 임대 주택가와 분리된 지역을 제공하기 위해 미드타운 서부를 제조업(주로 의류업) 용도로 설정했다. 흔히 '테크노크라트 계획가Technocratic planners'로 불렸던 초기 공학자들은 애덤스와 그녀의 동료들이 했던 것처럼 상세한 조사 내용을 지도화해 그들의 명분을 강조했다. 하지만 이들의 목적은 종종 달랐다. 이들은 대체로 빈곤한 상황을 개선하는 일과 같은 사회적 필요에 부응하기 위한 목적보다는 도시의 경제적 역량 증진을 도울 목적으로 고용됐기 때문이다. 존 피터슨Jon Peterson은 저서 『The Birth of City Planning in the United States미국에서 도시계획의 탄생』(Johns Hopkins University Press, 2003)에서 이에 대해 윤리적 개혁에 근거한 이상주의적 계획에서 과학적 진보주의에 근거한 계획으로 전환되는 기점이라고 설명한다.[41] 테크노크라트 위주의 계획은 데이터 같은 객관적 지식에 근거해 대중에게 최대 혜택을 안겨줄 수 있도록 의사 결정을 내린다는 개념이다.[42] 이것은 데이터를 광범위하게 수집한 뒤, 해당

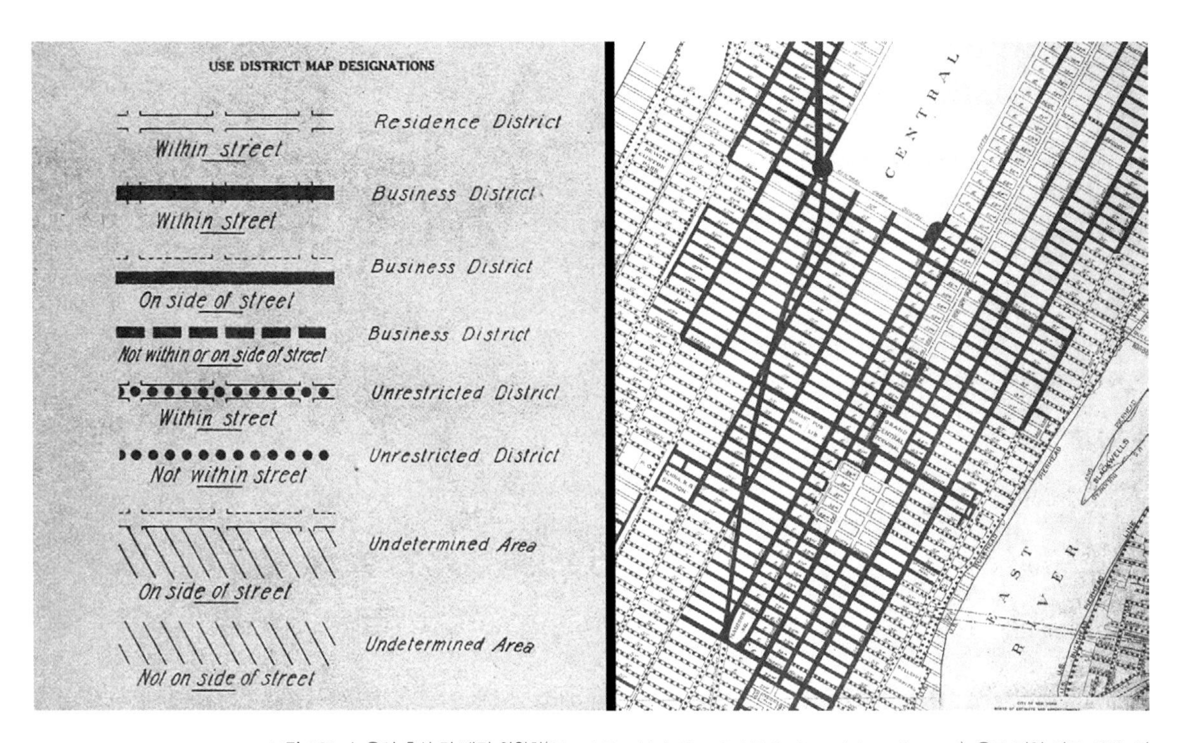

그림 1.21 뉴욕시 추산 및 배정 위원회(City of New York Board of Estimate and Apportionment), 용도 지역 지도, 1916. 이것은 최초의 구역 배정 지도 중 하나로 간주된다.

출처: https://digitalcollections.nypl.org/items/510d47e4-80df-a3d9-e040-e00a18064a99

데이터를 도시계획에서 용도 지역 규제안의 증거로 활용한다(최초의 구역 지정 지도 중 하나로 꼽히는 그림 1.21은 뉴욕시의 용도 지역 지정을 보여주는 사례다).

할랜드 바솔로뮤Harland Bartholomew는 토지 이용 계획의 수단으로 구역 배정법을 도입한 이 새로운 과학적 접근법을 전문화했다. 그는 자신의 계획 구상을 현실화하는 데 데이터를 내세우고, 자신의 신념과 이데올로기를 지원하는 증거로 삼았다. 그러는 가운데 사회의 소외 계층에 대한 배려나 관심은 거의 무시했다. 바솔로뮤 입장에서 가장 결정적인 관심사는 도시의 경제적 활력이었다. 도시의 빈민가를 철거하고 주요 비즈니스 구역에 대한 접근성을 높이는 것이 도시의 경제를 활성화하고 전체적인 부富를 높이며 궁극적으로 모두에게 이득이 된다고 믿었다.[43] 이런 비전은 그의 수많은 계획에 반영돼 있다. 그 계획은 기존 지역 공동체의 유지보다 빈민가 철거, 효율성 제고를 위한 고속도로 개발을 강조하며, 도시 중심부에 비즈

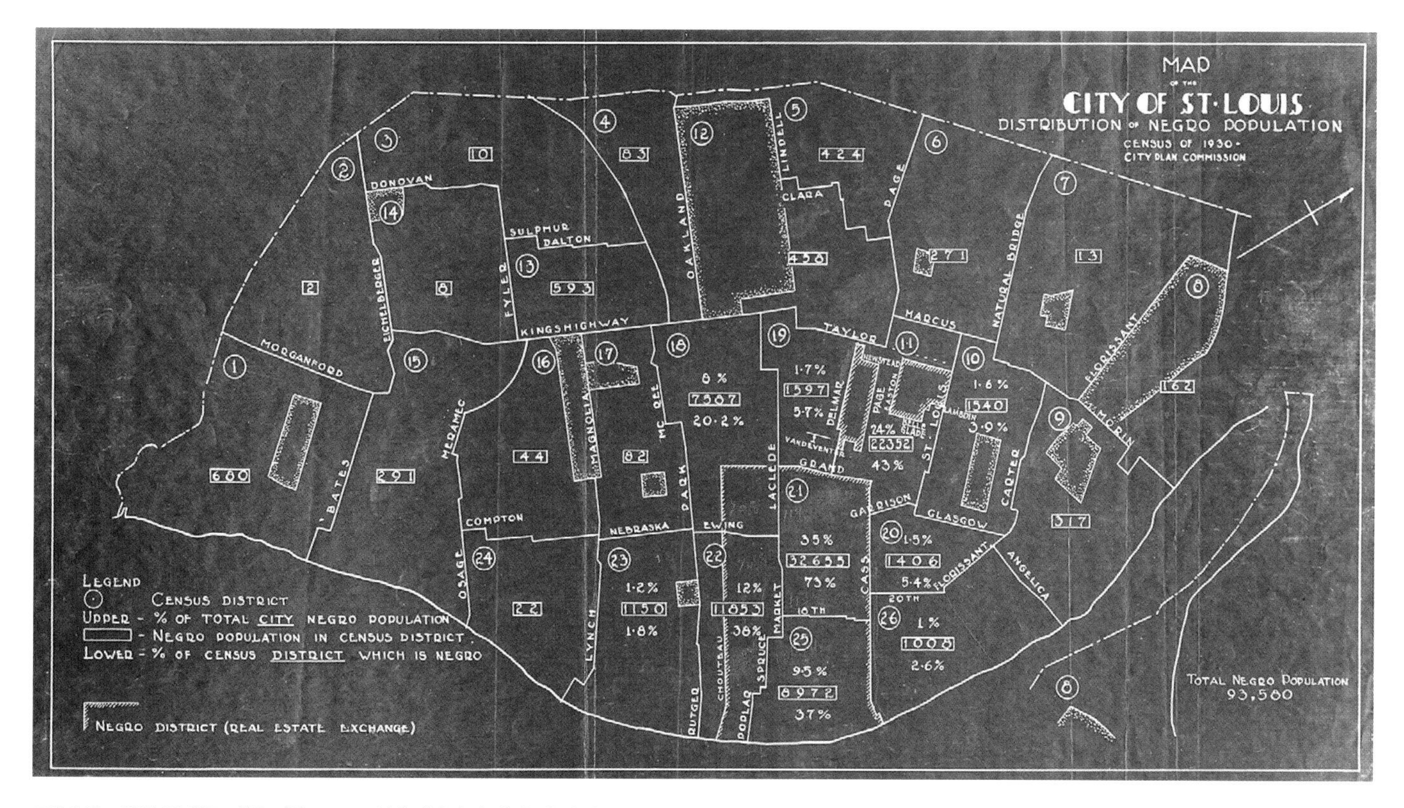

그림 1.22 1930년의 인구조사를 바탕으로 1934년에 제작된 이 지도는 흑인 인구 분포 상황과 1923년 세인트루이스 부동산 거래소(St. Louis Real Estate Exchange)가 설정한 '규제되지 않은' 구역의 경계선을 보여준다.

출처: 도시계획 위원회, "세인트루이스시 지도: 흑인 인구 분포, 1930년 센서스(부동산업자들의 붉은 선 지도)", https://mohistory.org/collections/item/Lib-OCLC-733555156, 1934

니스 구역을 개발하는 데 초점을 맞춘다. 그의 분석 내용은 특히 아프리카계 미국인 지역의 철거나 제외를 구체적으로 언급한 경우가 많다.

바솔로뮤의 접근법, 특히 미주리주 세인트루이스시의 경우는 과거의 데이터를 잘못된 방식으로 채용한 사례를 명확하게 보여준다. 미국 도시의 조직적 인종분리가 용이하도록 도왔던 유산이다. 바솔로뮤는 1915년 세인트루이스의 초대 도시계획가로 취임해 1950년까지 직무를 수행했다. 그의 첫 작업은 샌본 지도를 기반으로 도시 전체 건물의 성격과 용도를 광범위하게 조사하는 일이었다. 그의 조사관들은 모든 부동산을 방문해 그 용도와 소유권에 관한 상세 정보를 수집했는데, 여기에는 각 거주 빌딩의 소유주(들)와 주민의 인종 정보도 포함됐다. 바솔로뮤는 이 인종 데이터를 사용해 어느 지역에 주로 아프리카계 미국인들이 몰려 있는지 파악한 다음, 그런 지역을 사창가, 주류 판매점, 제조업 등 바람직하지 못한 용도의 구역으로 지정해 한때 중산층이나 그보다 낮은 수준의 아프리카계 미국인들이 살던 지역의 쇠퇴를 조장했다. 이런 구역 지정은 이들의 부동산 가치를 크게 떨어뜨렸고, 그 때문에 아프리카계 미국인들이 이사를 가고 싶어도 비슷한 수준의 중산층이나 그보다 낮은 수준의 백인 거주 지역의 집을 살 형편이 되지 않았다(그림 1.22). 바솔로뮤 자신의 말에 따르면 그의 목표는 '더 바람직한 주거 지역'을 보존하고, '유색인종이 더 나은 거주 지역으로 이주하는 것을 예방하는' 것이었다.[44]

바솔로뮤는 그 데이터를 사용해 1919년 용도지역 조례zoning ordinance를 발표했다. 주로 '유색인종'이 거주하는 곳과 그 인접 지역을 산업과 제조업 용도로 지정함으로써 백인 중심의 중산층 거주자들이 이 지역을 꺼리도록 유도했다.[45] 인종에 기반한 구역 지정은 당시에도 불법이었기 때문에 해당 조례는 인종을 구체적으로 언급하지 않았지만, 새로운 조례는 인종별로 분리된 도시를 만들어냈다. 아프리카계 미국인들의 공동체는 주변부로 밀려났다. 더욱 문제였던 것은 세인트루이스시

그림 1.23 바솔로뮤는 세인트루이스에 있는 많은 아프리카계 미국인 거주 지역을 산업 지역으로 분류했다. 이 사진은 주택 바로 옆에 자리잡은 공장을 보여준다. 이와 비슷한 양상은 해당 거주 지역의 급격한 쇠퇴로 이어졌다.

출처: 할랜드 바솔로뮤와 도시계획 위원회, 세인트루이스의 구역 지정: 도시계획의 근본적인 부분(https://ia902708.us.archive.org/5/items/ZoningForSTL/Zoning%20for%20STL.pdf), 1918

의 구역 지정 위원회가 이 계획을 활용해 아프리카계 미국인들이 특정 지역으로 몰려든다고 판단될 때마다 해당 지역을 산업 용도로 재지정하곤 했다는 점이다(그림 1.23). 이런 행태 때문에 이주하려는 사람들은 주택융자금을 받기가 더 어려워졌고, 이런 지역은 더욱 쇠퇴했다.

세인트루이스시의 구역 지정 위원회는 바솔로뮤가 시의 최고 계획가로 오랫동안 재임하는 동안, 그리고 그 이후에도 이 차별적인 행태를 지속했다. 다른 거주지역에서는 허용되지 않는 공해 산업, 선술집, 나이트클럽, 매춘굴 등의 토지 사용을 허가함으로써 이들의 분리 정책은 아프리카계 미국인 지역을 빈민가로 전락시키는 데 기여했다. 이들 지역에 있는 아프리카계 미국인들의 주택은 연방주택위원회의 담보 대출 자격이 되지 않았다. 해당 지역의 용도와 맞지 않는 주택에 대해서는 대출을 허락하지 않기 때문이었다. 역설적이게도 이 구역 지정과 용도 설정은 세인트루이스가 이들 지역을 철거하는 데 필요한 도시 재생 기금을 조달해줬다. 그렇게 철거된 지역에서 시도된 프로젝트 중 하나인 프루이트-아이고Pruitt-Igoe 주택 단지는 제대로 기능하지 못한 최악의 실패 사례로 꼽힌다. 일각에서는 세인트루이스의 차별적 구역 지정 행태가 이런 지역을 정리하기 위한 의도였다고 주장한다.

바솔로뮤의 활동 기간 동안 그의 회사는 563개 이상의 종합 계획을 개발했고, 그의 저서와 강연은 도시계획이라는 직종의 전문화와 진화에 영향을 미쳤다. 『Urban Land Uses도시 토지 이용』(Harvard University Press, 1932)[46]에 상세하게 서술된 그의 방법론은 광범위한 독자층을 확보했고, 미국 전역에 걸쳐 대학 도시계획 프로그램의 표준 교재가 됐다. 책은 바솔로뮤의 회사가 수많은 도시계획안을 개발하는 과정에서 집적한 데이터 자원을 사용해 미국 여러 도시에 적용된 토지 이용과 구역 지정 방식 및 그 결과를 비교해 보여준다. 바솔로뮤는 또 하버드대학교, 일리노이대학교 등 도시계획 부문의 명문 대학에서 강의하며 자신의 주장을 더 널리 퍼뜨렸다. 바솔로뮤가 개발해 홍보하고 확산시킨 테크노크라트 시각의 도시계획은 훗날 도시 빈민층의 배제와 동의어처럼 여겨졌고, 인종 분리를 의도한 더 노골적인 계획 행태를 낳았다.

지적도: 영구적인 탄압을 위한 기반 작업

바솔로뮤의 회사가 개발한 유형의 지적도와 구역 지정 조례는 실질적으로나 비유적으로 소위 '레드라이닝redlining', 즉 부동산의 지리적 위치에 근거한 대출 차별 관행의 토대를 닦았다. 1960년대 시카고 오스틴 지역의 공동체 그룹은 대출기관과 보험사가 대출을 거부하기로 결정한 지역의 주위로 붉은 선을 그리는 행태를 가리키는 '레드라이닝'이라는 용어를 만들어냈다. 바솔로뮤의 구역 지정 지도는 아프리카계 미국인 거주지역에 대한 투자 철회의 계기로 작용했고, 주택 소유자 대출기관HOLC, Home Owners' Loan Corporation의 지도(1933-1936)에도 지속적으로 적용됐다(그림 1.24). HOLC 지도는 미국 내 239개 도시에 대한 대출 위험도를 판별해 네 가지 범주로 분류했다. 위험도가 가장 높은 곳(HOLC 지도의 적색 부분)은 부적당한 이용과 빈민 주택 재고가 높은 아프리카계 미국인 지역이었다.

HOLC가 사용한 기본 데이터는 대공황 기간 동안 일자리를 창출한 공공사업진흥국Works Progress Administration이 1934년부터 1939년까지 미국 전역의 주요 도시에서 실시한 부동산 조사에서 나온 내용이다. HOLC 지도의 제작 공정을 관장한 경제통계부는 주민들에게 대출금이 있는지 혹은 대출을 받을 자격이 된다고 생각하는지 등 위험도 평가에 직결된 질문을 했다. 바솔로뮤는 이 프로그램의 개발에도 관여했기 때문에 그가 자신의 작업에 사용했던 데이터 수집 전략의 많은 부분이 여기에도 사용됐다. 에이미 E. 힐리어Amy E. Hillier에 따르면 이 지도는 대출기관에 배부됐고, 그에 따라 대출을 허용해서는 안 되는 지역을 파악했다. 이 지도는 그런 대출 거부 지역을 더욱 소외시키는 데 커다란 영향을 미쳤다.

대출 거부 지역을 표시한 레드라인 지도는 눈에 뻔히 보이는 구조적 편견을 객관적 진실로 가장했다. 이것은 또한 은행의 의사 결정 행태가 전형적으로 인종적 차별성을 띠고 있음을 보여준다. 이 지도는 시각화visualization가 주로 권력자들에 의해 어떻게 힘없는 사람들을 억압하는 수단으로 사용될 수 있는지 보여주는 중요한 상징이 됐다. 이 지도는 도시의 특정 지역에 대해 투자할 가치가 없다며 '기타'로 표시했고, 그런 표지의 영향은 지금도 지속되고 있다.

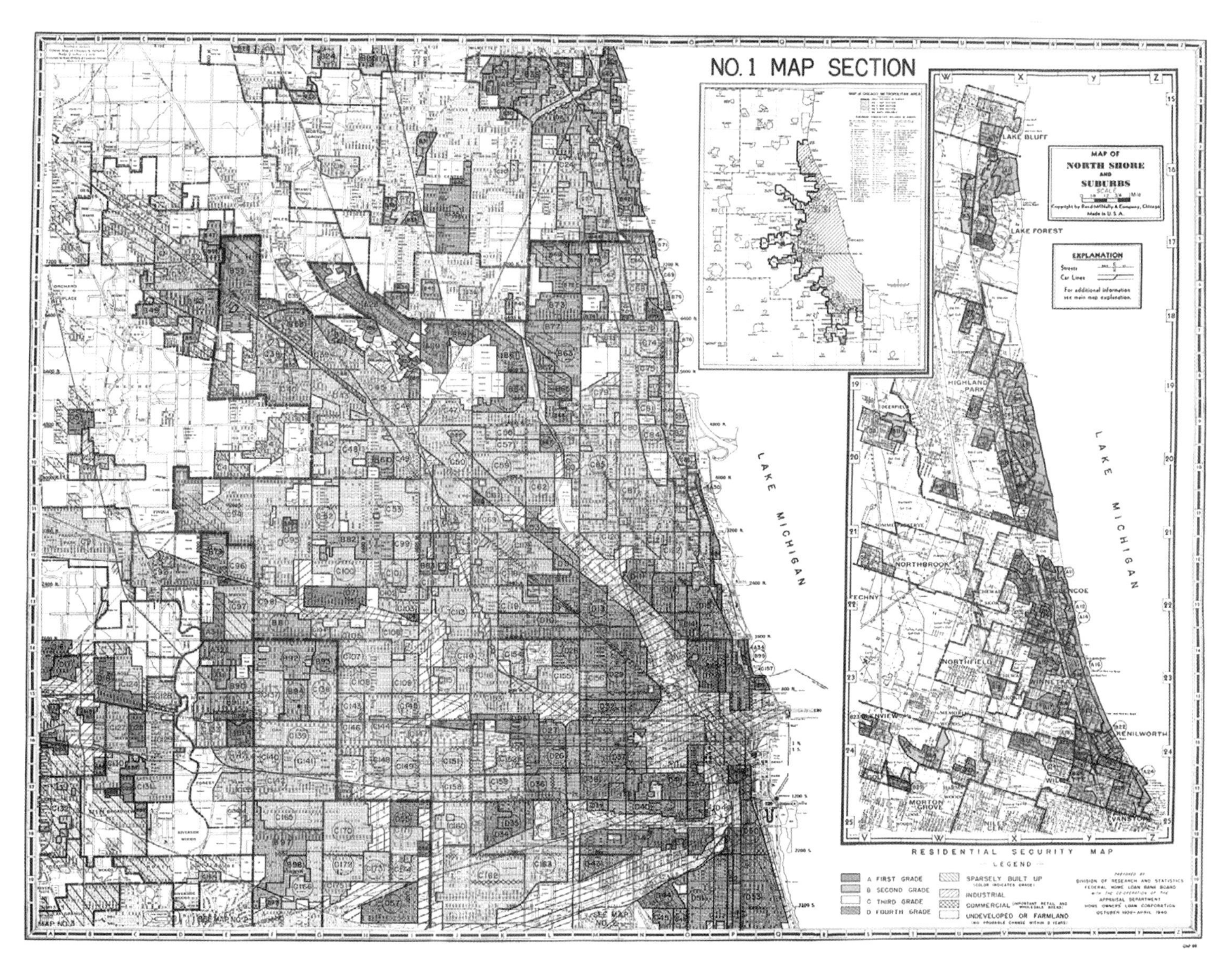

그림 1.24 주택 소유자 대출 기관(HOLC)의 시카고 지도. 도시 내 아프리카계 미국인 지역은 적색으로 표시돼 있다.

출처: 양식 기반 코드 연구소(Code-Based Codes Institute), '공정한 구역 지정: 공정성 고양(Zoning for Equity: Raising All Boats)', https://formbasedcodes.org/zoning-equity-raising-boats/, 2019

데이터와 도시 재개발

테크노크라트 계획가들은 1950년대 도시 재개발 정책에도 여전히 데이터와 지도화 기법을 적용해 연방 고속도로 개발과 주택 보조금(이를테면 1949년의 주택법Housing Act)에서 나오는 기금을 확보했다. 이는 기금 신청서의 필수 조건 중 하나가 관련 데이터를 증거로 제공해야 한다는 사실과 무관하지 않았다. 미국의 여러 도시에서 테크노크라트 계획가들은 이런 데이터를 증거 삼아 빈곤 지역으로 분류된 곳을 완전히 제거하기를 바라며, 고속도로를 그전까지 번성했지만 이들이 '황폐한 지구blighted area'로 표시한 지역을 통과하도록 유도했다. 이런 현상으로 벌어진 가장 주목할 만한 사건 중 하나는 마이애미시의 95번 주간 고속도로(I-95) 건설 계획을 변경한 결과로, 마이애미시의 유서 깊은 아프리카계 미국인 지역인 오버타운Overtown의 소멸을 초래했다.

1955년 마이애미시의 수송 계획가들은 I-95 고속도로의 경로를 주거 지역의 외곽에 깔린 버려진 철로를 따라 '기존 주거 지역을 보호하고 경제적으로 바람직한 토지 이용을 권장하기' 위해 '저가치' 산업 지역을 통과하도록 설정했다.[47] 하지만 1년 뒤 플로리다주가 미국의 여러 다른 주간 고속도로를 설계한 회사인 외부 컨설턴트인 윌버 스미스 앤 어소시에이츠Wilbur Smith and Associates를 고용하면서 고속도로 경로가 바뀌었다. 이 회사의 엔지니어들은 고속도로의 경로를 서쪽으로 여러 블록 옮겨 활기찬 음악 문화 때문에 흔히 '남부의 할렘Harlem of the South'으로 불리던 오버타운의 중심을 관통하도록 바꿨다. 이런 변화가 도시의 주요 비즈니스 구역이 장차 서쪽 방향으로 확장될 수 있는 충분한 공간을 제공하리라는 이유에서였다.[48] 새로운 계획은 아프리카계 미국인들의 문화 지역을 완전히 소멸시켰고, 이는 도시에 돌이킬 수 없는 영향을 미쳤다. 마이애미의 비즈니스 단체는 오버타운이 마이애미의 경제적 활력에 기여하는 공동체로 간주한 것이 아니라(그림 1.25) 오히려 도시의 경제 성장에 제약이 되는 지역으로 여겼으며 데이터를 그 증거로 사용했다.

그림 1.25 1950년 무렵 오버타운의 이 거리 풍경은 8번가와 9번가 사이에 있는 NW2번 애비뉴를 따라 조성된 상가 근처의 아프리카계 미국인들을 보여준다.

출처: 마이애미 뉴스 컬렉션, 히스토리 마이애미 박물관(HistoryMiami Museum, 1989-011-1703)

도시계획 역사가들은 오버타운 공동체의 파괴(그림 1.26)는 마이애미 상인들의 목표와 부합하는 것이었고, 여러 진술에 따르면 아프리카계 미국인들의 존재가 도시 개발을 억압한다는 확신과도 궤를 같이하는 것이었다. 이런 인종차별주의적 논리는 도시 재개발 행태의 표준이 됐고, 데이터는 그런 행태를 정당화하는 증거로 사용돼 미국 전역에 걸쳐 훨씬 더 많은 아프리카계 미국인 지역의 파괴와 배제로 이어졌다.

그림 1.26 1967년 대규모 고속도로 인터체인지 건설로 오버타운의 방대한 지역이 철거됐다.

출처: "오버타운: 플로리다주 마이애미", 2019년 1월 3일, https://miamiplanning.weebly.com/freeway-history--overtown.html

정성 분석: 사회 개혁가들의 주장

도시 재개발 정책의 실패는 도시 지역의 문제를 종종 악화했고, 테크노크라트 계획가들이 채용해 온 상의하달식 계획 방법을 바꿔야 한다는 일부 도시 운동가들의 주장으로 이어졌다. 1960년대 뉴욕시에 대한 연구로 유명해진 시민운동가 제인 제이콥스Jane Jacobs는 허버트 J. 갠스Herbert J. Gans 같은 다른 운동가들과 함께 이 변화를 주도했다.[49] 뉴욕의 그리니치 빌리지에 살았던 제이콥스는 도시의 경제적 사회적 요구를 이해하는 데 사람 중심의 담론이 필수적이라고 믿었다.[50] 제이콥스는 고속도로 건설을 정당화하는 논리로 데이터 중심 정책을 사용하는 데 반대했다. 그에 따른 결과가 고속도로가 놓이는 지역의 공동체와 이웃에 치명적 악영향을 미치며, 이것은 도시의 더 큰 경제 차원에서 주민들의 중요성을 인지하지 못했다는 점에서 참담한 실패였기 때문이다.[51] 제이콥스는 의사 결정 과정에서 데이터보다 대중의 목소리가 더 크게 반영돼야 한다고 믿었다.

제이콥스나 갠스 어느 누구도 데이터 자체에는 반대하지 않았다는 데 주목할 필요가 있다. 이들이 반대한 것은 데이터가 수집되고 분석되는 전형적인 방식이었다. 이들의 초점은 특정한 장소의 사회적 연결이 어떻게 도시 경제를 활성화하는 사람들 간의 연대를 창출하는지 이해하는 데 있었다. 이들의 관심은 특정 지역이나 이웃의 이야기와 이미지를 비롯한 정성적qualitative 데이터 쪽으로 더 기울었다. 테크노크라트 계획가들이 적용한 데이터와 달리, 이 데이터는 대중에 의해 구축됐기 때문에 그들의 시각을 반영하고 있었다.

도시에 대한 제인 제이콥스의 철학은 로버트 모제스Robert Moses의 시각과 종종 대조됐다. 모제스는 뉴욕시에서 가장 큰 영향력을 행사한 테크노크라트 계획가로, 뉴욕을 고속도로와 고층 빌딩으로 가득 찬 '모던' 도시로 만드는 데 초점을 맞췄다. 모제스는 오버타운에서 벌어진 사태와 유사한, 공동체의 유대를 사실상 단절한 도시 재개발 전략을 시행할 수 있었다. 거기에 데이터가 증거로 사용됐음은 물론이다. 그와 반대로 제이콥스는 양보다는 질적인 면에 초점을 맞춘 계획가였다. 도시를 살기 좋은 곳으로 만드는 것은 사람들 간의 사회적 유대이며, 따라서 공동체를 건설하고 유지하는 데 도움이 되는 사회적 유대야말로 도시계획가가 주목하고 중시해야 할 대목이라고 믿었다. 제이콥스가 볼 때 그러한 사회적 지원 네트워크는 저소득층이 모여 사는 공동체에서 특히 필수적이며, 모제스가 그린 모더니스

그림 1.27 "웨스트 빌리지를 구하기 위한 위원회의 위원장인 제인 제이콥스가 허드슨과 찰스 가에 있는 라이온스 헤드 레스토랑에서 열린 기자 회견에서 증거 문서를 들어 보이고 있다.". 제이콥스는 여기에서 다른 유형의 데이터(시민들의 반대 서명)를 사용했다.

출처: 필 스탠지올라(Phil Stanziola), 「World Telegram & Sun」, 1961년 12월 5일(http://www.loc.gov/pictures/item/2008677538/)

트의 도시는 그들에게 커다란 위협으로 작용했다.

모제스와 제이콥스는 종종 두 가지 다른 형태의 도시계획을 대표한다고 언급된다. 전자는 데이터를 모더니스트의 이상을 구현할 증거로 사용하는 테크노크라트 계획가인 반면, 후자는 주민의 필요에 부응하고 사회적 유대를 강화하는 정책 개발을 통해 공동체를 강화해야 한다고 믿는 사회적 계획가다. 두 사람은 자주 한쪽은 데이터를 사용하고, 다른 쪽은 그렇지 않다는 식으로 비교되곤 한다. 하지만 실상은 두 사람 모두 자신들의 비전을 뒷받침하는 증거로 데이터를 사용했다. 다만 그런 사용의 목적이 서로 달랐을 뿐이다. 유명한 두 사진(그림 1.27과 1.28)은 이런 점을 뚜렷하게 보여준다. 제이콥스는 시민들의 서명을 모은 문서를 들어 보이는 데 비해, 모제스는 자신의 도시 재개발 프로젝트 중 하나 앞에서 개발의 정당성

그림 1.28 뉴욕시의 공원관리위원회 위원장인 로버트 모제스가 자신이 1939년에 제안한 배터리 다리의 모델 뒤에서 포즈를 취했다. 모제스는 빈곤 지역을 관통하는 고속도로 건설의 정당성을 주장하는 근거로 데이터를 활용했다.

출처: C. M. 스피글리츠(C. M. Spieglitz), 「World Telegram and Sun」, 1939, LC-USZ62-136079, 의회도서관(http://www.loc.gov/pictures/item/2006675178/)

을 뒷받침하는 데이터 분석 자료를 담은 보고서를 공개했다. 두 문서 모두 설득력이 높았고, 근거로 내세운 데이터의 연관성도 컸다. 제이콥스는 이웃을 파괴로부터 구하고자 자신의 데이터를 사용했고, 모제스는 자신의 모더니스트 꿈을 실현하고자 전체 공동체를 몰아냈다. 여기에서 우리는 데이터가 도시계획에 어떻게 활용하느냐에 따라 양날의 칼이 될 수 있음을 확인한다. 특정 세력에게 힘을 주는 대신 다른 세력은 배제하는 데 사용될 수 있다.

양쪽이 각자 나름의 데이터(질적인 것과 양적인 것)로 무장한 가운데, 테크노크라트 계획가와 공동체 지원 운동가 사이의 논의는 대중이 참여하는 도시계획 개발로 발전했고, 이는 정보와 결정권을 가진 쪽과 그렇지 못한 쪽 간의 간극을 좁힐 것으로 예상된다. 셸리 안스타인Shelly Arnstein은 소위 '실권자power-holder'와 '비실권자

powerless' 간의 적극적인 지식 공유를 통해 대중이 참여하는 도시계획을 활성화해야 한다는 내용의 획기적 작업을 발표했다.[52] 안스타인의 접근방식의 전제 조건은 더 광범위한 대중 참여가 필요하다는 점, 특히 자신들의 요구를 펼칠 만한 자원과 데이터를 갖지 못해 대중 참여 과정에서 배제되기 쉬운 공동체에 대한 배려가 필요하다는 점이었다.[53] 쌍방향 교육과 지역 공동체 내의 대화는 그런 간극을 메우는 중요한 도구가 됐다. 계획 과정의 시민 참여에 대해 글을 쓰는 제임스 글래스James J. Glass도 교육, 지지 기반 구축, 추가적 의사 결정, 대의 수렴 등을 비롯한 정보 교환이야말로 대중 참여 전략 내에서 권력 관계에 변화를 가져올 수 있다고 믿었다.[54] 참여적 계획participatory planning 분야의 권위자인 존 포리스터John Forester는 대화를 통해 그룹 각자의 관점과 생각을 표출할 수 있게 해주고, 그에 따라 핵심 사안에 대해 서로를 교육하는 효과가 있기 때문에 쌍방향 대화를 통해 권력도 이전될 수 있다고 믿었다.[55] 이 초기 작업은 필자가 '데이터 액션' 방법론을 개발하는 데 영향을 미쳤다. 그것은 데이터 수집과 사용 과정에 참여를 유도함으로써 그것이 초래할 수도 있는 억압을 극복할 수 있다는 개념이었다.

1960년대 테크노크라트 주도의 계획 방식에 대한 반발이 높아짐에 따라, 도시 이론가인 케빈 린치Kevin Lynch는 지도를 통제의 수단에서 여론 표현의 수단으로 발전시키는 방법을 개발하기 시작했다. 저서 『도시환경디자인The Image of the City』(광문각, 2010)에 자세히 기술된 그의 방법 중 하나는 공동체 구성원들에게 자기 마음속의 지도, 즉 '인식도認識圖, mental map'를 그려보라고 주문하는 것이다.[56] 이런 인지적 지도화 방식은 공동체 구성원들이 머릿속으로 지도에 표시하고 기억하는 내용이 바로 이들이 가장 중요하게 여기는 도시의 구성 요소일 것이라는 판단에 근거한다. 따라서 전체적으로 봤을 때, 이들의 인지적 지도는 해당 지역에 사는 사람들이 가장 중요하다고 여기는 것이 무엇인지 보여준다.

지도: 선인가 악인가?

지도와 데이터가 어떻게 인구의 특정 계층이나 그룹을 배제하는데 사용돼 왔는지 보여주는 여러 사례로부터 우리가 배울 수 있는 교훈은 무엇인가? 지도를 사용하지 말아야 할까? 데이터를 배제해야 할까? 독자는 이 책의 제목에서 필자의 의도를 이미 파악했을 수도 있다. 데이터는 '액션'의 기반이 될 수 있다. 데이터가 사회에 도움이 될 수 있는 잠재력을 파악하기 위해 데이터를 사용하는 것이다. 앞에 소개한 과거의 사례를 통해 우리는 지도와 데이터가 그것을 정책 수단으로 사용하는 사람들의 편견을 반영한다는 점을 확인한다. 부스의 지도는 수많은 공동체를 도시에서 몰아내는 결과를 낳았다. 바솔로뮤의 지도는 구조적 및 의도적으로 도시 내 인종을 분리하는 수단으로 사용됐다. 그 뒤에 연방 정부는 HOLC 지도를 사용해 특정 지역 공동체에 대한 투자 중단이나 축소를 더욱 부추겼다. 각각의 경우에서 이 지도는 해당 공동체를 배제하고 몰아내는 대신 도움을 줄 수도 있었다. W. E. B. 뒤부아 같은 사회학자들은 똑같은 형태의 지도를 사용해 아프리카계 미국인들의 지역 공동체는 '실직한 범죄자들'로 가득하다는 세간의 편견에 맞선 반대 담론을 제시했다. 지도마다 그 나름의 역사가 있고, 각각의 지도 제작자는 나름대로의 의도나 목적이 있었다. 이들은 모두 자신들의 야망을 뒷받침하는 데 데이터를 사용했고, 그런 과정에서 사회 주변부의 사람들은 억압적 정책에 대항할 능력도 없이 배제되기 일쑤였다.

데이터를 '액션'에 사용하기 위해서 우리는 먼저 우리 자신의 의도와 다른 사람들의 의도를 면밀히 검토해야 한다. 지도를 해당 지도가 표현한 지역의 사람들에게 보여주고 그들의 참여를 유도해야 하는 이유다. 그런 다음 자문해야 한다. 우리의 분석은 그들의 필요와 요구에 부응하는가, 아니면 우리가 도우려는 공동체에 대한 우리 자신의 편견을 반영할 뿐인가?

전쟁 기술: 데이터와 사이버네틱스

제2차 세계대전이 끝난 뒤, 모든 분야에 수많은 국방 기술이 적용됐고 도시계획도 예외가 아니었다. 계획가들은 이전까지 사회학으로부터 영감을 얻었으나 이제는 전쟁 중에 개발된 관리의 효율성에서 힌트를 얻었다. 제니퍼 라이트Jennifer S. Light는 『From Warfare to Welfare전쟁에서 복지로』(Johns Hopkins University Press, 2003)라는 저서에서 1940년대, 1950년대, 그리고 1960년대 초기에 정부 산하 싱크탱크와 항공우주회사에 몸담았던 전문가들이 1960년대와 1970년대 들어 어떻게 자신들의 전문성을 도시계획이라는 새로운 분야에 적용했는지 논의한다.[57] 도시는 새로운 전략을 모색하고 있었고, 이들 전문가들은 국방 분야에 대한 정부의 지원이 감소하기 시작함에 따라 자신들의 전문성을 적용할 새로운 방법을 찾고 있었다. 연방정부는 RAND, SDC, SAGE 등 국방 기술에 전문성을 갖춘 연구기관에 기금을 지원하면서 그들의 기법을 민간 용도에 적용하라고 주문했다.[58] 존슨 행정부는 '위대한 사회Great Society'라는 기치 아래 국방 기술을 도시계획 부문으로 전환하는 데 국방부(펜타곤)와 RAND가 개발한 모델링 프로젝트를 사용했다.

도시계획가들은 사이버네틱스cybernetics와 컴퓨터 시뮬레이션부터 위성 감시에 이르기까지 모든 국방 기술에 의지했다. 1989년 「미국도시계획협회저널」에 기고한 피터 홀Peter Hall에 따르면 이 기간 동안 도시계획가들은 '무엇이든 숫자로 표현될 수 없는 것은 본질적으로 의심을 살 만한 것'으로 간주했다.[59] 데이터가 이런 움직임의 핵심이었던 것은 데이터 사용이 종종 진실과 동격으로 간주돼 의사 결정에 정당성을 더해줬기 때문이다.

로스앤젤레스는 일찍부터 이런 방법론의 일부를 통합해 1966년 '지역사회 분석국Community Analysis Bureau'을 개설했는데, 이 부서의 헌장은 범죄율부터 실업률, 교통 상황까지 모든 분야에 대한 권고 결정을 내리는 데 데이터를 사용한다고 명시하고 있다. 이 부서에서 출간한 보고서는 최저 임금을 높이고, 저소득 가정 자녀들의 유치원 등록을 돕고, 저소득층을 위한 주택을 늘리는 등의 정책 권고안을 담았다. 하지만 분석은 유용했지만 부서의 작업은 로스앤젤레스의 계획 절차에 제대로 통합되지 못했고, 권고 사항이 도시계획에 반영될 경로가 없는 상황에서 부서의 노력은 결국 실패할 수밖에 없었다는 평가다. 그런 실패에도 불구하고 분석국은 중요한 보조금 지급 결정에 필요한 데이터 분석 작업을 수행했으며, 사이버네틱스 지지자들이 개발한 일부 모델에 견주어 더 정책과 결부된 질문을 제기했다.[60]

MIT의 노버트 위너Nobert Wiener 교수가 제안한 사이버네틱스는 인간과 기계가 어떻게 서로 소통하고 제어하는지를 연구하는 학제간 접근법이다. 예를 들어 사회-기술 체계에서 사이버네틱스는 오토마타와 로봇 같은 컴퓨터로 제어된 기계에 대한 연구를 포함한다. 이를 도시계획에 적용함으로써 도시를 생물학 시스템이나 기계와 유사한 것으로 보고 그에 대해 컴퓨터를 이용한 분석을 수행한다.[61] MIT 슬론 경영대학원의 연구원이자 교수인 제이 포리스터Jay Forrester는 공급망과 자원의 흐름을 포함한 산업의 역동성을 모델링하는 데 사이버네틱스 이론을 적용했다.[62] 보스턴의 시장을 역임한 포리스터는 도시계획에 아무런 배경 지식도 없었지만 존 F. 콜린스John F. Collins를 우연히 만난 이후 이런 아이디어를 도시에 적용하기로 결정했고, MIT에 도시 시스템 연구실을 설립했다.

도시 시스템을 모델링하는 포리스터의 실험은 도시를 이해하고, 측정하고, 계획하기 위해 데이터 분석학을 사용한 사례 중에서도 가장 참담한 실패 중 하나로 꼽힐 것이다. 그리고 그런 실패는 계획상의 문제를 파악하고 해결하기 위해 대규모 모델을 사용하는 일이 어떤 결함을 갖는지 이해하는 데 도움이 됐다. 이 실패의 근원은 그의 연구실에서 개발한 모델이 어느 도시에든 적용되도록 일반화된 것으로, 이는 도시계획에 대한 현대의 이해나 개념과 완전히 동떨어진 것이라는 데 있었다. 예를 들면 이 모델은 빈민가를 철거하고 고급 주택가로 대체하며, 밀려난 주민들은 저소득층을 위한 공영주택으로 보내라고 진단하는데, 이것은 1969년에 이미 심각한 결함을 가진 해법으로 판명 난 상태였다. 일부 학자들은 포리스터의 모델이 실패한 이유로 어느 한 도시에 초점을 맞추지 않았으며, 그 때문에 여러 변수를 특정 도시에 맞춰 조정할 수 없어서 모델의 내용을 도시의 실제 행태와 연계하기 어려웠다는 점을 꼽는다.[63] 다른 이들은 도시의 공간 역학spatial dynamics 및 도시 내부와 외부(교외) 간의 상호의존성에 대한 이해 결핍을 이유로 꼽는다.[64] 아마도 가장 널리 인용되는 더글러스 B. 리 주니어Douglass B. Lee Jr.의 비평 "Requiem for Large-Scale Models대규모 모델을 위한 장송곡"에 따르면 포리스터의 경우 같은 대규모 모델은 이론에 기반한 정책 질문으로 시작하지 않기 때문에 '공허한 경험론empty-headed empiricism'을 생산할 뿐이다.[65] 궁극적으로 리는 모델링 전문가들에게 투명성을 주문하면서, 도시를 하나의 추상체로 다루기보다는 구체적인 정책 질문에 초점을 맞춰야 한다고 강조한다.

부정확한 모델, 높은 비용 및 계층적 권력 구조의 강화 등의 부작용으로 1970년대 많은 도시가 군대에서 개발된 도시 모델링을 포기하기에 이르렀다. 비판적 계획 이론가인 존 포리스터(제이 포리스터와 혼동하지 말 것)는 데이터 해석은 해당 정보를 생산하고 수집한 사람들의 편견 때문에 심각하게 편향될 수밖에 없다는 사실을 거의 고려하지 않았다고 주장했다.[66] 모델 구축은 그것을 개발하는 데 필요한 적절한 데이터 부족, 편향된 정보 사용 및 해당 데이터가 사람들의 경험과 일치하는지 시험해 보지 않은 탓에 종종 오류를 범하게 된다. 그 대표적 사례 중 하나는 1970년대 RAND 코퍼레이션이 뉴욕시 소방국의 의뢰로 소방서 네트워크의 효율성을 파악하기 위해 개발한 모델이다. 거의 전적으로 반응 시간 데이터에 의존한 해당 모델은 사우스 브롱크스 지역의 소방서 여러 곳을 없애라고 권고했다. 교통 체증, 정치성, 동시 다발 화재 및 그런 상황에 대비한 예비 전력, 해당 지역의 사회

경제적 특성 같은 추가 변수는 고려되지 않았다. 이것은 브롱크스 지역의 나머지 소방서에 수요 과부하를 불러 왔고, 그 때문에 제때 불을 끄지 못해 50만여 명이 이 기간 중에 난민 신세가 됐다. 물론 RAND 모델이 1970년대의 잦은 화재를 직접 '일으킨' 것은 아니지만, 소방서 폐쇄가 다른 소방서에 어떤 영향을 미칠지 부정확하게 평가함으로써 소방 시스템에 부당한 압박을 가하고 수많은 사람이 집을 잃게 만들었다.

도시계획 툴: 공공 참여적 GIS

1980년대와 1990년대 초 데스크톱 컴퓨팅의 시대가 도래하면서 1960년대의 데이터 분석 기법에 일반인도 더 쉽게 접근할 수 있게 됐다. 이는 궁극적으로 '시각적 데이터베이스'라 불리는 지리정보시스템GIS의 개발로 이어졌고, 사용자들은 그를 통해 지리 데이터를 수집, 저장, 연결해 다양한 변수를 더하거나 빼는 식으로 데이터를 조작해 지도에서 새로운 통찰을 끌어낼 수 있게 됐다. GIS 시스템은 모델링에 사용됐을 뿐 아니라 세무사들이 부동산 가치를 판단하기 위해 수행하는 상세 조사를 비롯해 도시 인프라를 관리하는 툴로 자리잡았다. 1960년대 후반과 19700년대의 여러 실패한 모델 사례는 GIS 소프트웨어의 초기 사용자들의 머릿속에 반면교사로 작용해, GIS 역시 어떻게 사용하느냐에 따라 다른 계층과 그룹의 인구를 배제하거나 반대로 힘을 실어줄 수도 있다는 사실을 보여줬다.[67] 그에 따라 1993년 11월에 '프라이데이 하버Friday Harbor' 회동으로 불리는 일련의 토론이 진행됐다. 모임 이름은 회의가 열린 장소가 워싱턴주의 산후안 제도San Juan Islands였기 때문이다. 이 토론에서 GIS 분야의 대표주자들은 GIS 소프트웨어가 흔히 권력을 가진 사람들에 의해 운영되기 때문에 GIS 데이터 분석을 통해 사회적 이슈를 적절히 반영하기는 매우 어렵다는 점을 토로했다.[68]

이 논의는 결국 공공 참여적 GISPPGIS, Public Participation GIS라는 분야로 결실을 맺었다. 이것은 GIS를 이용한 의사 결정에 대중이 더 쉽게 참여하고, 사용된 데이터의 내용을 더 잘 알 수 있도록 방법론을 제공함으로써 공간 분석과 지도화에 내포된 권력의 힘 관계를 적절히 조절하려 시도하는 접근법이다.[69] PPGIS 프로젝트는 데이터 분석과 수집 과정에 대중을 참여시킴으로써 해당 공동체의 그룹은 정치적 의사 결정 과정에서 더 큰 힘을 가질 수 있다는 것을 전제로 한다.[70]

PPGIS가 개발된 이후 정부와 비정부기관NGOs은 더 폭넓은 이해당사자들과 데이터를 공유함으로써 국가 차원의 정책 개발에 대한 이들의 영향력을 높이는 데 이를 활용해 왔다.[71] 공동체 기반 조직도 GIS를 활용해 그들 나름의 시각과 목소리를 반영한 지도를 개발함으로써 공동체 차원의 계획 이니셔티브에 영향력을 행사하고자 했다.[72] PPGIS의 옹호자들은 이 방법이 대중의 GIS 시스템 접근을 허용하고 출력되는 정보에 대한 비평의 여지를 줌으로써 해당 공동체의 이익을 적절히 반영하게 해준다고 믿는다. 이제 GIS 시스템은 환경 위험을 평가하는 일부터 전력선 관리에 이르기까지 모든 분야에서 계획가의 필수 도구로 자리잡았다. 웹 기반 지도화 도구를 비롯한 수많은 오픈소스 GIS 소프트웨어 패키지는 이제 전문 도시계획가들뿐 아니라 초보 사용자들도 어렵지 않게 모델링 작업을 할 수 있게 해준다.

이런 소프트웨어 붐은 데이터에 열광하는 새로운 그룹을 낳았는데, 이들의 문제는 데이터 사용에 따른 위험성을 항상 제대로 인식하는 것은 아니라는 데 있다. 그 결과 악의보다는 데이터에 대한 이해 부족으로 수많은 '불량한bad', 혹은 부정확한 분석 작업이 생산됐다. 예를 들면 웹에서 떠도는 일부 지도는 기본적인 인구조사 결과를 종종 잘못 표시하고 있는데, 이는 데이터 초보자들이 인구와 지역에 맞춰 인구조사 데이터를 정규화normalize 해야 한다는 사실을 모르기 때문이다. 더 큰 문제는 그것이 지도로 표시되기 때문에 일반인들은 그 정당성에 거의 의문을 제기하지 않는다는 점이다. 지도는 너무나 자주 진실과 동일시되기 때문이다.

스마트 시티와 빅데이터: 도시 모델링을 개혁하자

지난 10년 동안 공기업과 민간기업 사이에서 도시의 디자인과 계획, 도시 환경 분야에 데이터를 활용하는 데 대한 관심이 크게 높아졌다. '빅데이터'가 우리의 세계관에 근본적 변화를 몰고 오리라는 기대는 데이터를 시민 행동과 정책 개정에 적용하려는 시도에도 힘을 싣고 있다. 2008년 IBM은 도시의 문제를 분석하는 데 기술과 데이터를 활용하고 홍보하는 내용의 '스마트 시티'와 '스마트 플래닛' 광고 캠페인을 전개했다.[73] 2010년 IBM은 모델 스마트시티를 만든다는 취지로 브라질 리우데자네이로시와 파트너십 협정을 맺었다.[74] 같은 해, 시스코CISCO는 데이터 분석과 웹 기반 인터페이스 프로그램으로 도시를 연결한다는 취지의 '스마트하고 연결된 커뮤니티Smart and Connected Communities' 프로그램을 시작했다.[75] 또한 2010년 경제주간지인 「이코노미스트Economist」는 '데이터 대홍수Data Deluge'라는 제목의 연재를 통해 데이터를 활용함으로써 도시계획을 포함한 거의 모든 것에 대한 전략 개발이 가능하다고 설명했다. 이런 프로젝트를 둘러싼 기대와 과장은 빅데이터 분석이 도시계획에 무엇을 제공할 수 있는지를 놓고 대중 매체의 관심을 불러일으켰다.[76] 마이크로소프트는 전 세계에 걸친 기술 전문가들의 네트워크를 활용해 도시를 향상시킨다는 내용의 '시티넥스트CityNext' 프로그램을 선보였다.[77] 2015년 구글은 미국 연방교통부와 협력한 데이터 분석학, 캐나다 토론토의 일부 지역을 '스마트시티'로 개발하는 작업 등 다양한 프로젝트에 참여한 '도시 혁신 조직urban innovation organizations'을 아우르는 '사이드워크 랩스Sidewalk Labs'를 출범시켰다.

스티븐 골드스미스Stephen Goldsmith와 수전 크로포드Susan Crawford는 공저 『The Responsive City호응하는 도시』(John Wiley & Sons, 2014)에서 점점 더 많은 정부가 데이터를 활용한 정책 추진에 관심을 보인다는 점을 지적하고, 어떻게 하면 빅데이터의 잠재력을 활용해 도시 서비스를 더 효율적으로 제공할 수 있는지 조언한다. 이 책의 서문에서 전직 뉴욕시장인 마이클 블룸버그Michael Bloomberg는 "측정할 수 없다면 관리할 수 없다."라는 선언으로 데이터의 필수성을 역설한다. 그는 이어 "데이터를 활용하고 이해함으로써 우리는 자원을 어떻게 더 효율적이고 효과적으로 분배할지 더 나은 결정을 내릴 수 있고, 그로부터 어린이 보호로부터 범죄와의 전쟁에 이르기까지 모든 서비스의 품질도 향상시킬 수 있다."[78]고 말한다. 블룸버그가 볼 때 데이터 분석학은 적절한 통치(거버넌스)에 필수적이다.

테크노크라트 주도의 계획 탓에 1960년대 후반에 도시계획가들 사이에서 형성됐던 데이터에 대한 두려움은 이즈음부터 사라지기 시작했다. 수전 파인스타인Susan Fainstein과 스콧 캠벨Scott Campbell은 공저한 『Readings in Planning Theory계획 이론 개요』(John Wiley & Sons, 2015)의 최신 개정판에서 계획가들은 좋든 싫든 "앞으로 닥칠 데이터의 홍수에 대처해야만 한다."고 강조한다. 이어 "계획가들은 인터넷의 디지털 혁명, 대용량 데이터 저장과 검색, 그리고 지리정보시스템의 영향을 제대로 이해하기 위해 더 큰 개념적 세계관을 가질 필요가 있다."라고 주장한다. 이들은 과거 '부족하고 불완전한 데이터'에 의존해야 하는 데 따른 계획가들의 고민은 이제 전혀 다른 내용으로 대체됐다고 지적한다. 데이터는 과거 어느 때보다도 풍부해졌고, 이를 분석하고 시각화하는 절차도 충분히 발전했기 때문이다.[79] 많은 계획가는 데이터를 수용하지만, 우리는 데이터 분석가들의 의도에 대해 건강한

회의론의 시각으로 계속 경계해야 한다.

오픈소스 데이터에 대한 손쉬운 접근과 다양한 온라인 도구 덕분에 야당 운동가부터 비정부기구, 평범한 시민들에 이르기까지 다른 수많은 사람도 그들 나름의 지도를 만든다. 다양한 GIS와 컴퓨터 지도 제작 소프트웨어, 그리고 웹 기반의 지도 제작 도구는 온갖 유형의 비전통적인 데이터 시각화를 가능케 하고, 그로부터 새로운 공간 패턴을 읽어낼 잠재력과 혜택도 기대할 수 있다. 여러 도시 정부와 사설 데이터 생산자들이 데이터 공개의 혜택과 잠재력을 인식해 과거 그 어느 때보다 더 적극적으로 공개하는 덕분에 이들 시스템에서 사용되는 데이터는 또한 점점 더 접근하기 쉬워지는 추세다. 그 결과 공개된 데이터 세트를 통해 얻은 지식을 분석하고 그를 기반으로 바라건대 도시의 삶의 질을 더 향상시킬 아이디어도 나올 수 있을 것이다. 그러나 데이터의 접근성이 높아졌다고 해서 누구나 그것을 활용하는 데 필요한 기술과 지식을 가진 것은 아니다.

1960년대와 1970년대의 잘못된 모델은 대체로 잊혀지고, 도시 향상에 기여할 빅데이터의 잠재력에 대한 흥분으로 대체된 상태다. IBM, 시스코, 마이크로소프트 같은 대기업은 각자의 기술과 노하우를 도시의 빅데이터에 적용해 수익을 올릴 수 있을 것이다. 하지만 이 분석가들은 종종 도시계획이나 관련 분야에 대해 정식으로 훈련받은 바가 없고, 과거에 어떻게 데이터 모델이 부적절하게 이용됐는지에 대한 지식도 없다. 따라서 이들을 계몽하고 데이터를 윤리적이고 책임감 있게 사용하도록 교육하는 것은 우리의 몫이다.

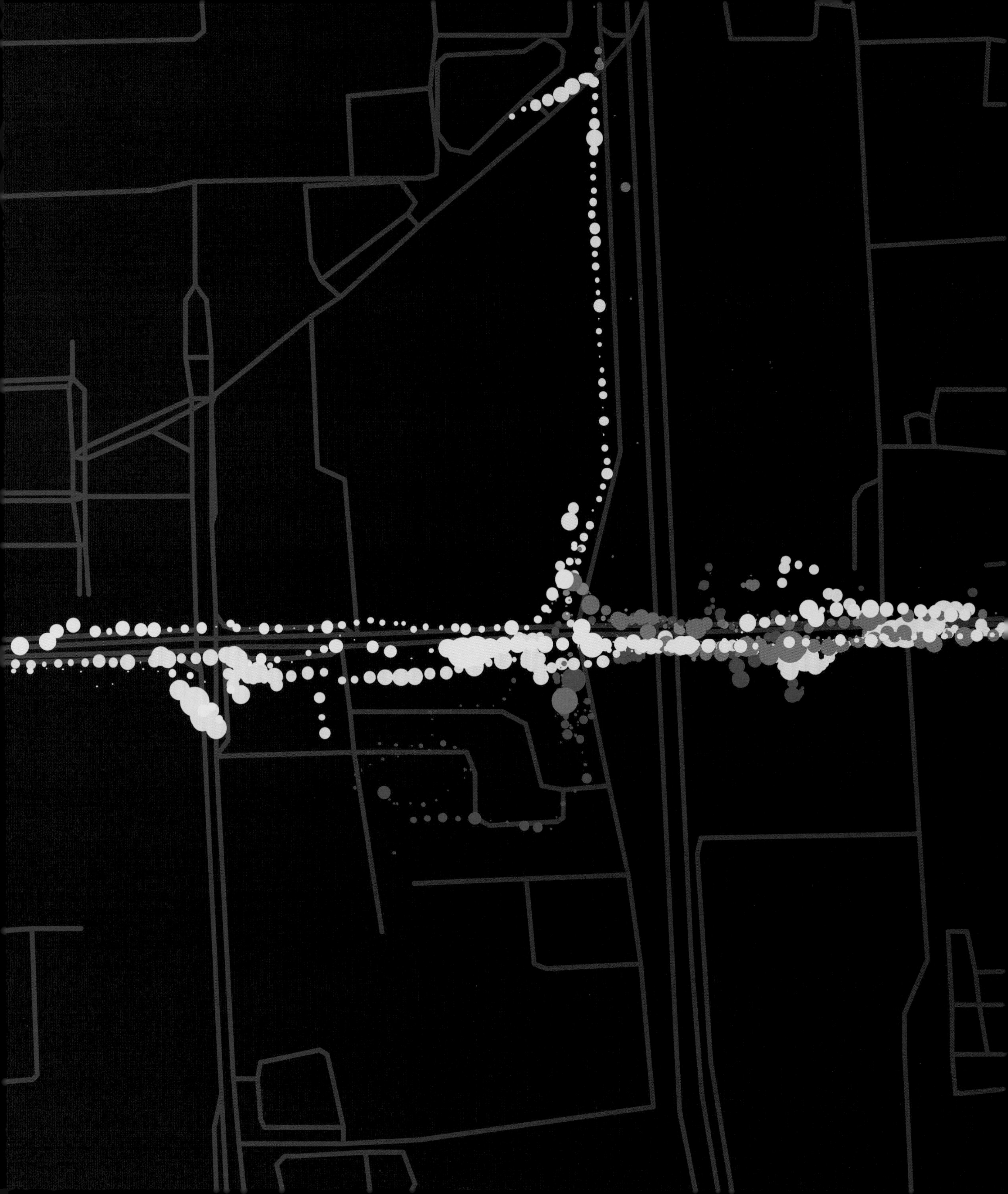

데이터를 구축하자! 데이터는 날 것이 아니라 의식적으로 수집된 것이다

16세기 철학자 프랜시스 베이컨Francis Bacon 경의 말처럼 '아는 것이 힘'이며, 우리가 지식을 얻는 가장 기본적인 방법 중 하나는 데이터 수집이다. 도시와 도시계획 시스템의 경우도 데이터 수집은 불가피했고, 따라서 주로 정부와 기업, 단체들이 수집의 주체였다. 하지만 디지털 기술의 혁명이 휴대폰부터 개 목걸이에 이르기까지 모든 것을 데이터 수집 장치로 만든 지금은 누구나 약간의 훈련만 받으면 손쉽게 데이터를 수집할 수 있다. 참여적 센싱 프로젝트participatory sensing projects, 혹은 크라우드소싱crowdsourcing으로 불리는 시민[1] 기반의 데이터 수집 노력은 지식의 격차를 메우는 데 기여한다. 이전에는 불가능했던 원시 데이터raw data 수집 능력, 이를 처리해 시각화하고 분석하고 통찰을 끌어낼 수 있는 역량을 이제는 일반 시민들도 갖추게 됐다. 하지만 더 중요한 대목은 이들 프로젝트가 참여 시민들에게 공동의 목표와 권리를 위해 함께 작업하는 가운데 더욱 돈독한 공동체를 건설할 수 있게 해준다는 점일 것이다. 참여적 센싱 프로젝트는 또한 공동체 구성원들의 목소리를 반영하고 데이터에 대한 문해력literacy을 높여준다. 이런 프로젝트는 데이터 자체를 생성하는 차원을 넘어, 권력 불균형을 바로잡을 수 있는 '데이터 액션' 도구이기도 하다.

지난 10여 년간 빅데이터를 활용하는 일은 대규모 비즈니스로 발전했고 기술회사는 그로부터 수익의 기회를 찾고 있다. 하지만 도시에 관한 데이터의 분석과 수집이 점점 더 상품화하면서 공동체의 소외된 계층을 배제하게 될 위험성도 더 커진다. 영리기업이 이들의 데이터를 제대로 수집하지 않거나 분석 과정에 충분히 반영하지 않을 가능성이 크기 때문이다. 서론에서 언급한 대로 글로벌 시장 분석 기관인 IDC는 2025년 전 세계적으로 175제타바이트의 데이터가 생성될 것으로 전망한다. 이는 2015년에 생성된 데이터의 양보다 10배 이상 증가한 규모다.[2] 1제타바이트가 대량 DVD 2천 5백억 개 분량에 해당한다는 점을 고려하면 그 규모는 더욱 놀랍다. 이 데이터의 대부분은 민간기업이 보유하고 있으며 대체로 일반인은 접근할 수 없다. 이런 데이터에 의존해 기업이 만들어내는 담론과 작업에 정부와 기관은 제대로 대응하지 못했다. 따라서 공동체가 맞설 수 있는 유일한 길은 공동체 스스로 데이터를 건설해 대응 담론을 만들어내는 일이다.

참여적 데이터 수집: 수집 행위 자체가 곧 도구다

우리만의 데이터 세트를 만드는 데 사용할 수 있는 한 가지 방법은 해당 공동체의 폭넓은 참여를 유도해 데이터를 수집하는 것이다. 그와 같은 참여적, 협업적 계획 절차를 강조하는 방식은 1980년대 중반에 나타났다. 이 방식은 정부 주도의 데이터 수집 방식에 대한 대응 방안 중 하나로 공동체의 데이터 수집을 강조했다.[3] 흔히 '참여적 행동 연구PAR, participatory action research로 불리는 이 사상적 전환은 파울로 프레이리Paulo Freire가 자신의 1968년 저서 『페다고지』(그린비, 2018)에서 서술한 비판적 교육학 이론에 그 뿌리를 두고 있다.[4] 프레이리 이론의 근간은 교육이 억압받는 자들을 해방시키는 데 도움을 줄 것이라는 생각이다. 교육을 받은 피억압자들은 권력자들과의 대화에 더 적극 참여할 수 있기 때문이다. 프레이리는 가난하고 착취당하는 사람들은 그들 자신의 현실을 반영한 데이터를 수집함으로써 그들만의 서사를 구축하고, 그리하여 지식의 공동 창조자가 돼야 한다고 믿었다.[5] 다른 이들에게 공동체 주도의 계획 절차를 주창하는 운동은 1950년대, 1960년대 및 1970년대 초기 벌어진 정부 주도의 분석 프로젝트에 대한 반발이었다. 당시 프로젝트는 주변부 취약 계층을 배제하거나 경시하는 정책 어젠다로 도시 개발 과정에서 대규모 사회 분열을 초래했다는 평가였다.[6] 그런 변화의 이유가 무엇이든 계획가들은 공동체 주도의 데이터 프로젝트를 개발하기 시작했다. 이들은 대응 지도화counter-mapping, 공동체 지도화, 참여적 지도화, 비판적 지도 제작, 민속 지도화ethno-mapping, 참여적 GIS, 자발성 지리 정보VGI, Volunteered Geographic Information 등 다양한 이름으로 불렸다.[7]

'참여적 센싱participatory sensing'은 공동체 구성원들의 데이터 수집 참여를 표현하는 데 가장 널리 쓰이는 용어다. 이것은 제프리 A. 버크Jeffrey A. Burke와 그의 동료들이 쓴 논문에 처음 등장했다. 이들은 해당 용어를 '일반 사용자와 전문 사용자가 한데 모여 해당 지역만의 지식을 분석하고 공유할 수 있도록 모바일 기기를 통해 쌍방향의 참여 센싱 네트워크를 구성하는'[8] 상황을 서술하는 데 사용한다. 초기의 많은 참여적 센싱 프로젝트는 위치를 알려주는 GPS 데이터 같은 휴대폰 데이터를 사용했고, 다른 이들은 모바일 기기를 통해 구할 수 있는 플랫폼을 사용해 센서로부터 집적한 정보를 중앙 데이터베이스로 보냈다.[9] 한 프로젝트는 단문 메시지 서비스, 혹은 텍스트 메시지 서비스인 SMS에 기반한 플랫폼을 만들어 환경보호국EPA의 센서로부터 받은 대기 질 데이터를 요청한 사용자들에게 보냈다. 그런 응답은 대기 질에 대한 실시간 정보를 제공했다.[10] 싱가포르 난양 공과대학교Nanyang Technological University가 시작한 또다른 프로젝트는 안드로이드 기반의 스마트폰을 위한 시스템으로, 스마트폰과 이동전화 기지국 간의 신호를 사용해 사용자와 버스 위치를 파악함으로써 사용자가 기다리는 위치에 버스가 언제 도착할지 알려줄 수 있었다.[11] 대부분의 경우 참여적 센싱 프로젝트는 모바일 장치의 기본 기능인 음성과 메시지 통신을 넘어 그 잠재적 성능을 최대한 활용하고자 한다.[12]

참여형 데이터 수집 방식에서 한 가지 흥미로운 대목은 정확성이 항상 중요한 것은 아니라는 점이다. 데이터 순수주의자라면 정확성 부족은 상상도 할 수 없는 문제라고 생각하겠지만, 참여적 센싱 프로젝트는 종종 시민들에게 사안을 알려주고 계몽하는 데 이용되기 때문에 데이터를 수집하는 행위가 주요 학습 도구가 된다. 이 과정에서 밝혀지는 모든 부정확한 내용은 참가자들에게 향후 제공되는 어떤 데이터든 의심하라고 가르칠 수 있는 또 다른 기회가 된다. 참여적 프로세스 설계자 입장에서는 다양한 이해당사자들의 참여를 이끌어내고 협조를 유지하기 위한 프로젝트를 계획하고 설계하는 일은 데이터 수집 자체만큼이나 중요하다.

센서 네트워크가 보편화하면서 점점 더 많은 사람이 데이터 분석을 통해 정부의 정책을 옹호하거나 개정을 요구할 수 있게 됐다. 요즘 사용하는 스마트폰에는 GPS, 카메라, 마이크, 가속도계accelerometer 등 수많은 센서가 내장돼 있다. 소셜미디어 앱도 지리적 경계를 초월한 접근성으로 데이터 수집 프로젝트를 돕는다. 페이스북, 트위터, 포스퀘어는 방대한 규모의 사용자들에게 접근해 장소와 시간별로 사용자 의견을 수집할 수 있다. 정부와 민간기업이 이런 데이터를 어떻게 사용하는지에 대해 많은 우려가 제기되지만, 사방 어디에나 존재하는 이 데이터 기록 주체와 수단은 일반 대중도 쉽게 활용해 사회적으로 중요한 질문에 응답할 수 있다.

민간기업이 수집한 데이터를 이용하는 데 따른 윤리적 우려는 3장과 5장에서 더 상세히 다루겠지만, 그런 우려는 일반 대중이 데이터를 수집하는 경우에도 제기된다. 실천(액션)을 위해 데이터를 사용할 때 해당 데이터의 직접 영향을 받는 사람들은 해당 프로젝트를 잘 알아야 하며, 결과도 비평할 수 있어야 한다. 다른 사람들과 마찬가지로 대중 역시 그들만의 관점에서 데이터를 수집하며, 의도했든 의도하지 않았든 수집한 데이터를 부당하게 사용할 수 있다. 초보 데이터 수집자들은 '데이터 액션' 방법론이 정한 윤리적 기준을 준수하는 것이 매우 중요하다.

마이클 굿차일드의 획기적 저서에서 처음 소개된 '자발성 지리 정보VGI'의 기반은 모바일 센서에 의해 수집된 정보를 자발적으로 제공하려는 충동에 있다. 굿차일드는 VGI를 '사용자가 생성한 콘텐츠라는 더 일반적인 웹 현상의 특별한 경우'라고 설명한다.[13] VGI는 대체로 웹이나 모바일 기술을 통해 제공된 지리 데이터를 기술하는 데 사용돼 왔다. 비록 VGI라는 용어는 학술적인 지리학자의 작업 정도로 치부되는 듯하지만, 다른 한편으로는 자신들이 '무엇을' 하고, 그런 일을 '어디에서' 하는지 우리에게 알리려는 사람들의 공동체가 존재하며, 우리가 그런 공동체와 연결될 수 있다면 그런 데이터를 새로운 사회 공간적 현상을 이해하는 데 사용할 수 있다는 점을 부각하기 위해 개발됐다.

글로벌 데이터 세트 크라우드소싱

VGI 또는 공동체 지도화의 잘 알려진 사례 하나는 '오픈스트리트맵OpenStreetMap'이다. 참여자들이 어느 곳에서든 GPS 정보를 업로드할 수 있게 함으로써 누구나 무료로 사용할 수 있는 전 세계의 기본 지도basemap가 만들어졌다. 이 기본 지도는 도로, 공원 및 주요 관심 지역을 포함하며, 일부 지역의 경우 건물 배치 형태까지 보여준다. 오픈스트리트맵은 2004년 당시 런던대학교 박사과정 학생이던 스티브 코스트Steve Coast가 영국 정부가 기본 지도 데이터를 통제한 데 대한 반발로 개발했다. 당시 영국 정부의 지도 제작 기관인 지리정보원은 수집하고 관리하는 지도 데이터를 취득하고 사용하는 데 높은 비용을 물렸다. 기본적인 인구조사, 우편번호, 거리, 공원, 건물 데이터조차 취득하기가 매우 어려웠다는 뜻이다. 코스트는 이를 개선하기 위해 초보적인 지도 수집가라도 휴대용 GPS 기기로 수집한 인증 데이터를 자신의 플랫폼에 올릴 수 있도록 허용함으로써 지도 데이터의 위키피디아를 만들고자 했다. 오픈스트리트맵은 2004년 개설 이후 지금까지 2백만 명 가까운 참여자들을 모았다.[14] 코스트의 오픈스트리트맵은 지도 데이터는 일반에게 공개돼야 마땅하다는 그의 신념을 현실화한 것이었다. 오픈스트리트맵이 나오기 전까지는 세계 어느 곳의 기본 지도 데이터든 구하고자 할 경우 거대 지도 제작사인 텔레 아틀라스Tele Atlas와 내브테크Navteq 중 하나에서 구입해야 했고, 이 데이터는 저렴하지 않았다. 구글 지도는 처음 몇 년간은 내브테크와 텔레 아틀라스의 데이터를 조합해 썼지만, 이 데이터의 라이선스 비용이 워낙 높아서 구글로서는 차라리 자체 기본 지도를 개발하는 쪽이 더 낫겠다고 판단하기에 이르렀다. 구글이 차량 지붕에 카메라를 장착하고 거리와 동네 곳곳을 돌아다닌 것도 구글이 자체 지도를 만들기 위한 작업이었다.

지도 데이터를 저렴한 비용에 손쉽게 구할 수 없는 현실을 타개하려는 스티브 코스트의 노력은 전 세계적 현상으로 진화했고, 2006년 오픈스트리트맵 재단은 일반에 공개된 지도 데이터를 수집하고 업로드한다는 명시적 사명을 띠고 출범했다. 전 세계 도시에 거주하는 열성적인 지도 사용자들은 이 재단의 자원봉사자들이 홍보한 '지도 파티'에 모여 휴대용 GPS 장치의 사용방법을 배우고, 미지의 영역을 어떻게 지도화하는지 등을 배웠다. 지도 파티는 흔히 피자가 놓인 탁자 주위에 앉아 컴퓨터를 들여다보면서 오픈스트리트맵 도구를 사용해 위성 사진을 통해 도로를 추적하고 기록하는 식으로 진행된다. 지도 파티는 지도 애호가들이 만나서 최신 지도화 기술에 관한 정보를 공유하는 장을 만들었고, 이는 강력한 오픈소스 지도 공동체를 형성했다. 지도 파티에 참석하는 것은 동료들로부터 지도에 대해 새로운 것을 배우는 한편, 오픈소스 원칙에 따라 새로운 데이터를 생성하는 작업이기도 했다.

2007년 오픈스트리트맵은 첫 번째 '지도의 현황State of the Map' 콘퍼런스를 개최했고, 이것은 오픈소스 지도 공동체의 가장 중요한 회합 중 하나로 자리잡았다.[15] 근래 이 콘퍼런스에서 국제적십자사, 미국 국제개발기구USAID 및 여러 인도주의 단체는 오픈스트리트맵 도구를 사용해 재난 구호 데이터를 구축하는 기법을 선보였다. 예를 들면 국제적십자사는 오픈맵키트OpenMapKit를 개발했다. 이는 인터넷과 무선전화 네트워크 환경이 열악해 오픈스트리트맵의 데이터베이스에 접속하거나 데이터를 올리기 어려운 오지에서 데이터를 수집할 수 있게 해준다. 오픈맵키트는 네트워크가 없는 상황에서는 조사자가 자신의 휴대폰에 데이터를 저장했다가 무선전화 네트워크와 접속되면 데이터를 올릴 수 있게 함으로써 문제를 해결했다. 오픈스트리트맵을 계기로 형성된 오픈소스 지도의 공동체는 특히 집단적 참여가 필수적인 재난 대응의 속도와 효율성을 높이는 애플리케이션 부문에서 다양한 혁신을 이끌었다.[16]

오픈스트리트맵은 아마도 가장 성공적인 참여적 지도화 프로젝트일 것이다. 그 범위와 비교적 높은 정확성, 그리고 무엇보다 정부 정보의 간극을 메웠다는 점에서 의미가 크다. 누구든 오픈스트리트맵에 로그인하면 제대로 기능하는 전 세계 곳곳의 수많은 기본 지도를 찾을 수 있다. 이 데이터는 대부분 일반 대중의 참여로 축적됐다는 점을 고려하면 더욱 인상적이며, 심지어 많은 도시의 경우 오픈스트리트맵에 존재하는 인프라 데이터가 유일한 데이터다. 오픈스트리트맵은 지도 데이터를 구축하는 작업이 어떻게 공통된 명분을 가진 사람들을 한데 모으고, 각자에게 중요한 정보를 일반에게 널리 공개할 수 있는지 보여준다. 이처럼 투명한 작업과 정보 공유는 데이터를 활용해 현상 유지 상태를 바꾸고, 사회의 변화를 꾀하기 위한 집단적 첫 걸음이다. 오픈스트리트맵은 '데이터 액션' 방법론이 정책 변화에 필요하지만 누락된 데이터를 생성하는 방법을 보여주는 좋은 사례다. 이제 전 세계로 범위를 넓혀 어떻게 동일한 방법으로 정부의 전유물로 엄격한 통제하에 놓여 있던 데이터를 자유롭게 풀어놓을 수 있는지 살펴보자.

베이징의 대기 질 폭로: DIY식 데이터 수집

데이터는 힘이 세다. 중국처럼 정보가 엄격하게 통제되는 사회에서는 더욱 더 그러하다. 2008년 베이징 올림픽이 열리기 하루 전까지도 대기 질에 관한 공개된 정보가 없었다는 점은 놀라운 일이 아니다. 세계의 정상급 운동선수들이 올림픽 개최지인 베이징으로 날아오면서, 과연 이들이 마음 놓고 경쟁할 수 있을 만큼 이 도시의 대기 질이 안전한지에 대해 우려가 높았다. 데이터를 실제 액션에 활용한 첫 번째 사례로, 필자는 어떻게 우리 연구팀이 올림픽 기간 동안 유일한 대기 질 정보원 노릇을 했으며, 어떻게 이 데이터가 국제 언론을 통해 전 세계 청중들에게 전달됐는지 설명한다. 이 사례를 통해 정부 간섭 없이 데이터를 수집해야 일반에게 공개할 수 있고, 더 나아가 정부에 정책 개정 압력을 행사할 수 있음을 보여준다. 무엇보다 중요한 것은 이 사례 연구가 누구든 휴대폰에 내장된 저렴한 센서를 이용해 기존에 없던 데이터를 축적한 다음, 이를 환경 문제에 관한 공개 논의의 출발점으로 사용할 수 있음을 보여준다는 점이다.

중국의 열악한 대기 질은 어제 오늘의 문제가 아니다. 2008년 올림픽이 임박하면서 제기되는 최대 우려 중 하나도 베이징의 열악한 대기가 운동선수들뿐 아니라 방문객들에게도 해를 끼치지 않을까 하는 점이었다. 「워싱턴포스트Washington Post」의 칼럼니스트인 모린 판Maureen Fan은 많은 방문객이 베이징의 잿빛 하늘에 놀라면서 "어떻게 이런 도시가 채 10개월도 안 남은 시점에서 올림픽을 개최할 준비가 될까요?"라고 반문했다고 보도했다.[17] 「가디언The Guardian」은 "나흘 간의 시험 기간 동안 1백만 대 이상의 차량이 도로 밖으로 빠져 나갔지만 대기 질은 전혀 향상되지 않았다."라고 보도했다.[18] 「뉴욕타임스」의 짐 야들리Jim Yardley 특파원은 이런 상황을 "베이징은 러닝 머신 위를 걸으면서 동시에 더블 치즈버거를 먹으며 몸매를 가꾸려는 운동선수 같다."고 요약했다.[19] 베이징발 보도는 모두 대기 질을 향상시키기가 불가능하다는 논조였다.

중국 정부는 올림픽이 열릴 때쯤이면 대기 질이 확연히 좋아질 것으로 국제사회에 확언하면서, 이를 위해 구체적인 정책을 시행할 것이라고 약속했다. 수많은 주변 공장에 가동 중단 명령이 내려졌다. 중국에서 가장 바쁜 철강 중심지 중 한 곳으로, 베이징에서 동쪽으로 140여km 떨어진 탕산唐山의 공장 가동도 중단됐다. 중국 정부는 또한 교통 체증에 따른 대기 질도 개선해야 한다고 판단하고 자동차 번호판에 따른 차량 2부제를 시행해 차량 통행량을 330만 대 이상 줄였다. 「워싱턴포스트」는 중국 정부가 올림픽 개최를 불과 며칠 앞두고 톈진天津시와 허베이河北성 지역의 대기 질이 호전되지 않았다고 판단해 추가로 220개 공장에 대해 가동 중단 명령을 내렸다고 보도했다. 베이징은 또한 올림픽 기간 중 모든 공사를 금지하는 특단의 조처를 내렸다.[20]

국제올림픽위원회IOC를 비롯한 많은 참관인은 베이징의 정책이 과연 도시의 심각한 대기 오염을 제대로 줄일 수 있을지에 대해 반신반의했다. 필자 역시 중국을 마지막으로 방문했을 때, 열성적인 달리기 마니아임에도 채 한 구역 거리조차 뛰기 어려울 정도로 대기 질이 심각했던 것을 기억한다. 아무도 푸른 하늘을 볼 수 없었었다. 다른 방문객들처럼 나 역시 회의를 품었다. "베이징은 도대체 어떻게 올림픽 개막 전에 대기 질을 향상시키려는 거지?" 그리고 이어서 "어떻게 하면 올림픽 행사를 활용해 세계의 이목이 베이징에 집중됐을 때 중국의 심각한 대기 질 문제를 폭로할 수 있을까?"라고 생각했다.

필자는 컬럼비아대학교 공중보건학과의 패트릭 키니Patrick Kinney 교수가 중학생 그룹을 대상으로 도시 환경이 이들의 천식에 어떤 영향을 끼치는지 이해하기 위해 대기 질 센서를 배낭에 달고 다니도록 한 연구 발표회에 참석했다.[21] 학생들의 일상의 동선動線과 관련 위치의 대기 질이 천식 발작을 일으키는지 파악하기 위해 이들 센서로부터 수집한 데이터를 활용한 키니 교수팀의 연구에 필자는 영감을 받았다. 그리고 물음을 떠올렸다. 비슷한 모바일 센서를 올림픽 기간 중에 사용할 수는 없을까?

모바일 센서를 연구한 결과, 비교적 저렴한 모바일 센서로도 대기 질을 실시간으로 테스트할 수 있다는 사실을 발견했다. 초창기의 모바일 센서는 데이터 분석을 위해 실험실로 보내졌으며, 분석 결과를 얻는 데도 몇 달이 걸렸다. 키니 교수팀의 연구도 이런 식으로 진행됐다. 하지만 신종 센서는 현장에서 곧바로 측정이 가능하며, 따라서 결과를 얻기까지 며칠 또는 몇 주 동안 기다릴 필요가 없었다. 신종 센서의 신속한 반응 속도에 고무된 우리 연구팀은 육상 종목처럼 과도한 대기 오염에 가장 취약한 선수들을 추적하기로 결정했다. 하지만 "적절한 올림픽 종목에 대한 접근 허가를 어떻게 받아낼 것인가? 올림픽 관전 티켓을 구입해야 할까? 티켓이 없더라도 경기장 밖에서 기다릴 수 있을까?" 등 어떻게 실행할 수 있을지도 만만찮은 숙제였다.

필자는 우리 계획을 AP통신 기자인 친구에게 언급했고, 그는 큰 관심을 보이며 회사 측에 제안하겠다고 했다. AP통신은 올림픽 기간 중 대기 질에 관해 보도하는 데 매우 긍정적이었지만 과거에 자체 데이터를 수집해 본 적이 없었다. 그보다는 전문 연구 기관이 이미 생산한 데이터를 선호했고, 데이터 정확도와 과학적 분석의 부담을 스스로 지기보다는 전문가에게 맡기고 싶어 했다. 어쨌든 이 아이디어는 AP 간부진까지 보고됐다. AP는 결국 필자의 연구실에 AP 기자와 공조할 연구 제안서를 만들라고 요청했다. 드림팀이 꾸려졌다. AP는 원하는 데이터를 얻고, 우리는 해당 데이터를 활용해 중국의 대기 질 상황에 대한 공개 담론을 유도할 수 있었다.

안타깝게도 프로젝트에 대한 AP통신의 관심은 오락가락했다. 출전 선수나 참

그림 2.1 2008년 베이징 올림픽 기간 동안 AP 기자들이 미세먼지(particulate matter)와 일산화탄소를 측정하는 모습을 담은 합성 사진

출처: 새라 윌리엄스, J. 크레시카 브레이저(J. Cressica Brazier)

가국 정부가 우려를 표명해 대기 질이 뜨거운 화제일 때는 우리의 연구 제안서를 진행할 것처럼 나왔다가, 화제가 바뀌면 AP의 관심도 시들해졌다. 그런 시소 게임은 넉 달 가까이 이어졌고, 올림픽 개막식이 겨우 두 달 앞으로 다가왔을 때까지도 해당 프로젝트에 대한 AP와의 계약은 체결되지 않았다.

그런 기복에도 불구하고 필자는 이 프로젝트가 어떻게 모바일 센서를 이용해 중국의 열악한 대기 질에 관한 논의를 시작할 수 있는지를 보여주는 획기적인 사례가 될 것으로 믿었다. 그래서 AP의 연구비 지원 없이 밀고 나가기로 결심했다. 필자는 『The Revolution Will Not Be Funded혁명 기금은 없다』(South End, 2007)[22]를 읽으면서 휴대폰의 GPS와 연계된 대기 질 센서 플랫폼을 구축한 뒤 모든 AP통신

기자들에게 지급해 볼 용기를 얻었다. 그것이 좋은 생각이며 AP는 결국 센서를 원할 것이라고 판단했다. 그래서 필자는 추가 자원을 끌어냈고, 아니나 다를까 AP 취재팀이 베이징으로 출장을 떠나기 불과 몇 주 전에 대기 오염에 대한 또 다른 뉴스가 터졌지만 개인적 진술을 뒷받침해줄 데이터가 부족했다. AP는 우리 센서가 제공하는 데이터가 필요했고, 마침내 계약서에 서명했다. 센서는 준비돼 있었고, 불과 며칠을 남겨놓고 베이징 올림픽 행사장의 기자실로 배송할 AP 장비 키트에 부착됐다. 그림 2.1은 센서로 대기 질을 측정하는 AP 팀원들의 모습이다.

감지기

'베이징 대기 추적Beijing Air Tracks'이라 이름 붙인 이 프로젝트는 AP 기자들이 쉽게 갖고 다닐 수 있도록 대기 오염 센서의 이동성과 휴대성이 뛰어나야 했다. 하지만 소형 센서는 한정된 숫자의 오염원밖에 측정할 수 없었다. 우리는 선수단에 영향을 미칠 환경 조건뿐 아니라 해당 조건을 개선하기 위한 중국 정부 정책과 가장 연관성이 높은 오염원을 집중 측정하기로 결정했다. 그 결과 미세먼지와 일산화탄소 데이터를 수집하는 데 집중했다.

초미세먼지fine particulate matter 혹은 PM은 대기를 오염시키는 액체와 고체 입자를 폭넓게 가리키는 이름이다. 미세먼지를 흡입하면 폐 속에 남아서 호흡기 질환과 여러 건강 문제를 일으킨다. 미세먼지는 베이징의 대기 오염에서 빼놓을 수 없는 핵심 요소다. 이 범주의 오염원은 운동선수들의 기록에 가장 치명적인 악영향을 미칠 뿐 아니라, 수백 개의 공장 가동을 중단시킨 중국 정부의 결정과도 가장 직접적으로 연결돼 있기 때문이다.[23] 중국의 공장은 대체로 석탄을 주연료로 사용했고, 그 때문에 미세먼지 오염의 최대 주범으로 꼽힌다. 미세먼지는 공기 중으로 멀리까지 날아갈 수 있어 공장 지역과 지리적으로 멀리 떨어진 지역에도 영향을 미친다.[24] 우리가 차량 운행에서 주로 배출되는 일산화탄소CO를 선택한 것은 대중이 가장 쉽게 이해할 수 있는 오염물질이기 때문이었다. 실시간 일산화탄소 센서는 또한 대다수 다른 대기 오염원을 감지하는 센서보다 더 작고 저렴해 효율적이었다.[25]

올림픽 관련 뉴스는 속보 위주로 빠르게 진행될 수밖에 없기 때문에 우리는 데이터를 실시간으로 측정할 수 있는 대기 센서가 필요했다. 실시간 센서는 옥상 같은 곳에 설치돼 바람이나 기상 조건에 따른 감지 이상이나 오류를 더 잘 다룰 수 있

그림 2.2 2008년 올림픽이 열리기 불과 한 달 전 천안문 광장의 정오 풍경. 자금성의 출입문이 뿌연 '스모그 수프'에 휩싸인 이 날, 베이징의 대기 질 지표는 용납할 수 없는 수준으로 이 사진에서조차 오염원이 뚜렷이 감지될 정도다.

출처: J. 크레시카 브레이저

그림 2.3 이 지도는 올림픽이 개막되기 직전 한 AP 기자가 자신이 묵었던 베이징의 한 호텔 근처에서 측정한 일산화탄소 센서의 데이터 흔적을 보여준다. 원이 더 클수록 일산화탄소의 농도도 더 높다. 각기 다른 색깔은 기자가 측정한 다른 날짜를 가리킨다.

출처: 새라 윌리엄스

는 정지 센서보다 대체로 정확도가 떨어진다. 우리가 채택한 이동식 센서는 정교하게 최적화된 정지 기기와 동일한 수준의 정확도를 보장할 수 없지만, 측정 결과를 잠재적 오차 범위와 더불어 빠르게 공유하는 쪽이 아무 시도도 하지 않는 쪽보다 더 바람직하다고 판단했다.[26] 우리는 또한 오염 수준이 너무 높다는 결과가 나올 수 있고, 그런 경우 설령 데이터를 실제보다 적게 계산하더라도 센서의 기록은 여전히 세계보건기구[WHO]의 기준치보다 위험하리만치 더 높은 수준을 보여줄 것으로 생각했다(그림 2.2).[27] 그림 2.3은 한 AP 기자가 측정한 일산화탄소 수준이다.

우리의 실시간 센서는 GPS 수신기와 연결됐고, 센서 데이터는 지리적 위치 정보를 포함하고 있었다. 각 센서의 측정치가 위도 및 경도로 태그가 지정되면 해당 데이터는 휴대폰을 통해 중앙 기자실로 전달됐다.

측정 및 시각화

올림픽이 시작되기 6주 전에 우리는 센서를 다섯 명의 AP 기자들에게 나눠주고, 센서가 얼마나 잘 작동하는지 시험하기 위해 베이징의 유명 지역에서 미세먼지와 일산화탄소 수준을 측정하도록 했다(그림 2.4). 이들은 올림픽 공원, 천안문 광장 및 천단[天壇](베이징에 있는 황제의 제례 제단)에서 매일 오염도를 기록하면서 올림픽이 시작되기 전 대기 질의 기준선을 설정했다. 개막식 행사가 열리기 불과 며칠 전, 중국 정부의 보안 요원이 대기 질 장비를 사용 중인 AP 사진기자 두 명에게 어떤 사진을 찍느냐고 물었다. 이들이 대기 질 센서를 눈치 채지는 못했지만 이들 기자에 대한 감시는 우려할 만했다. AP는 중국 정부가 이들을 구금시키면 올림픽의 중요한 경기 사진을 찍을 수 없을 것이라는 판단에서, 기자 한 명만 남기고 나머지는 모두 프로젝트에서 제외했다.

연구팀은 전 세계의 AP통신 구독사가 구매할 수 있는 두 개의 데이터 시각화 스토리에 프로젝트의 목표를 집중했다. 하나는 올림픽 공원의 미세먼지 수준을 보여주는 것이고, 다른 하나는 중국이 정책을 강화해 도로상의 교통량을 절반으로 줄이기 전과 후 마라톤 코스의 일산화탄소 수준을 보여주는 것이었다. 올림픽 공원의 미세먼지 데이터 시각화는 기록된 미세먼지 데이터를 세계보건기구의 기준치와 견주어 보여주는 데 초점을 맞췄다. 대기 상태를 보여주는 사진도 사용했는데, 대기 질이 좋지 않을 때는 마치 흐릿한 수프 표면처럼 보였다. 연구에 참가한 AP 기자의 일정 중 하나는 한낮에 같은 위치에서 배낭에 부착된 대기 모니터를 켜

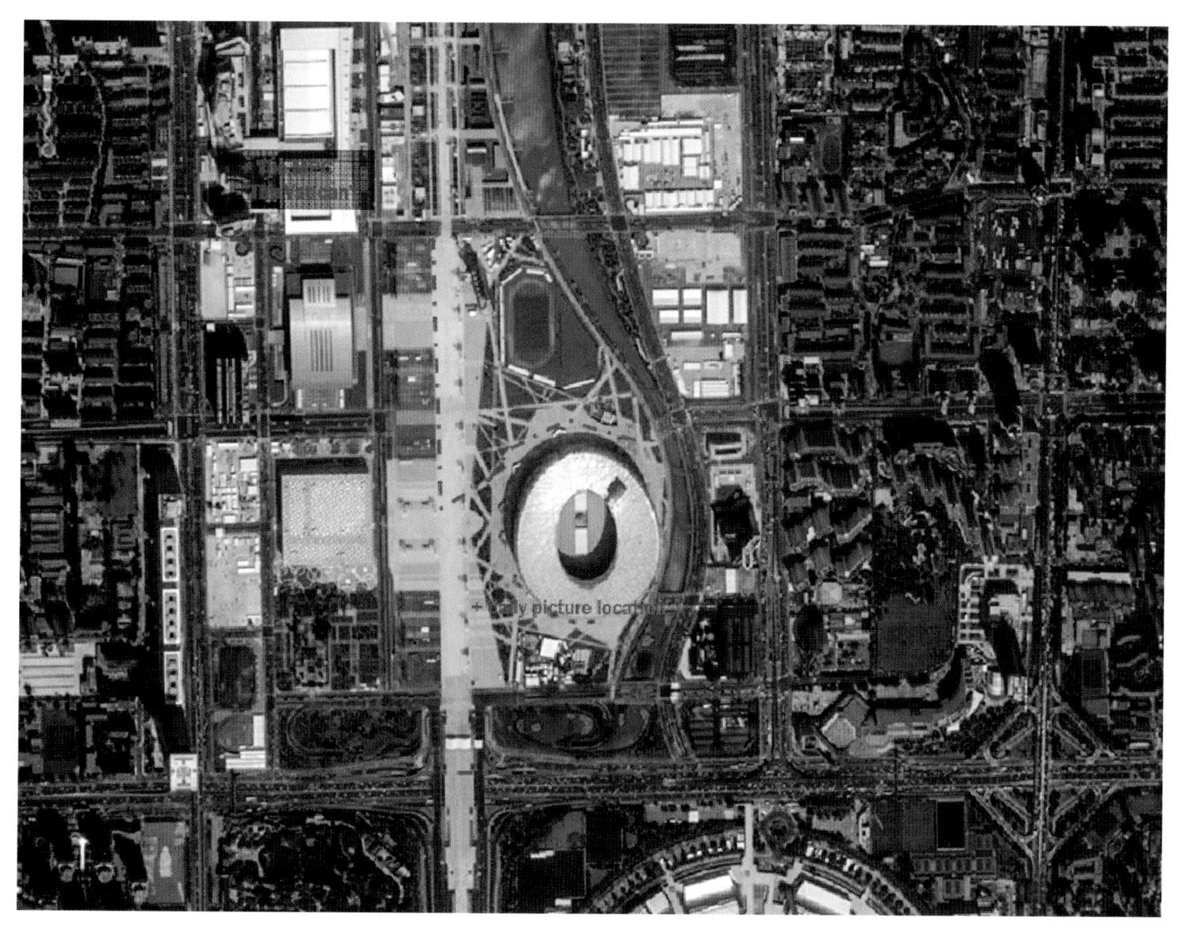

그림 2.4 AP 기자들이 올림픽 공원 부근에서 매일 대기 질을 측정한 위치
출처: 새라 윌리엄스

둔 상태로 새 둥지처럼 생긴 올림픽 경기장의 사진을 찍는 일이었다. 그는 쌍방향 그래픽을 위한 데이터도 수집했다. AP의 그래픽 뉴스는 매일 찍는 새 둥지 모양의 경기장 사진을 일종의 항법 장치로 사용했다. 사용자가 새 둥지 경기장 사진 중 하나를 클릭하면 그 날의 미세먼지 기록이 나타난다(그림 2.5). 이 그래픽은 또한 같은 날 런던과 뉴욕의 미세먼지 측정치와 비교한 수치도 보여줬다. 베이징 대기의 미세먼지 수준은 뉴욕이나 런던보다 10배에서 20배까지 더 높았고, 올림픽 경기가 열린 16일 중 9일은 미세먼지 수준이 세계보건기구의 기준치에 맞추지 못했다(그림 2.6).

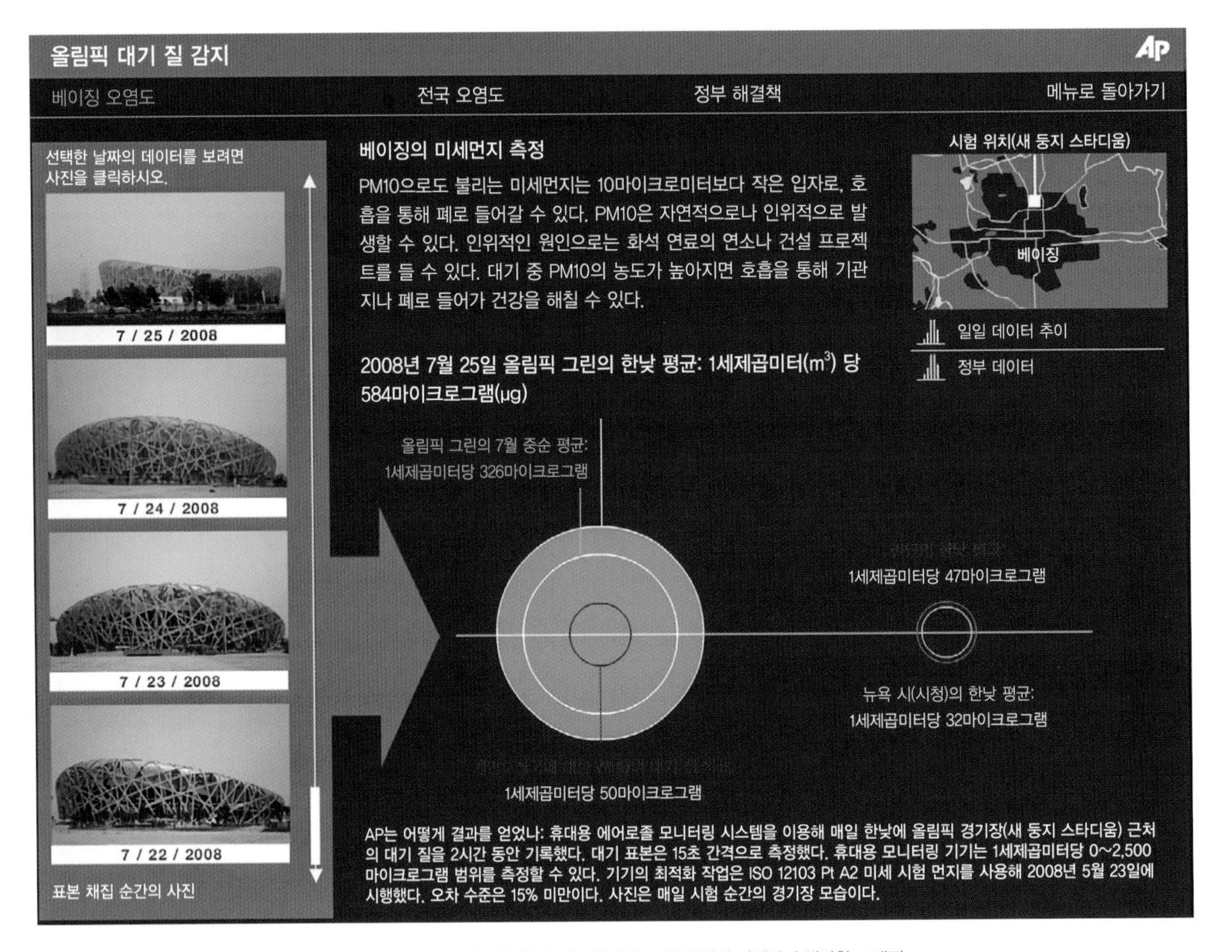

그림 2.5 AP 구독사가 사용할 수 있는 올림픽 그린 주변의 미세먼지 쌍방향 그래픽

출처: 새라 윌리엄스와 시먼드 챈, 2008

연구팀은 또한 올림픽 마라톤 코스를 따라 개별 위치에 상응하는 일산화탄소 농도를, 중국 정부가 도로에서 330만 대의 차량 운행을 금지하기 전과 후로 나눠 표시한 인포그래픽을 만들었다. 「뉴욕타임스」와 제휴해 개발한 인포그래픽은 차량의 배기가스와 더 밀접한 관련이 있기 때문에 일산화탄소의 농도에 초점을 맞췄다(그림 2.7). 연구팀과 「뉴욕타임스」는 베이징에서 얻은 측정치를 같은 날 뉴욕시의 마라톤 코스를 따라 구한 수치와 비교했다.[28] 시각화한 데이터 분석 결과 올림픽 마라톤 코스 주변의 여러 지역에서 일산화탄소 농도는 거의 절반 수준으로 저감됐고, 전체적인 수준은 뉴욕시의 경우와 비슷했다. 올림픽 마라톤 코스는 독자

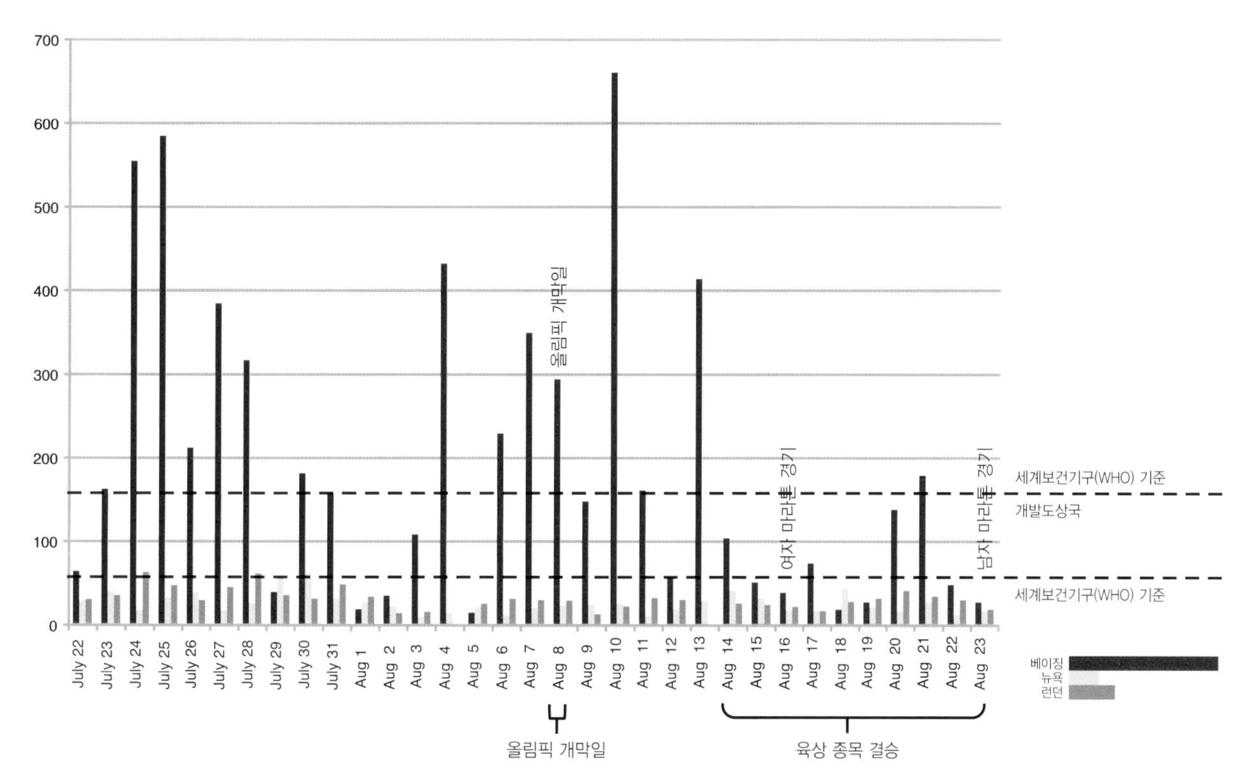

그림 2.6 올림픽 기간 중 AP 기자가 올림픽 그린에 대해 사용한 미세먼지 센서에서 얻은 원시 데이터의 그래프는 뉴욕과 런던과 비교한 베이징의 수치를 보여준다. 베이징의 미세먼지 수준은 뉴욕보다 종종 10배 더 높았고, 세계보건기구의 기준치보다 훨씬 더 높았다.

출처: 새라 윌리엄스

들이 관심을 가질 만한 행사였기 때문에 대기 질에 관한 좋은 기사거리였다. 게다가 그런 뉴스는 어떤 면에서 '바람직한good 것'이었다. 일산화탄소의 측정치는 중국 정부의 차량 2부제 조치가 베이징 일부 지역의 일산화탄소 배출을 줄이는 데 도움이 된 것으로 드러났기 때문이다.

올림픽 기간 동안 중국의 관영 신화Xinhua 통신사는 열악한 대기 질 상황에 대해 '스모그가 아니라 안개'라고 강변했다. 정부의 공식 대기 오염 지수는 1에서 500까지 숫자로 표시돼 정확히 해석하기가 어려웠다. 이를테면 이들은 다양한 오염원의 다양한 수준을 어떻게 평가하는가? 투명성이 결여된 데이터 지수를 만들어내다 보니 정부 담당자가 나서서 해당 지수가 무슨 뜻인지 설명해야 하는 상황이 자주 발생했다. 독립적으로 대기 질을 측정함으로써 언론은 입증 가능한 숫자

D2 N THE NEW YORK TIMES, SATURDAY, AUGUST 16, 2008

OLYMPICS
BEIJING '08

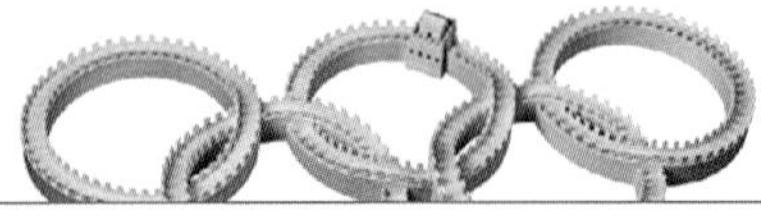

'I just ran the first 50 meters, then I looked around to make sure I was safe and I shut it off.'

USAIN BOLT of Jamaica, who coasted through early-round qualifying in the 100 meters

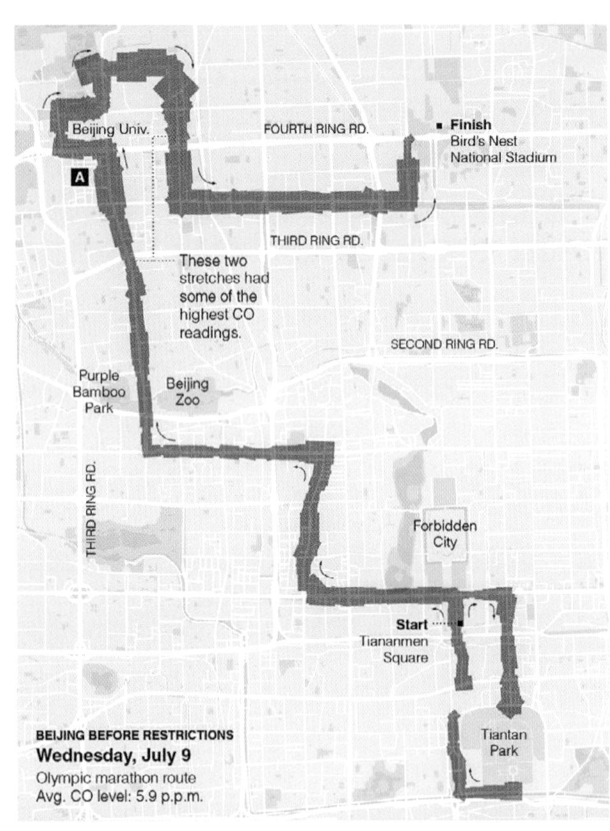

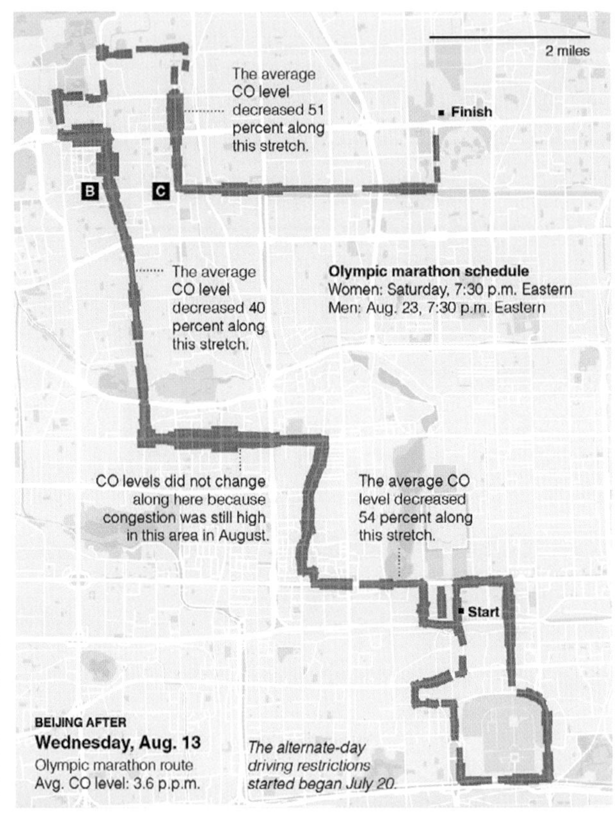

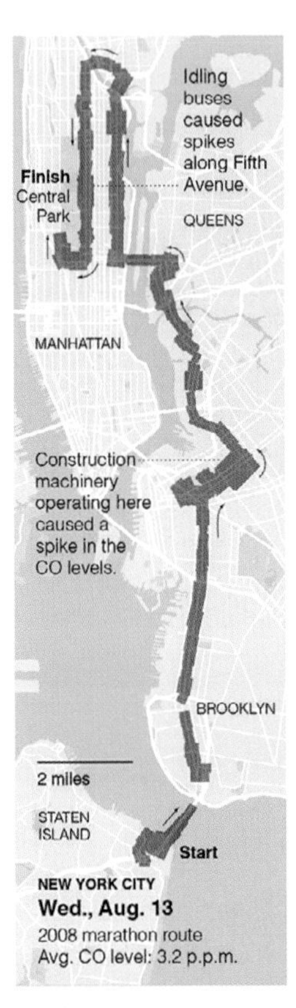

정부 조치로 대기 수준 향상

컬럼비아대학교의 '공간 정보 디자인 랩(Spatial Information Design Lab)'이 예비 수집한 데이터에 따르면, 베이징의 대기 질을 향상시키려는 중국 정부의 노력은 일산화탄소 배출량 감소 효과로 나타났다. 올림픽 마라톤 코스를 따라 측정된 데이터에 따르면 정부가 차량 2부제를 시행한 이후 일산화탄소 수준은 평균 40% 줄었다. 하지만 이 연구실의 대표인 새라 윌리엄스에 따르면 미세먼지 같은 다른 도시 대기 오염원의 수준은 여전히 높았다.

베이징의 일산화탄소 수준이 높은 주요 원인은 교통 체증으로 엔진 공회전을 하는 차량이 워낙 많기 때문이다.

이 지역은 만성적인 교통 체증으로 차량 2부제 이후에도 일산화탄소 수준이 여전히 높았다.

이 지역처럼 일산화탄소 수준이 낮아진 구역은 차량 2부제 이후 교통량이 현저히 줄었다.

지도 범례

일산화탄소 농도

1 5 10 15 20

PARTS PER MILLION

일산화탄소의 수준은 한낮에 측정했다. 몇몇 지역에서는 장애물 때문에 마라톤 코스를 정확히 따라갈 수 없었다. 한 경우는 화재 때문에 차질을 빚었다.

출처: 새라 윌리엄스와 크레시카 브레이저, 공간 정보 디자인 랩

아치 체, 「뉴욕타임스」

그림 2.7 베이징 정부가 330만 대의 차량 운행을 금지하기 전과 후, 올림픽 마라톤 코스를 따라 측정한 일산화탄소의 농도 비교. 그 결과는 대기 질 수준이 뉴욕시의 마라톤 코스를 따라 측정한 수준과 유사함을 보여준다. 이미지는 아치 체(Archie Tse)와 새라 윌리엄스가 「뉴욕타임스」에 제공한 것이다.

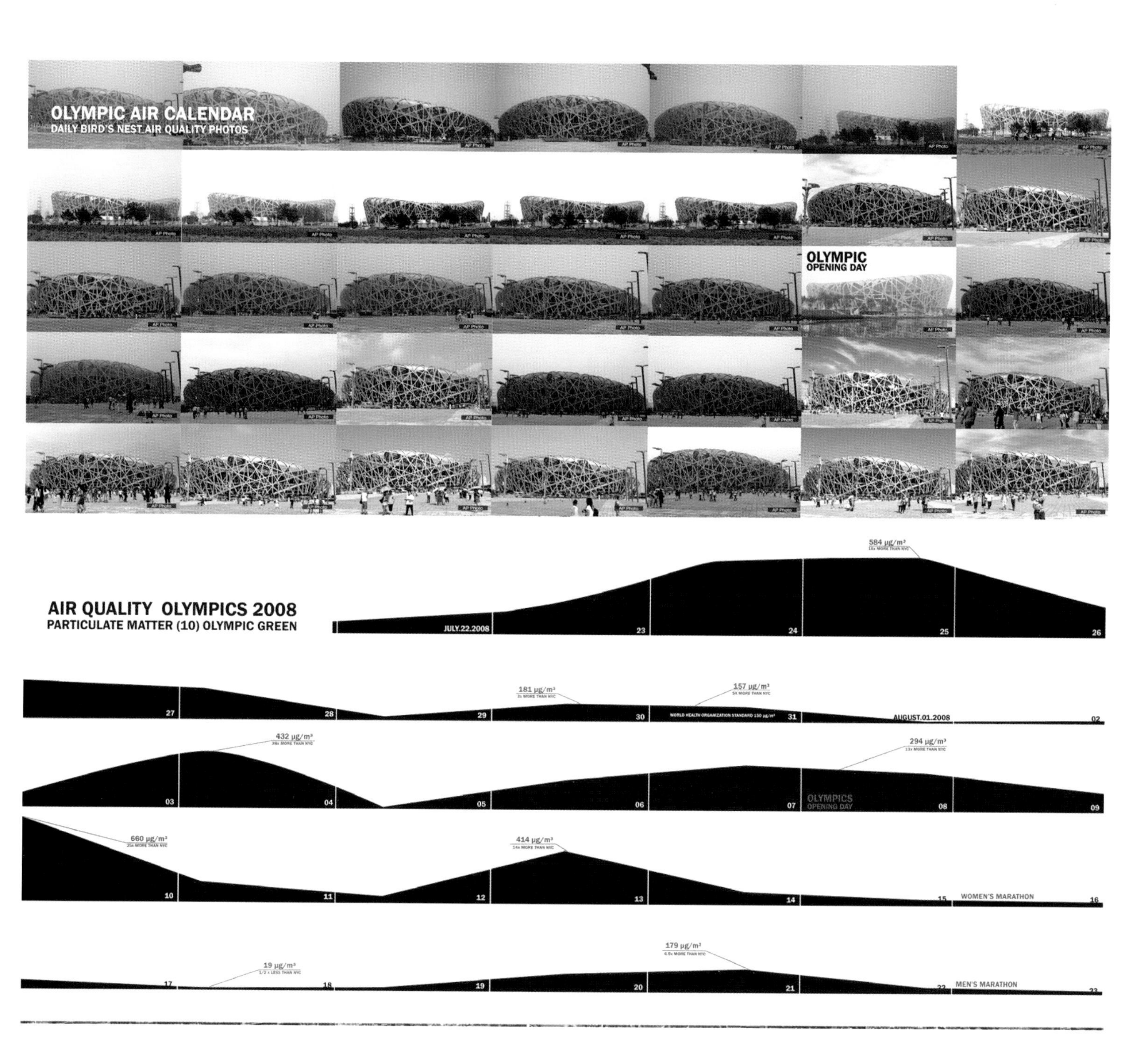

그림 2.8 뉴욕대학교의 '글로벌 디자인 엑스포(Global Design Exposition)'에 발표한 시각 자료는 사진과 미세먼지 데이터를 사용해 베이징 올림픽 경기장 주변의 오염 상황을 보여준다. 위 사진은 올림픽 대기 캘린더로 올림픽 주경기장의 대기 질을 보여주는 일일 사진이며, 아래는 미세먼지의 수준을 보여주는 대기 질 현황 그래프다.

출처: 새라 윌리엄스

로 토론할 수 있었고, 스모그가 아니라 안개라는 주장에도 사실에 근거한 반론을 펼 수 있었다. 그럼에도 혼자 데이터를 측정하는 것만으로는 대화의 방향을 바꿀 수 없었다. 설득력 높은 그래픽을 만들어 전 세계의 올림픽 독자들에게 전달함으로써 베이징의 대기 질 논란도 더 큰 조명을 받을 수 있었다(뉴욕대학교에서 발표한 이미지는 그림 2.8 참조).

베이징 대기 추적 프로젝트는 데이터를 직접 수집함으로써 기록의 객관성과 중립성을 보장할 수 있다는 점을 입증한다. 「뉴욕타임스」와 AP통신은 대기 오염에 대한 기사를 자체 수집한 데이터로 입증할 수 있었다. 베이징의 희뿌연 대기는 스모그가 아니라 안개 때문이라는 중국 정부의 주장에도 객관적 데이터를 통해 높은 수준의 미세먼지 때문이라고 반박할 수 있었다. 프로젝트는 또 독자들에게 베이징의 대기 질을 그들이 더 친숙한 다른 도시와 비교할 수 있게 해줌으로써 대기 질 수치가 어떤 의미인지 교육하는 효과도 있었다. 아마도 가장 중요한 부분은 약 1만 5천 달러의 비교적 적은 예산으로 구입한 장비로도 글로벌 차원의 영향을 미칠 수 있음을 보여주는 사례라는 점일 것이다. 올림픽 기간 동안 일산화탄소 수준이 현저히 향상된 데 고무된 베이징 정부는 올림픽이 끝난 뒤에도 계속해서 차량 운행 규제를 유지했다.

데이터 수집: 기록에 대한 교차 점검과 교정

참여적 센싱 프로젝트는 논란이 많은 사안에 대한 대중의 이해를 돕기 위해 기존 정부 데이터를 교차 점검하거나 보완하는 한 방법일 수 있다. 특정한 단일 오염원의 수치를 뽑아내기 어렵게 설정된 정부의 공식 대기 질 지표 때문에 논란을 빚었던 베이징 올림픽의 경우는 좋은 사례라고 볼 수 있다. 더 중요한 대목은 중국 정부가 처음부터 정확한 대기 질 측정치를 공개하지 않았으리라는 의심이 높았다는 점이다. 정부의 미심쩍은 주장에 대응해 설득력 높은 반론을 만들기 위해서는 관련 데이터를 대중의 손에 쥐어줄 필요가 있다.

많은 환경 데이터 수집 프로젝트는 데이터의 간극을 이런 식으로 메우려 시도한다. 이들 프로젝트는 꼭 종합적인 데이터 세트를 만들려 시도한다기보다는(물론 그런 경우도 있다), 정부의 공식 정보를 반박하거나 보완하는 환경 조건을 제시하려는 경우가 더 많다. 문제의 확고한 증거를 제시함으로써 정책 개정으로 이어지는 대화를 더 쉽게 시작할 수 있다. 예컨대 런던 골드스미스대학교Goldsmiths, University of London 사회학과의 제니퍼 개브리스Jennifer Gabrys 교수가 시작한 '시티즌 센스Citizen Sense' 프로젝트는 펜실베이니아주에서 프래킹fracking[29] 활동으로 발생하는 미세먼지와 오염물질(질산염, 황산염, 유기 화학물질, 철, 석유)을 오픈소스 하드웨어 센서를 사용해 측정한다. 펜실베이니아주 셰일가스 지역의 많은 주민들은 셰일에서 추출한 천연가스를 파이프라인으로 운송하기 위해 압축하는 시설인 공기 압축 시설이 대기를 오염시켜 건강 문제를 일으킨다고 믿는다. 2014년 '시티즌 센스' 프로젝트팀은 이 압축 시설 부근에 사는 사람들에게 스펙Speck(프랙박스FrackBox라고 불리는 센서 패키지의 일부)이라는 센서를 사용해 자기 집안과 주변의 대기 질을 측정해 달라고 요청했다.

연구 참가자 중 한 사람인 레베카 로터Rebecca Roter는 지난 7개월에 걸쳐 2.5마이크로미터 규모의 미세먼지 수준이 높아진 사실을 발견하고, 해당 데이터를 미국 환경보호국EPA에 보냈다. EPA는 더 높은 품질의 센서를 로터가 사는 지역에 설치해 18일간 측정한 결과 그녀의 주장이 사실임을 밝혀냈다. EPA는 해당 지역에 다수의 환경 센서로 네트워크를 구성해 프래킹 압축 시설에 대한 측정을 더욱 본격화했다. 이런 측정 결과 프래킹 시설이 EPA의 규제를 위반한 사실을 확인하고 과징금을 물릴 수 있게 됐다. 로터가 사용한 센서는 첨단기술은 아니었지만 효과적으로 사용돼 상당한 영향을 미쳤다.[30] 개브리스 교수는 고도로 정교한 센서 네트워크가 항상 중요한 것은 아니며, 높아진 오염도를 보여주는 데이터를 확보해 정부가 더 정교한 모니터 장비를 설치하고 더 엄격한 규제를 시행하도록 만들 수만 있다면 그것으로 충분하다고 말한다. 개브리스 교수의 참여적 센싱 프로젝트는 설령 데이터가 불완전하더라도 일정한 영향을 미칠 수 있음을 보여준다.[31]

정부기관과 민간기업은 데이터 공개를 꺼린다. 공개 결과 이어질 논의를 통제할 수 없게 되리라는 우려 때문이다. 2010년 영국의 다국적 석유기업인 BP의 멕시코만 석유 유출 사태 이후에 벌어진 상황이 그런 경우였다. 2010년 4월 원유 송유관이 터지면서 엄청난 양의 석유가 멕시코 만으로 유출돼 루이지애나주 뉴올리언즈부터 플로리다주 펜사콜라까지 바다를 오염시켰다. BP는 유출 범위와 규모에 관한 정보를 공유하는 데 매우 소극적이었다. 「뉴욕타임스」에 따르면 "4월 20일 딥워터 호라이즌Deepwater Horizon 석유 시추선이 폭발한 시점으로부터 3주가 지난 다음에야 BP는 석유가 뿜어져 나오는 해저 파이프의 사진 한 장을 공개했다."[32] 재난 현장의 비디오를 공개하도록 BP를 압박했던 매사추세츠주의 에드워드 J. 마키Edward J. Markey 상원의원(민주당)은 PB가 "투명성이 없는 회사다. 기업 활동에 대한 대중의 조사나 정보 요구에 적절히 대응할 줄 모른다."[33]라고 논평했다. 많은 언론인은 전세기를 띄워 사진을 찍는 방식으로 피해 지역을 파악하고자 했지만, 사고 지역이 제한 영공이라는 이유로 접근을 차단하는 경우가 많았다.

유출 관련 데이터에 대한 접근이 막히자 환경운동가들로 구성된 '퍼블릭 랩Public Lab'은 헬륨 풍선과 연에 값싼 디지털 카메라를 장착해 항공 사진을 찍을 수 있게 해주는 임시 DIY 툴킷을 만들었다(그림 2.9). 매일 공중에서 찍은 유출 사진은 운동가들이 직접 만든 맵니터MapKnitter 프로그램으로 뜨개질하듯 이어 붙였다. 이들이 띄운 풍선은 300~600미터 높이로 날았고, 그 결과 구글 지도보다 더 높은 해상도의 이미지를 제공했다. 이 이미지는 더 상세한 환경 피해 상황을 식별하는 데 사용될 수 있었다.

이 퍼블릭 랩 프로젝트는 '진보적인 목표를 달성하기 위해 지배적인 권력 구조에 대항해' 정확하게 지도를 생성하려는 노력을 가리키는 이른바 '대항 지도화

그림 2.9 퍼블릭 랩이 만들어 배포한 풍선 지도화 툴킷 사진[35]

counter-mapping'[34]의 한 사례다. 대항 지도화 작업은 자연 자원과 환경보호 분야에서 가장 흔히 사용돼 왔다. 해당 지역의 공동체는 토지와 자원을 식별하는 작업을 돕고, 정부의 주장을 반박하는 증거로 사용한다. 이 용어는 1995년 낸시 리 펠루소Nancy Lee Peluso가 인도네시아 칼리만탄Kalimantan에서 수행 중인 작업을 설명하면서 처음 만들었다. 이곳에서 펠루소는 지역 원주민들과 함께 지도를 만드는 작업을 통해 원주민들이 주장하는 삼림 자원에 대한 권리 주장을 확인했다. 이렇게 제작된 지도는 해당 지역에 대한 원주민 인구의 권리 주장을 축소하고 최소화하는 데 주력한 정부의 지도를 반박하는 유력한 도구가 됐다.

멕시코만 석유 유출에 대한 지도화 프로젝트의 동기는 단순했다. 프로젝트팀은 BP나 정부와 독립적으로 석유 유출의 범위가 어느 정도인지 보여주는 증거를 확보하기를 원했다.[36] 팀의 각 구성원은 이 협동 작업에 참여하게 된 여러 사연을 털어놓는다. 석유 유출 사태가 터지기 전까지 석사 학위 논문을 쓰기 위해 풍선 기술을 개발 중이었던 MIT의 제프 워런Jeff Warren은 환경운동 단체인 루이지애나 버킷 브리게이드Louisiana Bucket Brigade 소속으로 유출사태를 기록하려 시도 중이던 섀넌 도스마겐Shannon Dosemagen에게 연락해 자신의 신기술을 사용하는 데 관심이 있느냐고 물었다. 해당 프로젝트에 관해 쓴 글에서 도스마겐은 자신과 워런이 다양한 전문성을 가진 사람들로 팀을 꾸리던 일을 "프로젝트는 인류학자인 자신과 MIT 학생, 지리학자, 생물학자, 예술가, 디자이너, 의료 연구원 등 일곱 명으로 출발했다."[37]고 회고했다. 이 그룹은 뉴올리언즈에서 수백 명의 자원봉사자에게 툴킷 사용법을 가르쳐 10만 장 이상의 이미지를 수집했다. BP나 정부가 부정적인 여론을 우려해 데이터 공개를 꺼리는 상황에서 멕시코만 사고 해역 주변의 시민들은 데이터를 수집했고, 그를 통해 자신들이 신뢰할 수 있는 데이터를 바탕으로 유출사태에 대한 이야기를 구축했다. 이 프로젝트는 실천을 겨냥한 데이터 사용이 어떻게 데이터 구축의 수준을 넘어서는지, 어떻게 협업에 의한 데이터 생성을 통해 공동체를 건설하는지 보여준다. 이 공동체는 또한 자체 네트워크를 이용해 그들이 발견한 통찰을 더 광범위한 그룹과 공유한다.

도스마겐에 따르면 이들의 작업은 실제 현장의 환경을 노출함으로써 더 광범위한 관객들에게 영향을 미치기도 했다. "「뉴욕타임스」, 「보스턴글로브Boston Globe」, ABC, CNN 등 여러 언론은 우리가 제공한 이미지를 사용했다. 변호사들은 소송에 이용하기 위해 자료를 요청했다. 구글 어스Google Earth는 우리 그룹의 지도를 웹사이

그림 2.10 풍선을 이용한 지도화 프로젝트의 참가자와 구경꾼들

출처: S. 아메드 외(S. Ahmed et al.), 「폭풍을 만들다: 나이로비의 비공식 정착지에서 시도한 공동체 주도의 지도화와 식품 공급자들과의 협업」, IIED 조사 보고서」, 2015, https://www.researchgate.net/publication/278731068_Cooking_up_a_storm_Community-led_mapping_and_advocacy_with_food_vendors_in_Nairobi's_informal_settlements

그림 2.11 풍선을 이용한 지도화 프로젝트에서 건물을 식별하는 사람들

출처: S. 아메드 외, 「폭풍을 만들다: 나이로비의 비공식 정착지에서 시도한 공동체 주도의 지도화와 식품 공급자들과의 협업」, IIED 조사 보고서」, 2015, https://www.researchgate.net/publication/278731068_Cooking_up_a_storm_Community-led_mapping_and_advocacy_with_food_vendors_in_Nairobi's_informal_settlements

트에 올렸다."

도스마겐은 이 활동을 '공동체 과학community science'이라고 불렀다. 연구자의 질문에 대답하는 대신 "공동체 과학은 보통 사람들에게 그들 자신의 과학적 질문을 던지고, 데이터 수집과 분석을 통해 해답을 구한다. 이 과정은 과학일 뿐 아니라 교육이자 공동체 구축이며 호기심을 충족하는 방법이기도 하다."

석유 유출 사태를 계기로 결성된 이 그룹은 비영리 기구인 '퍼블릭 랩'으로 발전했다. 홈페이지publiclab.org에 따르면 한 공동체로서 DIY 기법과 툴을 개발해 다양한 환경 문제를 조사하는 것이 목표다. 풍선과 연을 이용한 퍼블릭 랩의 지도화 툴킷은 현재 아마존닷컴에서 판매되고 있으며, 많은 공동체 운동가들은 여기에서 영감을 받아 나이로비의 도시 슬럼이 가진 위험성(그림 2.10과 2.11)[38]부터 뉴욕시 가와누스 운하Gowanus Canal의 오염 문제에 이르기까지 온갖 분야에 지도화 기법을 적용해 왔다. 풍선을 이용한 지도화 프로젝트에서 가장 인상적인 것은 데이터를 수집하기 위해 어떻게 공동체가 힘을 합쳤는가, 특히 창의적인 데이터 수집 방식을 통해 그들의 발견 내용을 어떻게 더 광범위하게 알렸는가 하는 점이다. 공통의 시민적 관심사를 중심으로 뭉친 공동체는 손수 작업해야 하는 프로젝트의 특성 때문에 단순히 위성 사진을 사는 것과는 사뭇 다른 공동 체험을 선사했다. 데이터를 구축하는 작업은 단순히 데이터를 만드는 수준 이상이며, 이것이야말로 '데이터 액션' 방법론의 정신이라고 할 수 있다.

크라우드소스로 만든 데이터: 왜 정부에게 필요한가

우리는 정부가 데이터를 잘 관리하든 못하든 합리적 결정을 내리는 데 필요한 데이터를 가졌으리라고 기대하지만, 늘 그렇지는 않다. 크라우드소싱crowdsourcing 기술은 정부가 그런 데이터를 생성하는 데 도움이 될 수 있다. 이런 유형의 대표적인 프로젝트 중 하나는 세이프캐스트Safecast이다. 이것은 2011년 일본에서 벌어진 후쿠시마-다이이치 원전 폭발 사고 이후 방사능 수준을 지도화하려는 의도에서 출발해, 지금은 관련 데이터를 통해 일반 사람들에게 힘을 실어주는 글로벌 프로젝트로 성장했다. 후쿠시마-다이이치 원전은 진도 9가 넘는 대지진과 잇따른 쓰나미로 심각한 피해를 입었다. 여러 원자로는 영구 피해를 입었고, 이후 모든 시설이 해체됐다. 정부는 발전소 주변의 방사능 수준을 감시해 왔지만 충분히 많은 센서가 지리적으로 분포 설치되지 않은 탓에, 발전소 주변 공동체가 어느 범위와 수준까지 영향을 받았는지 정확히 파악하기가 어려웠다. 여러 보고서에 따르면 발전소와 정부기관, 예컨대 일본원자력기구JAEA는 정보를 일반에게 제대로 공개하지 않았다.[39]

세이프캐스트팀은 '벤토 가이거 카운터Bento Geiger Counter'의 줄임말인 '비가이기 센서bGeigie sensor'를 개발했는데, 이 센서가 일본 도시락처럼 생겼다며 붙여진 이름이었다.[40] 원전 재난 직후 개발된 이 센서는 가이거 센서와 GPS 장비 및 데이터 저장용 SD 카드 등 기존 기술을 포함한다. 또한 팀은 사람들이 센서에서 통합 데이터베이스에 데이터를 올릴 수 있는 수단을 추가했다. 궁극적으로 이들은 더 능률적인 센서를 개발했고, 이것은 키트허브KitHub 웹사이트에서 DIY 키트로 판매됐다.[41] 세이프캐스트팀은 테스트를 위해 해당 사이트에 직접 찾아가는 대신, '크라우드소싱' 기술을 채용해 일본 전역에 걸쳐 데이터를 수집하기로 결정했다.

크라우드소싱은 수많은 사람이 참여해 특정한 작업에 초점을 맞춰 문제를 해결하는 방식을 가리키는 용어다. 제프 하우Jeff Howe는 2006년 「와이어드Weird」에 기고한 "크라우드소싱의 부상"이라는 제목의 기사에서 이것을 전문화된 노동 시장에서 전략적으로 활용해 '콘텐츠를 만들고 문제를 해결하며, 심지어 기업의 연구개발에 참여하는' 상황에 적용함으로써 크라우드소싱이라는 용어에 더 현대적인 의미를 부여했다.[42] 하우는 크라우드소싱을 아마존의 참여형 일감 분배 및 수행 플랫폼인 '메커니컬 터크Mechanical Turk'와 연결시켰다. 이는 웹 기반의 시장으로 이미지 식별, 문서의 특정 정보를 해석 및 주석 작성처럼 컴퓨터로는 잘 수행할 수 없는 작업을 대신 해줄 사람들을 찾도록 도와주는 플랫폼이다. '크라우드소싱'이라는 용어에 대한 과거와 현재의 대접이 달라지는 부분도 여기에 있다. 현대의 크라우드소싱은 컴퓨터 알고리듬보다 인간의 개입에 더 특권을 주며, 인간과 기술 간의 변증법적 관계에 의존한다. 비록 '크라우드소싱'이라는 용어는 기업에 적용하기 위해 만들어졌지만, 대중의 참여를 유도하는 여러 연구 프로젝트는 방대한 양의 데이터에 주석을 달거나 수집하는 데 크라우드소싱 방법론의 요소를 채택한다. 그런 작업은 적은 수의 연구자들만으로는 수행할 수가 없다.

크라우드소싱은 논란의 여지가 있다. 크라우드소싱을 이용한 데이터 수집에 제기되는 비판 중 하나는 참여적 방법론에 대한 비판, 즉 데이터가 부정확하다는 것이다. 크라우드소싱의 몇몇 방법은 극단적 노동력 착취의 양상을 보여준다. 예를 들면 아마존의 메커니컬 터크, 크라우드플라워CrowdFlower, 클릭워커Clickworker, 톨루나Toluna 같은 사이트에서 노동자들은 최저임금보다 훨씬 낮은 임금을 받는다. 국내외에 풍부하게 분포된 노동력 풀을 악용하기 때문이다.[43] '데이터 액션'은 착취적 크라우드소싱의 사용을 지지하지 않는다.

크라우드소싱의 높은 인기는 광범위한 그룹의 사람들과 쉽게 소통할 수 있게 해주는 기술의 진보 덕택이다. 2007년 첫 아이폰과 안드로이드 HTC 기기의 출시와 더불어 시작된 스마트폰 붐은 개인용 휴대전화를 통한 인터넷 접속을 폭발적으로 늘렸다. 이보다 앞서 출범한 두 개의 주요 소셜미디어 네트워크인 페이스북(2004년)과 트위터(2006년)는 궁극적으로 정보와 데이터를 소통하고 찾는 거점이 됐다. 그럼에도 이런 사이트는 더 폭넓은 인구를 대표하지는 않기 때문에 '크라우드'의 일부만 접속하는 경우가 많다. 데이터 수집 프로젝트의 핵심은 반드시 모든 계층과 유형의 사람들에 대한 데이터를 얻는 것이 아니라 어떤 주장의 근거를 제공하기에 충분한 데이터를 확보하는 것이며, 그런 점에서 크라우드소싱은 시민적 변화를 이끌어내기 위한 데이터를 수집하는 데 효과적인 기법이 될 수 있다. 크라우드소싱 프로젝트는 참여하는 그룹의 이해 관계가 데이터 수집과 결부됐을 때 가장 잘 작동한다. 그것이 재난 상황에서 다른 사람들을 돕는 일이든 이웃의 환경 문제에 대한 우려든 개인적 연계성이 있을 때 더 나은 데이터가 생성된다.

세이프캐스트팀은 처음에는 비가이기를 완전히 조립한 상태로 판매할 생각이었으나, 사람들이 조립 키트를 받아 스스로 조립하게 만드는 편이 프로젝트에 대한 관심을 높이고, 데이터 수집에 더 헌신하도록 독려하는 효과가 있음을 깨달았다. 센서를 공동 제작함으로써 사람들은 프로젝트 자체에도 소유 의식을 느꼈다. 세이프캐스트팀이 거둔 가장 큰 성공은 아마도 사람들에게 기기 사용법을 가르치고, 방사선의 위험성을 알려주고, 센서로 어떻게 측정하는지, 그리고 이 전자 장비(그림 2.12)를 물리적으로 어떻게 만드는지 알려주는 교육 워크숍과 프로그래밍일 것이다. 이 프로젝트는 데이터를 수집하는 차원을 훨씬 넘어서는 것이었고, 데이터를 구축하는 가운데 공동체를 만드는 작업이기도 했다. '데이터 액션은' 데이터 분석 수준에 그치지 않는다. 변화를 이끌어내는 데 필요한 실천(액션)의 토대를 마련하도록 돕는다.

궁극적으로 일본 전역에 걸쳐 방사선 수준을 표시한 지도(그림 2.13)가 만들어졌다. 세이프캐스트팀은 그것이 원자력의 정치적 자장 밖에서 만들어진 점을 강조

그림 2.12 세이프캐스트의 참가자들이 센서를 한데 모았다.
출처: 세이프캐스트와 마크 롤린스(Marc Rollins), 세이프캐스트 블로그 이미지 모음(https://safecast.org/)

했다. 이들은 원자력을 옹호하는 쪽도 반대하는 쪽도 아니며, 데이터 수집을 통해 어느 한 쪽을 지지하거나 폄하하려는 동기가 없기 때문에 자신들이 수집한 데이터는 더 신뢰할 만하다고 주장한다. 비가이기 장치의 상대적 정확도에 대한 의문이 있었지만 세이프캐스트는 측정 수치의 정확성 부족을 인정하면서도, 장치의 진정한 목적은 위험에 대한 상대적 이해를 높여 공동체의 환경 위험에 정부가 적절히 대응하도록 유도하는 데 있다고 강조한다. 일본 전역의 방사선 수준을 알려주는 데이터베이스를 전적으로 크라우드소싱으로 완성한 것만으로도 의미 있는 성취다. 크라우드소싱 프로젝트에서 완전한 데이터를 수집하기는 종종 어려운데, 모든 지역 및 사회경제적 그룹을 망라하는 참가자들을 확보하기가 어렵기 때문이다.

자동화된 센싱 프로젝트, 즉 인간의 직접적인 감시 없이 기계가 작업의 대부분을 수행하는 프로젝트는 종종 환경의 미묘한 차이를 추적한다. 비영리 기술 기

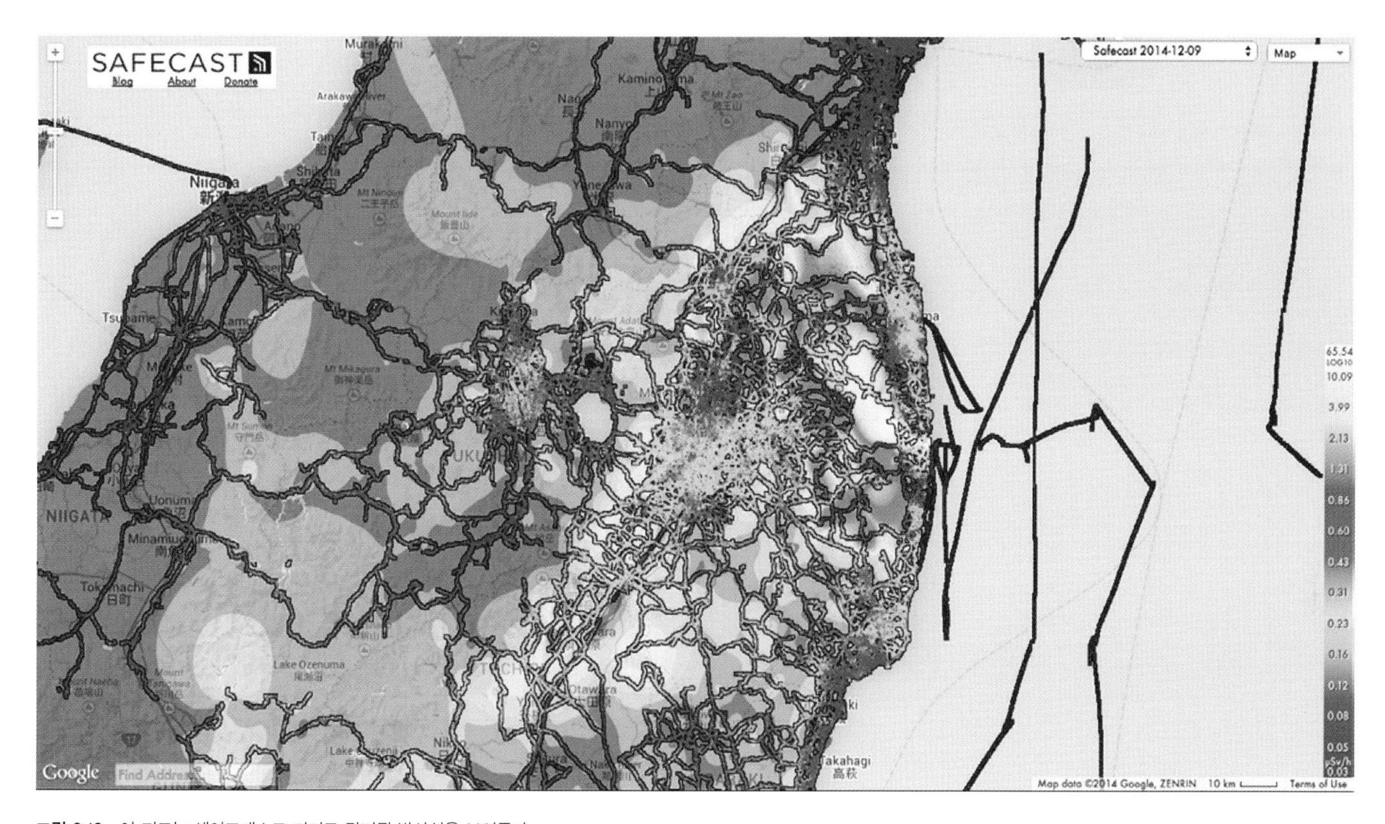

그림 2.13 이 지도는 세이프캐스트 기기로 탐지된 방사선을 보여준다.

출처: 세이프캐스트(http://safecast.org/tilemap/), "세이프캐스트 타일 지도", 2019 / 구글, "구글 지도 타일(Google Maps Tiles)"

업인 '레인포레스트 커넥션Rainforest Connection'은 특히 두드러지는 사례로, 재활용품을 개선한 휴대전화를 센서로 사용해 삼림 파괴의 현황을 감시함으로써 사람들이 직접 우림에 들어가 데이터를 수집해야 할 필요가 없다. 예컨대 갑자기 높아진 소음에 센서가 반응한다면 이는 기계톱, 불도저 혹은 다른 도구가 나무를 자른다는 뜻이다. 브라질의 경우 해마다 십여 명의 환경운동가들이 삼림 파괴를 금지한 환경 정책을 방어하려다 목숨을 잃는데, 사람 대신 휴대전화를 센서로 활용해 현장에 배치한다면 그런 비극을 막을 수 있을 것이다.[44]

최근 많은 센싱 프로젝트는 운송이나 쓰레기 수거 같은 비공식 인프라 서비스에 관한 데이터를 수집하려 시도한다. '비공식'이라고 표현한 이유는 '글로벌 사우스'[45]로 통칭되는 국가의 경우 정부에 의해 제공되지 않지만, 급속히 성장하는 도시에서 일상 생활에 필수적인 서비스로 여겨지기 때문이다.[46] 이것은 내게 개인적인 영향을 미친 작업이기도 하다. 나는 마타투스matatus라고 부르는 케냐 나이로비의 비공식 미니버스 운송 시스템을 지도화하고 관련 데이터를 공유한 적이 있다. '디지털 마타투스Digital Matatus' 프로젝트는 정책 개정을 위한 데이터 작업의 여러 중요한 요소를 담고 있다. 독창적이고 필수적인 데이터 세트가 구축됐을 뿐 아니라 여러 이해당사자들과의 협업을 통해 그런 작업을 수행했으며, 나중에 데이터는 자유롭게 배포됐다. 디지털 마타투스 프로젝트는 데이터 공유의 혜택을 보여주는 사례 연구로 4장에서 다루겠지만 여기에서는 데이터 세트를 개발하는 작업이 공동체에 어떤 영향을 미쳤는지 설명하고자 한다.

세계 인구의 다수는 반공식 운송 시스템에 의존해 이동한다. 나이로비부터 필리핀에 이르기까지 이들 민영 시스템은 정부가 아무런 대안도 제공하지 않는 지역에서 운영되며, 보통은 노선이나 스케줄을 알려주는 데이터도 없다. 그런 데이터가 있다면 이 도시에서 운송 계획을 세우는 데 더없이 유용할 것이다. 일부 경우는 그런 데이터가 있지만 해당 기업이 정보를 공개하지 않는다. 디지털 마타투스 프로젝트는 나이로비대학교 학생들로 팀을 꾸린 다음 휴대폰을 사용해 노선과 스케줄 데이터를 수집해 마타투스 시스템의 종합 지도를 만들 수 있었다(그림 4.6 참조). 다시 말하면 나이로비의 거의 모든 사람이 갖고 다니는 간단한 툴을 이용해 '구글 트랜짓Google Transit'으로 검색할 수 있는 데이터베이스를 구축함으로써 나이로비에 있는 누구든 자신의 노선도를 짤 수 있게 됐다는 뜻이다. 뉴욕 시민이라면 당연하다고 여길 법한 정보를 나이로비 주민들의 손에 사상 처음으로 안겨준 것이다.

그런 데이터는 수백 개의 각기 다른 사업자들이 뒤엉켜 제대로 관리되지 못하는 마타투스 시스템에 대한 필수적 해법이었다. 이 데이터에 따르면 마타투스 시스템의 사업자들은 사실은 자신들의 노선과 정류장을 계획했고, 그런 노선을 정착하기 위해 다른 사업자들과 협력했다. 이 데이터 덕택에 여러 기관은 마타투스 시스템이 잘 조직돼 있음을 알았고, 주민의 안전을 도모하고 나이로비 운송 시스템의 품질을 높이기 위한 다자간 협력 프로젝트를 개발할 수 있었다. 나이로비시와 지방 정부는 이 데이터를 활용해 세계은행World Bank과 손잡고 가장 자주 이용되는 노선에 간선급행버스체계BRT, Bus Rapid Transit를 도입하는 계획을 세웠다.

시민 데이터: 정부가 이를 수집해야 하는 이유

참여적 센싱 프로젝트라고 하면 공식 기관 밖에서 개발된 것으로 생각하기 쉽지만, 많은 정부기관은 더 나은 지역 법규를 입안하기 위해 해당 지역에 특수한 데이터를 수집하려 시도한다. 뉴욕시의 보건 및 정신위생과Department of Health and Mental Hygiene가 수립한 대기 질 이니셔티브가 그런 사례다. 2007년, 뉴욕은 도시 전체에 걸쳐 5~10개의 대기 질 센서가 설치돼 있었지만 이 정도 규모로는 어느 지역이 다른 지역보다 대기 질이 더 좋거나 나쁜지 개별 지역 수준의 대기 질을 제대로 파악할 수가 없었다.

특정 지역에 국한된 오염원을 가진 여러 공동체의 경우 이런 대기 질 센서만으로는 충분하지 않았다. 대기 질 문제는 천식 관련 응급실행이 더 잦은 저소득 가구 거주지역에서 더 심각했다.[47] 그래서 뉴욕시는 다섯 개 자치구에 걸쳐 130개의 모니터를 설치했다. 그 결과 '미국의 어떤 도시 감시 네트워크보다 더 종합적인 지역 커버'가 가능해졌고, 이것은 현재 전 세계 도시에 모델이 되고 있다(그림 2.14).[48]

그림 2.14 뉴욕시 대기 질 연구 결과는 정책 개정으로 이어졌고, 그 덕택에 위 지도에서 보듯이 대기 질도 향상됐다.
출처: 뉴욕시 보건 및 정신위생과, "뉴욕시 공동체 대기 조사: 2008-2014년 대기 질의 변화", 2016년 4월(https://www1.nyc.gov/assets/doh/downloads/pdf/environmental/comm-air-survey-08-14.pdf)

이 프로젝트에서 흥미로운 대목은 센서 배치 장소가 공동체 구성원들의 의견을 참작해 선택됐다는 점으로, 정부의 데이터 수집 프로젝트에서 이런 유형의 대중 참여는 드문 일이다. 실행을 위한 데이터 사용에서 공동체의 참여는 중요하다. 뉴욕시의 보건 및 정신위생과는 각 공동체의 지도자들에게 조언을 요청했고, 그 결과를 토대로 지리적 요소와 사회경제적 변수를 고려해 해당 장소가 대기 질 센서를 설치하기에 적당한지 판단하는 '체계적인 장소 할당systematic site allocation' 작업을 벌였다.[49] 일부 변수는 공동체 지도자들과 대화를 나눈 뒤에만 참작됐다. 실상 설치 장소의 80%는 통계 분석으로 선정했고, 20%만이 공동체 지도자들에 의해 결정됐다. 2009년 이후, 이전에는 표본이 채집되지 않았던 저소득, 주변부 공동체에 15개의 추가 모니터를 설치했다.[50] 데이터 분석 결과에 따르면 뉴욕시의 많은 주민이 열악한 대기 질로 고통 받았는데, 이는 해당 지역에 석유 보일러를 사용하는 아파트가 많은 탓이었다. 주요 대기 오염원 중 하나가 여전히 많았던 것은 이미 설치된 석유 보일러는 법 적용에서 면제해 주는 조부祖父 조항grandfather clause을 이용해 친환경적인 보일러로 대체하지 않았기 때문이었다. 보건 및 정신위생과는 이것이 문제임을 오랫동안 추정하고 있었지만, 데이터 분석 결과는 이들 보일러를 대체해야 할 구체적인 이유와 건물주들이 석유 보일러를 대체하는 데 드는 비용을 보조해야 할 필요성의 증거를 제공했다.

뉴욕의 경우에서 보듯이 저소득층 지역에서 정부의 센싱 프로젝트는 시민적 신뢰를 쌓을 수 있다. 정부가 관련 공동체와 함께 센싱 프로젝트를 디자인할 때 성공 확률이 높은 것은 공동체의 참여가 데이터 수집 과정을 향상시킬 뿐 아니라(센서 설치 장소를 고를 때처럼), 데이터의 정확성에 대한 공동체 구성원들의 신뢰도 더 커지기 때문이다. 아마도 가장 중요한 이유는 정부 지원을 받는 공공 센싱 프로젝트는 공동 작업을 통해 상호 신뢰를 쌓음으로써 더 신속하고 직접적으로 정책 개정을 유도할 수 있기 때문일 것이다.

재난 상황에서의 데이터 수집: 정부와 대중에게 데이터는 더욱 긴요하다

재난이 닥치면 인도주의적 대응을 위해서는 데이터 수집이 필수적이다. '인도적 오픈스트리트맵Humanitarian OpenStreetMap'은 위기나 재난이 발생하는 경우 문제가 어디에서 발생했으며, 어디에 구호 시설이 있는지 알려주는 최신 지도를 무료로 제공하는 이니셔티브이다. 인도적 오픈스트리트맵은 2103년과 2014년 서아프리카의 에볼라Ebola 바이러스 발병 때 도입돼(그림 2.15) 활동가들이 실험실의 위치와 그곳까지 소요되는 운전 시간, 발병 지역에 대한 언론 보도 등 다양한 대응을 지도화할 수 있게 했다.[51] 인도적 오픈스트리트맵팀은 적십자사, 국경없는 의사회, 유

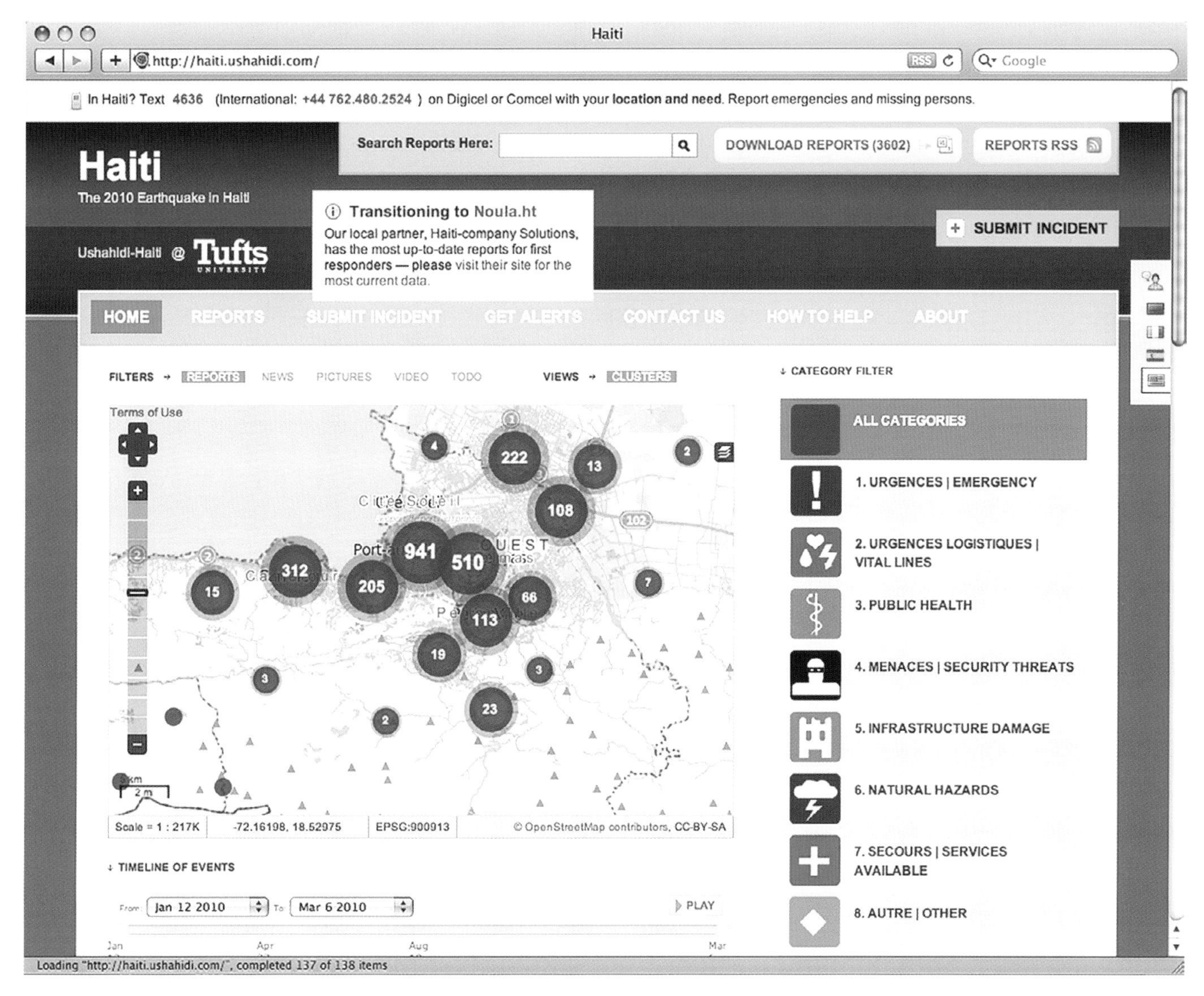

그림 2.15 2010년 아이티 지진 구호 노력의 일환으로 개발된 우샤히디 웹사이트의 스크린샷. 지도는 지진 뒤 도움을 요청하는 신고 숫자를 보여준다(https://www.ushahidi.com/blog/2010/04/14/crisis-mapping-haiti-some-final-reflections).

엔 및 다른 정부기관과 협력해 구체적 필요에 맞춘 지도를 개발했다. 예를 들면 2015년 네팔의 지진대응팀은 네팔에 관한 GIS 데이터, 이를테면 여진 발생 지역, 구호 시설 위치, 주요 도로와 건물 등을 모아 지도로 만든 뒤, 현장에서 구호 활동을 펴는 사람들이 자유롭게 내려받아 오프라인에서 사용할 수 있게 했다. 인도적 오픈스트리트맵을 활용한 사례는 이 밖에도 다양하다.

자연 재해나 인위적 재난에 대응한 '위기 지도화crisis mapping'에 필요한 데이터 수집 작업에 시민들은 적극적으로 참여한다. 크라우드소싱을 통한 최초의 재난 구호 툴 중 하나는 웹과 모바일 플랫폼을 통해 사람들이 재난 상황을 신고할 수 있도록 설계된 우샤히디Ushahidi다. 일단 사용자의 휴대폰에 설치되면 우샤히디는 SMS, 소셜미디어 및 웹 기반의 신고 양식을 통해 응급 메시지를 보내는 데 사용할 수 있다.[52] 휴대폰에 내장된 GPS로 사용자의 위치 정보를 파악해 해당 지점을 지도에 표시한다. 더 많은 사람이 텍스트나 보고서를 보냄에 따라 우샤히디 플랫폼 운영자는 물이 필요하다거나 도로가 봉쇄됐다는 경고 메시지가 집중된 지역을 볼 수 있다.

우샤히디는 2007년과 2008년 나이로비와 그 주변 지역에서 발생한 선거 후 혼란기에 개발됐다. 당시 현직 대통령인 음와이 키바키Mwai Kibaki는 대통령 선거의 승자임을 선언했지만 키바키의 정적인 라일라 오딩가Raila Odinga의 지지자들은 선거 조작이라며 반발했다. 그 갈등은 케냐 전역에 폭력 사태를 촉발시켰고, 특히 키쿠유스Kikuyus와 루오스Luos 부족의 비공식 정착촌은 오랫동안 긴장 관계였던 정치적 갈등이 악화되면서 극심한 유혈 사태로 발전했다. 많은 사람은 폭력 사태가 끝나기만을 바라며 집안에 머물렀고, 그 때문에 음식이나 물을 구할 방법이 없었다. 스와힐리어로 '증언' 혹은 '증인'을 뜻하는 우샤히디는 분쟁 중인 사람들은 물론 오지의 사용자들도 위험과 기본적 필요에 대한 정보를 수집해 이메일이나 SMS를 통해 알릴 수 있는 수단을 제공하며, 그런 과정에서 실시간으로 데이터를 모아 모든 이슈가 기록된 온라인 지도를 생성한다.

우샤히디 개발에 사용된 기술은 다른 재난 사태에도 활용됐다. 그중 하나는 2010년 아이티에서 일어난 지진 때 미국 터프츠대학교 학생들이 우샤히디의 오픈소스 코드를 구해 재난 통신 플랫폼을 만든 일이다. 처음에는 사람들의 사고 신고를 모은 소셜미디어 역할이었다. 그러다 스탠포드대학교의 언어학 박사 지원자인 로버트 먼로Robert Munro가 합류하면서 짧은 SMS 코드(4636)를 만들어 사람들이 해당 플랫폼에 문자 메시지로 자신들에게 필요한 내용을 구호 요원들에게 알릴 수 있도록 발전했다.[53] 증인들은 무엇을 보거나 들었는지에 대한 내용을 문자로 신고할 수 있었다. 이를테면 "보더가와 스미스가 교차로에 있는 한 빌딩에 사람들이 갇혔어요."라고 신고함으로써 구조 요원들이 적시에 도울 수 있도록 하는 식이었다.[54] 출범한 지 25일 만에 해당 사이트는 거의 2,500건의 불만을 크라우드소싱으로 접수했고, 그 덕택에 수많은 인명을 구할 수 있었다.

아이티 지진 대응의 일환으로 수행된 작업은 그전까지 그리 잘 알려지지 않았던 우샤히디의 인기를 높이는 데 도움이 됐다. 비교적 쉽게 용도를 바꿀 수 있다는 우샤히디의 특징은 위기 상황을 지도에 신속히 반영해 효과적으로 대응할 수 있게 해주는 소위 '위기 지도화' 운동에 더없이 긴요하게 작용했다. 여러 면에서 이 운동은 패트릭 마이어Patrick Meier의 열성적인 전도에 힘 입은 바 크다. 터프츠대학교에서 아이티 프로젝트를 지휘했던 마이어는 여기에 그치지 않고 위기의 지도화에 관한 콘퍼런스를 시작했고, '디지털 인도주의 네트워크Digital Humanitarian Network'를 공동 설립했다. 아이티 사태 이후 우샤히디로부터 영감을 얻은 사이트가 2010년 칠레 지진 때 만들어졌다. 이것 역시 학생 그룹이 주도한 것으로, 이번에는 컬럼비아대학교의 국제정책 및 정세 대학원SIPA이 발원지였다.

이후 우샤히디는 많은 재난 대응 사이트에 사용됐지만 때로는 그 때문에 감당하기 어려운 수준의 기대를 갖게 한다는 비판도 받았다. 문자를 입력할 수 있는 창을 제공함으로써 사용자들은 곧바로 구호나 대응이 이어질 것이라는 인상을 받는다. 우샤히디는 데이터를 수집하는 데는 매우 효과적이었지만, 정작 해당 플랫폼을 사용하는 운영자들은 방대한 분량의 문의와 요청에 어떻게 대응할지 미처 계획을 세우지 못한 경우도 많았다. 그런 정보가 실제로 어떤 반응을 이끌어낼지에 대한 고려는 사후 문제였고, 해당 시스템을 설정하는 학생들이나 자원봉사자들은 한편으로는 기술을 구축하는 동시에 어떻게 적십자사 같은 구호 단체와 이해당사자들을 참여시킬지도 고민해야 했다. 그 시스템은 재난의 종합적인 그림을 제대로 보여주지 못한다는 (이를테면 역사가들을 만족시킬 만한 수준의 그림) 비판도 받았다. 플랫폼을 아는 사람들만 사용할 수 있었으므로 산출되는 데이터는 기술적 전문성이 높은 이들에게 편향적인 면이 있었고, 기술을 잘 모르거나 무선 서비스가 되지 않는 지역 사람들의 경험은 누락되거나 기록되지 않았다. 크라우드소싱 데이터에서 누가 빠졌는지 검토하는 일도 중요하고, 그런 발견 자체도 나름의 통찰을 제시할 수 있다.

크라우드소싱 데이터 프로젝트가 지닌 가장 큰 문제 중 하나는 상당한 규모의 유의미한 데이터를 만들어내기에 충분한 참여자를 찾는 일이다. 2012년 허리케인 샌디가 미국의 중부 대서양 지역을 강타해 거리와 주택과 터널을 침수시키고 주요 도시의 안팎으로 광범위한 정전 사태를 초래했을 때, 인도적 오픈스트리트맵의 스카일러 얼Schuyler Erle은 어느 지역의 자원봉사자든 위성 사진을 통해 피해 규모를 평가할 수 있게 해주는 웹사이트 툴을 개발했다.[55] 위기 상황의 지도화에 익숙한 전문 자원봉사자 그룹을 초빙해 데이터를 검증하는 등 더 체계적으로 접근한 덕택에 이 크라우드소싱 프로젝트는 이전 우샤히디 프로젝트보다 더 정확한 재난 지도화에 성공했다. 허리케인이 몰아치는 동안, 그리고 이후 진행된 구호 작업에서도 미국 연방재난관리국FEMA은 오픈스트리트맵 공동체의 힘을 빌려 피해 지역의 항공 사진을 판독해 특히 피해가 큰 지역을 선별했다. 4천 명 이상의 온라인 자원봉사자들이 참여해 구조적 피해의 사진을 범주별로 분류해 당국이 구호 우선 순위를 판단하는 데 도움을 줬다. 그뿐 아니라 미국 전역의 GIS 전문가들로 구성된 'GIS 코어GIScorps'의 회원들은 재난 기간 동안 크라우드소싱으로 해석된 항공 사진의 판별 내용을 '전문가'의 시각에서 관찰하고 평가해 정보의 정확도를 높이는 데 기여

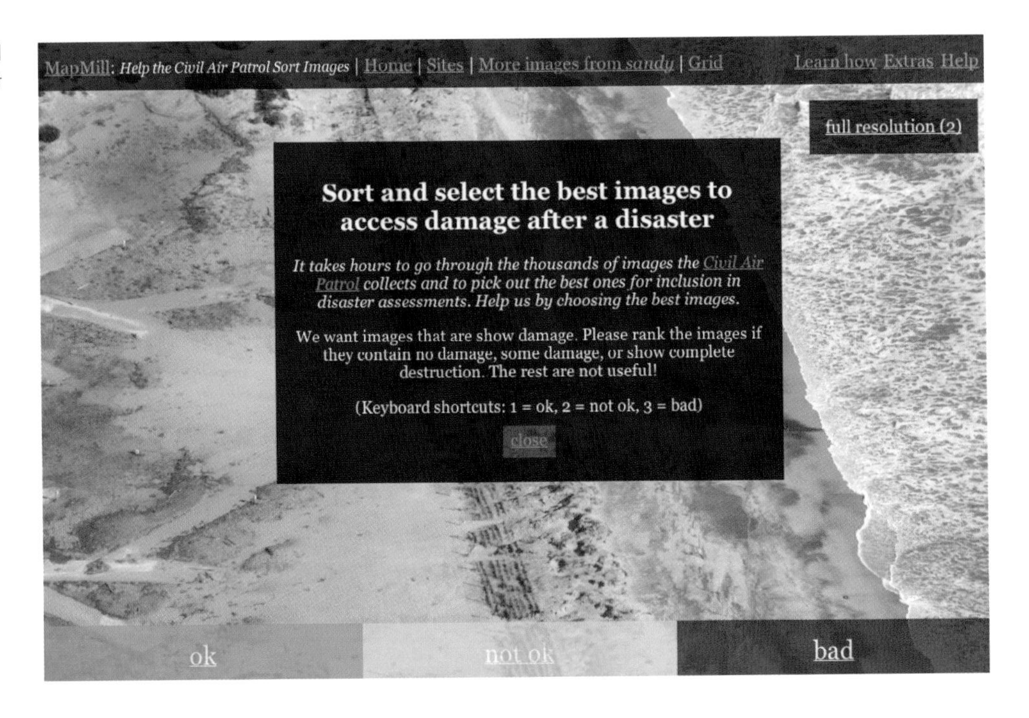

그림 2.16 인도적 오픈스트리트맵의 인터페이스는 허리케인 샌디가 뉴욕을 강타한 뒤 그에 따른 피해를 기록하기 위해 개발됐다.

출처: 맵밀(MapMill) 이미지, 퍼블릭 랩

그림 2.17 이 위성 데이터는 허리케인 샌디 프로젝트의 참여자들이 한 지역의 피해 수준을 판별하는 데 무엇을 사용하는지 보여준다.

출처: 인도적 오픈스트리트맵팀(https://www.hotosm.org/)

그림 2.18 인도적 오픈스트리트맵팀이 만든 이 지도는 참가자들이 위성 데이터를 사용해 허리케인 샌디의 피해 지역과 피해 수준을 지도화한 위치를 보여준다(초록색 = 양호, 노란색 = 평균, 오렌지/빨강 = 나쁨).

출처: 인도적 오픈스트리트맵팀(https://www.hotosm.org/)

했다. 프로그램은 항공 사진을 추출해 자원봉사자들에게 보여주고 이미지 속의 구조물이 안전한지, 안전하지 않은지 아니면 위험한지(그림 2.16과 2.17) 여부를 평가하도록 요청했다. 크라우드소싱과 전문가 그룹의 협력을 통해 복구 작업을 벌일 지역을 지도화했다(그림 2.18).

데이터 협업: 데이터 문해력과 공동체

시민들이 참여하는 데이터 수집 프로젝트는 자신들이 수집하는 데이터를 이해해야 하기 때문에 교육적일 뿐 아니라 데이터에 대한 이해력을 높이는 데도 도움이 된다. 그것이 가이거 계측기 조립법을 배우는 일이거나 위성 사진을 판독하는 일이든, 모든 데이터 수집 프로젝트는 무엇인가를 배워야 하는 요소를 포함한다. 데이터를 수집하는 행위도 흥미로울 수 있다. 참여자들은 관심사가 비슷한 사람들과 함께 현장에 나가고, 주어진 문제가 자신들의 공동체에 어떤 영향을 미치는지 배우며, 숫자 뒤에 숨은 과학도 배운다. 여러 면에서 참여적 데이터 수집은 참여자들의 공식적인 교육 배경과는 무관하게, 흔히 STEM으로 요약되는 과학, 기술, 공학 및 수학 분야의 주제에 더 관심을 갖도록 장려한다.

2010년 UCLA의 '내장 네트워크와 센싱 센터Center for Embedded Networks and Sensing'가 개발한 스마트폰 기반의 센싱 플랫폼인 '모빌라이즈Mobilize'는 '고등학교 수준의 컴퓨터 과학, 수학 및 과학 과목 개발을 도와주는 실전 위주, 질문 중심의' 교육용 툴이다.[56] 2017년 미국과학재단NSF은 모빌라이즈를 로스앤젤레스 통합 교육구LA Unified School District의 '데이터 과학 개론'의 커리큘럼 일부로 통합하는 데 기금을 지원했다. 교육구가 참여적 센싱 프로젝트 중 하나로 개발한 툴은 학생들의 모바일 기기에 설치돼 주로 사회학 성격의 간단한 설문을 묻는 것이었다(예, 수면 패턴, 거주 지역의 광고 현황, 간식 섭취 습관 등). 학생들은 이어 수집된 데이터를 바탕으로 통계 분석을 수행했다.[57] UCLA와 LA 통합 교육구는 이런 접근법이 학생들의 참여를 높이고, 데이터를 다루고 분석하는 방법만이 아니라 분석 결과에 해당 공동체의 특성을 반영하는 능력도 키워준다고 믿는다. 이들은 해당 커리큘럼이 '학생들에게 통계적 질문을 던지고, 참여적 센싱 데이터 및 다른 데이터 수집 패러다임을 검토하고 수집하며, 통계 프로그램을 사용해 데이터 분석 방법을 배움으로써 컴퓨터 기술과 통계적 사고를 개발하도록 독려'한다고 믿는다.[58]

참여적 센싱 프로젝트는 데이터에 대한 이해력을 높이고, 참여자들에게 데이터를 수집, 정화, 분석 및 표현하는 방법을 가르친다. '데이터 캔버스: 당신의 도시를 감지하세요Data Canvas: Sense Your City'는 예술과 기술을 접목한 비영리 단체인 '스위스넥스swissnex(https://swissnex.org)' 샌프란시스코와 '그레이 에어리어Gray Area(https://grayarea.org)'가 공동 운영한 데이터 예술 프로젝트였다. 6개월 동안 데이터 캔버스팀은 전 세계에 걸쳐 1백 명에게 DIY 환경 감지기 키트를 나눠주고 조립해 사용하도록 했다. 이는 전 세계의 실시간 환경 데이터를 수집하려는 시도로, 그보다 더 큰 데이터 예술 프로젝트의 일환이었다. 프로젝트팀은 다양한 분야의 참가자를 초빙해 수집된 데이터를 시각화 및 음향화하고 다양한 방법으로 표현하도록 요청했다. 데이터 캔버스의 목표는 정확한 정보를 포착하는 것이 아니라 데이터로 어떤 일이 가능한지 창의력을 발휘하도록 자극하는 것이었다. 센서 데이터를 표시한 지도는 환경 센싱에 대한 지식이 거의 없는 일반 대중의 눈높이에 맞췄다. 사람들이 데이터에 덜 부담을 느끼고, 다양한 방식으로 접근하고 작업할 수 있도록 독려하겠다는 취지였다.

시민 참여 데이터 수집 프로젝트는 단순한 수집 이상의 의미를 지닌다

데이터 수집 자체의 디자인도 협력적이어야 한다. 프로젝트 계획 단계에서 다양한 사람들을 포용함으로써 설령 데이터 수집 자체에는 모든 이해당사자가 참여하지 않는다고 해도 특정 주제를 중심으로 일종의 공동체를 꾸릴 수 있기 때문이다. 예를 들면 세이프캐스트 프로젝트는 방사선에 관심이 있는 사람들을 모은 뒤 참가자들에게 방사선 측정 센서 조립법을 가르치는 과정에서 지원 네트워크는 더 커졌다. 오픈스트리트맵은 크라우드소싱으로 데이터를 수집하고 지도화하는 데 헌신하는 오픈소스 지도 제작자들의 공동체를 만들었다. 데이터 수집 활동을 통한 공동체 구축은 정부가 그런 프로젝트를 시행하는 경우에도 벌어질 수 있다. 이것은 뉴욕시의 보건 및 정신위생과의 대기 질 센싱 프로젝트에서 증명된다. 이 프로젝트는 센서를 설치한 장소를 놓고 공동체의 의견을 구하도록 디자인됐다. 그를 위해 공동체 관계자들과 협력하는 과정에서 주민들은 이 프로젝트가 자신들의 삶에도 중요하다고 인식했고, 그 결과에 대해서도 신뢰할 수 있었다. 이런 유형의 공동체 구축은 멕시코만 석유 유출에 관한 BP의 보고서에 대항하는 사실과 논리를 개발하기 위해 주민들이 힘을 합친 루이지애나주의 '퍼블릭 랩' 프로젝트에서도 확인됐다.

참여적 센싱 프로젝트를 구축함으로써 우리는 시민적 변화에 필수적인 공동체와 이해집단 그리고 대항 논리와 서사를 구축할 수 있다. 베이징 대기 추적 프로젝트와 펜실베이니아의 프래킹 프로젝트에서 수집된 데이터는 거의 모두가 추측했던 내용이 사실임을 보여주는 증거를 제공했다. 그것은 중국의 대기는 끔찍하며 프래킹은 환경 피해를 낳는다는 사실이었다. 베이징의 경우 데이터 프로젝트에 뒤이은 논의는 전 세계 언론의 보도로 이어졌다. 시민 참여로 수집되고 분석된 데이터가 항상 세계적 논란을 일으키지는 않더라도, 프래킹 프로젝트가 보여주듯이 지역 차원의 논의는 여전히 효과적일 수 있다. 펜실베이니아주는 이제 과거보다 더 나은 대기 질 규제 정책을 갖추게 됐다.

데이터 수집은 참여자들에게 그런 데이터가 어떤 의미인지 진정으로 묻고 이해하게 만든다. 대기 질은 무엇인가? 미세먼지는 무엇인가? 방사선을 측정하는 단위는 무엇인가? 베이징 프로젝트를 통해 AP 기자들은 1세제곱미터당 마이크로그램이 무슨 뜻이며, 그 수준이 50이상이면 WHO가 정한 개발도상국 기준에 미달한다는 점을 배웠고, 대기 질 데이터의 전문가가 됐다. 실시간 센싱 기기는 입자의 그림자를 측정하는 광光 센서 덕택에 미세먼지를 측정할 수 있다는 점도 배웠다. 무엇인가를 배우게 되면 프로젝트에 대한 관심과 참여도를 더 높이게 된다. 일본의 방사선 측정과 지도화 프로젝트가 보여주듯이 일부 환경 센싱 프로젝트의 운영자들은 참여자들에게 직접 센서를 조립해 보라고 주문한다. 오픈스트리트맵은 초보 지도 제작자들에게 GPS 기기로 데이터를 개발하거나 위성 사진으로부터 데이터를 추적하는 방법을 가르쳤다. 일본에서 방사선을 측정하는 세이프캐스트 프로젝트의 경우, 운영자들은 참여자들이 센서를 직접 조립한 경우 데이터는 물론 센서의 기능도 더 잘 유지한다는 점을 발견했다.

데이터 구축은 프로젝트를 계획할 때 증거를 만들 수 있는 필수적인 방법 중 하나다. 해당 데이터가 아예 존재하지 않거나 정부기관에 의해 엄격하게 통제되는 경우에 특히 더 그렇다. 거의 모든 것이 어떤 방식으로든 '감지되는sensed' 세계에서 우리는 소셜미디어의 게시물부터 레스토랑 리뷰에 이르기까지 웹에서 발견되는 다양한 출처로부터 정책 개발이나 개정을 이끌어내기 위한 데이터를 수집할 수 있다. 전 세계 데이터 중 80% 정도는 민간기업이 보유하고 있지만, 이 데이터는 때로 웹사이트의 공개 콘텐츠를 복사하는 방식으로 쉽게 취득할 수 있다. 3장에서는 어떻게 이런 데이터를 수집하고 도시 분석urban analytics을 위해 사용함으로써 정책 변화를 이끌어낼 수 있는지 살펴본다.

wireIMAGE
gettyimages

데이터를 해킹하자! 데이터를 창의적으로 활용하기

'해커hacker'라는 용어는 미국 선거에 영향력을 행사하려 시도하는 사악한 러시아 스파이부터 기숙사 방에 틀어박혀 정크푸드를 먹으며 마인크래프트Minecraft 게임에 몰두하는 컴퓨터 괴짜geek까지 다양한 이미지를 떠올리게 한다. 많은 사람에게 해킹은 스티븐 레비Steven Levy의 저서 『해커, 광기의 랩소디』(한빛미디어, 2019)의 서문에 '공유, 개방성, 분산화, 그리고 컴퓨터를 향상시키고 더 나은 세상을 만들기 위해 어떤 수를 쓰든 컴퓨터에 접근하는 것'[1]으로 요약된 해커의 정신을 따르는 행위를 의미한다. 그러나 레비가 여기에서 처음 소개한 '해커 윤리 강령Hacker Code of Ethics'은 많은 해석의 여지를 남긴다. 이는 '해킹'이라는 용어가 바람직한 앱 개발만이 아니라 부정적인 앱 개발에도 사용될 수 있다는 뜻이다. 더 중요한 것은 '해킹'이라는 용어는 앱을 개발하는 사람이나 기관의 가치관을 대표한다는 점이다.

1960년대 MIT에서 시작된 해커 문화는 필자의 대학원 생활과 직업적 경험에도 커다란 영향을 미쳤다. 나와 많은 MIT 동문들에게 해킹은 종종 기술을 활용해 한계를 창의적으로 극복하려는 지적 도전의 라이프스타일을 의미했다. 하지만 그것은 모든 유형의 혁신을 지칭할 수도 있다(예: 라이프 해킹life hacking). 예를 들면 이케아IKEA의 가구를 창의적으로 사용하거나 해킹에 오롯이 집중한 '이케아해커Ikeahackers.net'라는 웹사이트는 자전거 트레일러를 커피 테이블처럼 보이게 만드는 법, 레저 차량RV용 휴대용 샤워텐트를 만드는(해킹하는) 요령 등을 담고 있다. 필자는 해킹을 긍정적인 행위로, 세상의 여러 문제에 독창적이고 혁신적으로 접근하는 한 방식으로 보고 싶다. 범죄 수단을 이용해 데이터를 훔치거나 정보를 포착하는 행위가 아니라, 데이터에 접근하고 활용하는 방식이 독창적이라는 뜻이다. 3장의 제목이기도 한 '해킹하라hack it'는 표현은 정치적, 진보적, 범죄적일 수도 있고, 혹은 그 중간 어디쯤일 수도 있다. 3장은 핵티비즘hacktivism을 비판하거나 논의하는 대신, 해커 윤리 강령을 가장 이상적으로 해석해 행동에 나서자고 요청한다.

지금은 과거 그 어느 때보다도 더 많은 데이터가 존재한다. 상품을 파는 데 이용되는지 아니면 사회에 중요한 질문에 응답하는 것을 돕는 데 이용되는지 등 데이터가 어떻게 사용되는지는 자주 논의돼 온 주제이고, 종종 윤리적 검토를 요구하는 사안이다. 정책 개정에 빅데이터를 이용하는 문제에 관한 한 수많은 연구논문이 온갖 흥미로운 응용 사례를 짚고 있지만 중요한 방법론적 요소를 놓친 경우가 많다. 빅데이터를 사회 개선에 활용할 수 있으려면 우리는 정책 전문가들과 협력해 적절한 질문을 던지고, 데이터 분석 결과를 검증하며, 무엇보다 데이터 자체에 편견이 끼어들지 않았는지 검토해야 한다. 이런 식의 데이터 작업은 더 나은 결과로 이어질 뿐 아니라 윤리적으로도 합당하다. 데이터는 사람들을 대표하므로, 이런 대표성이 정확히 표현될 수 있도록 함으로써 데이터 분석이 특정 인구를 소외시키는 부작용을 줄일 수 있다.

3장에서 우리는 웹에서 쉽게 구할 수 있는 데이터를 사용할 때 주의사항 및 데이터가 정책 개정을 실현하는 데 적용될 수 있는 방법에 대해 몇 가지 사례를 들어 살펴본다. 때로는 웹에서 발견되는 데이터가 어떤 주제에 관한 유일한 데이터인 경우가 있다. 이런 데이터를 사용해 사회적으로 중요한 질문에 대한 답을 구할 때, 우리는 해당 데이터에 어떤 편견이 담겼는지, 그리고 잠재된 윤리적 우려는 무엇인지 꼼꼼히 따져봐야 한다. 트위터 같은 웹사이트에서 가져온 데이터에는 온갖 콘텐츠의 지저분함과 다양한 편견을 담고 있다는 비판을 받는다. 하지만 모든 데이터는 어떤 식으로든 편견을 포함하고 있으며, 그것이 데이터 사용을 막게 해서는 안 된다. 그 편견을 이해한다면 우리는 윤리적 분석을 통해 더 나은 지도를 만들 수 있다. 데이터에 포함된 편견을 조사하는 데서 새로운 통찰이 나오기도 한다. 데이터 세트에서 누락된 사람과 장소를 식별함으로써 어떻게 특정한 그룹이나 계층의 사람들이 구조적으로 소외되는지 파악할 수 있을 뿐 아니라 그런 부당성을 바로잡는 새로운 정책 개발에 도움을 줄 수 있는 것이다. 3장은 빅데이터에 열광하는 이들에게 전문가들과 협력해 사회 저변의 사회-공간적 패턴, 특히 최근까지 보이지 않았거나 무시돼 온 패턴을 더 잘 이해할 수 있는 질문을 던지라고 주문한다. 빅데이터를 사용해 우리에게 무엇을 팔기보다는 사회를 개선하는 데 적용하라고 주문한다.

웹에서 발견한 데이터를 사용하는 것은 윤리적인가?

오늘날 빅데이터의 사용과 관련해 가장 중요하게 제기되는 윤리적 우려 중 하나는 전 세계 기업이 온라인 서비스를 사용하기 전에 우리에게 '서명'하라고 요청하는 '약관terms of service'이다. 그 결과 우리는 이 회사가 우리가 제공하는 데이터를 사용해도 좋다고 동의한다. 하지만 그것이 곧 해당 데이터가 어떤 식으로든 사용돼도 상관없다고 승인한 것은 아니다.

민간기업이 축적한 데이터 세트에는 언제든 우리에게 불리하게 작용할 수 있는 우리 자신의 개인적 습관과 행태에 관한 방대한 양의 세부정보가 포함돼 있다. 페이스북-케임브리지 애널리티카Cambridge Analytica 스캔들은 우리가 온라인에 남긴 데이터가 어떻게 우리의 명시적 동의도 없이 마음대로 사용돼 정치적 메시지로, 가짜 뉴스로 돌아오는지 보여주는 명백한 증거다. 상황이 어떻게 전개됐는지 간단히 살펴보자.

지금은 없어진 영국의 컨설팅 회사인 케임브리지 애널리티카는 케냐의 정치 지도자인 우후루 케냐타Uhuru Kenyatta와 도널드 트럼프Donald Trump 그리고 영국의 유럽연합 탈퇴 여부를 결정하는 국민투표 기간 중 브렉시트Brexit 옹호자들을 위한 정치 광고를 개발했다. 이 회사는 심리적 프로필을 생성한다는 명분으로 8천 7백만 명에 가까운 페이스북 사용자 프로필로부터 명시적 허락 없이 개인 정보를 취득했다. 이 프로필 정보는 정치적 광고에 적용돼 케냐, 미국, 영국 및 아직 드러나지는 않았지만 아마 다른 국가의[2] 정치적 지형을 급격하게 바꿔놓았다. 케임브리지 애널리티카가 약관을 어기고 데이터를 수집했는지, 또 어느 정도 규모인지에 대해 페이스북이 진작에 알았는지의 여부는 여전히 논란거리다. 확인된 사실은 해당 데이터가 케임브리지대학교 심리학과의 강사인 알렉산드르 코건Aleksandr Kogan이 개발한 앱을 통해 수집됐다는 점이다. 코건은 '이것이 당신의 디지털 라이프'라는 뜻의 'thisisyourdigitallife'라는 앱을 사용해 해당 연구에 참가하겠다고 동의한 27만 5천 명의 데이터를 수집했다. 하지만 참가자들은 본인뿐 아니라 페이스북 친구에 대한 정보까지 수집된다는 사실을 알지 못했다. 그 결과 코건이 설립한 '글로벌 사이언스 리서치GSR'는 방대한 규모의 데이터를 모았고, 이것은 뒤에 케임브리지 애널리티카에 팔렸다.[3] 예상 밖의 브렉시트 투표 결과를 취재하던 「가디언」의 캐롤 카드왈라더Carole Cadwalladr 기자는 우연한 기회에 역사상 가장 큰 데이터 스캔들 중 하나로 꼽힐 케임브리지 애널리티카 스캔들을 폭로하게 됐다.[4]

페이스북은 데이터 오용의 책임을 코건에게 돌리면서, 그가 자신들도 모르게 약관을 위배했다고 주장했다. 코건은 페이스북이 자신을 희생양으로 삼았다며 페이스북을 명예 훼손으로 고소했다.[5] 이상하게도 스캔들에 연루된 여러 인사들이 데이터가 대규모로 수집되기 전부터 서로 잘 아는 사이였다는 사실이 드러나면서 미국과 영국의 의회 청문회에서 관련 인사들의 공모 여부가 쟁점으로 떠올랐다. 페이스북은 자사의 데이터 사용 제약을 회피하기 위한 편법으로 코건을 고용해 사용자 데이터를 수집했을까? 페이스북은 케임브리지 애널리티카의 설립을 도왔을까? 이 질문에 대한 대답은 아직 명확히 밝혀지지 않은 상황이다. 어쩌면 스캔들에 연루된 모두가 잘못인지도 모른다. 기관생명윤리위원회IRB가 설정한 연구 윤리 강령을 준수해야 할 의무가 있는 대학 연구자가 그처럼 비윤리적 방식으로 데이터를 수집했다는 점은 분명히 문제다. 그는 이 연구를 대학을 통해서가 아니라 자신의 개인회사를 통해 수행했다고 하지만, 그가 소속된 대학 기관의 명성은 사람들이 해당 연구에 참가하겠다고 결정하는 데 영향을 끼쳤을 것이다. 마찬가지로 페이스북은 개인 데이터를 더 잘 보호했어야 마땅하며, 페이스북 사용자의 데이터가 이런 방식으로 수집되도록 허용해서는 안 될 사안이었다. 한편 케임브리지 애널리티카는 사용자의 심리적 편향을 이용해 신빙성 없는 출처의 뉴스를 전달해 여론을 왜곡하는 다른 유형의 윤리적 비행을 저질렀다.

서서히 전모가 드러나는 스캔들의 내용을 고려하면, 필자가 3장에서 주장하는 데이터의 창의적 사용은 자칫 무신경하게 들릴지도 모른다. 하지만 필자의 의도는 사뭇 다르다. 우리가 사용자 신분으로 민간기업에 제공한 데이터를 어떻게 되찾아 사회 발전에 사용할 수 있을지가 관심사다. 그런 물음은 또 다른 물음으로 이어진다. 예를 들면 이런 것이다. 사회 발전이란 정확히 무슨 뜻이며 누구를 위한 것인가? 우리가 웹에서 찾은 데이터를 사용하는 것은 윤리적인가? 그러면 사회적으로 중요한 사안을 다루는 데 사용되는 데이터에 어떤 윤리적 문제가 제기되며, 이를 어떻게 다뤄야 할지 따져보도록 하자.

2017년 빅데이터와 윤리학 분야의 저명한 학자들이 쓴 「책임감 있는 빅데이터 연구를 위한 10가지 간단한 규칙」이라는 논문은 케임브리지 애널리티카 스캔들에서 제기되는 여러 심각한 윤리적 우려의 전조를 보여준다. 이 논문의 저자들은 일정 수준의 경계를 인식하는 한 빅데이터는 사회 발전에 긍정적으로 사용될 수 있다면서 열 가지 체크리스트 형식으로 지침을 제공한다.[6] 필자는 빅데이터든 스몰데이터든 데이터를 활용하는 이들은 누구나 이 원칙을 준수해야 한다고 생각한다. 이 원칙은 표 3.1에 저자들의 의도에 대한 필자의 해석과 더불어 표시했다.

표 3.1

	제안	필자의 해석
1	데이터는 사람이며 따라서 사람들에게 해를 끼칠 수 있음을 인식하라.	여기에서 저자들은 설령 데이터 자체에 포함되지 않더라도 대부분의 데이터는 사람들에 관한 것이자 사람들에게 영향을 미칠 수 있음을 상기시킨다. 연구를 수행하면서 분석 결과가 사람들에게 어떤 영향을 미칠지 고려해야 한다.
2	프라이버시는 단순한 이진법적 가치 이상임을 인식하라.	데이터 공공성이 인식된다는 것은 분석과정에서 개인 정보를 노출할 위험이 없다는 뜻은 아니다. 데이터를 종합적으로 분석하는 경우 프라이버시를 침해할 위험성이 높다. 이 책 1장에서 예로 든 레드라이닝 관행은 그런 위험성을 잘 보여준다.
3	데이터 재식별(re-identification) 가능성을 경계하라.	연구자들이 충분히 익명화됐다고 믿은 데이터가 재식별된 여러 연구 사례를 언급하면서 데이터를 공개할 때 유의할 점을 소개한다.
4	윤리적으로 데이터를 공유하라.	여기에서 저자들은 휴대폰 추적 데이터에서 신용카드 정보까지 빅데이터 기업이 제공하는 약관이 광범위할 뿐 아니라 윤리적이지 않은 경우도 있음을 경계한다. 데이터를 사용할 법적 권리가 반드시 윤리적 사용을 뜻하는 것은 아니다.
5	데이터의 강점과 한계를 잘 고려하라. '빅' 데이터가 곧 더 낫다는 뜻은 아니다.	데이터는 온갖 편견을 포함하고 있으며, 따라서 데이터의 계보와 출처를 살펴 연구자가 추구하는 질문에 적합한지 확인해야 한다. 누락된 데이터는 없는가?
6	어렵고 윤리적인 선택에 대해 토론하라.	기관생명윤리위원회(IRB)는 데이터의 윤리적 사용을 감독하는 기관은 아니다. 일정한 지침을 제공하는 데는 도움을 주지만 어떤 데이터 사용이 윤리적인지의 여부는 논란의 여지가 많다.
7	기관, 연구 그룹, 혹은 업계의 행동 강령을 개발하라.	이런 강령은 연구나 업무 과정에 윤리적 사고를 더함으로써 그 중요성을 모두에게 상기시킬 수 있다.
8	감사(監査)가 가능하도록 데이터와 시스템을 설계하라.	데이터 사용 내역을 감사할 수 있으면 해당 데이터에 근거한 보고서의 정확성을 추적할 수 있다.
9	데이터와 분석 행위에 따른 폭넓은 영향과 결과를 감안하고 반영하라.	빅데이터 연구는 데이터 저장에 요구되는 에너지 소비 규모부터 사회의 불평등을 폭로할 수 있는 잠재성에 이르기까지 사회에 광범위한 영향을 미칠 수 있음을 명심하라.
10	언제 이런 규칙을 깨야 할지 알아야 한다.	여기에서 저자들은 인명을 구하거나 사회적 피해를 폭로하기 위해 규칙을 깨야 할 경우가 있으며, 사회의 공익을 위해 체크리스트를 던져버려야 할 때가 있음을 인정한다.

출처: 매튜 주크 외(Matthew Zook et al.), "책임감 있는 빅데이터 연구를 위한 10가지 간단한 규칙," 「PLOS Computational Biology」, 13호, 2017년 3월 30일(https://doi.org/10.1371/journal.pcbi.1005399)

필자가 깊이 공감하는 원칙 하나는 '데이터는 사람data are people'이라는 개념이다. 사실이 그렇다. 데이터를 윤리적으로 다루기 위해서는 데이터 분석 결과를 '해당 데이터 안in the data'에 포함된 사람들에게 보여주고, 그들의 공감과 동의를 얻어낼 수 있어야 한다고 생각한다. 더 중요한 것은 우리의 데이터 작업이 특정 그룹이나 계층의 사람들을 소외시키는 데 사용되지 않아야 한다는 점일 것이다. 데이터 분석이나 해석이 어떻게 왜곡된 결과를 낳을 수도 있는지 이해할 필요가 있다. 그에 대한 대화를 통해 우리는 데이터 분석학을 매개로 한 공동체를 구성할 수 있으며, 무엇보다 분석학에서 '기타'로 표시돼 특정 인구가 의도치 않게 소외되는 상황을 줄일 수 있다.[7]

수많은 사람의 프라이버시가 거대 민간기업의 손에 의해 침해된 경우는 케임브리지 애널리티카 스캔들이 처음은 아니다. 오늘 아침만 해도 필자는 다음과 같은 헤드라인을 읽었다. "구글은 이메일을 삭제한 경우에도 당신이 구매한 모든 상품의 목록을 당신의 지메일을 사용해 기록한다."[8] 저자인 토드 헤이즐턴Todd Haselton은 이어 구글의 음성 인식 서비스인 구글 어시스턴트에게 패키지의 배송 상황을 추적하거나 이미 구매한 제품을 재주문하는 일을 돕기 위해서라는 명목으로 어떻게 구글이 당신이 구매한 모든 상품의 기록을 유지하는지 상세하게 설명한다. 더 나아가 당신이 주문 내역을 담은 이메일을 모두 지울 수 있다는 구글의 주장에도 불구하고, 실상은 무슨 수를 써도 이 데이터 흔적을 삭제할 수 없다고 경고한다. 헤이즐턴은 자신의 구글 계정을 통해 주고받은 10년치 이메일을 삭제하려 시도했지만, 몇 년 전의 구매 흔적은 '구글 구매Google Purchases' 페이지에 여전히 남았다. 이 사례는 자신의 데이터가 어떻게 사용되는지에 대해 우리가 종종 거의 아무런 지식이나 권한도 없다는 사실을 보여준다. 아마 더 심란한 대목은 구글이 이렇게 하는 것이 윤리적이든 아니든 법적으로 허용된다는 점이다. 우리가 구글의 약관을 승인한다고 클릭했을 때 우리의 정보에 대한 권리를 구글에 이양해 버린 셈이기 때문이다. 구글이 이런 식으로 행동하는 것이 과연 윤리적인지의 여부는 시간을 두고 사회적으로 판단해야 할 사안이지만, 그와 동시에 우리는 정부와 손잡고 데이터의 윤리적 사용을 권장하는 법과 규제를 만들어야 한다. 그런 법과 규제가 개발되는 동안 우리는 모두 데이터의 윤리적 사용을 고민해야 하며, 데이터 작업에서도 '남에게 해를 끼치지 말라do no harm'는 히포크라테스 선서를 기억해야 한다.

연구자들은 어디에서 빅데이터를 구하는가?

빅데이터는 여러 가지 방법으로 얻을 수 있다. 예를 들면 웹사이트의 정보를 복사하거나 기관의 '애플리케이션 프로그래밍 인터페이스API'에 쿼리를 보내 해당 기관의 내부 데이터베이스에 접근하는 식이다. 휴대폰 앱에서 GPS 기록을 수집하는 라이브램프LiveRamp[9]를 비롯해 민간기업으로부터 데이터를 구매할 수도 있다. 3장에서 독자들은 우리가 데이터를 사회 발전에 유익하도록 윤리적이고 책임감 있게 사용할 수 있는 방법을 고민해 보기 바란다.

'긁어온다'는 뜻의 스크레이핑scraping은 웹사이트에 공개된 데이터를 수집하는 자동화된 프로세스를 가리킨다. 초보 프로그래머도 데이터베이스 쿼리를 개발해 주어진 API로부터 종합적인 데이터 세트를 수집할 수 있다. 기업은 종종 자사의 API를 통해 수집할 수 있는 데이터 양을 제한한다. 예컨대 트위터는 그 API를 통해 전체 데이터의 10%만을 수집할 수 있도록 제한한다. 데이터가 방대하다는 뜻에서 흔히 소방 호스firehose라 불리는 전체 데이터 세트를 원한다면 트위터의 연구 프로그램을 통해 데이터를 신청해야 한다. 미국 전역에서 불과 몇몇 대학 연구 그룹만이 트위터의 전체 데이터에 접근할 수 있다. 기업은 자신들의 사업에 도움이 되기 때문에 자체 API를 통해 데이터를 공개한다. 예를 들면 우리가 구글 지도에서 옐프Yelp의 추천 장소를 볼 수 있는 것은 두 회사의 API를 통한 연결 때문이고, 이것은 양쪽 사이트 모두에 더 많은 사용자를 끌어들이는 혜택으로 작용한다. 기업은 연구자들에게도 그와 비슷한 이유로 API를 개방한다. 그를 통해 자사의 서비스나 제품을 홍보하고, 자신들이 미처 실현하지 못한 사업 기회를 연구자들이 해당 데이터 세트를 활용해 알려줄 수 있다고 보기 때문이다.

소셜미디어 사이트를 연구에 사용한 초기 사례 중 하나는 2011년 필자가 위치 기술 플랫폼인 포스퀘어Foursquare를 활용해 개발한 프로젝트다.[10] 필자는 여덟 개 도시에 25만 개 이상의 API 요청을 보내 각 도시에서 포스퀘어의 장소를 찾은 다음 이들에 대한 관심 지역POI 데이터베이스를 다시 만들었다. 포스퀘어에 이메일을 보내 필자가 무슨 일을 하는지 알렸고, 이들은 "잘해보세요."라고 응답했다. 해당 데이터를 재판매하지 않는 이상 이들은 필자의 프로젝트에 호의적이었다. 더욱이 그런 작업은 포스퀘어가 굳이 우리에게 데이터를 제공하느라 직원들의 시간을 따로 바칠 필요가 없었기 때문에 그들로서는 시간을 절약해 준 셈이었다. 해당 프로젝트는 결과적으로 포스퀘어의 언론 홍보에 도움이 됐다. 2011년에는 구하기 어려웠던 데이터를 통해 멕시코와 브라질의 토지 이용 패턴을 이해하는 데 도움을 줄 수 있는 플랫폼으로 인식됐을 뿐 아니라, 자신들의 데이터를 공익을 위해 제공했기 때문이었다.

정부기관도 자체 API를 통해 데이터를 일반에 공개하는데, 때로는 그것이 해당 데이터를 구하는 유일한 방법이다. 2017년 필자의 한 동료는 보스턴의 주택 퇴거에 관한 데이터를 찾고 있었다. 정보공개법FOIA에 의거해 보스턴 주택법원에 데이터를 청구했지만 처리하는 데만 몇 달이 걸릴 수 있다는 말을 들었다. 퇴거 사례는 제때 기록되고 데이터베이스에 입력돼 온라인으로 쉽게 접근 가능할 텐데, 왜 그렇게 오랜 시간이 걸리는지 그는 도무지 이해할 수 없었다. 그래서 해당 데이터베이스에 한 번에 하나의 기록을 요청하고, 그 결과를 텍스트 파일로 읽게 해주는 코드를 직접 짜기로 했다. 그는 밤 사이에 코드를 돌렸고 궁극적으로 해당 데이터베이스의 완전한 복제본을 만들 수 있었다. 자신이 한 일을 알려주자 법원 직원들은 고마움을 표시했다. 직원들 역시 해당 데이터베이스에 접근할 필요가 있었지만 정작 누가 주택법원의 온라인 데이터를 관리하는지 찾아낼 수 없었고, 그래서 내 동료의 데이터 청구를 누구에게 맡겨야 할지 난감해 하고 있었다.

포스퀘어와 보스턴 주택법원 양쪽의 경우에서 중요한 점은 연구자들이 데이터를 수집하자마자 데이터 소유자들에게 연락해 그것을 어떻게 수집했고 어떤 용도에 사용할 계획인지 알렸다는 점이다. 이것은 필자가 앞에서 언급한 '빅데이터 연구를 위한 열 가지 간단한 규칙' 중 하나이기도 하다. 오리지널 데이터 소유자에게 데이터를 어떤 용도에 사용할지 알리는 것이 필수적인 이유는 여러 가지다. 첫째, 데이터의 정확성과 계보를 판단해야 하기 때문이다. 해당 데이터는 얼마나 완전한가? 데이터 전체인가 아니면 일부일 뿐인가? 당신이 데이터를 사용하려는 방식이 데이터 소유 기관의 윤리적 기준에 부합하는지도 파악해야 한다. 그들을 놀라게 하는 것은 바람직하지 않다. 어느 누구도 자신들이 보유한 데이터가 자칫 논란을 빚을 수 있는 목적에 사용되기를 원치 않는다. 마지막으로 데이터 소유자는 당신의 연구를 도와줄 수 있을지 모른다. 연구 프로젝트를 위해 웹사이트에서 데이터를 스크레이핑할 때마다 필자는 해당 사이트나 기관에 그런 사실을 통보한다. 이들이 항상 반응을 보이는 것은 아니지만 적어도 데이터의 사용 방향이나 윤리성에 대해 이들이 논평할 기회는 제공하는 셈이다.

소셜미디어 사이트는 일반에 공개된 관심 지역POIs을 공개한 유일한 출처인 경우가 많다. 이것은 정부가 데이터를 누구와 공유하거나 공유하지 않겠다고 일방적으로 결정하는 경우 특히 그렇다. 결국 데이터는 사회에 중요한 사안을 분석하는 데 사용될 수 있기 때문이다. 예를 들면 중국의 경우, 정부의 데이터 통제가 워낙 엄격해서 심지어 지역 계획가들조차 데이터에 접근할 수 없을 정도다. 필자의 연구팀은 '시민 데이터 디자인 랩Civic Data Design Lab'의 '유령 도시Ghost Cities' 프로젝트를 진행하면서 중국의 여러 소셜미디어 API를 창의적으로 활용해 중국의 빈집이 얼마나 많은지 평가하고, 그로부터 잠재적인 경제 위험을 예측하는 데 필요한 데이터를 얻었다. 중국 경제의 여러 측면에 대한 데이터, 특히 빈집 통계처럼 경제적 둔화를 시사하는 데이터를 구하기는 사실상 거의 불가능하기 때문에 이런 식의 노력은 필수적이다. 주택 시장은 중국이 경제를 개방한 1980년대 후반과 1990년대 초반 이후 중요한 경제적 동력으로 작용해 왔고, 따라서 그와 연계된 위험성을 파악하면 중국 내외 국민이 그들의 경제적 미래를 이해하는 데 도움이 될 수 있다.

중국의 주택 공가율 파악을 위한 특이한 데이터 적용

데이터 분석가들은 민간기업이 수집한 데이터를 공익, 특히 그것이 사회의 주변부로 소외된 사람들의 목소리를 높여줄 수 있을 때 사용할 수 있는 능력을 갖춰야 한다. 3장에서 필자는 앞에 언급한 '유령 도시' 프로젝트 사례를 통해 실천을 위한 데이터 사용을, 이 경우 소셜미디어 사이트를 스크레이핑한 데이터로 빈집의 비율을 추산하는 '데이터 액션'을 설명하고자 한다. 더 중요한 대목은 중국의 유령 도시 프로젝트에 현지 사람들의 참여를 유도했다는 점이다. 이 프로젝트는 데이터 분석 결과의 진위를 평가하고, 그들이 사는 지역에서 빈집이 늘어나는 문제에 대한 잠재적 해법을 제공하기 위해 데이터에 포함된 사람들을 직접 인터뷰하는 과정을 보여준다. 데이터 분석 과정에 해당 지역의 중국인 계획가들을 초빙함으로써 우리는 윤리적 기준을 따르고자 했지만, 학술적 연구의 벽을 넘어 실질적인 영향을 미치고 싶다는 바람도 있었다.

이 프로젝트를 이해하기 위해선 먼저 중국이 어떻게 주택 시장을 경제 성장의 척도로 사용하는지, 그리고 동시에 시민들에게 주택을 개인적, 재무적 투자의 방편으로 활용하도록 독려하는지 살펴볼 필요가 있다. 1991년, 중국 정부는 주택

공적 기금Housing Provident Fund 제도를 선보였는데, 이는 직원들이 급여의 일부(때로는 5%까지)를 투자하면 직장에서 그에 맞춰 기금을 적립해주는 방식으로 미국의 401K 연금 제도와 여러모로 유사하다.[11] 직장의 매칭 펀드는 주택을 구입하는 데만 사용될 수 있고, 많은 이는 중국의 주택 보유율이 거의 90%에 이르는 비결을 이런 정책에서 찾는다(미국의 주택 보유율은 65%다). 중국 사람들은 저축에 집중해 두 번째나 세 번째 주택을 구입해 높은 수익을 노린다. 상하이 지역의 경우 주택 투자 수익률은 거의 10%로 2001년부터 2010년까지 수익률이 거의 제로였던 상하이 주식시장과 크게 대비된다.[12] 하지만 이러한 두 번째나 세 번째 주택은 빈 채로 남아 있고, 그럼에도 불구하고 주택 가치는 계속 증가한다.

높은 공가율은 많은 중국 도시, 특히 경제 침체 현상이 나타나는 지역에서 심각한 우려를 자아냈다. 혹자는 세계적 경제 위기가 나타났던 2008년부터 경기 둔화 현상이 시작됐다고 말한다.[13] 흔히 '유령 도시'로 불리는 이 현상은 보통 온 도시가 빈집으로 가득 찬 상황을 가리키지만, 부실한 도시계획 탓에 마땅한 일자리나 서비스 시설이 제대로 갖춰지지 않아 공실률이 유난히 높은 기존 도시의 일부 지역을 뜻하기도 한다.

빈집 지역의 범위를 측정하기는 어려웠다.[14] 비록 정부 고위층은 이 문제를 더 잘 이해하고 있을 것으로 짐작했지만 지역 차원의 계획가, 부동산 개발업자, 연구자 등은 이런 현상을 다루는 것은 고사하고 어떻게 볼지에 대한 정보조차 미흡했다. 연구자들은 밤에 불이 켜진 집을 센다거나 인터넷 사용 현황을 추적하는 식으로 여러 대체 측정 수단을 시도했지만 부정확하거나 구할 수 없는 데이터 때문에 연구의 신뢰도는 높지 않았다.[15]

시민 데이터 디자인 랩CDDL은 중국의 API에서 내려받은 데이터를 활용해 빈집의 규모를 측정하는 것이 가능한지 시험해 보기로 했다. 2016년 가을, CDDL은 석 달에 걸쳐 중국의 인기 소셜미디어 사이트인 디엔핑Dianping, 에이맵Amap, 팡Fang 및 바이두Baidu에서 데이터를 내려받을 수 있는 코드를 개발했다. API는 보통 한 번에 하나의 기록에만 접근을 허락하기 때문에 우리는 창의력을 발휘해 그런 한계를 극복했다. 연구팀은 각 소셜미디어 사이트에 직접 연락해 우리에게 데이터를 제공할 용의가 있는지 물었다. 반응을 보인 곳은 바이두뿐이었다. API를 통하지 않고 직접 데이터를 받기로 한 초반 연락 이후, 바이두의 어느 누구도 후속 조치를 취하지 않았고 이메일에 답장도 하지 않았다. 결국은 연락이 끊기고 말았다.

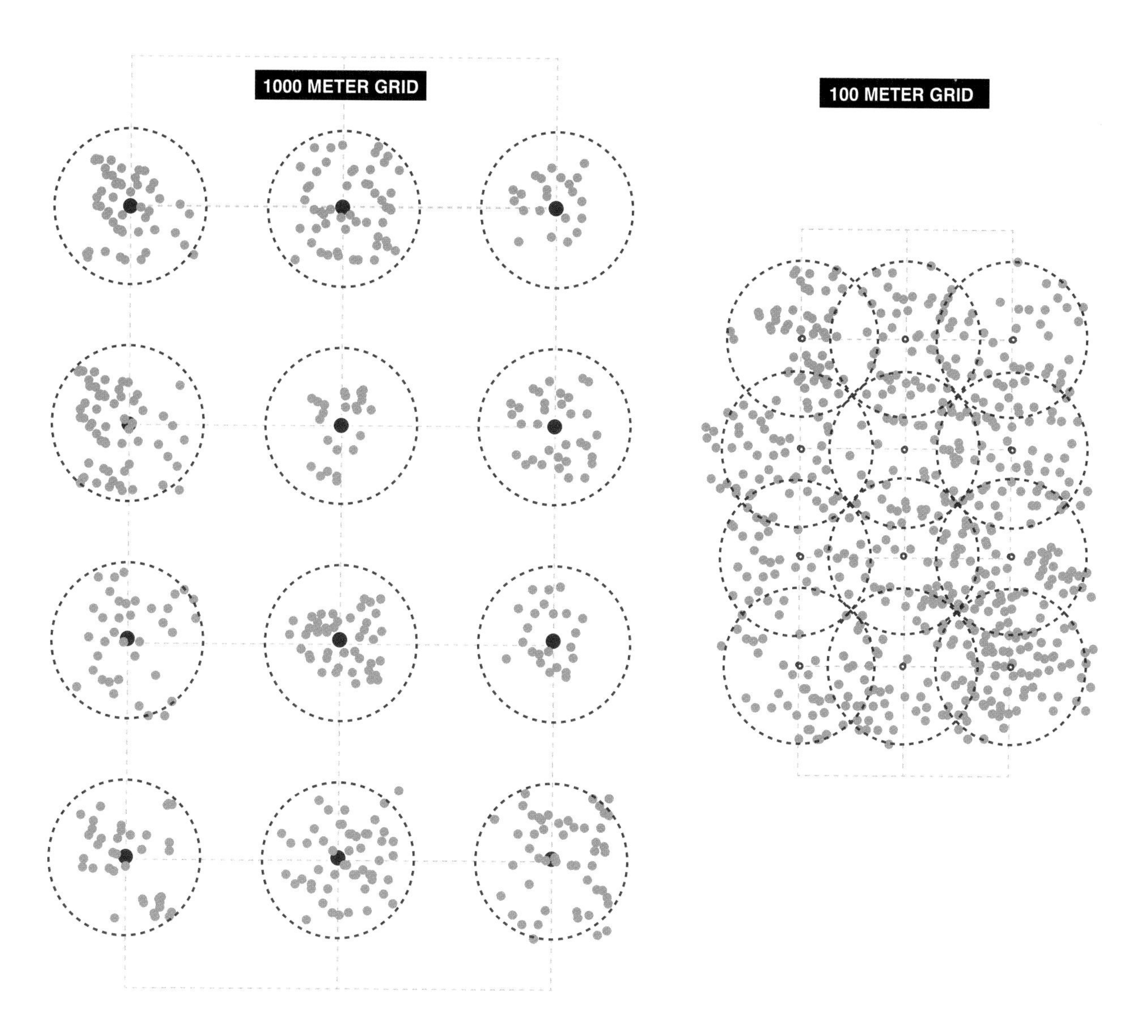

그림 3.1 API에 데이터를 청구할 때 위도와 경도 지점 간의 공간 규모는 중요하다. 이 다이어그램은 만약 공간이 너무 벌어져 있으면 데이터베이스에 포함된 모든 위치 정보를 얻을 수 없으며, API는 대략 50번 정도 결과를 제공한 뒤 검색을 멈출 것이다. 돌아온 결과는 오른쪽 다이어그램에서 보듯이 약간씩 중첩돼야 한다. 이것은 위도와 경도 지점을 서로 근접하도록 움직이면 가능하다. 공간의 크기는 작업 대상 지역의 밀도에 따라 정해진다. 공간의 크기는 모든 새 프로젝트마다 테스트해봐야 한다. 출처: 새라 윌리엄스

데이터를 얻기 위해 우리는 대략 50미터 간격의 위도-경도lat/long 지점을 수천 개 보냈고, API 요청 한계에 이르는 것을 피하기 위해 일정 시간 간격을 두고 복수의 API 사용자 키를 작동시켰다(그림 3.2a와 3.2b). 우리가 작업한 API는 주어진 위도-경도 지점 부근의 관심 지점을 제공하는 기능이 있었다(그림 3.1은 가상의 '어망漁網' 격자망 위에 관심 지점을 보여준다). 예를 들면 중국판 구글이라 할 수 있는 바이두의 경우, API에 보내는 요청은 위도-경도와 관심 지점의 유형(주거 지역, 레스토랑 등)을 포함한 코드 라인을 요구한다. 그러면 API는 관심 지점의 유형, 이름, 위도-경도 데이터, 거리 주소 등 일련의 데이터를 제공한다. 위도-경도 데이터를 하

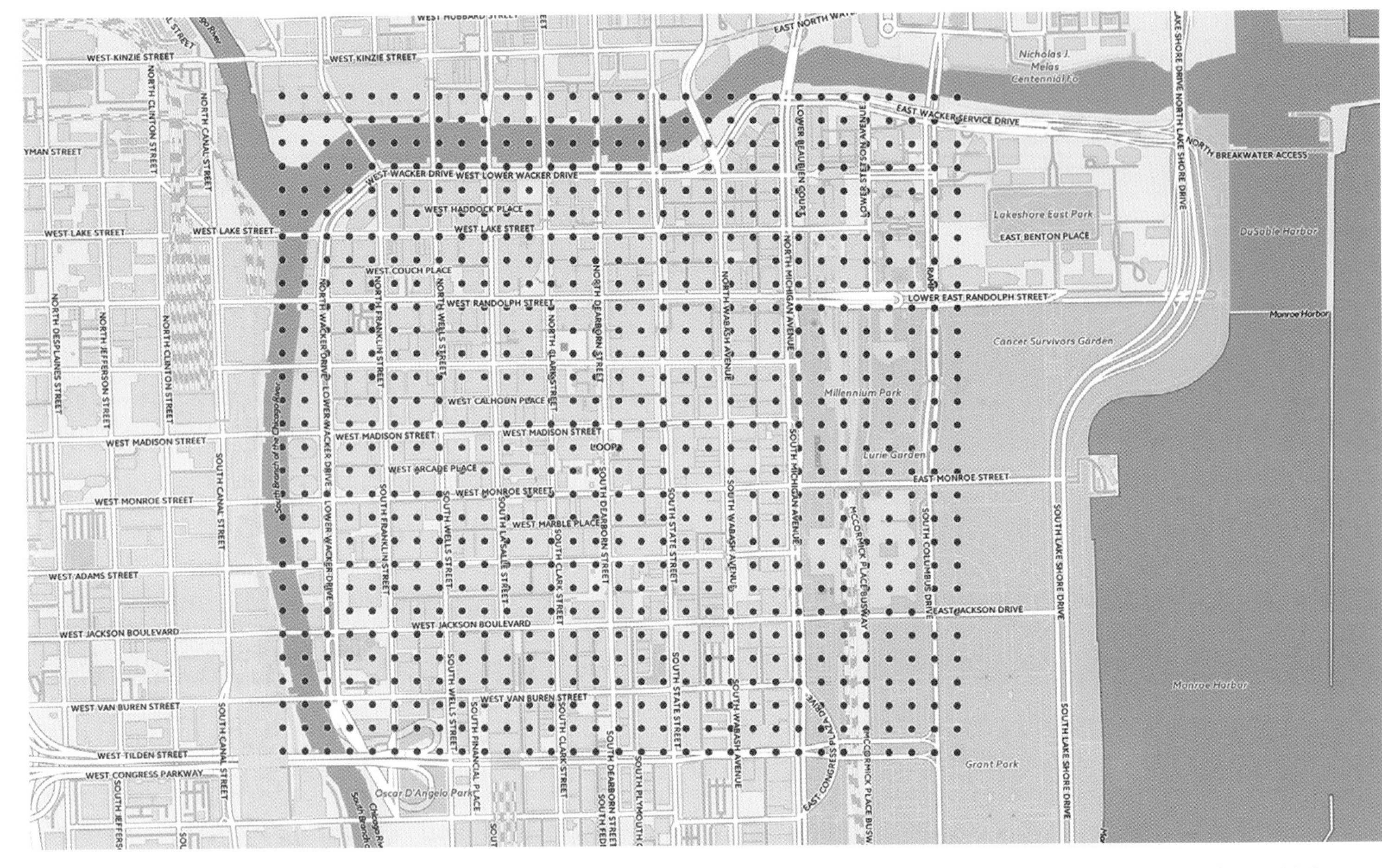

그림 3.2a와 3.2b 그림 3.2a의 지도(왼쪽)는 API에 청구한 위도와 경도를 보여준다. 그림 3.2b의 지도(오른쪽)는 API에서 제공한 결과 데이터다.

출처: 새라 윌리엄스

나씩 보낼 때마다 API에서 응답한 데이터가 해당 지역의 데이터 목록에 한 줄씩 추가됐다. 우리의 시험 도시인 청두Chengdu의 정보가 성공적으로 다운로드되자 우리는 2선 도시[16]인 선양Shenyang, 장춘Changchun, 항저우Hangzhou, 톈진Tianjin, 우한Wuhan, 시안Xian의 데이터를 수집했다.

우리 팀은 뽑아낸 데이터를 바탕으로 기존 도시에 존재하는 빈집 지역을 판별하는 예측 모델을 개발하기 시작했다.[17] 웨이보(중국판 트위터) 데이터에 기반해 활동 수준을 평가하는 시도를 비롯해 몇 번의 실패 끝에 우리는 건강한 공동체는 식당, 은행, 학교, 쇼핑몰, 미용실, 식료품점, 다양한 상점이 주변에 많다는 개념에 착

$$A_i = \sum_j \frac{S_j}{d_{i,j}^{\beta}} \qquad \text{(eq. 1)}$$

β= 구역 간을 이동하는 데 따른 효과를 설명하는 지수

$d_{i,j}$= 구역 i와 j 간 이동의 규모

S_j= 구역 j의 공급이나 수용 능력의 규모

이 모델에서 β는 흔히 '마찰' 계수라 부르고, 구역 i와 j 간을 이동하는 데 요구되는 어려움을 대표하며, S는 개별 편의시설의 수용 능력을 대표한다. 위에서 A_i는 '공급' 지수일 뿐이며, 다른 접근성의 수단은 다음과 같이 작성되는 '수요'의 요소를 포함한다.

$$A_i = \sum_j \frac{S_j}{d_{i,j}^{\beta} V_j} \qquad ()$$

Where

$$V_j = \sum_k \frac{P_k}{d_{j,k}^{\beta}} \qquad ()$$

여기에서 V_j= 편의시설 j에 대한 사람들의 수요를 표시

β= 구역 간을 이동하는 데 따른 효과를 설명하는 지수

P_k= 편의시설 k를 사용할 k 구역의 인구

$d_{j,k}$= 구역 j와 k 간 이동의 규모

그림 3.3 공간 접근성의 중력 모델에 근거한 이 등식은 우리가 편의시설 점수를 매기기 위해 개발한 모델을 대표한다.

출처: 새라 윌리엄스 외, "중국의 유령 도시: 소셜미디어 데이터를 통한 도시의 빈집 식별", 「Cities」, 94호, 2019

안한 모델에 전념했다.[18] 삶의 질을 연구하는 사람들에 따르면 주변의 생활 편의시설은 주택 구입 결정에 큰 영향을 미친다.[19] 예컨대 에드워드 L. 글레이저Edward L. Glaeser, 제드 콜코Jed Kolko, 앨버트 사이즈Albert Saiz에 따르면 도시의 미래는 그곳에서 얼마나 풍부한 생활 편의시설과 소비 자본이 생성되는가에 달려 있다.[20] 중국의 비슷한 연구도 주택 가격과 대중 교통, 공원, 교육 기관 같은 공공 편의시설 간에 긍정적인 상관 관계가 있음을 보여줬다.[21] 주변 편의시설의 존재가 공동체의 건강도에 미치는 영향을 고려해 우리는 가까운 곳에 편의시설이 없는 주거 지역은 비었거나 일부만 차 있을 것으로 추정했다.

다음은 이미 추출해낸 데이터 더미에서 편의시설 접근성에 근거한 모델을 뒷받침하는 데이터 세트를 찾아내는 일이었다. 중국판 옐프라고 할 수 있는 디엔핑의 데이터는 바이두의 지도 앱보다 더 많은 편의시설 정보를 담고 있었다. 심지어 아주 작은 가게까지도 들어 있어서 우리는 편의시설의 지리적 위치를 식별하는 데 디엔핑의 데이터를 사용하기로 했다.[22] 분석 결과 중국판 맵퀘스트MapQuest라 할 수 있는 에이맵Amap에서 스크레이핑한 주택 위치 정보가 바이두에서 얻은 데이터보다 더 정확해서, 우리는 이들 두 데이터 세트를 조합해 주거 건물의 위치를 식별했다. 중복을 막기 위해 데이터 정화 작업을 했음은 물론이다. 온라인에서 스크레이핑한 데이터의 정확도를 판단하는 일은 그 잠재적 용도를 이해하는 데 필수적이다.

우리는 공간 접근성에 관한 핸슨의 중력 모델gravitational model을 차용했다. 그의 모델은 의료 서비스,[23] 고용과 일자리 기회,[24] 식료품점,[25] 쇼핑[26] 등에 대한 접근성 등 여러 다른 유형의 접근 비용을 측정하는 기반이다. 편의시설에 대한 수요와 공급의 규모를 입력하면 접근성의 수준을 알 수 있다.

우리 연구팀은 이 모델을 유령 도시 프로젝트에 맞게 조정해 편의시설에 대한 접근성을 분석한 뒤 각 주거지역에 편의시설 점수를 매겼다. 점수 계산을 위해 연구 대상 도시를 작은 규모(300제곱미터)의 이웃neighborhood으로 나눴다. 이는 중국에서 울타리나 담을 친 주택 단지의 전형적 규모에 해당한다. 각 편의시설까지의 거리는 해당 이웃의 중간 지점을 기준으로 삼아 측정했다(그림 3.4). 우리가 조정한 모델은 교외와 시골 지역에 살면서 레스토랑이나 학교에 가기 위해 더 멀리까지 이동해야 하거나 그럴 용의가 있는 사람들도 고려했다.[27] 우리 모델은 일정 편의시설의 인기도를 파악하기 위해 디엔핑의 평가 점수를 사용했다. 아무 평가 점수도 없는 지점은 잘 이용되지 않는다고 평가해 편의시설 점수도 낮아졌다. 각 이웃

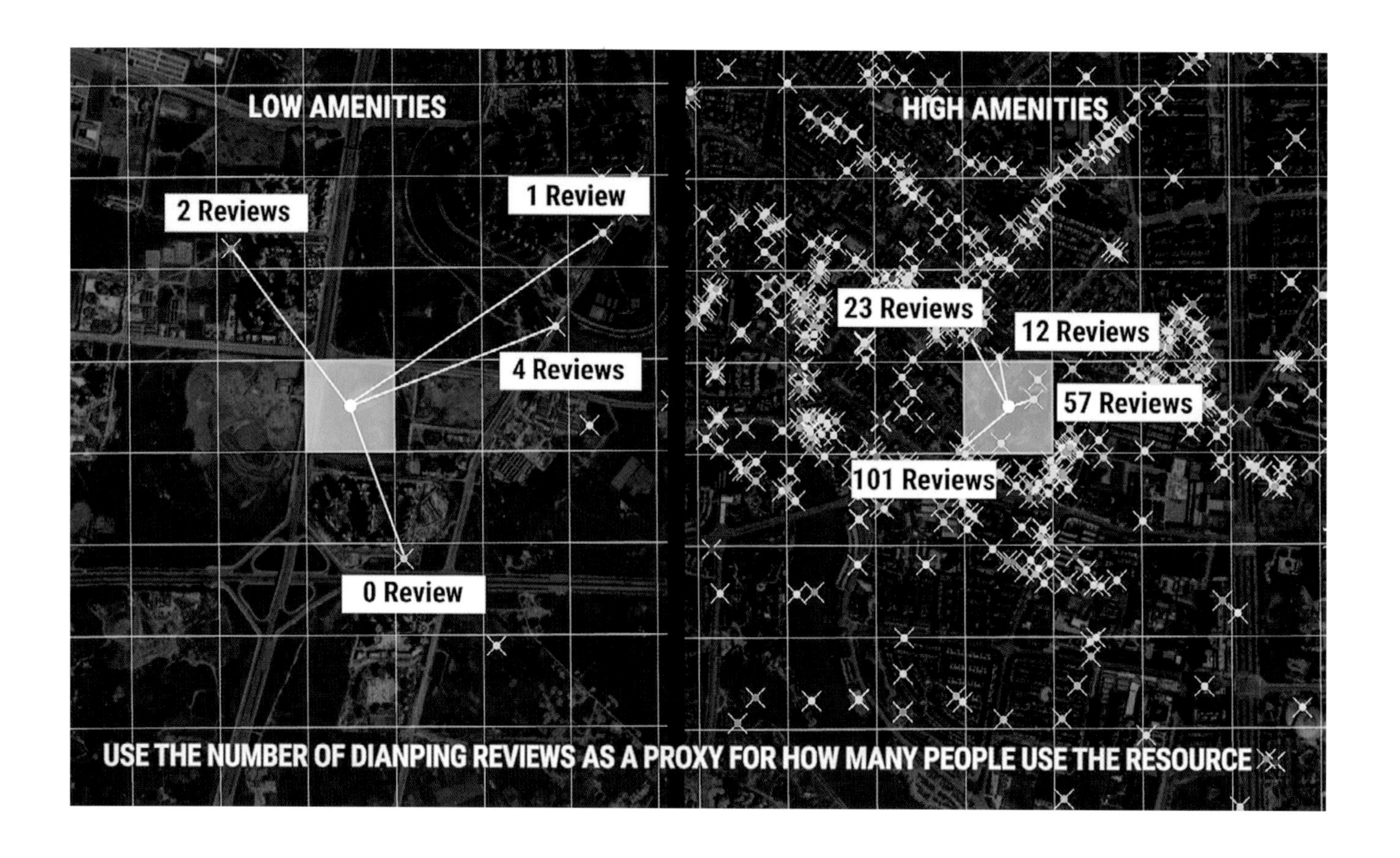

그림 3.4 유령 도시 모델은 모든 편의시설까지의 거리를 측정하는 것으로 시작한다. 여기에서 그 측정 대상은 레스토랑이고, 교외 거주자들도 이곳까지 이동할 용의가 있다는 점을 감안했다.

출처: 윌리엄스 외, "중국의 유령 도시"

을 표현하는 격자에 데이터가 모이면 해당 격자는 편의시설 점수를 받았다. 우리는 명백히 번창하는 주거 지역은 제외했다. 그리고 편의시설 점수가 평균보다 높은 격자도 제거해(그림 3.5 참조), 잠재적으로 빈 부지만 남았다. 이를 더 정교화한 결과 우리는 편의시설 점수가 낮은 지역을 찾아냈고, 그로써 충분히 이용되지 않는 토지나 유령 도시를 식별해낼 수 있었다(그림 3.6).

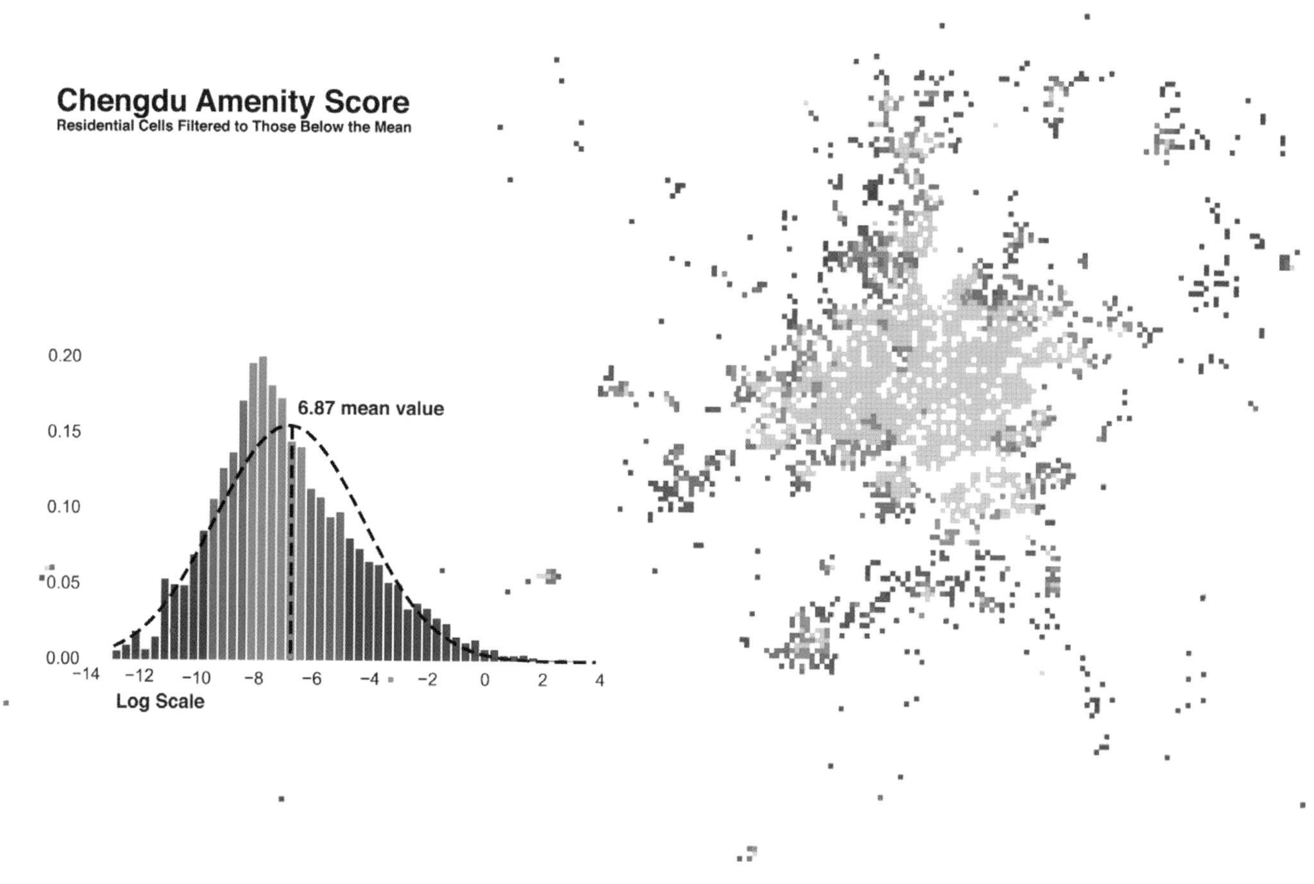

그림 3.5 유령 도시 모델을 사용해 편의시설 점수가 평균 이하인 곳만 걸러 뽑아낸 청두의 지도

출처: 윌리엄스 외, "중국의 유령 도시"

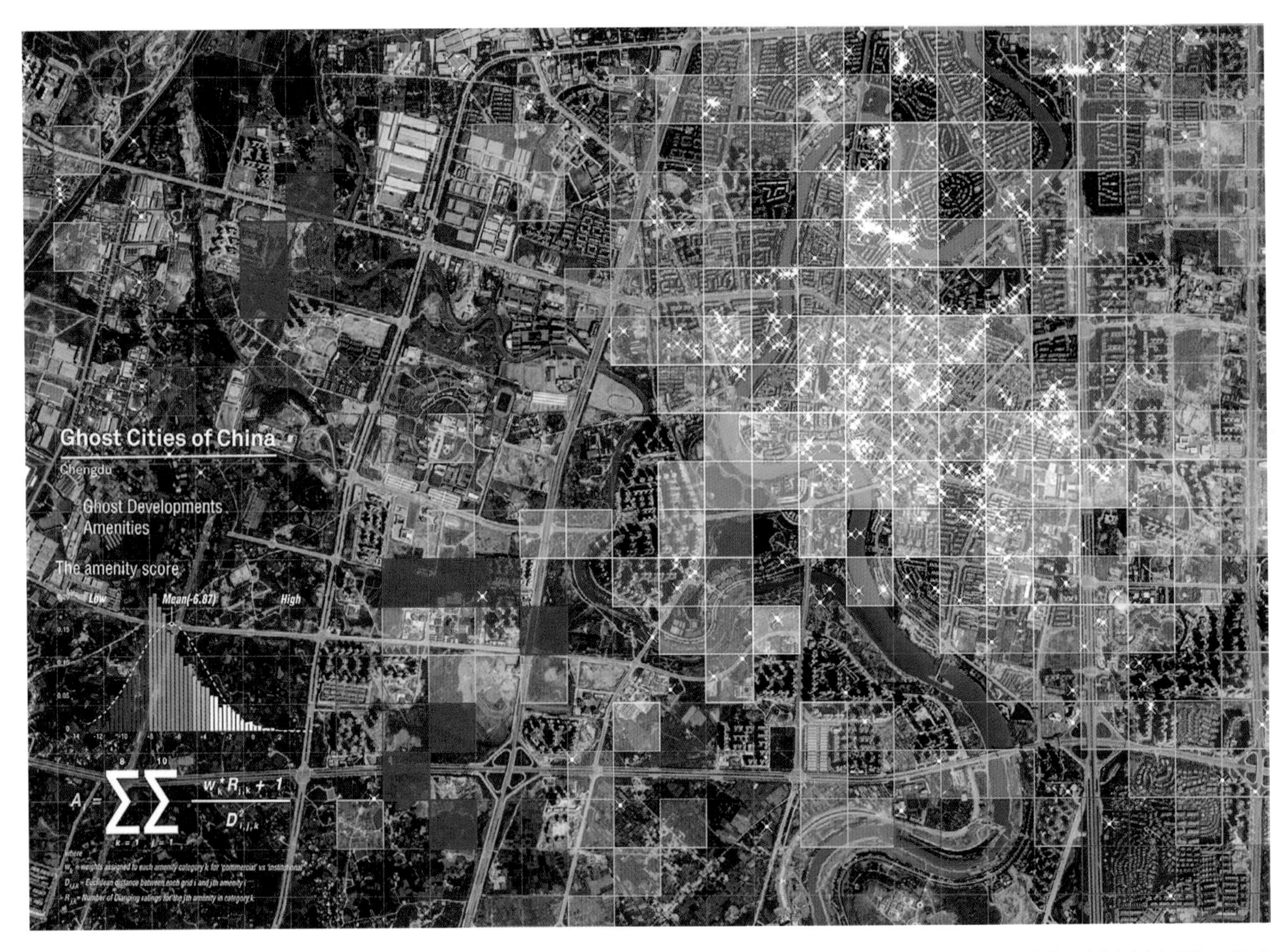

그림 3.6 중국 청두를 대상으로 실행한 유령 도시 모델의 결과를 보여주는 지도. 빨간 격자는 저개발되거나 유령 도시로 식별한 주거 지역을 나타낸다.

출처: 윌리엄스 외, "중국의 유령 도시."

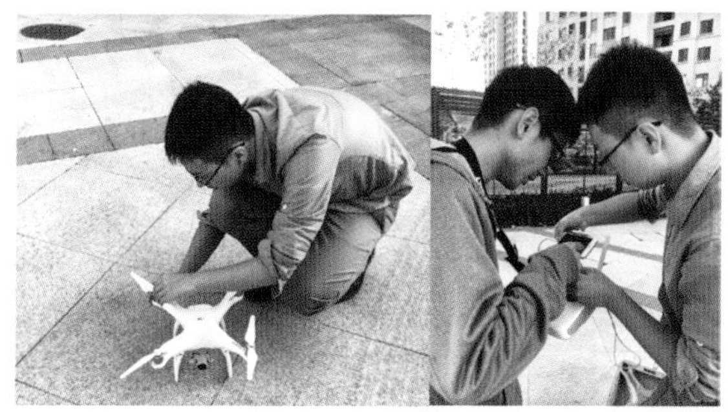

그림 3.7 청두의 야외에서 작업하는 프로젝트팀의 모습. 유령 도시로 표시된 격자가 정확한지 확인하기 위해 드론을 띄웠다.

출처: 시민 데이터 디자인 랩, MIT

'데이터 액션' 방법론은 데이터 분석가들에게 양적인 데이터가 아닌 질적인 데이터를 통해 분석의 정확성을 점검하라고 주문한다. 유령 도시 프로젝트에서 우리는 청두, 톈진 및 선양을 직접 방문해 드론(그림 3.7), 실태조사, 사진 등을 활용했다. 프로젝트팀은 이들 도시의 현지인들도 인터뷰했다(그림 3.8). 현지 방문을 통해 우리는 대지가 비어 있거나 공사가 중단되는 바람에 개발 잠재력이 없는 주거 지역으로 우리가 판정한 온갖 유형의 저활용 토지를 우리 모델이 제대로 식별했음을 확인했다. 이런 지역을 부각시키는 일은 중요하다. 정부를 비롯한 기관과 지역 주민들이 해당 지역을 활성화하는 데 적극 나설 필요가 명백하기 때문이다.[28]

조사 결과의 많은 부분은 5년 전에 개발된 주거 지역이었다. 정부는 사람들이 결국 이 지역으로 들어올 것이라고 주장했지만 학교나 다른 편의시설이 설치되지

그림 3.8 이 사진은 시민 데이터 디자인 랩의 유령 도시 모델을 사용해 찾아낸 비었거나 저활용되는 개발 지역의 몇몇 사례다.

출처: 시민 데이터 디자인 랩, MIT

않는다면 그럴 가능성은 별로 높지 않다. 때가 되면 편의시설도 들어설 것이라고 정부 관계자는 말한다. 우리는 터는 닦았지만 공사가 중단된 여러 위치를 살펴 보았다. 절반쯤 빈 주택이 이런 개발 중단 지역을 둘러싸고 있었다. 우리는 중국 공산주의의 과거를 떠올리는 다양한 건물 양식의 잔재를 발견했는데 모두 비어 있었다. 고층 건물 단지가 사람 하나 살지 않는 빈 건물로 남아 있었고, 이 단지 주민들을 상대했을 편의시설도 더 이상 존재하지 않았다. 마지막으로 우리 팀은 선양 외곽에서 거의 빈 채로 남아 있는 위성 도시 하나를 확인했다(그림 3.8).

현장 방문을 통해 우리의 모델이 빈집의 한 유형을 식별했음을 확인했지만, 애초에 그런 빈집 현상에 일조한 변수, 즉 해당 지역에 결여된 편의시설이 무엇인지 파악함으로써 빈집 문제에 대한 더 유망한 해법도 찾을 수 있음을 깨달았다. 이를테면 근처 학교가 너무 멀어 편의시설 점수가 낮은 거주 지역을 생각해 보자. 이런 연유를 파악한 도시계획가는 새 학교를 짓기로 결정해 문제를 개선할 수 있을 것이다.

지역의 학자와 계획가들을 만나는 일은 데이터 액션 방법론의 필수 요소다. 중국에서 이런 모임은 두 가지 이유에서 우리 모델을 검증하는 데 중요했다. 첫째, 해당 모델이 빈집 현상에 대한 지역 연구자들의 이해와 잘 부합한다는 점을 연구팀에게 확인해줬다. 둘째, 우리 연구팀은 자신들의 분석 결과가 중국 현지의 도시계획 관계자들에게 도움이 되는지 알고 싶어 했다. 우리는 7개 도시의 분석 결과를 시각화하고 알려주는 개별 쌍방향 웹사이트를 개발함으로써 지역 행정부에 기여했다(그림 3.10). 웹사이트는 방문자에게 분석 결과를 알려줄 뿐 아니라 우리의 정량 분석 모델이 주거 지역 격자의 편의시설 점수를 어떻게 생성했는지 설명해준다(그림 3.11). 예상한 대로 도시의 번창하는 지역은 사람들이 쉽고 빠르게 접근할 수 있는 편의시설이 주변에 많은 반면, 붉은 격자 지역이나 유령 도시는 학교와 식료품점을 비롯한 여러 편의시설이 접근하기 어려울 만큼 멀리 떨어져 있다. 우리가 개발한 웹사이트는 도시계획가든 부동산 개발업자든 누구에게나 각 주거 지역에서 어떤 편의시설이 부족한지 알려준다. 이 쌍방향 데이터 사이트는 수집된 데이터와 모델을 통해 누구나 해당 지역의 특성과 문제를 검토하고 통찰을 얻을 수 있게 해준다. 분석 결과의 맥락과 이유를 지역 계획가들과 논의하는 데도 도움이 됐다.

그림 3.9 시민 데이터 디자인 랩의 프로젝트 팀은 7개 연구 도시의 쌍방향 웹사이트에 소개된 분석 결과를 발표하면서 여기에 참여한 학자, 계획가, 부동산 개발업자 등의 사진을 찍었다. 웹사이트의 정보를 공유한 덕택에 우리 모델의 분석 결과에 대해 솔직하고 활발한 논의가 가능했다.

출처: 시민 데이터 디자인 랩, MIT

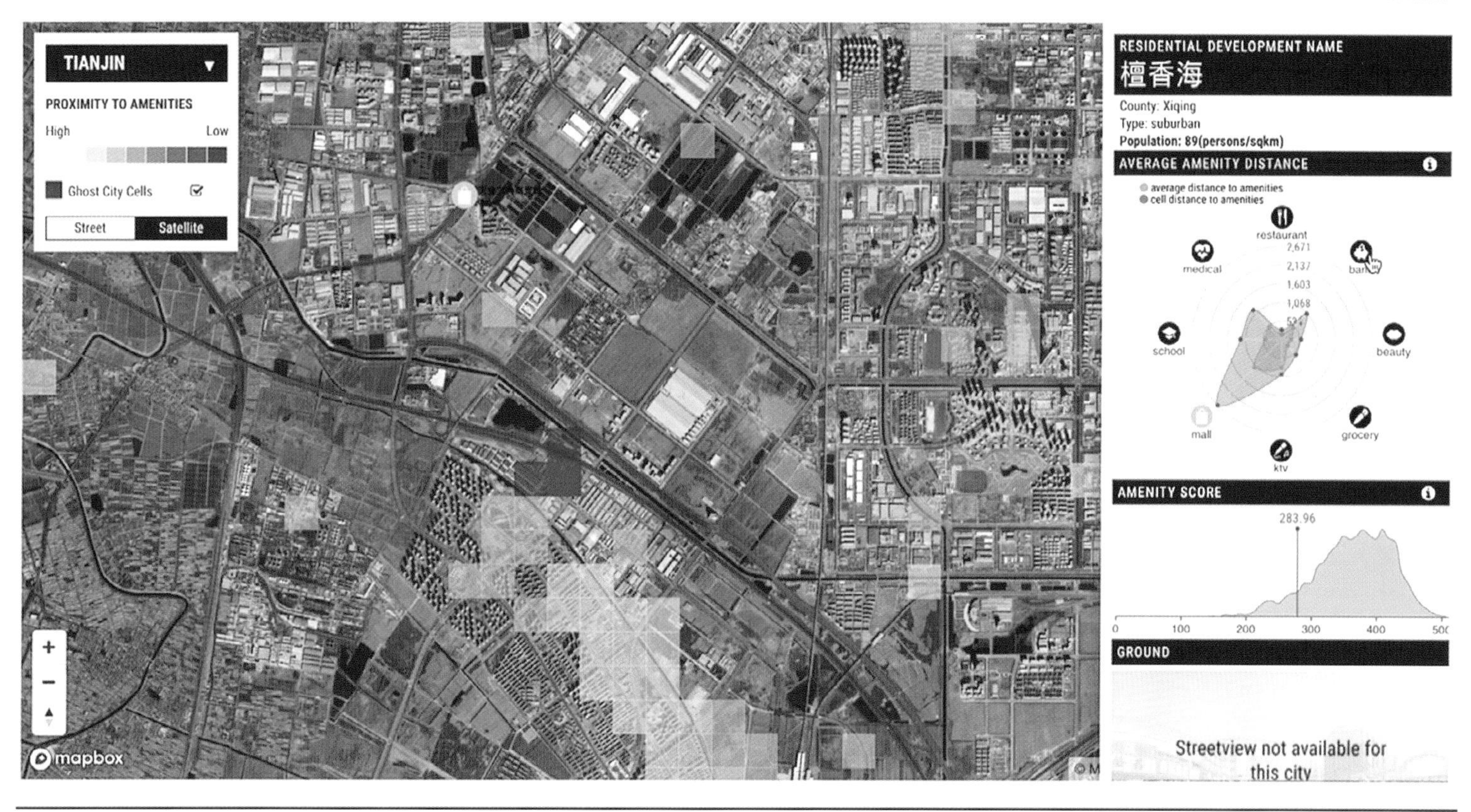

그림 3.10 유령 도시 연구 결과를 담은 웹사이트(http://ghostcities.mit.edu)에서 포착한 이 화면은 우리의 모델에 입력된 데이터를 보여준다. 붉은 색 격자로 표시된 유령 도시는 KTV(노래방), 학교, 의료 시설, 혹은 식료품점에서 멀기 때문에 편의시설 점수가 낮다. 이 데이터는 화면의 오른쪽에 놓인 쌍방향 그래프로도 읽을 수 있다. 붉은 격자로 표시된 위치의 거리 사진도 여기에서 볼 수 있다.

출처: 시민 데이터 디자인 랩, MIT

그림 3.11 한 사용자가 시민 데이터 디자인 랩이 유령 도시 프로젝트의 결과를 보여주기 위해 개발한 쌍방향 웹사이트를 사용하고 있다.

출처: 안채원

'데이터 액션'에서 중요한 원칙 중 하나는 모델의 대상이 된 당사자들의 검토와 확인을 받을 때까지 완성된 것이 아니라는 점이다. 유령 도시 프로젝트에서도 연구자들은 시각화한 분석 결과를 지역의 이해당사자, 도시계획가, 부동산 개발업자 및 다른 연구자들과 공유하면서 그들의 인상과 의견을 물었다. 중국 도시계획 및 디자인 아카데미China Academy of Urban Planning and Design의 이쒀에 자오Yixue Jiao 수석 연구원은 "누구나 예상하듯 공가율은 논란의 여지가 있다. 많은 계획가는 유령 도시의 존재를 알고 있지만 도시 개발은 상부 지침에서 나온 것이기 때문에 지역 계획가 수준에서 개발에 반대하기는 어렵다."고 말한다.[29] 빈집 상황을 알고 있지만 정부의 결정 내용을 지역 차원에서 바꿀 여지는 거의 없다는 것이다. 우리가 인터뷰한 몇몇 도시계획가들은 개발을 결정할 때 빅데이터를 활용해 적절한 위치를 파악하는 경우는 거의 없다고 토로했다. 현장에서 지금 관찰되는 내용보다는 시장의 수용 능력에 대한 '이론'이나 '책에서 얻은 지식book knowledge'에 더 의존한다는 것이다. 계획가들은 분석 결과의 정확성을 인정하면서도 그것이 정부 시책을 바꾸는 데 얼마나 영향력을 발휘할지에 대해서는 회의적이었다. 중국의 도시계획 결정은 대부분 중앙 정부에서 상의하달식으로 지역 기관에 부과된다. 일방적 대화인 셈이다.

중국의 부동산 개발업자들은 이 지도에 높은 관심을 보였다. 일부 개발업자들은 우리가 밝혀낸 빈집 현상이 중국의 부동산 거품을 보여준다고 설명했다. 거품이 꺼지면 여러 개의 주택 융자금을 낀 사람들이 가장 큰 타격을 입을 것이다. 이들 개발업자는 중국의 모든 투자자가 주택 융자금의 위험을 제대로 이해하는 것은 아니라면서, 중국에서 은행은 정부와 공식적으로 연계돼 있기 때문에 투자자들을 잠재적 위험으로부터 보호해야 할 이유가 있다고 귀띔한다. 달리 말하면 정부가 은행을 악성 대출의 위험으로부터 확실하게 구제해줄 것이라는 얘기다.

개발업자들은 지도가 중국 주택 시장의 수급 불균형을 잘 보여준다고 인정하면서도, 중국의 주택 시장은 다른 나라와 다른 양상으로 작동한다고 설명한다. 중국 정부 입장에서 개발 사업으로 파생되는 일자리 창출 같은 경제적 이익이 주택 구입 뒤 제대로 도시가 형성되기까지 걸리는 5~10년의 지연 현상보다 우선한다. 연구자들은 주택의 과다 공급 문제를 해결하는 일이야말로 경제와 도시의 건강성에 필수적이라고 믿는다. 공가율이 높은 도시들은 정부의 적극적인 개입 없이는 새로운 주민을 유치하기가 어려울 수밖에 없다. 해당 지역의 도시계획가들은 정부 개입은 어려운 일이 아니라고 입을 모은다. 기업들에 특정 지역으로 옮기거나 학교를 짓도록 명령해 해당 지역이 살기 편하도록 유도하면 된다는 주장이다. 그러나 중국의 중앙 정부는 아직 이런 해법을 시행하지 않았다. 요약하면 실제 현장에서 확인한 결과 우리 모델은 공가율을 정확하게 파악해줬으며, 다음 단계는 그런 결과로부터 어떻게 해법을 실행할 것인가였다. 유감스럽게도 중국의 지역 관료들은 정부 고위층의 지침에 복종할 수밖에 없기 때문에 개발 방식을 바꾸는 일은 정치적으로 복잡하다.

결과적으로 빈집을 식별하는 일보다 더 중요했던 것은 이 프로젝트를 위해 개발한 모델을 통해 소셜미디어에서 스크레이핑한 데이터가 현재의 개발 상황을 보여준다는 사실을 밝혀낸 점일 것이다. 이런 정보는 지역 계획가들도 구할 수 없는 것이었다. 연구팀이 개발한 유령 도시 지도는 중국 부동산 시장의 위험성을 알려준다. 이것은 미국에서 압류 위험이 있는 지역을 미리 식별해주는 지도와 비슷하다. 우리는 중국의 현지 계획가와 부동산 개발업자들이 쌍방향 웹 툴을 사용해 빈집이 많은 지역 문제를 해결할 수 있기를 바란다.

적합한 오픈 데이터 찾기

중국 중앙 정부가 전력소비 기록 같이 자신들만 접근할 수 있는 데이터를 통해 빈집이 얼마나 되는지 정확히 파악하고 있으리라는 점은 분명하다. 하지만 이런 정보는 해당 지역의 담당자들과 공유되지 않고, 따라서 의사 결정에 이용할 수가 없다. 중앙 정부는 개발 방향과 규모를 통제하기 위해 그와 관련된 데이터를 엄격히 관리한다. 중국도 시장 환경에 기반한 부동산 개발 경제로 옮겨가는 흐름이지만, 중국 정부 입장에서 데이터를 부동산 개발업자들과 공유하는 경우 미처 예기치 못한 결과를 초래할 수 있고, 궁극적으로 주택 개발 전반에 대한 통제력을 잃어버릴 수 있다. 이는 중국 정부가 용인할 수 없는 위험이다. 부동산 개발업자들은 따라서 어디를 개발하라는 정부 지침에 따르는 편이 현명하다. 그래야 개발 프로젝트가 실패할 위험성도 적고, 설령 그런 경우에도 정부가 구제해 줄 동기가 있기 때문이다. 이것은 중국의 금융업이 정부와 긴밀히 연계돼 있다는 점과 무관하지 않다. 정부는 개발업자들이 융자금을 갚지 못하면 중국 경제에 불안정성을 초래하기 때문에 그런 상황이 나오는 것을 원치 않는다.

어떤 데이터가 중국의 공가율을 가장 정확하게 보여줄지 평가하는 데는 시간이 걸렸다. 우리가 구할 수 있는 데이터에 잠재적 편향이나 윤리적 우려는 없는지 조사가 필요했기 때문이다. 프로젝트 초기에는 중국판 트위터인 웨이보Weibo를 이용해 사람들의 활동 수위를 측정함으로써 유령 도시의 존재 여부를 파악할 수 있으리라 기대했다. 하지만 온라인의 모든 데이터를 수집하고 나자 프로젝트에 사용하기는 너무 엉망이라는 사실을 깨달았다. 더 깊이 파고들자 모두가 웨이보를 사용하는 것은 아니며, 그런 비사용자들은 지도에 나타나지 않는다는 사실이 드러났다. 더 심각한 문제는 웨이보 사용자의 1% 정도만이 위치를 알려주는 '지오태그'를 달고 있어서 데이터 세트의 한계가 더욱 두드러졌다. 또 중국 정부가 소셜미디어 회사를 엄격히 검열하고 있다는 사실도 밝혀졌다. 정부가 웨이보의 글을 종종 삭제하는 바람에 연구팀은 더욱 큰 난관에 봉착했다. 이는 웨이보에서 수집한 데이터가 사회 현실을 제대로 반영하지 못한다는 뜻이었기 때문이다.

시민 데이터 디자인 랩은 그런 문제점을 중국의 대기 오염에 대한 시민들의 인상을 공개하는 프로젝트를 진행할 때 이미 파악했다. 이 프로젝트를 위해 우리는 웨이보를 뒤져 사람들이 오염에 대해 뭐라고 말하는지 알아내려고 했다. 거의 아무런 결과도 찾아낼 수 없었다. 당시 뉴스에서 베이징의 대기 질에 대한 논의에 집중했던 사실을 고려하면 놀라운 일이었다. 오염에 대한 토론이 웨이보 홈페이지에 나타났을 때도 이들은 거의 즉각 혹은 몇 시간 안에 삭제되곤 했다. 이런 식의 검열 탓에 논쟁적인 주제의 향방을 소셜미디어로 가늠하기는 어렵다. 그런 경험을 통해 우리는 온라인에서 수집한 데이터의 정확성을 검증하고, 데이터의 간극을 분별하는 방법을 찾고, 결론을 내릴 때 빠진 데이터의 변수를 고려하는 것이 얼마나 중요한지 절실히 깨달았다.

데이터 속 편견을 밝혀 새로운 담론을 제시하기

데이터 속에 포함된 편견을 파악하는 일은 전형적인 연구 조사 방법론을 벗어나 취득한 데이터를 사용할 때 특히 중요하다. 물론 기존의 연구 조사 방식 또한 태생적 편견에서 자유롭지 못하다는 점은 지적할 필요가 있다. 이런 인식은 데이터를 윤리적으로 사용하는 데 필수적이다. 특정한 개발 방식이나 디자인 때문에 어떤 그룹이나 장소가 연구 조사에서 빠진 사실을 모른다면 엉뚱한 추정이 나올 수 있기 때문이다. 예컨대 연구팀은 유령 도시 프로젝트의 일환으로 관심 지점에 대한 정보를 얻을 목적으로 바이두, 에이맵 및 디엔핑에서 데이터를 스크레이핑해 큐레이션했다. 필자는 "여러 정보를 선별하고, 정리하고, 관리한다"는 뜻의 '큐레이션'이 우리 작업을 잘 설명한다고 생각한다. 우리는 누군가가 이 데이터베이스를 만들고 운용하는 결정을 내린다는 점을, 그리고 이 결정은 거의 언제나 해당 데이터에 편견이나 편향을 초래한다는 사실을 간과하곤 한다. 디엔핑의 편향은 사람들이 직접 방문할 수 있는 물리적 형태의 사업만 기록하는 규칙에서 나왔다. 길가에 물건을 벌여 놓고 파는 노점상은 중국 도시의 오래된 동네에 흔했지만, 디엔핑은 이처럼 사람들이 자신들의 아파트에서 직접 꾸리는 영세 사업은 감안하지 않았다. 유령 도시 프로젝트의 모델에서 초기에는 디엔핑이 선택한 편의시설만 사용한 탓에 일부 오래된 거주 지역을 틀리게 분류하기도 했다.

물론 데이터 과학자들은 데이터의 편향을 주의하도록 훈련받는다. 데이터가 결과에 영향을 미칠 수 있을 뿐 아니라, 해당 데이터를 선별한 사람이나 기관의 시각에서 담론이나 서사가 진행될 수 있기 때문이다. 데이터의 편향성을 이해하는 일은 이를 윤리적으로 사용하는 데 필수적이다. 웹이나 소셜미디어 사이트에서 스크레이핑한 데이터를 사용하는 경우는 그런 플랫폼 사용자들에게 편향될 수 있다는 점 때문에 비판을 받는다. 예를 들면 포스퀘어, 트위터, 플리커Flickr 같은 소셜미디어 사이트는 도시 환경에서[30] 사용되고, 그중에서도 상업적인 지역에서 대부분의 데이터가 기록되기[31] 때문에 해당 데이터는 이런 장소를 설명하는 데만 정확하게 사용될 수 있다. 소셜미디어의 사용자군이 주로 젊고 출세 지향적이기 때문에 데이터 분석 결과도 그런 점을 반영하고, 재정 압박을 받는 은퇴 인구의 특성은 제대로 드러나지 않는다.[32] 사용자가 주로 젊은 백인 남성인 포스퀘어에 비해 트위터는 아프리카계 미국인과 히스패닉계 등 더 다양한 사용자 인구를 보여준다. 데이터를 제공하려는 사용자의 충동도 일정 수준의 편향성을 초래한다. 예를 들면 어떤 사용자는 특정 상황에 대해 불평하거나 무엇인가를 다른 사람들에게 알리기 위해 더 적극적으로 트윗을 날릴 수 있다. 애초에 데이터가 기록되는 방법부터 편향을 초래할 수 있다. 기업은 광고하고 싶은 제품에 대한 질문을 던지기 위해 소셜미디어 플랫폼을 사용하곤 한다. 이들은 실상 대답에는 관심이 없고, 팔고 싶은 제품의 소문을 널리 퍼뜨리고 싶을 뿐이다. 그래서 이런 질문에서 나온 결과는 해석하기 어려운 경우가 많다.[33]

웹사이트와 API에서 스크레이핑한 데이터에 편향이 있다는 점은 분명하지만 그렇다고 해서 이런 데이터를 제대로 분석할 수 없다는 뜻은 아니다. 전통적인 연구도 질문자와 응답자의 이해를 반영하기 때문에 그 나름의 편향을 보일 수밖에 없다. 이것은 빅데이터를 사용할 수 없다는 뜻이 아니라 거기에 포함된 편향을 이해하고, 모든 사람의 목소리를 제대로 반영함으로써 데이터 작업의 윤리성을 확보해야 한다는 뜻이다.

도시가 어떻게 화제를 모으는지 보여주는 게티 이미지 데이터의 편향

데이터는 큐레이터의 세계관을 반영하기 때문에 데이터의 분석 과정에도 편향성은 스며든다. 필자의 작업 중 한 가지 주목할 만한 사례는 로스앤젤레스와 뉴욕시의 예술과 엔터테인먼트 세계를 이해하기 위해 접근한 게티 이미지Getty Images 데

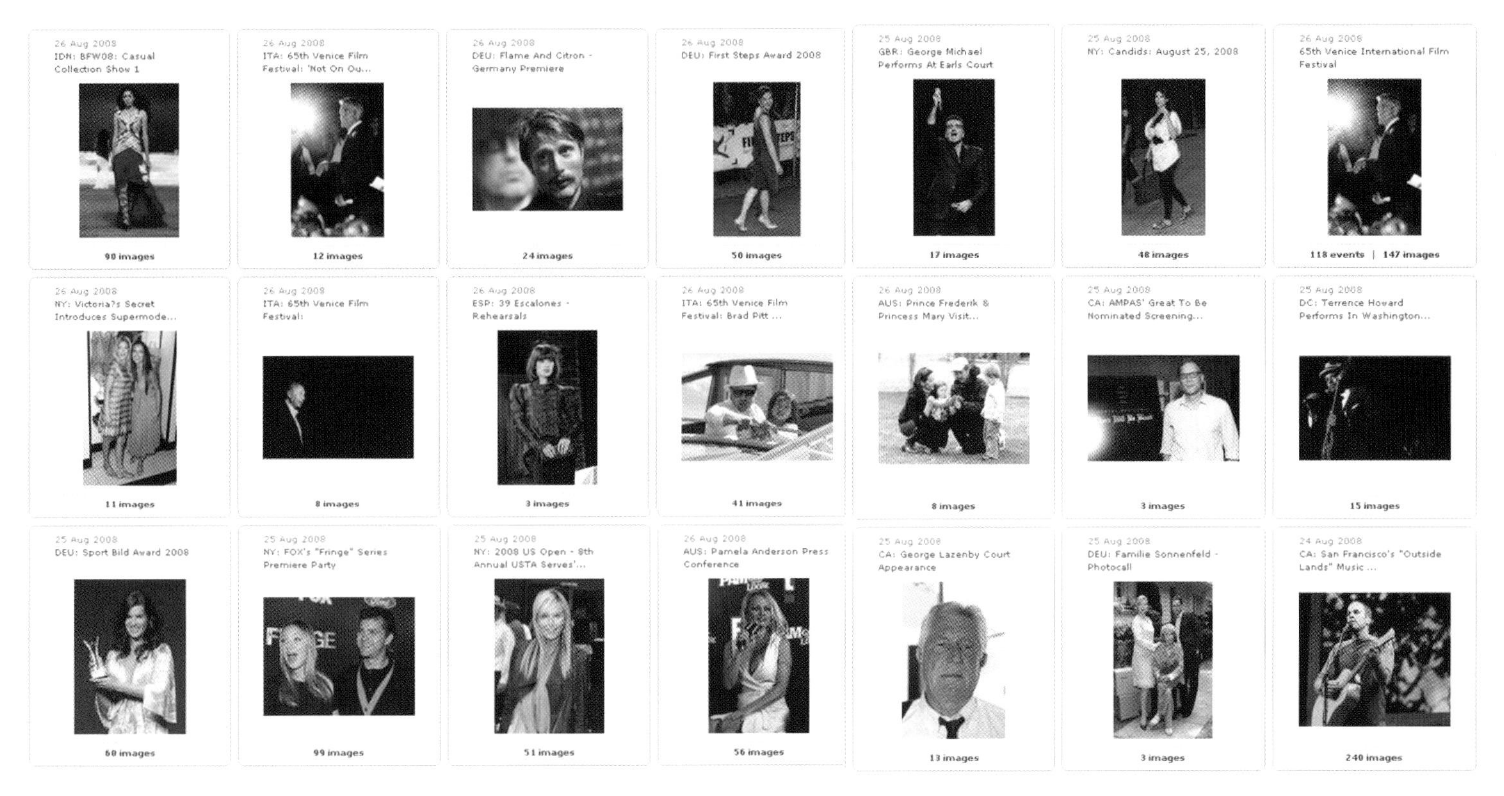

그림 3.12 게티 이미지 데이터베이스의 썸네일 사진과 메타데이터

출처: 새라 윌리엄스

이터베이스다(그림 3.12). 동료 연구자인 엘리자베스 커리드Elizabeth Currid와 나는 해당 프로젝트를 '화제의 지리학Geography of Buzz'이라 불렀다. 게티 이미지 데이터베이스의 사진을 수집하고 분석한 끝에, 이들이 어떻게 장소를 이용해 '화제buzz'를 불러일으켜서 이미지와 제품을 파는지 보여줄 수 있었기 때문이다.[34] 기본적으로 게티 이미지의 데이터베이스는 큐레이터가 생각하기에 팔릴 것으로 판단한 이미지만 담고 있었다. 더 중요한 것은 데이터베이스에 마케팅 담당자와 PR 회사가 게티에 홍보한 행사 이미지가 포함돼 있었다는 점이다. 이들이 게티 측에 사진을 찍도록 주문한 장소의 이미지였다. 이런 편향을 검토하는 가운데 우리는 마케팅 담당자와 PR 회사가 자사 제품을 광고할 때 어떤 장소를 선호하는지 파악할 수 있었다. 어떤 면에서 우리는 데이터의 편향을 역이용한 셈이었다.

NEW YORK

MAJOR EVENTS (600 - 1,000 IMAGES)
SMALL EVENTS (50 - 100 IMAGES)
AVERAGE EVENTS (100 - 200 IMAGES)
MINOR EVENTS (< 50 IMAGES)
BIG EVENTS (300 - 600 IMAGES)

The Fresh Air Fund Celebrate New Payless Fashion
Caravan Hosts StyleLounge Opening Launch Party
Sarah Jessica Parker And Lord & Taylor Celebrates
Grey Goose Entertainment & Sundance Channel Honor; Baryshnikov Arts Center, 37 ARTS building
Renee Larc For Milan Spring 2007 - Backstage; Westside Loft
Nike Hosts All-Star 25th Anniversary Celebration; Gotham Hall
The 5th Annual RxArt Ball; Splashlight Studios
Victoria's Secret Angels Celebrate America's Number
Heidi Klum Launches Body By Victoria The Body Bra
"Tweety Designed By Nicky Hilton" To Debut In Dec
The New Stars Of GREASE At Tick Tock Diner
VH1 Hip Hop Honors - Arrivals; Hammerstein Ballroom
Victoria's Secret Launches Sexy Sport With Serena
Victoria's Secret Launches Intimissimi Boutique
New York Holds "Construction" Exhibition; New York Design Center
DKNY Jeans Presents Blender Magazine's 5th Anniversary; Studio 450
Nick Danger Presents "Flirting With Danger"
Heatherette Spring 2007 After Party
Breast Cancer Foundation Hosts Moe In Manhattan
Nick Cannon Hosts Boost Mobile RockCorps; Midtown Loft
Animal Fair Magazine's 7th Annual "Paws For Style"
Dan Eldon Photo Exhibit; The Xchange
DIFFA's Dining By Design Gala
The Museum At FIT Presents "Ralph Rucci: The Art Reem Acra Bridal Collection; Prince George Ballroom
The Museum At FIT Presents "Ralph Rucci: The Art
Troika Dialog Debut Of Igor Chapurin's Anastasia; Peter White Studio
Matthew Williamson Fall 2007 - Runway
A Sneak Preview Of "HGTV Design Star"
"The Other Side" Opening At The Tony Shafrazi Gallery
M.A.C. Aids Fund Announces New Viva Glam VI Campaign; Cedar Lake
Marc Jacobs Fall 2007 - Runway
Plum Celebrates Albers & Judd Opening At PaceWild
Irv "Gotti" Lorenzo Celebrates With Universal Motown; Utopia III Yacht; Pier 60
Dave Chappelle Performs
Mark Ecko Announces Filing Of First Amendment Lawsuit
Chris Mazzilli Invites You To Gotham Comedy Club
Ambrielle Lingerie Launch Party; Chelsea Art Museum
Timberland Holiday Fashion Preview
Gap & Vanity Fair Celebrate The Launch Of "Indivi; Eyebeam
Samsonite Launches 2007 Black Label Collection; Eyebeam
Jovovich-Hawk Fall 2007 Presentation
Narciso Rodriguez Fall / Winter Collection After
Launch Of Iconic Samsonite Black Label Fashions
Kate Nahon & The National Arts Club Unveil The Be
Opening Night Of Atlantic Theater Company's "Spring Awakening"
Victoria's Secret Pink Hosts The Phi Beta Pink Sorority House
Billion Dollar Babes And ELLE Magazine Host VIP P
Billion Dollar Babes Shopping Event
Sandra Bernhard's "Everything Bad & Beautiful" Of
Charlotte Ronson & Ann Dexter-Jones Views Fall 2007;
Sophia Kokosalaki for Nine West Fitting
Vogue Presents First Look Show And Performance
Lancome Launches New Product At Milk Studios
"The Daily Show With Jon Stewart" Celebrates 10 Years; Irving Plaza
Uncut - The Ray-Ban Wayfarer Sessions; Irving Plaza
Rush Philanthropic Arts Foundations Youth Holiday Party; Irving Plaza
Mario Cantone Invites You To The Sunsilk Launch P
Joanna Krupa Unveils PETA Ad At Manor Nightclub
Tim Gunn Hosts YMA Fashion Scholarship Fund Round; Parsons The New School of Design
Max Azria Spring 2007 Dinner And Cocktails
GQ Magazine Celebrates Heineken Premium Light
Purple Fashion Magazine Party At Beatrice Inn
The Domino Green Issue Party
Brizo & Harpers Bazaar Host A Cocktail Reception
2006 CFDA Awards - Press Room
CBGB's Final Farewell With Patti Smith
Pre-Opening Benefit For The Watermill Center
Donna Karan's Holiday Party; Stephan Weiss Studio
The Opening Night Of "Stuff Happens"
Celerie Kemble & Robert Verdi Host Stephen Dweck
DKNY Jeans & Sony BMG Film Premieres "East Of Hav
JoJo Celebrates Her Seventeen Magazine Prom Cover; Caravan
HBO Premieres "The Wire" - After Party
DKNY Jeans Presents Bloodline At 401 Projects
Mikhail Baryshnikov Hosts Inter-Course; Photograp; 401 Projects
Mark Seliger's 401 Projects Presents James Nachtwey
Opening Night Of My Name Is Rachel Corrie At Minetta Lane Theatre
Nine West Spring 2007 Footwear Collection & Re
The Public Theater Presents Satellites
David Barton Gym & Alan Cumming Invite You To Cel
Patrick McDonald & Patricia Field Hosts "The World of Eve Kitten"; Patricia Field Boutique
The Culture Project Presents The Opening Night Of
Howard TV On Demand Presents "The Stupid Bowl"
Gallery Hanahou Presents The Opening Reception Fo
The Cinema Society & DKNY Jeans Host A Screening
SOB's, Hot 97 & VH1 Soul Present Who's Next Live
Oilily Opens Soho Flagship Store
Paul Smith Soho Store Opening
Common's Soil Launch Party
Napapijri Flagship Store Opening
United Bamboo Spring 2007
Miramax & Elie Tahari Host A Screening Of "The Lo
Elie Tahari Fall 2007 Presentation
Charlotte Ronson Invites You To A Night Of Shoppi
Parasuco Flagship Store Launch
Jazz At Lincoln Center's 5th Annual Spring Gala
Ashlee Simpson Hosts Victoria's Secret Pink
Stella Fall 2007 Collection
Benjamin Cho After Party
UPS Hosts Emerging Designer Party
Nine West, VOGUE And Macy's Host Project Front Row; Skylight Studios
Nicole Romano Fall 2007 - Runway
The 25th Anniversary Of Guess
Zac Posen Spring 2007 After Party; Soho Grand Dome
Miss Sixty Spring 2007 After Party Celebration At
Tribeca Cinema Series Hosts A Tea Party For "Miss Potter"; Tribeca Gallery
THINKFilm & Diane Von Furstenberg Host A Screenin
The Cinema Society & Hugo Boss Present The Premiere
The Cinema Society & Calvin Klein Host A Screenin
Exclusive Sneak Peek Of HBO Mobile; Mr. Chow
Chanel Tribeca Film Festival Dinner At The 5th An
The New York Academy Of Art 2006 Tribeca Ball
Naomi Campbell Arrives At The Manhattan Criminal Court -- Has two locations 100 Centre Street and 346 Broadway
Naomi Campbell Appears In Court; Criminal Court Building either 100 Centre Street or 346 Broadway
CMJ Music Marathon Presents The Cardigans; Knitting Factory
The Clipse Performs AT The CMJ Music Fest; the Knitting Factory
Vanity Fair Party For The 5th Annual Tribeca Film
Premiere Of The Road To Guantanamo - Dinner
Mayor Bloomberg & Tribeca Film Festival Co-Founder New York City Hall
WNYC Presents The Leonard Lopate Show
Brian McKnight Celebrates His Latest Album "Ten"; J&R Music and Computer World
Miss Sixty Fall / Winter 2007 - Front Row
Manhattan Theatre Club Presents Best of Broad
Gladys Knight Appears At J&R Music And Computer World
MTV Presents Making The Band III Final Concert
Exclusive Pepsi Smash Concert; Empire-Fulton Ferry
Gen Art's Fresh Faces Spring 2007 - Celebrity Gue
Kiss FM 98.7 Presents The 2006 Phenomenal Women C; Bridgewater on the South Street Seaport
Village Care Of New York Presents 5th Annual Tuli
Fox Searchlight Pictures Premieres "Little Miss S
Nelly Receives Honor At Black Retail Action Group; Cipriani Wall Street
The 10th Annual Ace Awards Gala; Cipriani
The Leary Firefighter Foundation 6th Annual Benefit; Cipriani restaurant on Wall Street
2006 Australia Day Ball Honors Olivia Newton John
Fat Joe Speaks At Vocational Foundations Graduati
MAO Magazine Fashion Week Launch Party
LAByrinth Theater Company's 4th Annual Celebrity; Downtown Auditorium
Sound Of Soul Screening & Press Conference AT The
MTV Presents The VMA Kickoff Concert At Battery P

게티 이미지는 세계에서 가장 큰 사진 이미지 서비스 제공업체다. 데이터베이스의 사진은 전속 사진가가 찍었거나 재판매를 위해 구입한 것이다. 윔블던 테니스 경기에 참석한 케이트 미들턴Kate Middleton 영국 왕세자비나 가수 브리트니 스피어스Britney Spears의 생일 파티 사진부터 북대서양조약기구NATO 정상회담 장면까지 온갖 사진이 게티의 데이터베이스에 저장돼 있고, 회원은 로그인해 이미지를 사용할 수 있다. 전 세계 언론은 뉴스를 취재하면서 관련 사진을 이곳에서 구입한다. 유료 회원이 아니더라도 누구나 게티의 온라인 포털에 들어와 썸네일 이미지와 적은 양의 메타데이터를 볼 수 있다(그림 3.13). 이 메타데이터는 행사의 주제, 사진에 나온 사람들 신원 및 사진이 찍힌 장소 등을 보여준다. 연구팀은 '로봇' 코드를 개발해 게티 이미지 사이트에서 예술 및 엔터테인먼트와 관련된 모든 이미지의 메타데이터를 추출했다. 그 결과 6,004개의 이벤트와 309,414장의 이미지를 아우르는 자체 데이터베이스를 구축했다. 우리가 개발한 코드는 사이트에 자동 접속해 체계적으로 각각의 이미지에 접근해 메타데이터를 복제했다.

연구자들은 이어 수집된 데이터를 태깅하고, 예술과 문화 분야의 하위 갈래로 박물관이나 갤러리 전시회, 영화, 연극, TV, 패션, 하이프hype(특정 업계와 연관되지 않은 이벤트를 위한 이벤트) 등과 같이 분류한 뒤 지역 코드를 붙였다. 그렇게 해서 로스앤젤레스와 뉴욕의 분야별 지도가 나왔다. 연구팀은 공간을 기반으로 무리를 짓는 알고리듬을 사용해 각 도시에서 이벤트가 어느 정도까지 특정 지역에 집중되는지 검토했다(그림 3.14는 뉴욕시의 패션 집중 지역을 보여준다). 우리는 이런 이벤트 집중 지역이 우연히 발생한 것이 아니라고 판단했다.

게티 이미지의 메타데이터를 분석한 결과 대부분의 사진은 대중 소비자의 이목을 끄는 유명 이벤트에 집중되며, 소규모 이벤트나 신인 아티스트의 행사는 배제됐다. 그 때문에 게티 이미지가 생성하는 공간 사진은 이미 대중 시장에서 인기 있는 예술가들에 집중된다. 비록 주어진 데이터로는 언더그라운드 예술의 실태를 파악할 수 없었지만 문화예술계의 유명 인사들이 어떻게 자신들의 브랜드 구축에 장소를 활용하는지 더 잘 이해할 수 있었다. 뉴욕시의 경우 게티 이미지의 사진이 주로 찍힌 곳은 록펠러 센터, 매디슨 애비뉴, 타임즈 광장 및 미트패킹 디스트릭트Meatpacking District 등이었다. 로스앤젤레스는 데이터베이스의 대부분이 베벌리 힐즈와 할리우드 대로를 보여주는 사진이었다. 이 장소는 사람들이 두 도시에서 전형적으로 떠올리는 곳이다. 그런 상징적 이미지 덕택에 그런 장소에 상품을 배치하

그림 3.13 이 이미지는 게티 이미지 데이터베이스로부터 스크레이핑한 온갖 문화예술 관련 이미지다. 노란 원은 같은 장소에서 찍힌 이미지를 표시한다. 스크린샷

출처: 새라 윌리엄스, 공간 정보 디자인 랩(Spatial Information Design Lab)

그림 3.14 이 지도는 게티 이미지의 데이터베이스로 식별한 뉴욕시의 패션 관련 행사를 모아 표현한 것이다. 군집이 가장 뚜렷이 드러나는 곳은 5번가, 웨스트 빌리지 및 소호(Soho)로, 모두 뉴욕시의 대표적 패션 지역으로 알려진 곳이다. 5번가 선상은 특히 패션과 연계되거나 적어도 영화나 미디어에서 그렇다고 표현된 장소다.

출처: 새라 윌리엄스, 공간 정보 디자인 랩

C1

TUESDAY, APRIL 7, 2009

The New York Times

MAPS BY SARAH WILLIAMS AND MINNA NINOVA, SPATIAL INFORMATION DESIGN LAB, COLUMBIA UNIVERSITY

he maps above show the density of some types of cultural events in Manhattan based on an analysis of photographs taken from Getty Images.

Mapping the Cultural Buzz: How Cool Is That?

By MELENA RYZIK

Apologies to residents of the Lower East Side; Wil-
msburg, Brooklyn; and other hipster-centric neigh-
rhoods. You are not as cool as you think, at least ac-
rding to a new study that seeks to measure what it
lls "the geography of buzz."

The research, presented in late March at the annu-
meeting of the Association of American Geographers,
cates hot spots based on the frequency and draw of
ltural happenings: film and television screenings,
ncerts, fashion shows, gallery and theater openings.
The buzziest areas in New York, it finds, are around Lincoln and Rockefeller Centers, and down Broadway from Times Square into SoHo. In Los Angeles the cool stuff happens in Beverly Hills and Hollywood, along the Sunset Strip, not in trendy Silver Lake or Echo Park.

The aim of the study, called "The Geography of Buzz," said Elizabeth Currid, one of its authors, was "to be able to quantify and understand, visually and spatially, how this creative cultural scene really worked."

To find out, Ms. Currid, an assistant professor in the School of Policy, Planning and Development at the University of Southern California in Los Angeles, and her co-author, Sarah Williams, the director of the Spatial Information Design Lab at Columbia University's Graduate School of Architecture, Planning and Preservation, mined thousands of photographs from Getty Images that chronicled flashy parties and smaller affairs on both coasts for a year, beginning in March 2006. It was not a culturally comprehensive data set, the researchers admit, but a wide-ranging one. And because the photos were for sale, they had to be of events that

Continued on Page 5

그림 3.15 2009년 우리는 '화제의 지리학 프로젝트'를 뉴욕시의 학계에 알렸고, 이어 웨스트 빌리지 갤러리(West Village Gallery)를 통해 일반 관객에도 소개했다. 이 전시회를 본 언론인이 「뉴욕타임스」에 행사를 소개했다.

출처: 「뉴욕타임스」, 2009년 4월 6일자 기사

는 것만으로 뉴욕이나 LA의 이미지를 팔게 된다. 궁극적으로 게티 이미지의 데이터베이스는 미디어가 상품을 파는 데 장소를 활용하는 방법을 보여주는 셈이다.

데이터 분석을 마친 뒤 우리는 게티 이미지의 담당자에 연락해 연구 결과를 보여주고 이들의 의견을 구했다. 그들의 데이터를 사용한 우리의 작업이 이 회사의 윤리적 기준에 맞는지 확인하고 싶었다. 담당자는 우리의 연구 내용에 반색했지만 그것이 우리가 받은 피드백의 전부였다. 우리 작업은 여러 언론의 주목을 받았다. 특히 「뉴욕타임스」는 예술 섹션의 1면에 소개했고, 그 덕택에 게티 이미지는 많은 긍정적 홍보 효과를 거뒀다.[35] 그 지도(그림 3.15)는 파파라치, 마케팅 담당자, 미디어 등 도시 개발에 직접 연루되지 않는 사람들이 의도치 않게 화제를 불러일으키고, 사람들이 이주하고 싶은 장소로 특정 장소를 부각시키는 데 중대한 역할을 했음을 보여준다.

소셜미디어 데이터는 편향됐든 아니든 도시의 목소리를 전한다

한 목적으로 수집한 데이터를 다른 목적에 사용하는 일은 게티 이미지 프로젝트에서 보듯이 여러 문제를 초래할 수 있다. 완전한 데이터 세트를 갖추기 위해 넘어야 할 장벽은 말할 것도 없고, 데이터는 사용자들의 편향으로 가득 차 있기 십상이다.

도시 이론가인 케빈 린치(1918~1984)가 지금 살아있다면 소셜미디어에 올라온 생각과 아이디어를 활용해 도시를 더 잘 이해하려는 데 열광적으로 매달렸을 것이다. 그래서 21세기판 '인지적 지도cognitive map(심리적 지도라고도 함)'를 만들어 냈을 것이다. 린치는 저서 『도시환경디자인The Image of the City』(광문각, 2010)에서 중요한 요소로 인지적 지도화의 개념을 개발했다.[36] 이것은 사람들에게 지도를 그리게 했을 때 스스로 중요하다고 생각하는 요소와 시설의 이미지를 공통적으로 표현할 것이라는 개념이다(그림 3.16). 예를 들면 사람들에게 산책로나 통근길, 혹은 자주 찾는 레스토랑으로 가는 경로를 그리되 남들도 쉽게 파악할 수 있도록 주요 지형 지물을 넣으라고 주문했다. 주요 지형 지물이라지만 실상은 사자 동상이 있는 집이라거나 동네 정원처럼 평범한 지표에 더 가깝다. 위치 정보가 포함된 소셜미디어 데이터를 근거로 지도를 만드는 일은 사람들의 생각과 그런 생각이 일어난 장소를 기록한다는 점에서 느낌과 감정, 그리고 개인적 표지물의 지형이 되는 셈이다.

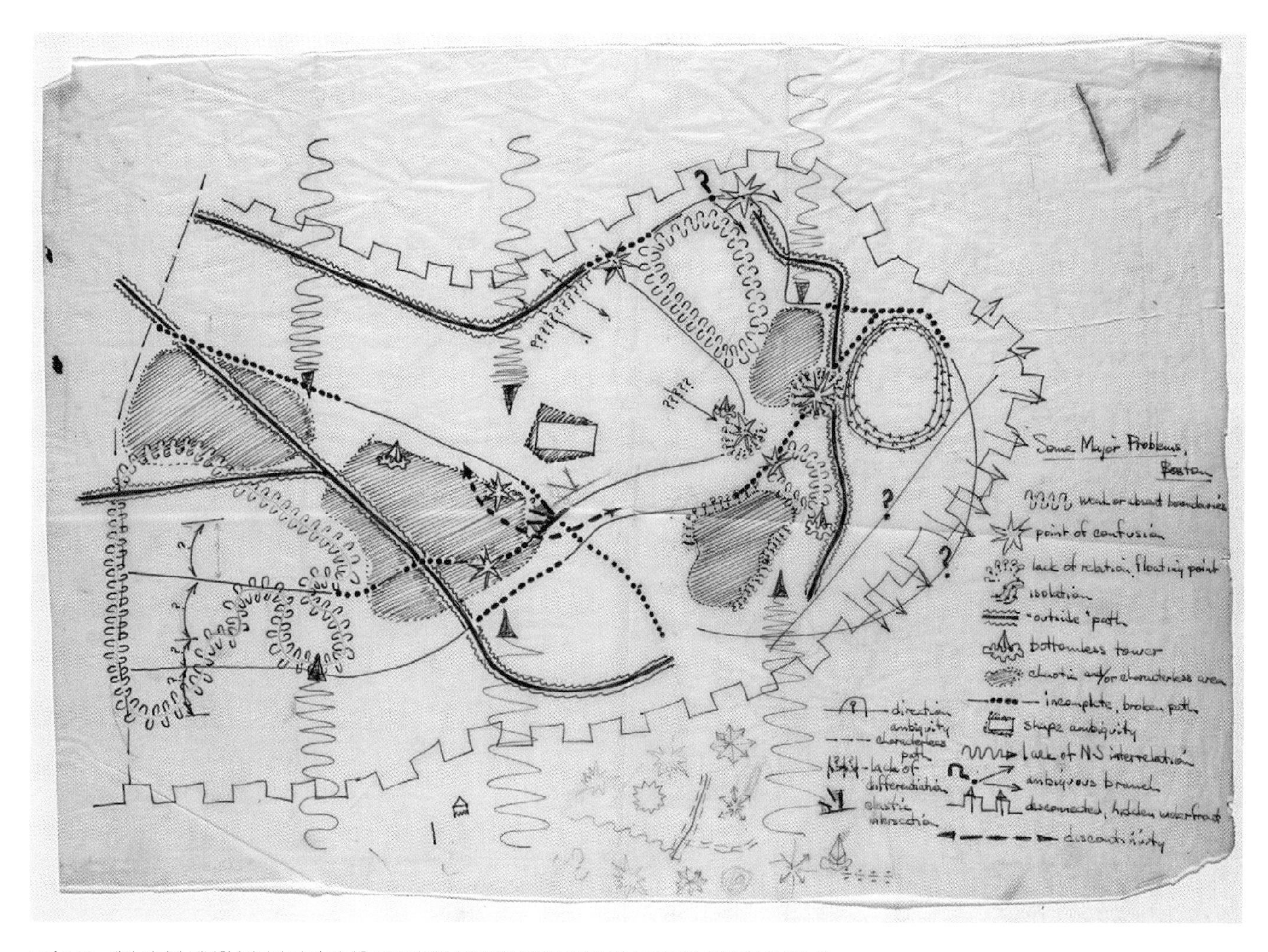

그림 3.16 케빈 린치가 제안한 '인지적 지도' 개념은 1960년대와 70년대에 인기를 끌었는데, 그 핵심은 사람들은 자신이 사는 장소를 생각할 때 몇몇 특정한 지형지물에 대한 기억을 통해 평가한다는 것이다.

출처: 케빈 린치, 『몇 가지 주요 문제(Some major problems)』, MIT 도서관, 1960, 지각의 지도(Perceptual Map), 1960, MC 208, 박스 6, MIT 돔(https://dome.mit.edu/handle/1721.3/36515)

그림 3.17 포스퀘어 사용자들은 다른 사용자들이 체크인 할 수 있는 장소를 만들어낸다. '지금 여기!' 연구를 수행할 당시 세상의 종말이나 묵시록을 뜻하는 '아포칼립스(apocalypse)'라는 단어가 사용자들의 작명에 자주 등장했다. Heatpocalypse, Nicedayocalypse, Overthesnowpocalypse, TRONpocalypse 등이 그런 사례다.

출처: 새라 윌리엄스, 후안 프란치스코 살다리아가(Juan Francisco Saldarriaga), 조지아 불렌(Georgia Bullen), 공간 정보 디자인 랩

이런 방식으로 소셜미디어의 데이터를 내려받아 필자가 작업한 초기 프로젝트 중 하나는 2011년의 '지금 여기! 소셜미디어와 심리적 도시'였다. 이 프로젝트에서 필자는 페이스북과 포스퀘어에서 데이터를 스크레이핑해 위치 정보가 딸린 메시지를 읽는 방식으로 도시 거주자들의 심리를 이해하려고 했다. 다운로드된 데이터는 사용자가 모바일 기기에서 체크인하는 위치를 보여주는 지도를 만드는 데 사용돼 앱을 사용하는 친구들이 위치를 찾고 체크인할 수 있도록 했다. 예를 들어 포스퀘어 앱(그림 3.17)에서 한 사용자는 어떤 장소에 "네가 내 아파트에 있다니 으스스해"라는 라벨을 붙였다. 다른 사용자들도 '동성애 결혼 평등의 종말Gay Marriage Equalitocalypse', '오프라가 부른 종말Oprah Apocalypse', '오바마의 속옷Obama's Underpants', '존의 박쥐동굴John's Batcave', '꿈이 죽는 곳Where Dreams Go to Die' 등 우스꽝스럽거나 슬프거나 쓸쓸한 톤의 라벨이 붙은 장소에 체크인했다. 기본적으로 이 지

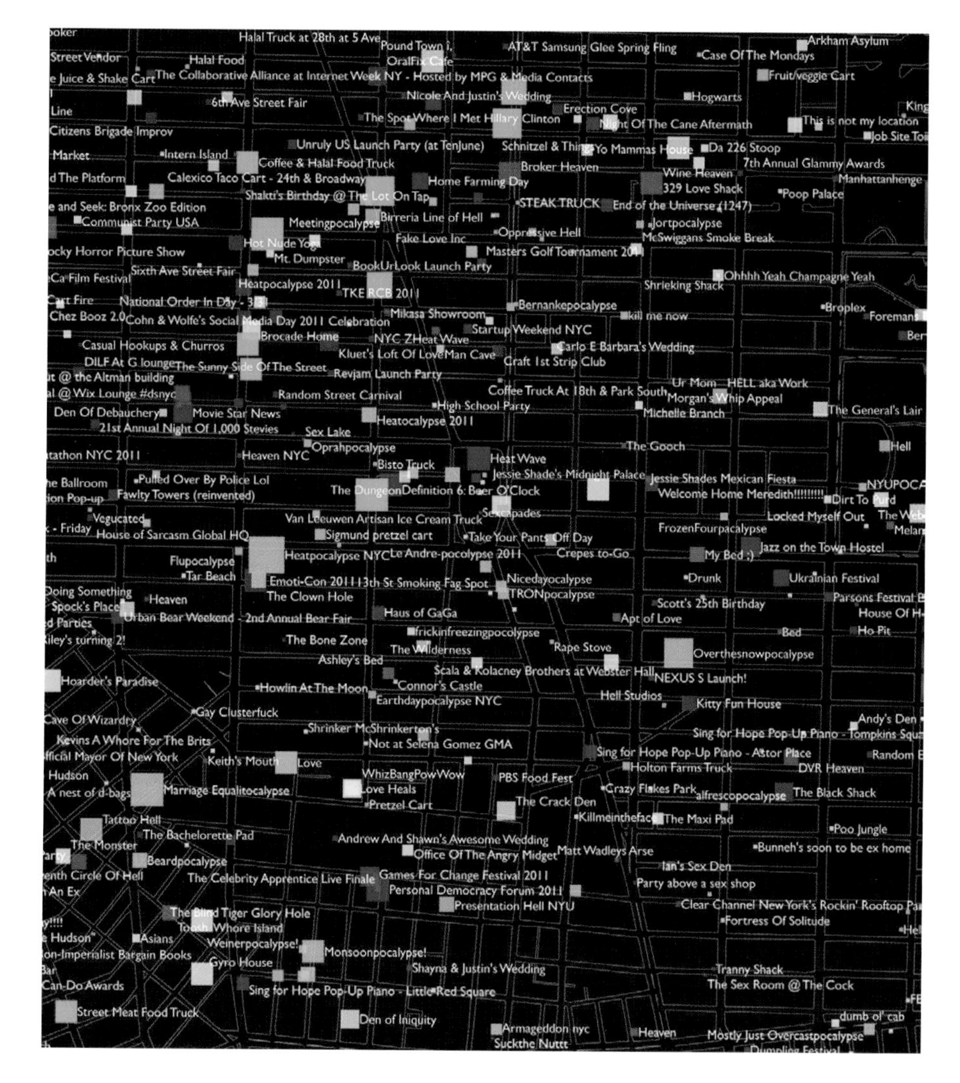

그림 3.18 사람들이 지도에 창의적으로 표시한 장소들을 보여주는 포스퀘어 데이터의 지도

출처: 새라 윌리엄스, 공간 정보 디자인 랩

도는 도시 거주자들의 관심사와 심리를 포착했다(그림 3.18과 3.19).[37] 이 초기 프로젝트 이후 수많은 연구는 다른 장소와 시간별로 소셜미디어에 게시된 다양한 범위의 감정을 수집해[38] 그런 감정이 운송과 다른 서비스에 대한 태도와 어떤 상관 관계가 있는지 따졌다.[39] 소셜미디어는 도시 거주자들의 눈으로 해당 도시를 관찰할 수 있는 방법을 제시한다. 케빈 린치가 추구했던 목표를 소셜미디어가 가능케 하는 것이다.

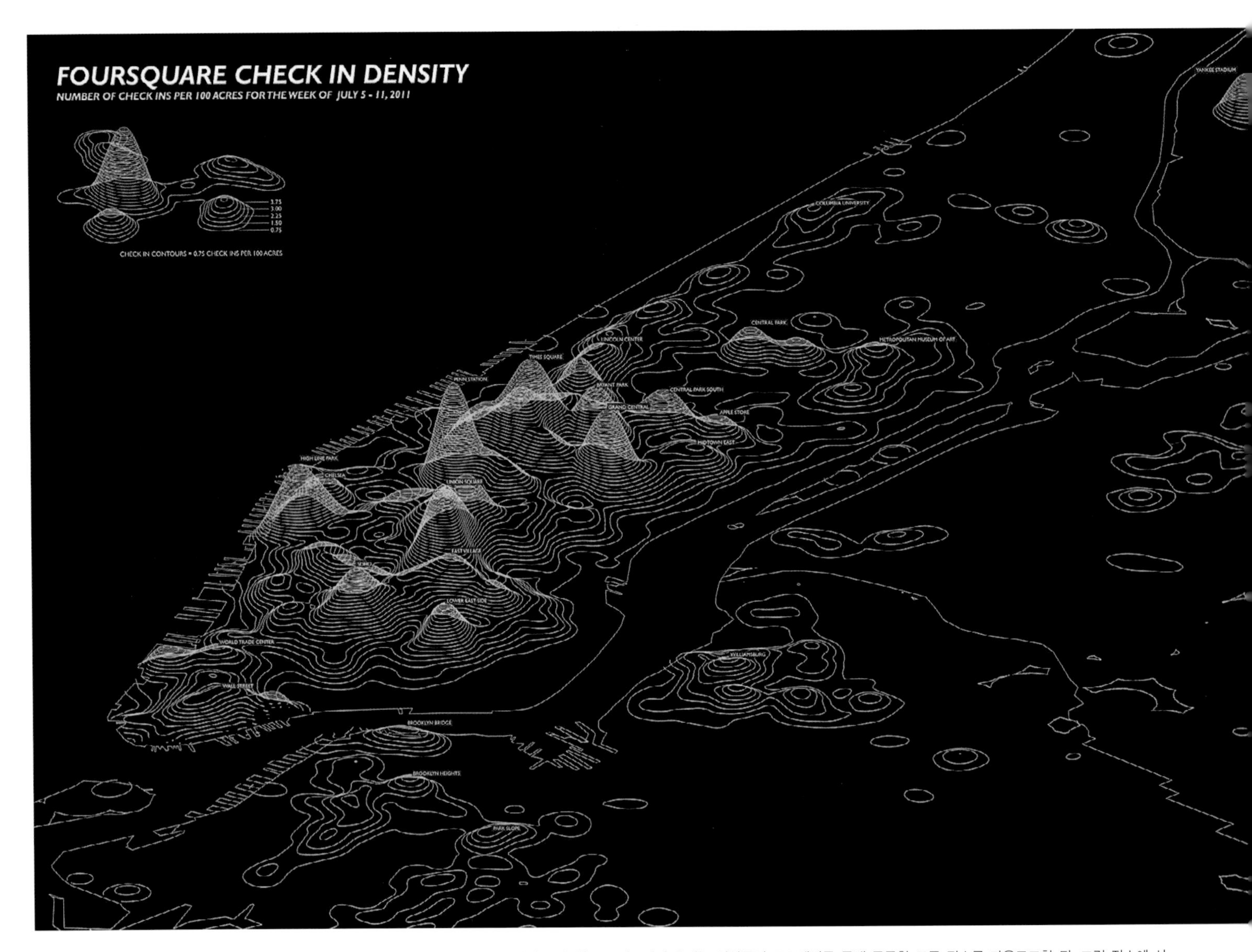

그림 3.19 '지금 여기!' 프로젝트에서 우리는 사람들이 포스퀘어를 통해 등록한 모든 장소를 다운로드한 뒤, 그런 장소에 사람들이 얼마나 자주 체크인했는지 수치화했다. 그리고 그 값을 보간(補間, interpolation)해 마치 등고선 지형도를 그리듯이 표현했다. 소셜미디어 체크인의 지형학인 셈이었다.

출처: 새라 윌리엄스, 후안 프란치스코 살다리아가, 공간 정보 디자인 랩

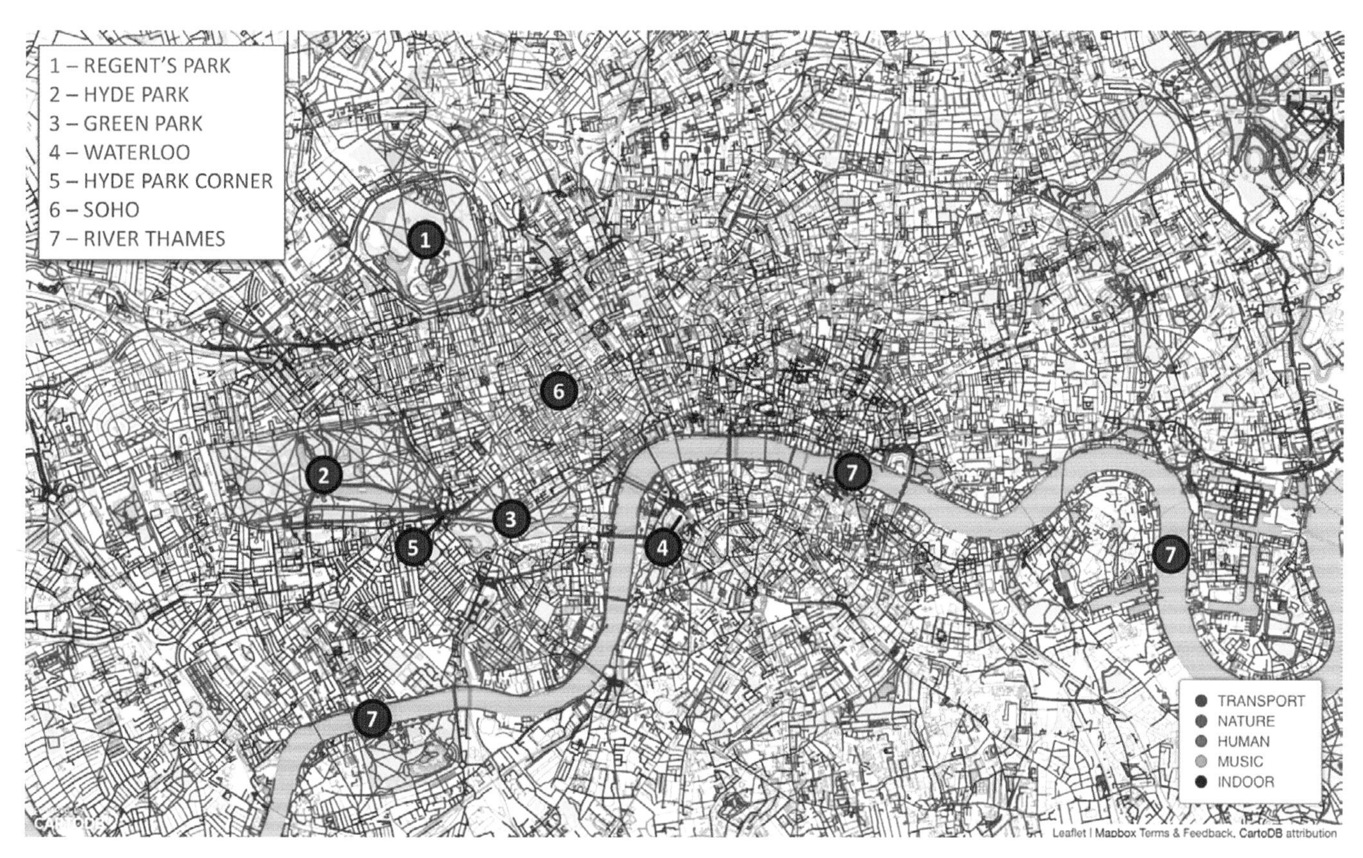

그림 3.20 런던 지역의 '재잘대는 지도' 연구에서 얻은 이 이미지는 연구자들이 어떻게 소음의 유형을 분류했는지 보여준다. 이들은 시각화 분석 프로그램으로 플리커의 이미지를 분석해 혼란스러운지, 차분한지, 단조로운지, 활력에 넘치는지 파악했다.

소셜미디어의 데이터는 도시의 소음 정도와 어떤 냄새가 나는지 등 도시의 질적 측면을 설명하는 데 매우 큰 도움이 되며, 그런 결과는 도시의 정책 수립으로 이어질 수 있다. 예컨대 최근의 한 연구에서 연구자들은 플리커 데이터를 내려받아 런던(그림 3.20)과 바르셀로나의 거리별 소음 수준을 측정했다. 소음은 스트레스를 일으키는 공중보건의 문제여서 많은 도시는 소음 수준을 제어하려 시도해 왔다.[40] '재잘대는 지도Chatty Maps'로 불리는 이 프로젝트는 플리커에서 데이터를 추출한 뒤 이미지 처리 알고리듬으로 소음의 유형을 판단한다.[41] 플리커 이용자들은 거기에 담긴 내용이나("나의 절친") 어디에서 찍었는지("절친의 결혼식")에 따라 사진에 태깅한다. 소음을 파악하기 위해 소음과 관련된 용어(예: 충돌, 요란한, 시끄러운)로 태깅된 플리커 이미지를 그들의 API를 사용해 내려받았다. 이어 다운로드한 사진을 이미지 처리 알고리듬에 넣으면 각 이미지에 담긴 모든 요소를 태그해 소음

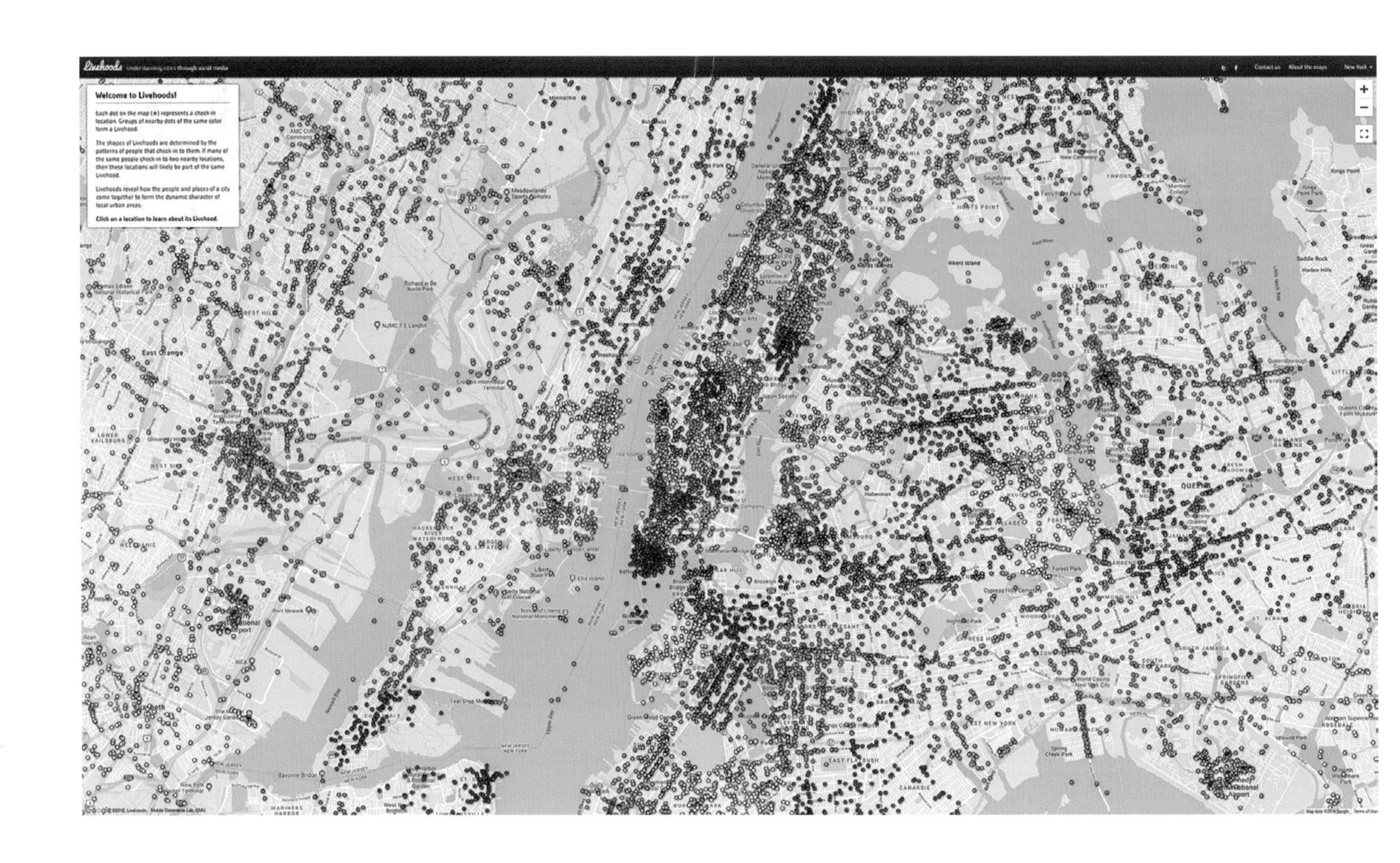

그림 3.21 이 지도는 트위터 사용자들의 사회적, 공간적 군집으로 정의된 이웃들을 보여준다. 여기에서 사용자들의 위치는 포스퀘어의 데이터를 기반으로 식별됐다.

출처: 라이브후즈(Livehoods): 소셜미디어를 통한 도시 이해 – 뉴욕시(http://livehoods.org/maps/nyc)

을 원인을 판단한다. 예를 들어 건물 사진은 건물, 창문, 금속, 유리, 고층 건물, 반사된 도시 풍경 등의 태그를 알려준다. 모든 사진이 이런 식으로 태그되면 그에 따라 소음의 출처가 무엇인지 식별한다. '재잘대는 지도' 연구팀은 교통, 자연, 인간, 기계, 실내 및 음악 같은 코드를 제공했다. API에서 추출한 같은 사진은 거기에 태그된 단어를 근거로 이모렉스EmoLex를 이용해 사용자의 감정을 분석했다. 이모렉스는 크라우드소싱을 통해 구축된 언어-감정 용어집Lexicon으로, 태그로 표현된 감정의 의미론적 분석에 이용된다. 그런 분석 결과는 어디에서 소음이 기쁨, 신뢰, 공포, 충격, 비애, 혐오, 분노, 기대 등의 감정을 불러일으켰는지 보여줬다.

'재잘대는 지도' 프로젝트의 연구자들은 플리커 사진의 태그를 사용하면 일부 잘못된 결과를 나온다는 점을 지적한다. 이를테면 사용자는 사진을 촬영된 장소에서 올리지 않았을 수도 있다. 에펠탑 앞에서 찍은 사진을 호텔로 돌아와서 올릴 수도 있다. 하지만 이런 오류는 충분히 많은 데이터가 사용되는 경우 전체 결과에는 별다른 영향을 미치지 않는 것 같다. '재잘대는 지도' 프로젝트는 연구자들 중 일부가 이전에 작업한 연구에서 영감을 받았다. 그중 하나는 위치 정보가 포함된 소셜미디어로부터 냄새와 관련된 단어를 추출해 분석하고 개발한 '냄새 지도'이다.[42] '재잘대는 지도' 연구팀은 그 작업이 전체 도시에 걸친 소리의 지도를 생성하는 저렴한 방법이며, 궁극적으로 도시계획가들이 소음으로 발생되는 공중보건 문제를 개선하는 데 활용될 수 있다고 홍보했다.

소셜미디어 데이터를 통해 도시에 대한 사람들의 정서적 반응을 이해할 수 있으면 도시계획가들은 사람들이 무엇을 좋아하는지 알 수 있지만, 그와 동시에 소셜미디어를 사용하는 (또는 사용하지 않는) 사람들을 식별해 분석 과정에서 특정 그룹이나 계층 전체가 누락되지는 않았는지 파악해야 한다. 2014년 루크 안셀린과 필자는 '디지털 이웃' 연구 프로젝트에서 이런 점을 설명하고자 했다. 소셜미디어 데이터의 공간적 군집 형태를 얻은 뒤 이를 사회인구통계 정보와 상호 참조해 해당 공동체의 소셜미디어 이용이 활발한지 그렇지 못한지 파악하고자 했다. 2014년 위치 정보가 포함된 데이터를 트위터와 포스퀘어에서 얻한 다음 여기에 공간적 군집 알고리듬을 적용했다. 그로부터 어떤 공동체는 디지털 기술을 다른 곳보다 더 적극적으로 활용한다는 점을 발견했다. 이를테면 소셜미디어는 맨해튼 전역은 물론 이전에 혹은 급속히 고급화된 지역인 상업지역에서 더 자주 사용됐고, 소수민족이 많은 저소득층 지역은 사용 빈도가 낮았다. 디지털 이웃 프로젝트Digital Neighborhoods에서 모두가 소셜미디어를 통한 메시지를 '듣는' 것은 아니라는 점을 부각함으로써, 우리는 도시 설계 및 계획에 데이터를 활용하는 데 따른 윤리적 문제를 부각시키려고 시도했다. 여기에서 필자는 연령과 인종, 계층 차원에서 더 다양한 그룹이 사용하는 페이스북의 데이터를 연구에 포함했더라면 사뭇 다른 결과가 나왔을지도 모른다는 점을 짚고 넘어가야겠다.

카네기멜론대학교의 연구팀이 개발한 프로젝트는 소셜미디어 데이터를 근거로 다른 이웃 간의 경계를 식별할 수 있는지 시험하는 것이었다(그림 3.22). 이들은 포스퀘어의 API를 통해 1천 8백만 개에 가까운 데이터를 취득한 다음, 트위터 사용자들의 공개 타임라인과 연결해 트윗의 위치와 장소를 파악할 수 있었다. 이어 데이터를 분석해 이웃들이 어떻게 공간적으로 군집을 형성하는지 이해하고, 이들

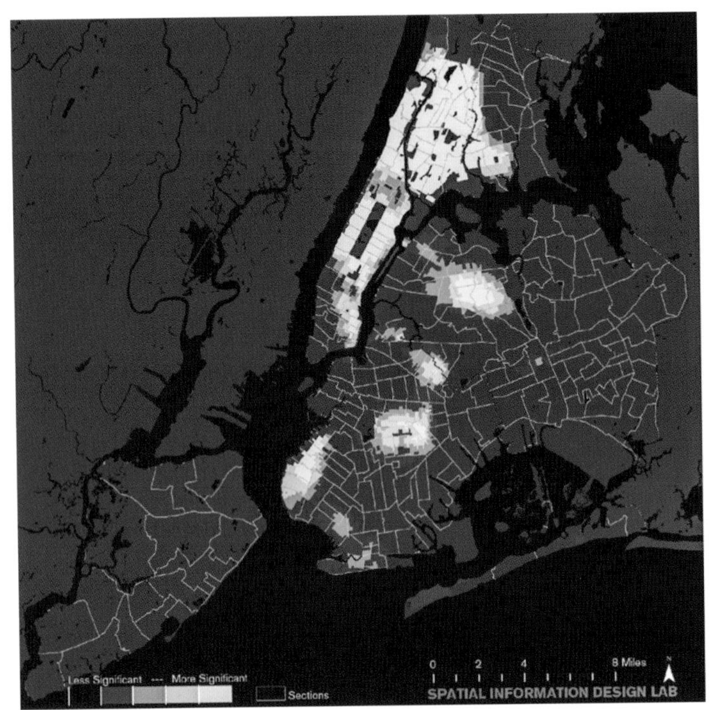

그림 3.22 이 지도는 쓰레기 수거 서비스가 되지 않은 데 대한 불만 접수가 잦은(핫) 곳과 거의 없는(콜드) 곳을 보여준다. 어퍼 이스트 사이드와 어퍼 웨스트 사이드의 부유층 지역을 제외하면, 라틴아메리카와 아시아 이민자들의 수가 많은 지역의 불만 접수가 거의 없는 것으로 나타난다.

출처: 새라 윌리엄스, 공간 정보 디자인 랩

의 경계를 규정하고자 했다. 이들은 이웃들을 '라이브후즈livehoods'로 부르고, 프로젝트 자체도 그렇게 이름을 붙였다. 연구자들은 자신들의 분석 결과가 이웃의 경계에 대한 주민들의 실제 인식과 일치한다는 사실을 해당 지역의 주민들에 대한 인터뷰를 통해 확인했다. 라이브후즈 프로젝트 연구자들에게 "모델의 기반이 되는 가설은 도시 지역의 '성격character'이 거기에 있는 장소 유형뿐 아니라 그곳을 삶의 터전으로 선택한 사람들에 의해서도 규정된다."는 것이다.[43] 이웃은 명확히 정의하기가 지극히 어려운 개념이지만 소셜미디어를 이런 식으로 활용함으로써 사람들은 스스로의 정체성을 더 자발적으로 밝힐 수 있었다.

도시는 또한 API를 통해 수집한 크라우드소스 데이터를 오픈 데이터 사이트를 통해 일반과 널리 공유한다. 현재 대부분의 주요 도시에 존재하는 311 핫라인 통화 내역 공개는 그러한 사례 중 하나다. 사람들은 이 번호로 도시의 긴급하지 않은 사건을 신고하는데, 그중 상당수는 소음부터 쓰레기가 제때 수거되지 않았다는 불만까지 다양한 불만이다. 누가 그런 불만을 신고하는지, 그리고 누구는 그렇지 않은지에 대한 공간적 분석은 해당 지역에 사는 사람들의 필요가 무엇인지 잘 알려줄 수 있다. 예를 들면 필자의 연구 팀은 뉴욕시 위생국DSNY의 위탁으로 수행한 작업 결과 라틴계와 아시아계 이민자가 많은 지역에서는 쓰레기 수거가 되지 않은 데 대한 신고나 불만 전화를 걸지 않는 것으로 나타났다(그림 3.22). 위생국은 다른 지역과 비교해 이곳은 아무런 문제가 없다고 보기는 불가능에 가깝다는 사실을 알았기 때문에, 그런 신고 전화가 없는 데는 다른 이유가 있을 것이라고 예상했다. 인터뷰를 통해 우리는 이 지역의 많은 주민이 쓰레기 수거 서비스에 대해 불만을 제기할 수 있다는 점을 몰랐다는 사실을 발견했다. 이들은 그런 서비스 자체를 몰랐거나 그러한 서비스에 대해 불만을 제기하는 것이 흔하지 않은 문화에 익숙했다. 위생국은 그런 내용을 311 핫라인 서비스 담당자에게 전달했고, 이들은 이전까지 데이터가 누락된 탓에 필요한 서비스를 제대로 받지 못했던 지역의 주민들에게 다양한 언어로 서비스 내용을 홍보하기 시작했다. 데이터가 누락된 부분을 검토하는 일은 데이터가 존재하는 부분을 분석하는 일만큼이나 중요하다는 점을 보여준 사례였다.

소셜미디어나 311 핫라인 같은 전화 기록을 통해 수집한 데이터는 케빈 린치가 옹호한 것처럼 일반 대중의 눈을 통해 도시를 볼 수 있게 해준다. 소셜미디어는 '히트포칼립스Heatpocalypse'가 '지금 여기! 소셜미디어와 심리적 도시' 프로젝트에서 한 것처럼 도시의 문화를 새로운 속어의 관점에서 설명할 수 있다. 그와 동시에 소셜미디어 데이터는 이전에는 불가능했던 규모로 도시의 소리와 냄새에 대해 알려줄 수 있다. 질적 특성을 보여주는 이런 지도는 정책 계획을 돕는 데 활용될 수 있다. 어떤 데이터 세트에서 누가 빠졌는지 조사하는 일은 누가 포함돼 있는지 파악하는 일만큼이나 중요하다. 예를 들면 311 핫라인 데이터를 조사하는 과정에서 뉴욕시는 분석 결과를 활용해 311 서비스에 대한 정보를 영어 이외의 다른 언어로도 제공하는 캠페인을 시작했다. 디지털 이웃 프로젝트는 소셜미디어 사용자들 간에 존재하는 사회적-공간적social-spatial 차이가 어떻게 전체 인구나 그룹을 소셜미디어 데이터 분석에서 의도치 않게 누락할 수 있는지 보여주는 한 사례다. 라이브후즈 프로젝트는 소셜미디어가 우리의 삶을, 이 경우에 이웃을 스스로 규정하는 데 좋은 근거가 될 수 있음을 보여준다. 소셜미디어 데이터는 제대로 정리되지 않은 상태지만 특히 도시계획가들이 자신들의 도시를 이해하는 데 활용할 경우 귀중한 통찰을 제공할 수 있다.

데이터를 사회적 이익에 사용한다는 오만

새로운 형식의 데이터가 등장한 덕택에 제1차 산업혁명기에 공중보건 분야가 나타났다. 따라서 소셜미디어가 나오기 오래 전부터 공중보건 연구자들이 온라인 뉴스 미디어 플랫폼을 활용해 전염성 질병의 발생 여부를 판단한 것은 놀라운 일이 아니다.[44] 사실 사회적 혜택을 위해 빅데이터를 활용하는 분야에서 공중보건 연구자들은 선도적 역할을 해 왔다. 수많은 프로젝트에서 질병을 추적하고 예측하는 빅데이터의 위력이 드러났지만, 공중보건 전문가의 참여 없이 진행되는 데이터 분석은 미흡할 때가 많다. '데이터 액션' 접근법이 데이터 과학자들에게 정책 문제를 부각시키고자 할 때는 어떤 분야에서든 정책 전문가를 포함하라고 주문하는 것도 그 때문이다.

웹 데이터를 마이닝한 공중보건 연구자들이 사용한 초기 툴 중 하나는 2006년에 출범한 헬스맵HealthMap.org으로, 질병 발생을 탐지하고 그런 정보를 웹 인터페이스를 통해 대중에게 전달하는 방법을 제공하는 데 주안점을 두고 있다. 해당 인터페이스는 특정 질병과 연관된 키워드를 사용해 웹에서 관련 뉴스를 검색해서 장소와 주제로 태그된 데이터베이스를 만들며, 이를 통해 잠재적인 질병 발생 지역을 식별하도록 도와준다.[45] 이러한 기법은 2010년 트위터와 다른 소셜미디어 앱에 적용돼 2010년 아이티에서 발생한 지진 이후의 콜레라 발생에 대한 새로운 시각을 제공했다.[46]

미국 식품의약국의 최고 보건정보처리 책임자chief health informatics officer를 지낸 타하 카스-후트Taha Kass-Hout는 소셜미디어 사이트에서 스크레이핑한 데이터가 공중보건 분야의 심각한 우려 사항, 이를테면 "비협조적인 전염병 보균자Typhoid Marys를 식별하고, 적응형 백신 정책을 홍보하며, 조기 질병 감지 및 질병 상황에 대한 대중의 인식을 높이기 위해 공중보건 감시 시스템을 강화하며, 글로벌 전염병 출현에 대한 우리의 이해를 높이면서 주요 공중보건 메시지를 소통하는 데 도움을 줄 수 있다."고 강조한다.[47] 카스-후트는 '혁신적 기술을 활용해 시민들의 연대와 목소리를 높임으로써 인도주의적 대의를 지원하기 위해'[48] 비영리 기관인 '인도주의적 추적기Humanitarian Tracker'를 공동 설립했다. 헬스맵처럼 인도주의적 추적기의 핵심 업무는 온라인에 풍부하게 널린 정보를 검색하고 분석해 공중보건 문제로 떠오를 위험성이 있는 내용을 미리 경고해주는 툴을 개발하는 데 있다.

인도주의적 추적기 같은 소셜미디어 데이터와 툴은 금연 패턴부터 전염성 질병에 이르기까지 거의 모든 것을 감시하는 데 활용돼 왔다. 이런 방법은 흔히 '나우캐스팅nowcasting'으로 불린다. 질병의 확산, 경제 분석이나 전망[49], 날씨[50] 등과 같이 현재, 가까운 미래, 혹은 최근에 벌어졌거나 벌어지는 온갖 현상을 예측할 수 있는 능력을 빗댄 용어다. 나우캐스팅은 소셜미디어 데이터만 사용하는 것이 아니라 검색 내역이나 아마존을 통한 구매 로그 등 디지털 기술을 사용하면서 발생하는 이른바 데이터 흔적data exhaust도 활용할 수 있다. 공중보건 연구에서 데이터 흔적의 활용은 점점 더 당연시되고 있다. 인플루엔자처럼 다중에게 영향을 미치는 계절성 전염병을 예측할 있게 해주는 잠재력 때문이다.[51]

예를 들면 구글은 2009년 방대한 검색어 데이터베이스를 사용해 독감 환자의 숫자는 물론 그들의 위치까지 매우 높은 정확도로 예측했다고 발표하면서, 이런 통계 수치는 같은 기간 미국 질병관리센터CDC의 보고 내용에 필적한다고 주장했다.[52] '구글 독감 트렌드GFT, Google Flu Trends'라고 불리는 이 데이터 분석 모델은 인터넷 사용자들의 검색 패턴을 CDC가 2003년부터 2008년까지 5년간 집적한 인플루엔자와 유사한 병증으로 의사를 방문한 사람들의 데이터와 비교하되, '고교 농구' 같은 다른 계절성 용어는 제외했다. 이 연구는 빅데이터를 활용한 공중보건 연구의 차기 혁명으로 홍보됐다.[53] 그러나 구글의 초기 결과는 성공적으로 보였지만 알고리듬은 시간이 지나면서 정확도를 잃었다. 이 모델이 계절성 검색 용어와 기관지염이나 폐렴 같은 질병 관련 검색어에 지나치게 의존한 탓이었다. 구글이 독감의 유형이나 검색어에 영향을 끼칠 수 있는 다른 변수를 제때 업데이트하지 않은 탓도 작용했다.

2011년 구글은 GFT 예측 모델의 실패 원인을 분석하는 자기비판에서 여름 독감의 사례를 기준선에 포함하지 않는 바람에 계절성 용어가 과대 예측을 초래하게 됐다고 인정했다.[54] 또한 구글팀은 모델을 업데이트하지 않았고, 그 때문에 새로운 독감 변종이 연령대에 따라 어떤 차이를 보이는지 같은 소셜 패턴의 변화를 반영하지 못했다.[55] 2013년의 상세 분석 결과에 따르면 해당 모델은 환자 수를 과대평가한 것으로 드러났는데, 과연 어떤 경우는 같은 기간 CDC가 보고한 수치보다 두 배나 더 많았다.[56] 2014년에는 존스홉킨스대학교의 연구자들이 CDC의 도움으로 같은 해 구글이 업데이트한 모델의 정확성을 연구했다. 그 결과 특히 저소득층이 많은 지역에서 더 나은 수행 능력을 보여준 것으로 드러났다. 하지만 GFT

모델은 이미 언론의 부정적인 보도로 평판이 추락해 아무도 그 결과를 믿지 않았고, 구글은 해당 프로그램을 2015년에 중단했다.[57] 이 프로젝트는 특히 구글이 공중보건 연구자들과 긴밀히 협력해 모델의 현재성과 예측의 정확성을 유지하는 데 게을렀다는 사실을 부각시키는 한편, 빅데이터에 대한 맹신과 오만이 가진 위험을 경고하는 상징이 됐다.[58]

구글은 이제 직접 작업하는 대신, 독립 연구자들에게 검색어에 따른 정량 데이터를 제공해 그들이 예측 모델링 작업을 하도록 돕는 쪽으로 선회했다. 논평가들은 이런 방식이 의학 연구자들의 전문 지식을 충분히 활용하기 때문에 더 정확하다고 평가한다.[59] 구글 독감 트렌드 모델의 문제점은 '데이터 액션' 방법론에서 왜 전문가와 협력하는 것이 긴요한지 알려주는 좋은 사례이자 중요한 교훈이다. 빅데이터 분석에 전문가(이 경우 공중보건 전문가)가 참여해야 데이터의 오류를 파악할 수 있고, 그 결과도 관련 전문가들에게 더 유용할 것이다.

다시 윤리의 문제: 데이터와 재난 대응

데이터의 응용 방식은 사회적 규범을 반영한다. 우리가 해답을 얻기 위해 던지는 질문과 분석 결과에 대응하는 방식은 우리가 살고 있는 지역이나 시대의 문화에 좌우되기 때문이다. 지금까지 논의한 프로젝트 모두 이런 점을 시사하지만, 재난 구호를 위한 데이터 활용 사례야말로 가장 두드러진 당대의 사례일 것이다. 재난 대응은 콜레라, 장티푸스, 외상 후 스트레스 장애PTSD 등 자연 재해와 연계된 여러 의료 문제 때문에 공중보건 문제와 긴밀하게 연관된다. 그 때문에 소셜미디어로부터 데이터를 스크레이핑해 더 효과적으로 관련 이슈를 해소하려고 계속 노력해 왔다. 이렇게 새롭게 부상하는 분야는 흔히 '디지털 인도주의Digital Humanitarianism'라는 용어로 정리된다.[60] 들불, 홍수, 지진[61] 같은 자연 재해는 물론 테러 공격에[62] 대해서도 소셜미디어의 데이터를 활용한 분석 작업이 진행됐다. 소셜미디어가 현장의 정보는 물론 어디에서 대응할지에 대한 정보를 실시간으로 제공할 수 있기 때문이었다. 이 작업은 재난과 연계된 문제를 식별하는 데 도움을 준다는 점에서 앞서 설명한 '나우캐스팅'과 유사하다. 그러나 예측 성격이 강한 나우캐스팅에 비해 재난 대응은 피해자들이 현장에서 보내는 메시지에 근거해 지금 현재 실제로 벌어지는 상황을 알려준다.[63] IBM에서 재난 시스템을 연구하고 개발하는 제이콥 로그스타디우스Jakob Rogstadius는 소셜미디어를 활용한 재난 대응 시스템을 세 가지 범주로 분류한다. 첫째, 구조나 대피 활동 등 재난 관리에 대한 정보를 소셜미디어로 직접 전송하는 유형 둘째, 크라우드소싱과 소셜미디어를 결합한 방식으로 2장에서 언급한 우샤히디와 유사한 프로젝트로, 데이터와 뉴스를 보여줄 수 있는 인터페이스를 만들어 사용자들이 자신의 보고서를 더할 수 있도록 한 뒤, 거기에서 모은 데이터를 일반에게 공개하는 방식이다. 셋째, 재해 기간 동안 뉴스나 트윗을 수집하고 분석해 상황을 파악할 목적으로 정보를 자동 추출하는 방식이다.[64]

이런 종류의 디지털 인도주의에 대한 비판적 시각도 있다. 여기에 적용된 전략이 사건이 터져 사람들의 관심이 모아졌을 때는 집중 보도하다가 뉴스 주기가 지나면 관심이 줄어들어 피해를 입은 사람들에게 고립되거나 버림받은 느낌을 주게 되는 전통 언론의 대응을 닮았다는 지적이다.[65] 빅데이터의 윤리적 사용을 연구하는 케이트 크로포드Kate Crawford는 위기 상황에서 수집되는 데이터의 세 가지 한계를 지적한다. 첫째, 재난 위기 중 트위터 데이터를 사용하는 일은 해당 지역의 열악한 네트워크 환경 때문에, 혹은 격리된 시골 지역이나 가난 때문에 인터넷에 접속할 수 없는 사람들의 경험을 놓치는 위험을 안게 된다. 둘째, 재난 지역에서 트윗을 하는 사람들은 자신들의 생각이나 보고 내용, 우려 등이 어떻게 이용될지, 또는 누가 궁극적으로 그런 트윗에게서 혜택을 누릴지 알 수 없고, 따라서 재난에 연루된 사람들의 개인 프라이버시에 대한 우려를 낳는다. 예를 들면 이런 트윗은 본인의 명시적 동의 없이 웹이나 뉴스 매체를 통해 광범위하게 유포될 수 있다. 그리고 셋째, 재난 기간 중 가장 흔히 리트윗되는 메시지는 더 자극적인 내용이기 십상이고, 이는 실제와 다른 왜곡되고 재구성된 '상상 속의 재난'을 보여주는 결과를 낳는다. 달리 말하면 재난 바깥에 있는 사람들은 그 맥락을 전혀 모른 채 재구성하기 때문에 현장의 실제 상황이 어떤지, 그리고 보고되는 이야기가 정확한지 알기가 어렵다.[66]

수많은 논문과 기사는 아이티에서 벌어진 지진에 대한 디지털 인도주의 대응의 문제점을 지적한다. 데이터 편향부터 사람들의 트윗을 당사자들의 의도와는 다르게 사용하는 데 따른 프라이버시 문제에 이르기까지 다양한 논점은 데이터를 이런 식으로 사용한 경험이 짧은 탓도 있을 것이다. 그런 비판의 상당 부분은 소셜미디어를 통해 유포된 보도를 후속 조치할 수 있는 구조적 장치가 아이티 지진에 대한 대응에서 결여됐다는 점이었다. 다시 말해 오지도 않을 도움을 하염없이 기다린 사람들이 많았다는 얘기다.[67] 그럼에도 아이티 지진 사례는 재난 상황의 데이터 활용과 관련해 많은 교훈을 안겨줬다. 그중에서도 가장 주목할 만한 내용은 재난 대응 기관과 데이터 과학 및 해당 지역민들의 협력이 재난 데이터를 활용하는 데 따르는 윤리적 간극을 메우는 데 필수적이라는 점이다. 정책 개정을 위한 데이터 활용 팀을 꾸리는 것도 중요하다. 기술 전문가들은 재난 기간 중 무엇이 필요한지 알릴 수 있게 해줄지 모르지만, 정작 그런 필요에 부응하지 못한다면 그런 구호를 기다리는 사람들 입장에서는 그것이 더 큰 실패로 여겨질 것이다. 재난 구호 시스템은 재난 사태에 대응할 수 있는 사람들과 더불어 구축해야 한다.

'선의의 해킹'이 데이터를 윤리적이고 책임감 있게 사용하는 방법

3장에 소개된 프로젝트는 웹과 소셜미디어에 무료로 공개된 데이터를 창의적으로 활용하는 여러 방식을 보여준다. 그런 데이터에 대한 접근 수단보다 더 중요한 것은 연구자들이 데이터에서 통찰력을 얻기 위해 시도하는 창의적 분석일 것이다. 공중보건 전문가, 재난 대응 요원, 교통 분석가, 학계 연구자, 미디어 연구자, 민족학자, 민간 부문의 관계자 등 다양한 부류의 인사들이 공익을 위한다며 이런 데이터를 활용한다. 이런 과정에서 드러나는 중요한 주제이자 경계해야 할 문제는 모든 데이터가 일정한 편향을 갖고 있다는 점이다. 웹과 소셜미디어 사이트에서 스크레이핑한 데이터는 다른 경우보다 편향이 더 심각하고, 이는 그로부터 얻은 통찰력을 비평하기 위한 전략을 개발하는 것이 긴요하다는 뜻이다. '유령 도시' 프로젝트는 그 방법론을 보여주는 한 사례다. 데이터 분석가들은 데이터 분석 결과가 맞는지 검증해야 한다. 이는 모델이 자신들이 관찰하고 싶은 현상을 바르게 식별하는지의 여부만이 아니라, 모델의 분석 결과로 직접 영향을 받게 될 현장의 당사자들에게 그런 식별 내용이 맞는지 물어봐야 한다는 뜻이다. 이것이 '데이터 액션'의 원칙이다. 대중, 정책 분석가, 학계 연구자, 데이터 과학자들의 리뷰와 비평은 대중의 목소리가 결과에 적절히 반영되도록 데이터 모델을 개선하는 데 도움이 된다.

3장의 핵심 교훈은 사용하는 데이터를 누가 어떤 이유나 목적으로 수집하고 분류했는지 파악해야 한다는 것이다. 예를 들면 디엔핑의 데이터는 공식 비즈니스만 포함하는 바람에 길거리나 가정에서 운영되는 수많은 소규모 비공식 비즈니스가 해당 데이터 세트에서 누락됐다. 그와 비슷하게 게티 데이터베이스의 사진은 미디어 시장에 더 성공적으로 판매하려는 게티의 관심 때문에 수집됐다. 포스퀘어, 페이스북, 트위터 같은 소셜미디어 사이트의 데이터는 저마다 뚜렷하게 구별되는 사용자 프로필을 보유하고 있는데, 이는 사용자들의 사회적 규범과 취향을 반영한다. 이런 불균형과 편향에도 불구하고 우리는 소셜미디어 데이터를 책임감 있게 사용함으로써 그 저변의 패턴을 노출할 수 있다. 데이터의 편향을 최소화하는 질문을 개발하는 것도 그에 못지않게 중요하다.

이 장의 또 다른 교훈은 정책 전문가들과 협력해야 한다는 데이터 액션의 원칙으로, 윤리적이고 책임감 있는 작업의 핵심 요소이기도 하다. 구글 독감 트렌드 GFT 모델 사례는 이런 원칙의 중요성을 잘 보여준다. 앞에서 언급했듯이 사용자들의 검색 패턴에 의존해 독감 유행을 추적하려는 구글의 시도는 참담히 실패했다. 많은 점에서 GFT는 프로젝트 전반에 걸쳐 관련 전문가와 현장 실무자들의 협력이 얼마나 중요한지 제대로 인식하지 못한 데이터 과학자들의 오만을 상징적으로 보여준다고 할 수 있다. 그런 오만 때문에 데이터 분석 기법은 안이하고 필요한 정보를 미처 갖추지 못하는 경우가 많다. GFT 알고리듬의 초기 분석은 정책 전문가들의 의견을 반영했지만 그 대부분은 공식 CDC 데이터와 상호 참조한 데이터였고, 그나마도 이런 관계는 제대로 유지되지도 지속되지도 않았다. 독감의 새로운 변종은 오리지널 모델에 포함되지 않은 다른 검색어를 만들어내는 데 반해 구글의 모델은 공중보건 분야의 지속적인 변화를 제때 반영하지 못했기 때문에 모델은 빠르게 시대에 뒤처졌다. 이해당사자들의 제안과 검증은 지속적인 업데이트가 필요하다.

연구자들은 재난 기간 중 현장 구호를 조정하는 정책 전문가들과 상의하지 않은 채 트위터에서 스크레이핑한 데이터를 사용하는 데 신중해야 한다. 트윗의 순간적이고 일시적인 특성은 쉽게 언론의 자극적 보도에 이용될 수 있고, 어떤 트윗의 유포는 현실을 왜곡해 재난 피해자들의 사정을 제대로 반영하지 못할 수 있다.

데이터 작업을 책임감 있게 수행해야 한다는 것은 데이터에서 누락된 부분을 적극적으로 찾아야 한다는 뜻이다. 데이터 누락은 곧 누락된 사람들을 뜻하기 때문이다. 이런 공백은 데이터 세트에서 누락된 사람들을 가리킬 뿐 아니라 특정 그룹을 사회의 주변부로 밀어내는 데 기여하는 편향을 뜻하기도 한다. 데이터가 중국의 빈집 상황을 알려주는 것처럼 데이터의 결여는 그런 그림에서 누가 빠졌는지를 알려줄 수 있다. 311 핫라인 데이터의 조사 결과는 많은 이민자 공동체가 핫라인을 사용해 엉터리 위생 서비스를 보고할 수 있다는 사실을 모르고 있다는 점을 보여줬다. 그런 사례에서 보듯이 우리가 반드시 포함해야 할 이해당사자는 데이터의 공백 뒤에 숨은 사람들, 무슨 이유에서든 데이터에 잡히지 않은 사람들이다.

마지막으로 언급해야 할 것은 프라이버시의 문제다. 이것은 어느 한 가지 이유나 의도로 수집된 데이터가 돌연 다른 시스템에 통합돼 전혀 다른 이유와 목적에 사용될 때 가장 음험하다. '심리적 도시' 프로젝트는 가정, 직장 혹은 신성한 장소에 있는 사용자들의 위치를 표시하는 데 그치지 않고, 궁극적으로 이들의 생각과 감정이 어떤 장소에 집중되는지를 지도로 표시하며, 이는 참가자들이 미처 예상하지 못한 대목이다. 물론 사람들은 일정한 정보를 제공하겠노라고 동의했고, 약관에도 동의했다. 하지만 데이터 과학자들이 사람들의 데이터를 이런 식으로 사용하는 것은 윤리적으로 옳은 일인가? 민간기업이 우리 데이터를 반영해 제품을 홍보하는 것은 이미 알려진 사실이지만, 공익 목적인 경우에는 어떻게 해야 맞을까?[68] 이런 상황에서 고려해야 할 윤리는 무엇인가?

이런 질문은 우리를 해킹의 개념으로 다시 소환한다. 해커들 중에는 기술을 공익 목적으로 사용하는 화이트 햇white hat이 있다. 그리고 악의적이거나 남에게 해를 끼칠 목적으로 기술을 사용한 블랙 햇black hat이 있다. 그레이 햇gray hat은 그 둘 사이에 놓인 부류로, 사회의 더 큰 이익을 위해 윤리적 가치를 어긴다고 믿는다. 우리는 해커 윤리 강령인 공유sharing, 개방성openness, 분산화decentrailzation, 컴퓨터에 대한 자유로운 접근, 그리고 세계의 개선에 따라 모두 화이트 햇이 되려고 노력해야 한다. 하지만 화이트 햇의 가치에 충실하기 위해서는 심지어 선의로 작업에 임할 때에도 데이터 오용의 위험성을 평가해야 한다. 그러자면 해당 데이터 분석에 이해가 걸린 모든 관계자들을 분석 과정에 포함해야 한다. 그렇게 함으로써 이들은 우리의 분석 결과를 평가해 데이터 품질의 개선에 기여하고, 자신들의 필요에 더 맞출 수 있으며, 궁극적으로 더 충실한 정책 변화를 이끌어낼 수 있다. 불행하게도 데이터 분석은 종종 화이트 햇과 블랙 햇 사이의 공간으로 빠지기 쉽기 때문에, 그런 프로젝트를 면밀히 검토하는 일은 우리에게 달려 있다.

0.5
1
2

데이터를 공유하자!
데이터에서 얻은 통찰을 소통하기

미국의 제4대 대통령이자 권리장전의 아버지로 불리는 제임스 매디슨James Madison 은 "대중적인 정보나 그것을 취득할 수단이 없는 민주 정부popular government는 희극이나 비극, 혹은 양쪽 모두에 이르는 서막에 불과하네. 지식은 영원히 무지를 지배할 것이네. 그리고 민주주의 체제를 유지하려는 이들은 스스로를 지식에 기반한 권력으로 무장해야 하네."[1]라고 썼다. 매디슨은 민주주의 체제에서 대중이 바른 결정을 내리기 위해서는 대중과 지식이 공유돼야 한다는 점을 알았다.

데이터 공유는 단순히 정보 접근을 제공하는 것보다 훨씬 더 큰 의미를 지닌다. 그것은 신뢰 관계를 만들고 권력의 균형을 바꾸며, 우리에게 정책 내용을 알려주고 토론을 활성화하며, 협업적 지식 공유를 더욱 확장한다. 이 모든 변화는 돈독하고 숙고적인 공동체를 건설하는 데 필수적이다. 그럼에도 보통 사람들이 '원시' 형태의 데이터를 해석하기는 여전히 어려울 수 있다. 대다수 사람들은 그것이 크든 작든 데이터를 분석하는 기술이 없다. 그 때문에 데이터에서 얻은 통찰은 누구나 이해할 수 있도록 소통돼야 한다. 데이터의 전달 방식은 그 사회의 활력에도 영향을 미친다.

데이터 공유는 우리 일상의 일부다. 그것이 의도적이든 아니든, 주든 받든 우리가 세상을 이해하고 보는 방식을 변화시킨다. 우리는 누구나 그처럼 데이터 공유를 통해 어떤 주제나 사상에 대한 생각을 바꾸게 된 경우가 있다. 광고주들은 이것을 잘 안다. 최근 유행하는 다이어트부터 가장 효과적인 치약까지 무엇을 팔든지 거기에 데이터를 활용한다. 사실 데이터는 정책을 비롯해 거의 모든 결정의 증거로 사용된다. 데이터를 활용한 아이디어나 마케팅이 그토록 설득력 높은 이유는 그것을 사실과 연관 짓기가 쉽고 매끄러울 뿐 아니라 정당성을 부여하기 때문이다. 데이터의 효력을 신중하게 사용해야 하는 이유도 거기에 있다. 데이터를 이용해 사회를 개선하려는 목적과 도리어 해악을 끼치는 일 사이의 간극은 종이 한 장 차이다.

4장에서는 데이터 공유가 정책 실현을 위한 통찰력을 제공할 수 있는 다양한 방식을 살펴본다. 주로 데이터 시각화 및 지도화mapping 같은 설계 소통을 통해 발생하는 데이터 공유에 초점을 맞춘다. 여기에 소개하는 사례는 데이터를 공유하는 방식 자체가 데이터를 수집, 분석 및 제시하는 측과 이를 소비하는 측 간의 권력 관계를 태생적으로 규정한다는 점을 보여준다. 그 때문에 필자는 정부기관이 데이터를 온라인에 적극 공개해야 하며, 모든 데이터 전문가들은 효과적인 데이터 공유 방식을 개발하되 보통 사람들도 내용을 쉽게 이해할 수 있도록 배려해야 한다고 요구한다. 멀티미디어, 시각화, 이미지, 비디오, 예술, 행위예술, 대화형 웹페이지 등은 굳이 전문가에게 물어보지 않고도 데이터의 복잡성을 이해할 수 있게 도와준다.

지도와 비교할 때 파이 차트, 그래프 및 히스토그램 같은 데이터 시각화가 새로운 발명품이라는 사실은 선뜻 믿기 어렵다. 이들은 18세기에 등장하자마자 데이터 소통의 필수 수단이 됐다. 윌리엄 플레이페어의 『Commercial and Political Atlas and Statistical Breviary상업 및 정치적 지도책과 통계 규칙서』(그림 4.1)를 이 분야의 사상 첫 사례로 보는데, 영국과 다른 국가 간의 무역 내용을 지도가 아닌 그래프와 파이 차트로 요약했다. 이전까지 이런 유형의 데이터는 문자로 인쇄됐다. 플레이페어 지도책의 재출간본에서 편집자들은 플레이페어의 시각화 작업이 얼마나 탁월한지 논의한다. "그래프는 숫자로 채워진 표나 글로 표현된 설명으로는 도저히 도달할 수 없는 수준으로 비교 정보를 생생히 전달한다. 경향, 차이점, 관련성 등이 한눈에 들어온다. 숫자로 채워진 표라면 두뇌가 그 의미를 파악하는 데 몇 초, 혹은 몇 분이 걸렸을 대목을 눈은 즉각 인식한다. 과학자, 기업가 및 다른 수많은 사람이 그래프에 끌리는 것도 그 때문이다."[2] 플레이페어는 자신이 개발한 표가 메시지보다 더 우월한 적법성의 이미지를 줄 것이라는 점을 알았고, 그래서 이런 형식을 자신의 입장을 밝히는 데 사용했다.[3]

플레이페어의 첫 시도가 성공했던 것처럼 우리의 미디어 문화는 '눈 깜짝할

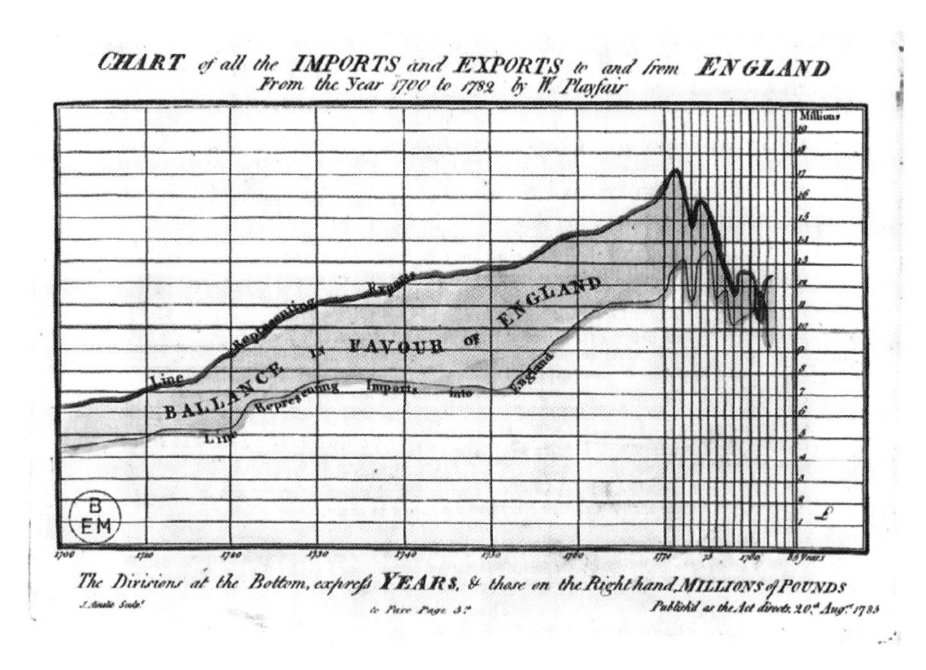

그림 4.1 윌리엄 플레이페어의 『상업 및 정치적 지도책과 통계 규칙서』(1786)에 실린 차트. 이것은 최초의 그래프로 간주되며, 플레이페어는 이를 이용해 영국의 경제 활력을 보여주려 한 것으로 보인다.

사이에' 볼 수 있는 데이터 소비 성향과 잘 맞는다. 데이터 시각화는 받아들이기 좋은 길이와 형태로 내용을 나눠주기 때문에 이야기를 전달하고 정책 논의를 촉발하는 데 더없이 탁월하다.[4] 뉴스와 정보 소비는 소셜미디어 사이트와 블로그에 올라오는 짧고 분별 있는 시각화 패키지의 형태로 전환되고 있다.[5] 데이터 시각화는 복잡한 사안을 시각적인 스냅샷으로 정리하기 때문에 소셜미디어와 잘 맞는다. 트위터, 페이스북 및 인스타그램 같은 사이트를 통한 이미지 공유는 수많은 사용자에게 널리 유포되고, 그로부터 토론을 촉진할 수 있다.

데이터는 특정한 목적과 의도를 위해 공유될 때 특히 강력한 수단이 될 수 있다. 데이터 공유가 논란을 불러일으킬 수 있는 이유다. 원시 데이터를 누구나 사용하도록 공개하는 것은 투명성과 신뢰를 확보하는 데 중요하다. 하지만 프라이버시 우려, 소송의 사유가 될 수 있는 취약한 오류 및 근본적인 사회적 패턴의 노출 등 데이터 공유자가 미처 고려하지 못했던 여러 위험 요소도 불거질 수 있다. 지도, 차트 및 그래프 같은 시각화 수단으로 공유한 데이터는 1장에서 확인한 것과 비슷한 위험을 안고 있다. 사회 주변부의 인구를 강조하는 경우 테크노크라트 계획가들이 개발했던 지도 사례에서 보듯이, 당사자들에게는 억압의 신호로 비칠 수 있다. 그럼에도 데이터 시각화는 존 스노의 유명한 콜레라 지도가 보여주듯 빈곤층의 열악한 생활 여건을 노출함으로써 이들의 삶의 질을 개선해줄 정책 개발로 이어질 수 있다(그림 1.6 참조).

단어의 집합이 이야기를 구성하거나 붓을 사용하는 예술가가 세계의 이미지를 보여주듯, 데이터는 아이디어를 구축하고 전달하는 매체medium임을 명심할 필요가 있다. 종이 위의 활자나 캔버스 위의 붓질처럼 데이터 시각화를 통해 공유되는 메시지는 그것을 공유하는 사람의 생각과 아이디어를 대표한다. 개방형 데이터 포털을 통한 '원시' 데이터의 공유든, 비주얼이나 쌍방향 웹사이트로 통합되든 데이터는 그것을 제공하는 사람, 그룹 혹은 기관의 렌즈를 통해 공유된다. 1786년 플레이페어는 데이터는 결코 중립적일 수 없고 데이터의 불완전성을 비판하는 경우는 거의 없기 때문에 설득의 수단으로 적합하다는 점을 잘 알고 있었다.

데이터로 변화 이끌기

필자는 열한 살 때, 사회 수업을 들으러 간 교실 벽에서 '노예선 브룩스호의 지도Brooks Slave Ship Map'(그림 4.2)를 처음 봤다. 그 주의 학습 주제는 노예제의 폐지였다. 벽에 걸린 지도는 아프리카에서 서인도로 노예를 실어 나르는 배 한 척에 노예로 붙잡힌 사람이 얼마나 들어갈 수 있는지 보여줬다. 불과 몇 초 만에 그림은 노예 무역의 끔찍함을 생생히 전달했고, 바로 그것이 핵심이었다. 그들은 어디에서 대소변을 해결했을까? 이들은 햇빛을 볼 수 있었을까? 자신들의 배설물 위에 누워서 잠을 자야 했을까? 이들 중 누군가 죽으면 어떻게 됐을까? 저렇게 서로 바짝 붙어 누워서 음식은 어떻게 먹었을까? 1788년 영국의 노예폐지 운동가들이 노예무역을 반대하는 논리로 만든 이 지도는 같은 해 제정된 노예무역법Regulated Slave Trade Act of 1788이 정한 노예 운송 기준을 그림으로 표현한 것이다. 새로운 규정은 남성 1인용 공간을 1.8미터×0.43미터, 여성은 1.6미터×0.43미터, 아동은 1.5미터×0.37미터로 설정함으로써 배에 실을 수 있는 노예들의 숫자를 제한하려는 시도였다. 이 지도는 그와 같은 공간의 업그레이드조차 여전히 끔찍했다는 점을 보여준다.[6]

노예선 브룩스호의 1788년 지도는 노예제 폐지를 주창하는 근거로 매우 효

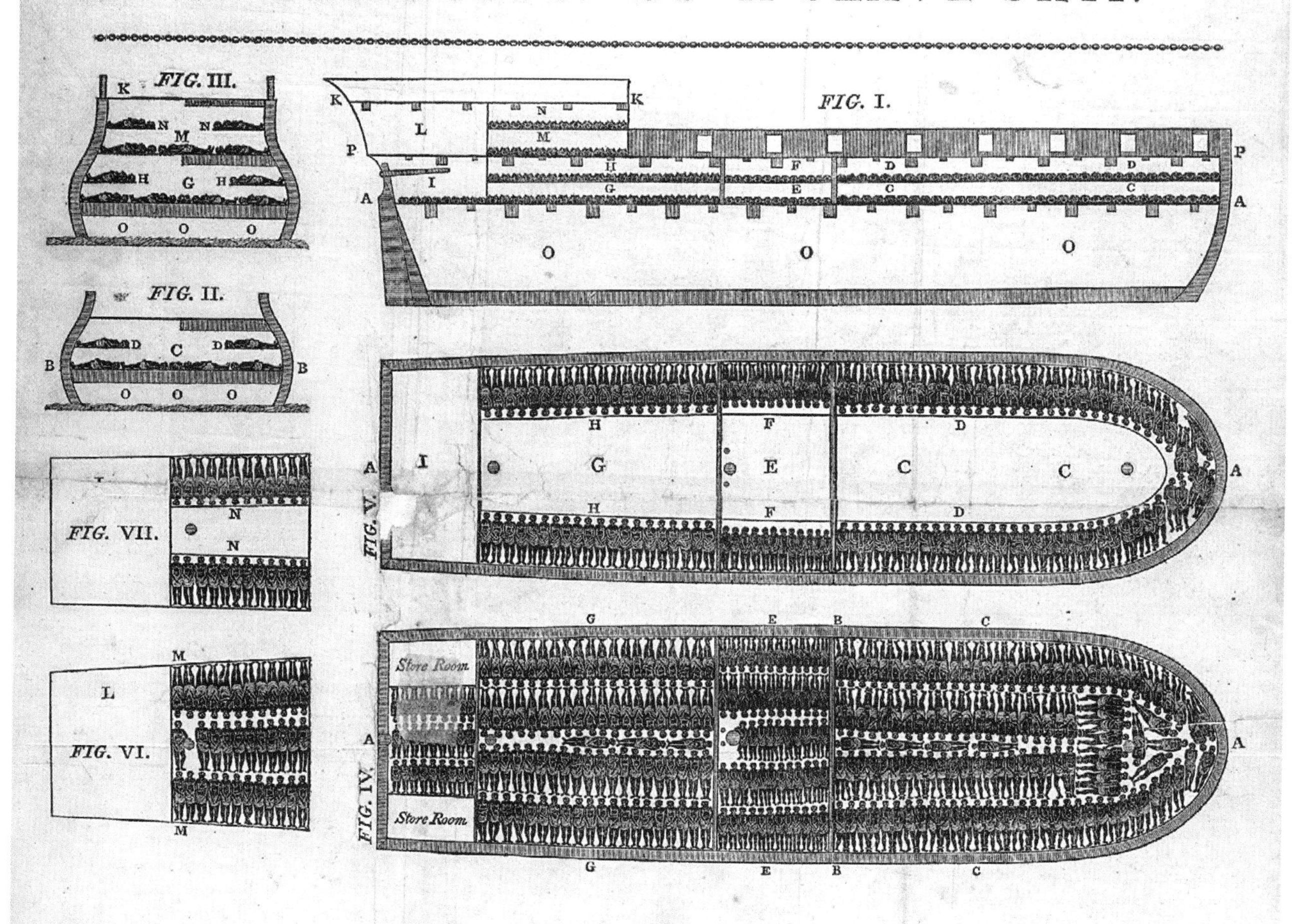

The Plan and Sections annexed exhibit a flave fhip with the flaves ftowed.* In order to give a reprefentation of the trade againft which no complaint of exaggeration could be brought by thofe concerned in it, the *Brooks* is here defcribed, a fhip well known in the trade, and the firft mentioned in the report delivered to the Houfe of Commons laft year by Captain Parrey, who was fent to Liverpool by Government to take the dimenfions of the fhips employed in the African flave trade from that port. Thefe plans and fections are on a fcale of the 8th of an inch to a foot.

DIMENSIONS OF THE SHIP.

	Feet	Inches
Length of the *Lower Deck*, gratings, bulk-heads, included at AA	100	0
Breadth of *Beam* on the *Lower Deck* infide, BB	25	4
Depth of *Hold*, OOO from cieling to cieling	10	0
Height between decks from deck to deck	5	8
Length of the *Mens Room*, CC on the lower deck	46	0
Breadth of the *Mens Room*, CC on the lower deck	25	4
Length of the *Platforms*, DD in the mens room	46	0
Breadth of the *Platforms* in mens rooms on each fide	6	0
Length of the *Boys Room*, EE	13	9
Breadth of the *Boys Room*	25	0
Breadth of *Platforms*, FF in boys room	6	0
Length of *Womens Room*, GG	28	6
Breadth of *Womens Room*	23	6
Length of *Platforms*, HH in womens room	28	6
Breadth of *Platforms* in womens room	6	0
Length of the *Gun Room*, II on the lower deck	10	6
Breadth of the *Gun Room* on the lower deck	12	0
Length of the *Quarter Deck*, KK	33	6
Breadth of *Quarter Deck*	19	6
Length of the *Cabin*, LL	14	0
Height of the *Cabin*	6	2
Length of the *Half Deck*, MM	16	6
Height of the *Half Deck*	6	2
Length of the *Platforms*, NN on the half deck	16	6
Breadth of the *Platforms* on the half deck	6	0
Upper deck, PP		

Nominal tonnage — — 297
Suppofed tonnage by meafurement 320
Number of *feamen* — 45

The number of flaves which this veffel actually carried appears from the accounts given to Capt. Parrey by the flave-merchants themfelves as follows:

Men — —	351
Women — —	127
Boys — —	90
Girls — —	41
Total	609

The room allowed to each defcription of flaves in this plan is:
To the Men 6 feet by 1 foot 4 inches.
Women 5 feet 10 in. by 1 foot 4 in.
Boys 5 feet by 1 foot 2 in.
Girls 4 feet 6 in. by 1 foot.

* This is the ufual manner of ftowing the flaves, but it varies according to the pofition of the fhip, and the practice of different commanders.

With this allowance of room the utmoft number that can be ftowed in a veffel of the dimenfion of the *Brooks*, is as follows, (being the number exhibited in the plan) and is lefs than 1½ to a ton, viz. †

		On the Plan.	Actually carried.
Men—on the lower deck, at CC	124	190	351
Ditto on the platform of ditto, CC DD	66		
Boys—lower deck EE — —	46	70	90
Ditto—platform FF — —	24		
Women—lower deck, GG —	83	183	127
Ditto—platform, HH — —	40		
Women Half deck, MM —	36		
Ditto Platform ditto, NN —	24		
Girls Gun room, II — —		27	41
General total		470	609

The principal difference is in the *men*. It muft be obferved, that the *men*, from whom only infurrections are to be feared, are kept continually in irons, and muft be ftowed in the room allotted for them, which is of a more fecure conftruction than the reft.

In this fhip the number of men actually carried was —— 351
The number of men ftated in the plan at 1 foot 4 inches each 190

Difference — 161

As the fhip on this plan would ftow 42 women boys and girls in the places here allotted them more than fhe did carry, fuppofing that number of men taken from the mens room, and placed in their ftead, this will reduce the number of men to 309 in the mens room; of courfe the room allowed them, inftead of being 16 inches as in the plan, was in reality only 10 inches each; but if the whole number 351 were ftowed in the mens room, they had only 9 inches each to lay in.

The men therefore, inftead of lying on their backs, were placed, as is ufual, in full fhips, on their fides, or on each other. In which laft fituation they are not unfrequently found dead in the morning.

The longitudinal fection, fig. I. fhews the manner in which the flaves were placed on all the decks and platforms, which is alfo further illuftrated by the tranfverfe fections, fig. II. & III. By which it appears, that the height between the decks is 5 feet 8 inches, which, allowing 2 inches for the platform and its bearers, makes the height between the decks and the platform 2 feet 9 inches; but the beams and their knees, with the carlings, taking 4 inches on an average, this fpace is unequally divided, and above or under the platforms cannot be eftimated at more than 2 feet 7 inches; fo that the flaves cannot, when placed either on or under the platform, relieve themfelves by fitting up; the very fhort ones excepted, nor can *they*, except on board the larger veffels. The average of 9 veffels meafured by Captain Parrey, being moftly large fhips, was only 5 feet 2 inches. The height of the Venus between decks was 4 feet 2 inches; of the Kitty, 4 feet 4 inches, both of which had platforms. In thefe fmaller veffels therefore they they have not 2 feet under or upon the platforms.

In fig. 1. under the upper deck PP, and the lower deck AA, the beams and the intervening carlings are reprefented by fhaded fquares. The beams are alfo introduced on one fide of the tranfverfe fections II and III, in order to fhew the fpace which a flave placed under a beam has to lie and breathe in.

† It muft be noted, that every poffible advantage of ftowing is allowed in the plan. There are or ought to be in each apartment one or more pappoo tubs; there are alfo ftanchions to fupport the platforms and decks; for which no deduction is made; but the deck is fuppofed clear of every incumbrance whatever.

It may be expected, from this mode of packing a number of our fellow-creatures, ufed in their own country to a life of eafe, and from the anguifh of mind their fituation muft neceffarily create, that many of them fall fick and die. Inftances fometimes occur of horrible mortality. The average is not lefs than 1-5th, or 20 per cent. The half deck is fometimes appropriated for a fick birth; but the *men flaves* are feldom indulged the privilege of being placed there, till there is little hope of recovery. The flaves are never allowed the leaft bedding, either fick or well; but are ftowed on the bare boards, from the friction of which, occafioned by the motion of the fhip, and their chains, they are frequently much bruifed; and in fome cafes the flefh is rubbed off their fhoulders, elbows, and hips.

It may not be improper to add a fhort account of the mode of fecuring, airing, and exercifing the flaves.

The women and children are not chained, but the men are conftantly chained two and two; the right leg of one to the left leg of the other, and their hands are fecured in the fame manner.

They are brought up on the main deck every day, about eight o'clock, and as each pair afcend, a ftrong chain, faftened by ring-bolts to the deck, is paffed through their fhackles; a precaution abfolutely neceffary to prevent infurrections.—In this ftate, if the weather is favourable, they are permitted to remain about one-third part of the twenty-four hours, and during this interval they are fed, and their apartment below is cleaned; but when the weather is bad, even thefe indulgencies cannot be granted them, and they are only permitted to come up in fmall companies, of about ten at a time, to be fed, where after remaining a quarter of an hour, each mefs is obliged to give place to the next in rotation.

In *very* bad weather, fome are unavoidably brought on deck: there being no other method of getting water, provifions, &c. out of the hold, but by removing thofe flaves who lie on the hatch-ways. The confequence of this violent change from their rooms, which are inconceivably *hot*, to the wind and rain, is their being attacked with coughs, fwellings of the glands of the neck, fevers, and dyfenteries; which are communicated by infection to the other flaves, and alfo to the failors.

The only exercife of the men-flaves is their being made to jump in their chains; and this, by the friends of the trade, is called *dancing*.

To perfons unacquainted with the mode of carrying on this fyftem of trading in human flefh, thefe Plans and Sections will appear rather a fiction, than a real reprefentation of a flave-fhip. They will probably object, that there is no room for ftowing cables, and fuch other utenfils and ftores as are ufually placed between decks. In a flave fhip (i. e. a full one) thefe articles are either depofited in the hold, or piled upon the upper deck; and from thence, in cafe of bad weather, or accidents, no fmall confufion is occafioned.—It may be alfo faid, the flaves are placed fo very clofe, that there is not room for the furgeon to vifit and affift them: The fact is, that when the furgeon goes amongft them, he picks out his way as well as he can, by ftepping between their legs. He frequently finds it to be impoffible to afford them that relief which an humane man (and fuch there are even in this trade) would willingly give them. When attacked with fluxes, their fituation is fcarcely to be defcribed. To give an inftance, (as related by an eye-witnefs) as it ferves to convey fome idea, though a very faint one, of the fufferings of thofe unhappy beings whom we wantonly drag from their native country, and doom to perpetual labour and captivity: "Some wet and blowing weather having occafioned the port-holes to "be fhut, and the grating to be covered, fluxes and fevers among the "negroes enfued. While they were in this fituation, my profeffion "requiring it, I frequently went down among them, till at length their "apartments became fo extremely hot, as to be only fufferable for a very "fhort time. But the exceffive heat was not the only thing that rendered "their fituation intolerable. The deck, that is, the floor of their rooms, "was fo covered with the blood and mucus which had proceeded from "them in confequence of the flux, that it refembled a flaughter-houfe. "It is not in the power of the human imagination to picture to itfelf "a fituation more dreadful or difgufting. Numbers of the flaves had "fainted, they were carried upon deck, where feveral of them died, and "the reft were, with difficulty, reftored. It had nearly proved fatal to "me alfo."*

Another objection which may be ftated, is, that here no room is allowed for the failors hammocks. In flave fhips, while the flaves are on board, the failors have no other lodging than the bare decks, or (in large fhips) the tops. From this expofure, they often are wet for a long time together, the rains in thofe climates being frequent and extremely heavy. There is in wet weather a tarpawling placed over the gratings: if the failors to fhelter themfelves creep under this, they are expofed to the noifome and infectious effluvia which continually exhale from the flaves below.

It appeared from the evidence given by the flave merchants laft year before the Houfe of Commons, that the employment of the feamen, viz. boating up the rivers after the negroes, guarding them on board, cleanfing the veffel, &c. is of a nature offenfive and dangerous beyond that of feamen in other fervices, and that the fmall-pox, meafles, flux, and other contagious diforders, are frequent on board thefe fhips.

It is therefore falfely faid by the well-wifhers to this trade, that the fuppreffion of it will deftroy a great *nurfery* for feamen, and annihilate a very confiderable fource of commercial profit.—The Rev. Mr. Clarkfon, in his admirable treatife on the Impolicy of the Trade, has proved from the moft inconteftable authority, that fo far from being a nurfery, it has been conftantly and regularly a grave for our feamen; *for that in this traffick only, a greater proportion of men perifh in* ONE *year, than in all the other trades of Great Britain in* TWO *years*.

Befides the time fpent on the coaft to complete their cargoes, which fometimes lafts feveral months, the flaves are from fix to eight weeks on their paffage from thence to the Weft-Indies.

Now let any perfon reflect on the fituation of a number of thefe devoted people, thus managed and thus crammed together, and he muft think it dreadful, even under every favourable circumftance of an humane captain, an able furgeon, fine weather, and a fhort paffage. But when to a long paffage are added, inhuman treatment, fcanty and bad provifions, and rough weather, their condition is miferable beyond defcription. So deftructive is this traffick in fome circumftances, particularly in bad weather, when the flaves are kept below, and the gratings covered with tarpawlings, that a fchooner, which carried only 140 flaves, meeting with a gale of wind which lafted eighteen hours, no lefs than 50 flaves perifhed in that fmall fpace of time.

As then the inhumanity of this trade muft be univerfally admitted and lamented, people would do well to confider that it does not often fall to the lot of individuals, to have an opportunity of performing fo important a moral and religious duty, as that of endeavouring to put an end to a practice, which may, without exaggeration, be ftiled one of the *greateft evils at this day exifting upon the earth*.

* Falconbridge's Account of the Slave Trade, page 31.

LONDON: PRINTED BY JAMES PHILLIPS, GEORGE-YARD, LOMBARD-STREET. M,DCC,LXXXIX.

그림 4.2 노예선 브룩스호 지도, 1788년

출처: 노예선의 다이어그램, 1801(https://www.bl.uk/learning/timeline/item106661.html)

과적이었고 널리 재인쇄되고 유포됐다. 이 데이터 비주얼을 한번 보고 나면 노예선의 참상을 부인할 수 없다. 보는 이에게 감정적 반응을 일으킨다. 그런 충격은 영국의 노예폐지론자들이 만든 시각적 작품과 그를 둘러싼 이야기에서 나온다. 이 지도는 노예무역폐지협회 플리머스 지부에서 제작했는데, 런던 지부에서 이를 보자마자 8천 장을 인쇄해 전국 곳곳의 술집 벽에 걸었다. 지도는 유행처럼 널리 배포됐고 팸플릿, 신문, 미디어, 도서, 잡지 등에도 실렸다.[7] 그 지도의 메시지를 널리 퍼뜨리는 것이야말로 노예폐지론자들의 의도였다. 이들은 지도를 노예제의 끔찍함을 알리는 수단으로 사용했고, 성공했다. 이 지도는 토마스 클락슨Thomas Clarkson이 1790년과 1791년에 영국 하원에 제출한 보고서 「증거의 추상성Abstract of Evidence」에도 포함됐고, 해당 보고서는 노예제 폐지의 유력한 근거로 작용했다.[8]

비록 이 그림은 노예 무역의 잔혹상을 고발하는 수단으로 가장 빈번하게 활용됐지만, 일부 단체는 이 지도를 교육자료로 사용하는 데 반발한다. 이들은 문제의 지도가 노예들의 인격을 무시하고, 대신 배 안에 무기력하게 누워 백인들의 구조만 기다리는 생명 없는 사물로 취급하고 있다면서, 그럼에도 이 지도의 독자이자 설득 대상인 백인들은 정작 노예제도를 묵인하는 경우가 많다고 비판한다.[9] 이들은 디자인 자체가 지도를 보는 사람과 지도가 표현하는 내용 사이에 일종의 중립적 심리를 낳음으로써 보는 이들이 스스로를 그림으로부터 분리하면서 자신들을 구원자로 인식하게 만든다고 주장한다. 하지만 나는 그런 점이야말로 이 지도가 의도한 내용 중 하나라고 반박한다. 만약 지도가 백인 다수와 대립하는 내용으로 구성됐다면, 지도의 메시지는 이 경우처럼 효과적으로 전달되지 못했을지도 모른다. 배의 참혹한 상황을 보여줌으로써 그를 보는 사람들이 지도의 메시지를 해석하고, 그들 나름의 의미를 찾을 수 있게 해줬다는 뜻이다.

사람들 사이에 회자됐던 노예선 브룩스호의 지도를 여기에 끌어들인 이유는 그것이 그러한 이미지를 유도한 '의도성intentionality'을 명백히 보여주기 때문이다. 또한 해당 이미지를 얼마나 다르게 해석할 수 있는지도 보여준다는 점에서, 우리가 공유하는 데이터가 해를 끼치는 방향으로 악용될 수 있는 잠재적 위험성도 고려해야 한다는 사실을 일깨운다(3장 참조). 노예선 브룩스호의 지도가 효과적인 도구였다는 데는 의문의 여지가 없다. 그것은 비교적 영향력 있는 사람들이 정부 권력자들에게 노예제를 폐지하라고 설득할 목적으로 만들었고 성공했다. 그 지도가 지배 권력의 스토리를 더욱 강화하는 작용을 한다는 일부 비판은 맞을지도 모른다. 그렇다면 그 지도는 애초에 사용하지 말았어야 했을까? 결코 그렇지 않다. 하지만 그 지도가 어떻게 그리고 왜 만들어졌는지에 대한 전체 맥락을 알 수 없다는 점은 지적할 만하다. 이들의 비판처럼 그 지도는 세계에 긍정적으로 기여한 한편 권력의 이익에 봉사하는 부정적 역할도 수행했다.

지도와 데이터 시각화에 포함된 편향과 이들이 기여할 수 있는 긍정적 효과를 우리는 어떻게 병치하고 가늠할 수 있을까? 어린 시절 사회 시간에 그 지도를 처음 봤을 때 즉각 많은 것을 배울 수 있었지만, 더욱 종합적이고 절실하게 지도의 힘을 이해하게 된 것은 관련 상황과 노예폐지 운동의 맥락을 알려주신 선생님의 설명이었다. 데이터 시각화는 어떤 아이디어를 둘러싼 이야기를 머릿속에 그릴 수 있도록 도와주며, 바로 이 스토리야말로 사람들의 마음과 정신을 바꿀 수 있는 힘이다. 실천으로 이끌도록 데이터를 사용할 때, 우리는 해당 데이터를 통해 어떤 이야기를 전달하려고 하는지에 초점을 맞춰야 한다. 이것은 데이터 시각화로 정책 변화를 이끌어내고자 할 때 명심해야 할 사항이며, 데이터 액션의 핵심이기도 하다.

데이터 공유는 신뢰와 장소에 대한 헌신을 유도한다

데이터 공유는 시민 운동으로 발전할 수 있다. 4장의 사례 연구는 '원시' 데이터와 시각화를 통한 데이터 공유가 어떻게 권력 관계에 변화를 불러오고 공동체에 필수 자원으로 작동하는지 보여준다. 우리의 사례 연구는 필자가 2006년 이래 연구 활동을 벌여 온 케냐 나이로비의 사례로, 도시 내 이동 조건을 개선하기 위한 목적에 데이터를 성공적으로 활용했다. 나이로비 주민들과 데이터를 공유하는 데 따른 가장 중요한 혜택은 그로부터 신뢰가 쌓이고 나이로비라는 장소place에 대한 헌신을 형성했다는 점이다. 공유할 때 데이터 표준은 매우 중요하다. 교통 관련 데이터를 표준 포맷으로 공유함으로써 그 용도를 우리 프로젝트의 수준을 넘어 확대할 수 있고, 그럼으로써 다른 이들도 관련 데이터를 쉽게 취득해 사용할 수 있다. 교통 데이터의 시각화로 나이로비 시민들은 마타투matatu라고 불리는 비공식 버스 네트워크로 구성된 도시의 교통시스템을 볼 수 있었을 뿐 아니라 토론의 발판을 마련했다. 이 시각적 결과물은 즉각적인 계획용 툴이 되었고, 마타투 소유주들, 정부, 해외 원조 기구 및 일반 대중들이 나이로비의 미래를 결정하는 데 도움을 줬다. 아마도 가장 중요한 부분은 우리가 데이터를 수집할 때 나이로비 주민들의 견해를 대변할 수 있도록 노력했고, 시각정보를 개발할 때도 마타투 기사와 소유주들의 의견을 반영함으로써 이들이 지도에서 원하는 요소와 정보를 정확히 담으려 했다는 점일 것이다. 지도를 사람들에게 어떻게 보여주는지도 중요했다. 우리는 시각자료가 특정한 형태의 이동 수단을 소외하거나 범죄화하는 데 활용되기보다는 계획 과정에 통합되도록 노력했다.

그렇다면 이동성을 둘러싼 나이로비의 이야기는 무엇이었는가? 무엇보다 먼저 나이로비의 도시계획에서 가장 큰 걸림돌은 교통 체증이었다. 종종 도시 전체가 주차장처럼 되어버리는 체증 때문에 불과 몇 킬로미터를 가는 데도 몇 시간이 걸렸다. 교통 정체의 근본 원인을 파악하는 것과 그것을 완화할 수 있는 전략을 개발하는 것은 필자의 오랜 연구 목표 중 하나였다. 그런 경험은 2006년 초, 컬럼비아대학교와 협력해 나이로비의 교통 모델을 개발하는 프로젝트까지 거슬러 올라가는데, 당시 목표는 교통 체증을 완화할 수 있는 여러 방법을 권장하는 것이었다.

이야기는 여기에서 시작한다. 나이로비 프로젝트에 필요한 데이터를 얻는 일은 급속한 개발의 길을 걷는 도시가 그렇듯이 매우 어려웠다. 우리 연구팀은 심지어 도로, 대지 용도, 인구 등 가장 기본적인 데이터를 구하는 데도 여러 달을 소비했다. 그보다 더 안타까웠던 것은 이 나이로비 데이터가 이전의 인프라 프로젝트 덕택에 엄연히 존재했음에도 불구하고 우리 프로젝트팀은 그것을 구할 수 없었다는 점이다. 일본 국제협력사업단JICA이 나이로비의 국립 공간데이터인프라NSDI 프로젝트를 위해 수집한 이 데이터는 일반에도 공개해 도시의 의사 결정을 개선하자는 취지였다.[10] 이 프로젝트에 기금을 댄 기관은 해당 데이터가 케냐의 '공간 데이터 포털Spatial Data Portal'을 통해 내려받을 수 있다고 명시했지만 우리 팀은 이 데이터를 구하는 데 애를 먹었다. 거리 정보 파일이 있어야 할 포털 사이트의 링크는 깨져 있었다. 우리는 결국 이 데이터 관리를 담당하는 기관을 찾아냈지만 라이선스 하나에 1만 달러를 지불해야 하며, 케냐공공정책연구 및 분석공사KIPPRA뿐 아니라 캘리포니아 버클리대학교에 적을 둔 우리 팀의 전문가들도 마찬가지로 비용을 지불해야 한다는 말을 들었다. 모두에게 공개할 목적으로 개발된 데이터가 사실은 닫힌 자원이었던 셈이다. 우리 프로젝트는 충분한 기금을 지원받고 있었지만 정보를 얻기 위해 그만한 비용을 지불할 예산은 없었다.

나이로비에서 필요한 데이터를 구하기 위해 여러 관료적 절차를 밟는 작업은 고단했다. 고비마다 벽에 부딪히는 느낌이었다. 우리의 지역 파트너인 KIPPRA조차 그들이 취득한 나이로비의 교통 행태에 관한 기본 조사 데이터를 공유하는 데 소극적이었다. 여기에는 여러 이유가 있었다. 어쩌면 KIPPRA는 그런 정보를 엄격히 통제함으로써 외부에 전달하는 메시지를 통제하고 싶어했는지도 모른다. 아니면 도시 개발에 참여하는 외부 기관이 너무 많아지는 데 따른 우려를 했을 수도 있다. 이들 중 많은 경우는 어차피 몇 년 뒤면 떠날 터였다. 나이로비에 대한 우리의 헌신을 걱정했는지도 모른다. 매우 많은 비정부기구NGOs와 다국적 기업이 나이로비시의 여러 프로젝트에 참여했지만 대부분 아무 확실한 실행 계획 없이 도시를 떠나게 될 것이었다. 우리는 나이로비에 대한 우리의 진실성을 입증할 만한 신뢰 관계를 아직 쌓지 못한 상태였다.

KIPPRA가 우리를 신뢰했는지는 모르지만 나이로비의 지방 정부는 데이터에 대한 우리의 관심을 수익을 취할 기회로 봤다. 우리는 데이터를 얻을 다른 방법을 찾을 수밖에 없었고, 최선의 해법은 우리 스스로 데이터를 만드는 것이었다. 케냐와 다른 지역의 수많은 동료 연구자들이 같은 어려움을 겪는 사실을 알았기 때문에, 일단 데이터를 구축하면 누구와든 공유할 계획이었다. 우리는 컬럼비아대학교와 나이로비대학교의 도움을 받아 종이 지도와 위성 사진을 디지털화함으로써 도로와 토지 이용에 관한 공개 디지털 데이터 세트를 처음으로 만들었다(그림 4.3). 이 데이터 세트는 우리의 교통 모델에 필수적이었다. 이를테면 회전 교차로가 교통의 흐름에 가장 심각하고 부정적인 영향을 미친다는 데이터 모델의 분석에 따라 우리는 회전 교차로를 없애라고 정부에 권고했다.

이후로도 여러 해 동안 우리가 만든 나이로비 데이터는 도로와 토지 이용에 관한 유일한 공개 파일이었다. 그 데이터는 우리 웹사이트에서 수백 번 다운로드됐고, 심지어 구글 지도와 오픈스트리트맵에도 통합돼 오리지널 파일의 도로 데이터가 반영됐다. 이 데이터가 지금도 사용되는 것은 놀라운 일이다. 꽤 오래돼 정확성이 떨어지지만 나이로비시의 공개된 토지 이용 데이터는 이것이 유일하기 때문이다.[11] 데이터 자체도 나이로비 시민들의 이동 성향을 분석하는 데 유용했지만, 오히려 더 큰 혜택은 그 덕택에 KIPPRA와 신뢰 관계가 형성됐다는 점이다. 이처럼 열린 방식의 데이터 공유는 나이로비의 교통 정책 개정에 대한 우리의 헌신을 입증해줬고, 외부 기관의 전형적인 기여 수준을 훨씬 넘어서는 것으로 보였다. 데이터 공유는 데이터를 실천으로 이끄는 데 필요한 신뢰를 구축하는 데 도움이 됐다.

그림 4.3 나이로비시에 대한 최초의 공개 데이터. 저자인 새라 윌리엄스가 컬럼비아대학교의 공간 정보 디자인 랩에서 공동 디렉터로 재직할 때 개발했다.

출처: 새라 윌리엄스

'액션' 을 위해 필수 자원을 만들고 공유하기

일반에 공개된 도로 데이터를 만들었지만 우리는 나이로비의 대중 교통시스템인 마타투를 분석하는 데 필수적인 데이터가 아직 없었다. 약 3백 50만 명의 나이로비 시민들이 매일 이 시스템에 의존하는 상황임에도 이를 사용하는 방법을 알려주는 지침이나 자료가 없었다. 마타투 시스템은 민간기업이 소유한 14~56인용 버스로 구성돼 있었다. 이 버스는 '마타투 소유주 협회Matatu Owners Association'를 통해 시스템을 자율 규제하는 수백 개의 다른 운영자들 소유였다. 협회는 소유주와 버스 이용자들 간의 분쟁 조정도 돕는다. 이 시스템은 1980년대 민영화된 대중버스 시스템에 느슨하게 기반을 두고 있다. 정부는 버스 기사들에게 영업 허가를 발급하고, 이따금씩 마타투가 도시 중심가로 들어오는 것을 금지하는 식의 규제 대책을 내놓는 일 이외에는 마타투 시스템에 거의 관여하지 않는다. 정부는 궁극적으로 이 시스템에 어떤 책임을 지거나 이를 감독한다는 인상조차 주지 않으려 한다. 마타투 시스템의 서비스 지역에 대한 데이터를 수집한다면 더 나은 교통 계획을 세우는 데 도움이 됐겠지만 케냐의 정치 상황 때문에 정부는 관심을 두지 않았다.

그래서 우리 팀은 교통 프로젝트에 필수적인 자원을 제공할 뿐만 아니라 프로젝트를 넘어 다른 목적에도 널리 사용될 수 있는 자원을 마련하기 위해 마타투 시스템에 관한 데이터를 직접 수집하기로 결정했다. 그 결과는 전대미문의 영향을 미쳤다. 우리는 버스 노선의 위치를 확인하기 위해 나이로비 시청부터 방문했다. 그리고 마타투 노선의 일부를 일반적인 용어로 설명한 문서를 찾아냈다. 이를테면 마타투 8번은 '시내에서 키베라Kibera와 분기점Junction까지' 가는 노선이었다. 마이크로소프트 워드 양식의 이 문서에는 마타투 버스가 노선을 타는 데 얼마나 소요되는지, 혹은 마타투 버스가 사람들을 태우기 위해 어디에 정차하는지와 같은 주요 정보가 빠져 있었다. 도시의 버스 노선 지도가 없어서 평균적인 나이로비 주민은 마타투 버스가 어디로 운행하는지 모른다는 사실이 분명해졌다. 나이로비대학교의 컴퓨터를 이용한 개발랩 센터C4D Lab, Center of Computing for Development Lab, 컬럼비아대학교의 지속가능한 도시개발센터CSUD, Center for Sustainable Urban Development, 그리고 MIT의 시민 데이터 디자인 랩은 공동으로 록펠러재단에 기금 지원을 신청했다. 우리의 교통 모델에 이용되고 궁극적으로는 도시민과 방문자들의 필수 지도로 활용될 마타투 노선과 정류장 위치 데이터를 수집하기 위한 비용이었다.

그림 4.4a, 4.4b, 4.4c 나이로비대학교 학생들이 마타투 시스템에 관한 데이터를 수집하고 있다. 출처: 엘리자베스 레소(Elizabeth Resor), 애덤 화이트(Adam White)

출처: 디지털 마타투스(Digital Matatus)

그림 4.5 교통시스템의 이해당사자들이 참여한 워크숍이 열렸다.
출처: 새라 윌리엄스

록펠러재단의 기금을 확보한 미국과 케냐의 연구팀은 첫 8개월 동안 사람들이 마타투 버스를 타는 동안 데이터를 수집하게 될 휴대폰의 소프트웨어를 개발하고 시험했다. 이 개발 과정에서 연구팀은 KIPPRA와 손잡고 지역 교통서비스 관계자들과 워크숍을 여러 차례 개최했다. 워크숍 참가자들은 정부 관계자, 학계 인사, 마타투 소유주협회의 대표, 마타투 운영자와 기사들, 비정부기관 인사들 및 지역의 기술협회 등 다양했다. 이런 협업으로 다양한 관련 인사와 기관의 지원을 끌어낼 수 있었다(그림 4.5 참조).

데이터를 표준 포맷으로 설정하는 일은 당장의 연구 프로젝트를 넘어 다른 목적과 용도에도 사용할 수 있도록 확장하는 데 필수적이다. 데이터를 수집하기 시작한 2013년 당시, 우리는 일반운송입력사양GTFS, General Tansit Feed Specification이라는 오픈 데이터 포맷을 사용해 버스 노선 데이터를 저장했다. GTFS는 교통 노선 애플리케이션에 사용되는 데이터 표준으로, 출발지와 도착지를 입력하면 소프트웨

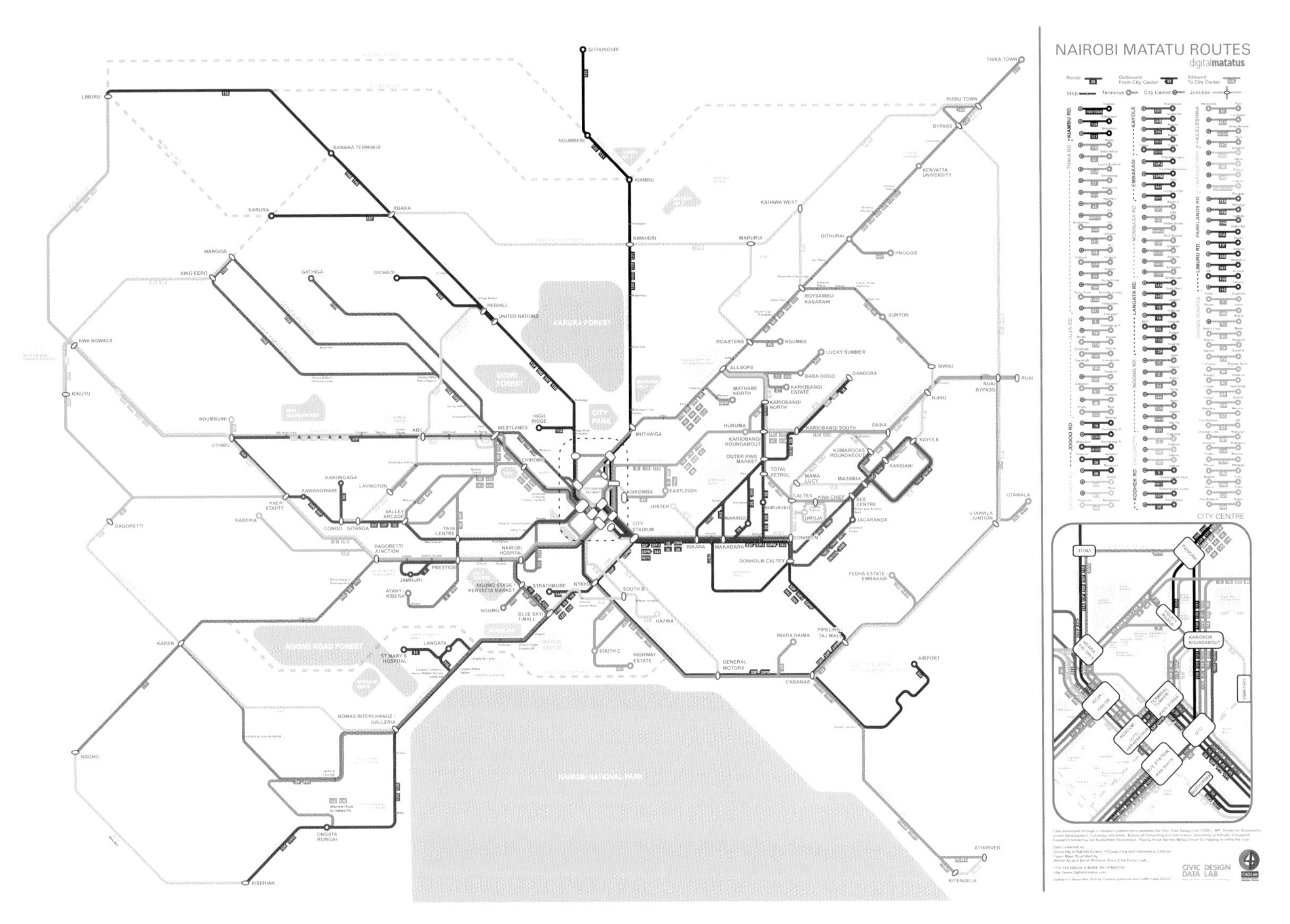

그림 4.6 마타투 시스템의 최종 지도, 2014
출처: 디지털 마타투스

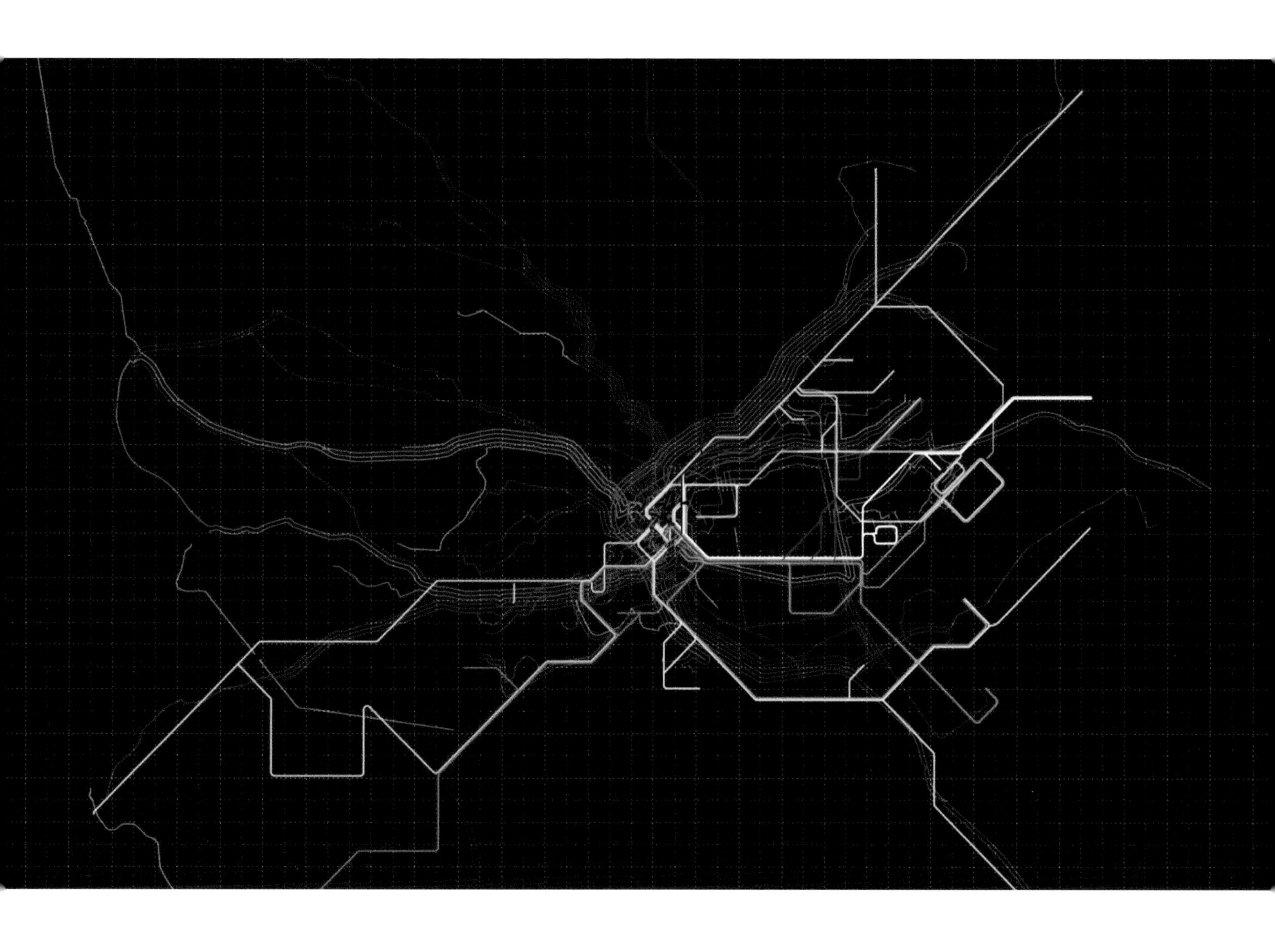

어가 최선의 경로를 찾을 수 있게 해준다. 독자들은 구글 지도가 자가 운전, 자전거 및 대중교통 수단에 따라 경로를 보여주는 데 익숙할 텐데, 이것도 GTFS 데이터 표준을 사용한 결과다. GTFS 데이터를 기반으로 사용하는 무료 애플리케이션이 많다는 점을 고려하면 이런 데이터를 표준 포맷으로 생성할 경우 얼마나 다양하고 폭넓게 활용될 수 있는지 예상할 수 있다. 예를 들면 '오픈 트립 플래너Open Trip Planner'라는 오픈소스 애플리케이션은 구글 지도와 비슷하게 교통 경로를 알려주지만 분석 툴을 제공한다는 점에서 조금 더 똑똑하다. 사용자들은 이 분석 툴을 통

그림 4.7 디지털 마타투스 시스템의 지도를 개발하기 위한 절차 지도

출처: 새라 윌리엄스, 시민 데이터 디자인 랩

해 도시의 다른 지역에 도착하는 데 소요되는 시간과 비용을 파악함으로써 해당 지역의 교통 인프라 수준을 알 수 있다.

그러나 GTFS 포맷을 사용하는 일은 결코 간단하지 않다. 데이터 과학자들에게는 명확할지 몰라도, 정부 직원과 마타투 기사를 비롯한 보통 사람들에게는 매우 추상적이다. 데이터에 대한 이해를 높이고, 마타투 시스템을 일반 대중에게 설명하기 위해 우리는 데이터를 누구나 읽고 쓸 수 있는 지도로 바꾸기로 했다.[12] 런던, 파리, 뉴욕에서 그래픽용 언어를 빌려 나이로비 마타투 시스템의 지도를 근접한 주요 거리에 맞춰 그룹화하고 각 노선에 다른 색깔을 부여했다(그림 4.6, 4.7). 주요 정류장과 공원, 공항, 이정표 등 주요 관심 지역을 지도에 표시해 사용자가 나이로비의 어디쯤에 있는지 파악할 수 있도록 했다.[13]

처음으로 우리의 힘을 확인하다

디지털 마타투스 프로젝트에서 가장 기억에 남을 순간 중 하나는 우리가 모든 파트너(정부 관료부터 마타투 기사들까지), 그리고 나이로비의 대중과 힘을 합쳐 만든 데이터와 지도를 성공적으로 공유할 수 있게 됐을 때 일어났다. 연구팀이 양식화된 지도를 보여주자 마타투 기사와 소유주들은 반색했다. 사상 처음으로 자신들이 만든 시스템을 종합적으로 볼 수 있게 된 것이다. 마타투 소유주들은 사실상 나이로비 교통시스템의 계획자였다. 이들은 본능적으로 그 지도를 활용해 나이로비시의 새로운 노선을 짜기 시작했다. 디지털 마타투스 지도는 또한 정부 관료들의 눈을 뜨게 했다. 이 마타투 노선 지도를 보게 될 때까지 이들은 무관심했거나 우리의 데이터 수집 프로젝트를 이해하지 못했던 것 같다. 일단 시각화하자 그 지도는 이들에게 강력한 정치적 툴이 됐다. 교통부는 기자회견을 열고 우리의 시각적 결과물을 도시의 공식 마타투 지도로 선언했다.[14] 이것은 정부가 우리가 만든 데이터를 신뢰했기 때문에 가능한 일이었고, 이는 상당 부분 우리가 정부 관계자들에게 지도 개발 과정을 꾸준히 알려준 결과였다. 그런 가운데 이들은 우리 데이터를 신뢰하게 된 것이다. 기자 회견은 정부 관료와 운송 관계자 및 시민들이 마타투스 시스템의 미래에 관해 토론할 기회를 만들었다. 참가자들은 필요한 서비스 변경에 어떻게 대응할 것인지 정부 관계자에게 물었다. 기자 회견 뒤에 다운로드 가능한 지도는 소셜미디어에서 큰 인기를 끌었다. 지역 신문사는 지도를 커다란 판형으로 인쇄해 누구든 우리가 수집한 데이터와 그를 기반으로 시각화한 지도를 사용할 수 있게 했다.

우리 팀은 또 나이로비대학교에서 해커톤을 열어 지역의 기술 커뮤니티 사람들에게 GTFS 데이터 포맷과 그 용도를 넓혀주는 오픈소스 소프트웨어를 소개했다(그림 4.8). 수집된 데이터를 활용할 수 있는 두 종류의 모바일 앱이 해커톤을 통해 배포됐다. 아직 종이 지도가 공식 발표되기 전이었다. 그중 한 프로그램인 'Ma3Route'는 나이로비에서 가장 널리 사용되는 교통 앱 중 하나가 됐다.[15] Ma3Route의 사용자들은 노선 변경, 교통 사고, 교통 체증 등 마타투 시스템에 관한 실시간 데이터를 제공한다. 이 프로그램은 2014년 케냐의 비전 2030 ICT 혁신상을 수상했다.

운송과 개발정책 연구원[ITDP]과 UN 인간거주위원회의 컨설턴트들도 디지털 마타투스 데이터를 기반으로 도시의 간선급행버스체계[BRT] 서비스 계획을 짰다. 나이로비시의 계획가들은 그 데이터를 사용해 BRT 시스템의 지도를 만들었는데, 마치 우리의 지도를 복사한 것처럼 비슷하게 생겼다. 디지털 마타투스 지도는 도시에서 일종의 상징이 됐기 때문에 이들은 우리 지도의 시각적 양식을 빌려 BRT 프로젝트에 대한 시민의 지원을 꾀한 것이었다(그림 4.9).

그림 4.8 지역 기술 커뮤니티와 함께 개최한 나이로비대학교의 해커톤(hackathon)

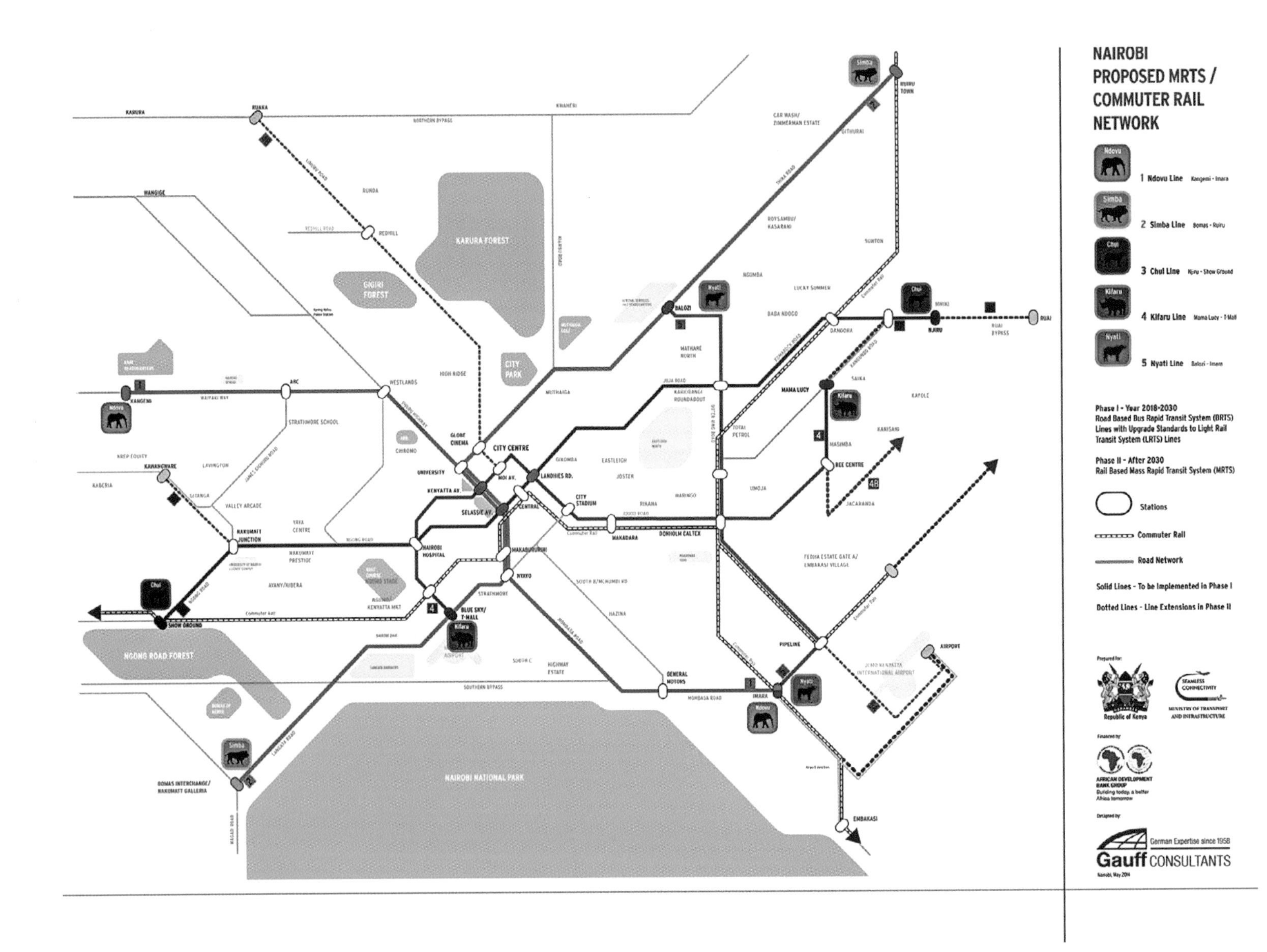

그림 4.9 간선급행버스체계(BRT) 서비스 계획을 위한 유엔 인간거주위원회의 지도(UN Habitat Map)는 디지털 마타투스 지도의 양식을 흉내 냈다.

그림 4.10 우리가 양식화한 지도는 소셜미디어와 인터넷에서 큰 화제를 모았고 지역 신문에도 소개됐다. 이 그림은 나이로비의 신문인 「더 스타(The Star)」의 1면에 실린 지도의 모습이다.

출처: 새라 윌리엄스

디지털 마타투스: 공동창작은 매우 효과적이다

디지털 마타투스가 가히 전설적 성공을 거둘 수 있었던 데는 KIPPRA와 수행한 초기 작업이 유효했다. 그를 통해 우리 연구팀과 나이로비의 교통 커뮤니티 사이에 돈독한 신뢰 관계를 쌓을 수 있었기 때문이다. 마타투 노선을 디지털화하는 작업은 필자가 '데이터 액션' 접근법에서 중요하다고 강조한 여러 방법론이 포함됐다. 우리 팀은 데이터 세트를 구축하고, 데이터를 생성해 편집하는 데 필요한 앱을 오픈소스 기술로 개발했다. 해당 데이터를 표준 포맷으로 온라인에 올리고 시각화함으로써 디지털 마타투스 프로젝트를 넘어 더 널리 활용할 수 있게 했다. 어느 정도 시간이 흐르자 나이로비의 교통 관계자들은 그 데이터를 근거로 도시의 몇몇 정책을 개정했다. 시각화한 데이터와 표준 포맷으로 작성한 데이터를 공유한 덕택에 나이로비에서 우리가 벌인 교통 프로젝트의 수명은 더 연장됐고 신뢰도 더 높아졌다. 그 결과 다른 기관과 관계자들이 정책 개정을 위한 근거로 데이터를 활용할 수 있었고, 데이터를 중심으로 공동체가 형성됐으며, 일반에게는 필수적인 자원을 제공할 수 있도록 했다. 디지털 마타투스 프로젝트는 데이터 시각화가 토론을 촉진하고 계획 전략의 증거로 활용될 수 있는 유력한 수단임을 보여준다. 또 우리가 개발한 양식화한 교통 지도는 정부와 시민들 간의 소통을 도왔다. 나이로비의 마타투 운영자들은 그 지도를 활용해 새로운 노선을 계획하고 개발했다. 아마도 더 중요한 대목은 나이로비의 시민들이 도시에서 길을 찾을 수 있는 필수 정보를 갖게 된 점일 것이다.

디지털 마타투스는 카이로부터 보고타에 이르기까지 세계 여러 도시에 영감을 줬다. 이 글을 쓰는 시점인 2019년 기준으로 모두 26개 도시가 네트워크를 형성했다. 이 네트워크를 통해 우리는 2018년 멕시코시티와 아디스아바바에 본부를 둔 '비공식 운송 데이터 개발을 위한 글로벌 자원 센터Global Resource Center for the Development of Informal Transit Data'를 개설했다. 센터는 오픈소스 툴, 교육, 이런 작업을 진행한 다른 도시와의 연결 등을 주선하고, 교통정책의 개발과 통합도 지원한다. 디지털 마타투스 프로젝트는 궁극적으로 비공식 시스템에 관한 새로운 형태의 데이터 수집 방식에 활기를 불어넣었다. 바로 협력적이고 개방적이며 투명한 방식이다.

지도는 강력한 설득 매체다

지도는 사실과 연계돼 있고 따라서 설득력이 매우 높을 수 있다. 그러나 그를 통해 전달되는 데이터는 의도적으로나 우발적으로 사실을 호도할 수 있고, 그래서 일부는 지도 사용에 경계의 눈길을 보낸다. 지도 데이터가 얼마나 정확한지는 고사하고 그런 데이터의 출처에 주목하는 사람은 찾아보기 힘든 게 일반적인 현실이다. 앞에서 본 것처럼 디자이너는 지도에서 무엇을 단순화하고 무엇을 추상화해야 할지 결정해야 하기 때문에 데이터 시각화 작업 자체도 일정 수준의 편견을 피하기 어렵다. 그러므로 더 꼼꼼한 비평은 불가피하다.

브라이언 할리Brian Harley, 데니스 우드Denis Wood, 존 피클스John Pickles, 마이클 커리Michael Curry, 제레미 W. 크램턴Jeremy W. Crampton, 새라 엘우드Sarah Elwood, 아네트 킴Annette Kim, 매튜 에드니Matthew Edney 같은 비판적 지도 제작자들은 지도야말로 본질적으로 정치적이며, 지도에서 무엇을 더하고 무엇을 생략할지 결정하는 과정은 사회적 구조를 드러내고 지적한다고 주장한다.[16] 예를 들면 지도 제작자들은 해당 지역이 그들의 목적에 맞는 깨끗한 장소임을 강조하기 위해 흔히 빈곤 지역이나 슬럼, 좁은 골목 등은 생략한다. 지도에 표시된 상징은 권력과 통제의 시스템을 노출할 수 있다. 비판적 지도 제작자들은 지도 뒤에 숨은 정치적 의미를 따져보라고 주문한다. 정치적이라고 해서 해당 지도의 구성이 해롭기만 한 것은 아니다. 오히려 반대일 수도 있다. 지도의 정치학은 선한 의도로도 사용될 수 있다.

마르크스주의 지리학자인 데이비드 하비David Harvey는 지도는 권력과 통제의 도구라고 주장한다. 권력자만이 지도를 제작할 수 있는 자원을 갖추고 있고, 흔히 자신들의 권력 유지에 도움이 될 만한 내용만을 지도에 반영하기 때문이다.[17] 유명 지도 역사가인 브라이언 할리는 지적도처럼 상세한 부동산 기록을 작성하는 일은 과거 농경 시대의 지주가 자신의 재산을 관리하기 위한 행위와 흡사하다고 지적한다. 할리에 따르면 "정확한 대규모 계획은 지주가 토지를 더 효율적으로 활용하고, 임대료를 늘리고, 법적 의무를 강제하거나 임대 조건을 조정하기 위한 수단이었다. 지도는 기존 토지 조사 자료를 그림으로 보여주며, 소유권과 임차 관계, 임대 가치, 수확 관행, 농지 잠재력 등의 정보를 성문화함으로써 자본가 토지 소유주에게 자신들의 재산을 전체적으로 보고 더 효과적으로 관리할 수 있게 해준다."[18]고 한다. 할리는 이런 설명이 도시계획가들에게도 적합하다고 생각했다. 이들은 데이터를 활용해 도시를 쉽게 매입하고 관리할 수 있는 필지parcel로 나누는 데 사용했다고 할리는 믿었기 때문이다. 이들은 데이터를 활용해 시민들의 삶의 질을 향상하는 데는 관심이 없었다. 이들의 데이터 수집 전략은 과학적 지식이라는 명분 아래 미리 결정된 목표를 달성하는 데 급급했다는 게 할리의 판단이었다. 그런 냉소적 평가에도 불구하고 할리는 지적도를 사용하지 말아야 한다고 주장하지는 않는다. 그보다는 사용하되 지적도가 가치 중립적이지 않다는 점을 인식해야 한다고 지적한다.

시스템 가시화로 설득하기

일부 학자들은 우리가 나이로비의 마타투 시스템 지도를 개발함으로써 억압의 툴을 만들었다고 주장할지 모른다. 우리는 비공식 시스템을 눈에 보이게 만들었고, 이런 가시화는 마타투스를 불필요한 규제로 옥죄는 툴로 사용하거나, 심지어 해당 시스템의 완전한 해체를 초래할지도 모른다. 또 다른 쪽에서는 지도를 유럽과 미국의 노선 지도와 비슷한 양식으로 개발하는 과정에서 데이터를 식민주의적 틀 안에 가뒀다고 지적할지 모른다. 이런 비판은 나름 일리가 있을 수도 있지만 마타투스는 나이로비에서 불법화되지 않았고, 정부는 차량 규제에 여전히 관심이 별로 없으며, 우리는 대중이 도시를 여행하는 데 사용할 수 있는 필수 자원을 제공했다.

이제 이런 발상을 파헤쳐보자. 왜 나이로비에서 지도는 통제의 툴로 사용되지 않았는가? 나는 이 지도와 데이터가 공동으로 개발됐고, 그런 협업을 통해 지도는 복수 관계자들의 공동 소유인 셈이어서 누구도 독점적 영향력을 행사할 수 없었기 때문이라고 생각한다. 나이로비의 마타투 기사들은 실제로 지도를 유럽이나 미국의 교통 시스템과 비슷하다고 보지만 오히려 그런 점에서 자부심을 느낀다. 마타투 시스템을 비공식 경제의 일부가 아니라 공식 시스템과 동일시함으로써 이들은 도시에 중요한 공공 인프라를 제공한다고 믿는다.

마타투 지도는 "누구에게도 해를 끼치지 않는다." 오히려 마타투 시스템의 알려지지 않은 이야기를 전달한다. 마타투 지도로 만들어진 이야기는 폐기돼야 할 위험하고 부패한 시스템의 그림이 아니라, 현행 시스템을 더 사용하기 편리하게 만들기 위해 교통 관계자들이 함께 힘을 모아야 한다는 메시지다. 다시 말해 유럽 양식을 본 딴 지도는 마타투 기사들의 존재감을 드러냈다. 노예선 브룩스호의 지도가 노예제 철폐를 실현할 힘이 있는 사람들을 겨냥했듯이, 마타투 지도는 지역과 해외의 참가자와 이해당사자들을 겨냥해 마타투 기사와 소유주들이 현재 나이로비의 교통 시스템을 운영하며 따라서 이들의 목소리를 경청할 필요가 있음을 주장하기 위한 것이었다. 이전까지 마타투 소유주는 제각각 독립적으로 버스를 운영했기 때문에 어떤 계획을 결정하든 전체 시스템의 차원을 고려하기는 불가능했다. 디지털 마타투스 지도는 나이로비의 교통정책을 개선하려 모색하는 세계은행 같은 기관이 공식적인 버스 고속 운행시스템의 통합을 비롯해 교통정책의 개선과 도시계획에 영향을 미치려 할 때, 마타투 연합을 필수적으로 포함해야 한다는 점을 일깨웠다. 지도를 통제나 관리의 도구로 인식하는 것이 중요한데, 그런 점에서 디지털 마타투스 프로젝트는 우리가 어떻게 지도를 활용해 나이로비의 마타투스를 부각시켰는지 보여준다. 우리 팀은 지도를 지지advocacy의 도구로, 주변부로 밀린 사람들을 도와야 한다는 이념적 입장을 대표하는 수단으로 사용했다. 편향은 분명히 존재했지만 그것은 어떤 해악을 끼치는가? 이것은 모든 데이터 시각화 전문가들이 스스로에게 물어야 할 질문이다.

지도의 힘을 약자를 돕는 툴로 바꾸기

'1백만 달러 블록Million Dollar Blocks' 프로젝트는 지도를 권력의 관리의 툴에서 사회적 약자를 옹호하는 툴로 변화시킨 프로젝트다. 컬럼비아대학교 산하 공정지도 센터Justice Mapping Center와 공간 정보 디자인 랩은 사람들을 수감하는 데 소요되는 비용이 얼마나 막대한지 폭로하기 위해 지도를 제작했다. 이는 비단 범법자를 수감하는 데 드는 비용만이 아니라, 관련 공동체에 미치는 부정적 영향도 감안한 비용이었다. 우리 팀은 치안 유지가 필요한 우범 지역을 표시한 전형적인 범죄 지도를 변형시켜 추가 투자가 필요한 지역을 식별하는 지도로 변모시켰다. 범죄 지도는 범죄의 근본 원인, 즉 구조적 인종 차별, 빈곤한 생활 여건, 열악한 교육, 의료, 구직 환경 같은 사회 문제를 제대로 조명하지 않는다는 비판을 받곤 한다. 그래서 어느 지역은 경찰의 단속으로 일시적으로 범죄율이 낮아진 것처럼 나오지만 실상은 장소만 다른 곳으로 이동한 경우가 많다. '1백만 달러 블록'은 전형적인 범죄 지도를 통제의 툴에서 사람들의 범법 원인을 짚기보다는 범법자들을 투옥하는 데 급급한 결과 얼마나 막대한 비용이 소요되는지 폭로하는 툴로 바꿔놓았다.

1백만 달러 블록 프로젝트 지도는 재소자 등록 데이터를 사용했다. 여기에는 재소자가 수감되기 전에 거주한 주소도 포함됐다. 우리는 이 주소를 지도에 표시하고, 이들을 수감하는 데 소요된 비용과 상호 참조한 다음, 각 블록의 비용을 총액으로 요약해 표시했다. 그에 따르면 일부 지역은 거주자 수감에 소요된 비용이 1백만 달러가 넘는 블록으로 포화된 상황을 보여준다(그림 4.11).[19] 이들 지역은 물리적으로나 사회적으로 고립된 경우가 많고, 높은 수감률의 원인을 줄일 수 있는 자원, 이를테면 교육 여건이나 직업 훈련 프로그램, 또는 교도소 재수감 서비스도 부족하다. 이 지도는 다음과 같이 단순한 해법을 제안한다. 우리는 사람들을 수감하는 데 수백만 달러를 쓰고 있다. 이 돈을 열악한 지역으로 돌려 투자한다면 어떨까?

이 지도의 그래픽은 수감 정책을 누구나 이해할 수 있도록 도시의 블록 단위로 세분해 보여주기 때문에 충격적이면서도 매혹적이다(그림 4.13). 데이터를 블록 규모로 시각화한 것은 수감에 소요되는 막대한 규모의 비용을 맥락과 연관 짓는 중요한 방법이었다. 지도는 수감에 1백만 달러 이상이 소요되는 블록을 검은색 바탕에 밝은 빨간색으로 (지도에서는 드문 색깔의 조합이다) 표시해 첫눈에 문제의 심각성을 강조한다. 인종과 빈곤 상황을 보여주는 지도를 수감 비용과 연결해

그림 4.11 이 1백만 달러 블록 지도는 2003년 뉴욕주 브루클린의 수감 지출 추세를 보여준다. 밝은 빨간색으로 표시된 블록은 연간 수감 비용이 1백만 달러를 넘은 곳이다.

출처: 에릭 카도라(Eric Cadora), 로라 커간(Laura Kurgan), 데이비드 라인퍼트(David Reinfurt), 새라 윌리엄스가 제작한 지도, 공간 정보 디자인 랩

그림 4.12 2008년 뉴욕 현대미술관(MoMA)에서 열린 '디자인과 탄력적인 마음 전시회(Design and the Elastic Mind Exhibition)'의 벽에 걸렸던 이 지도는 2006년 수감된 각 개인이 거주하던 곳을 보여주며, 이들의 가정을 수감된 업스테이트 뉴욕의 형무소와 연결하고 있다. 연결선 아래 밝은 빨간색으로 보이는 블록은 해당 블록의 주민들을 수감하는 데 1백만 달러 이상이 소요된 곳이다. 위에 놓인 지도는 유색인종의 비율, 빈곤층 인구의 비율 및 수감률을 비교한 것이다.

출처: 에릭 카도라, 로라 커간, 데이비드 라인퍼트, 새라 윌리엄스가 제작한 지도, 공간 정보 디자인 랩

Percent Persons of Color, 2000.

Percent Persons Below Poverty Level, 2000.

Percent Adults Admitted to Prison, 2003.

BROOKLYN COMMUNITY DISTRICTS	% POPULATION	% POVERTY	% ADMISSIONS
BROOKLYN CD 1	6.51 %	9.08 %	5.37 %
BROOKLYN CD 2	4.03 %	3.58 %	4.64 %
BROOKLYN CD 3	5.83 %	8.10 %	16.51 %
BROOKLYN CD 4	4.24 %	6.34 %	9.34 %
BROOKLYN CD 5	7.04 %	9.30 %	14.45 %
BROOKLYN CD 6	4.23 %	2.60 %	3.08 %
BROOKLYN CD 7	5.02 %	5.03 %	3.82 %
BROOKLYN CD 8	3.78 %	4.15 %	9.46 %
BROOKLYN CD 9	4.26 %	4.14 %	4.43 %
BROOKLYN CD 10	4.96 %	2.79 %	0.91 %
BROOKLYN CD 11	7.05 %	5.54 %	1.35 %
BROOKLYN CD 12	7.39 %	8.54 %	1.32 %
BROOKLYN CD 13	4.23 %	4.94 %	3.41%
BROOKLYN CD 14	6.76 %	6.22 %	3.79 %
BROOKLYN CD 15	6.48 %	4.42 %	1.20 %
BROOKLYN CD 16	3.48 %	5.92 %	8.43 %
BROOKLYN CD 17	6.75 %	5.40 %	5.29 %
BROOKLYN CD 18	7.96 %	3.91 %	3.20 %
BOROUGH TOTAL	100.00 %	100.00 %	100.00 %

Comparisons Expressed as Percent of Borough Total.

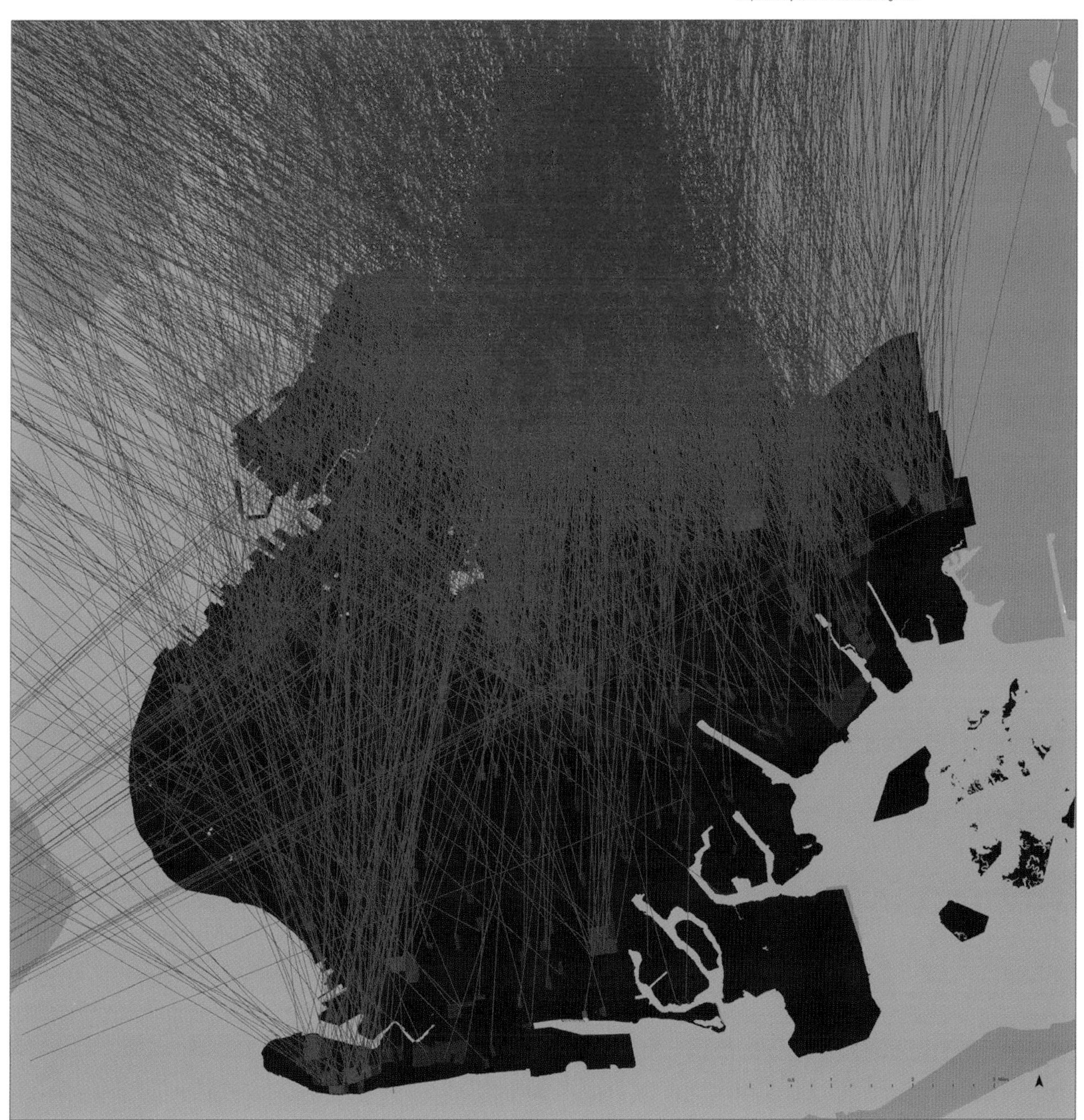

Prisoner Migration with Expenditures by Block, 2003.

BROOKLYN, NEW YORK CITY

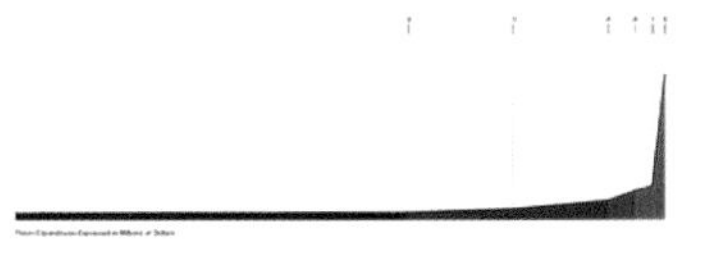

ADDED UP BLOCK BY BLOCK, IT COST $359 MILLION DOLLARS TO IMPRISON PEOPLE FROM BROOKLYN IN 2003, FACILITATING A MASS MIGRATION TO PRISONS IN UPSTATE NEW YORK. 95% EVENTUALLY RETURN HOME.

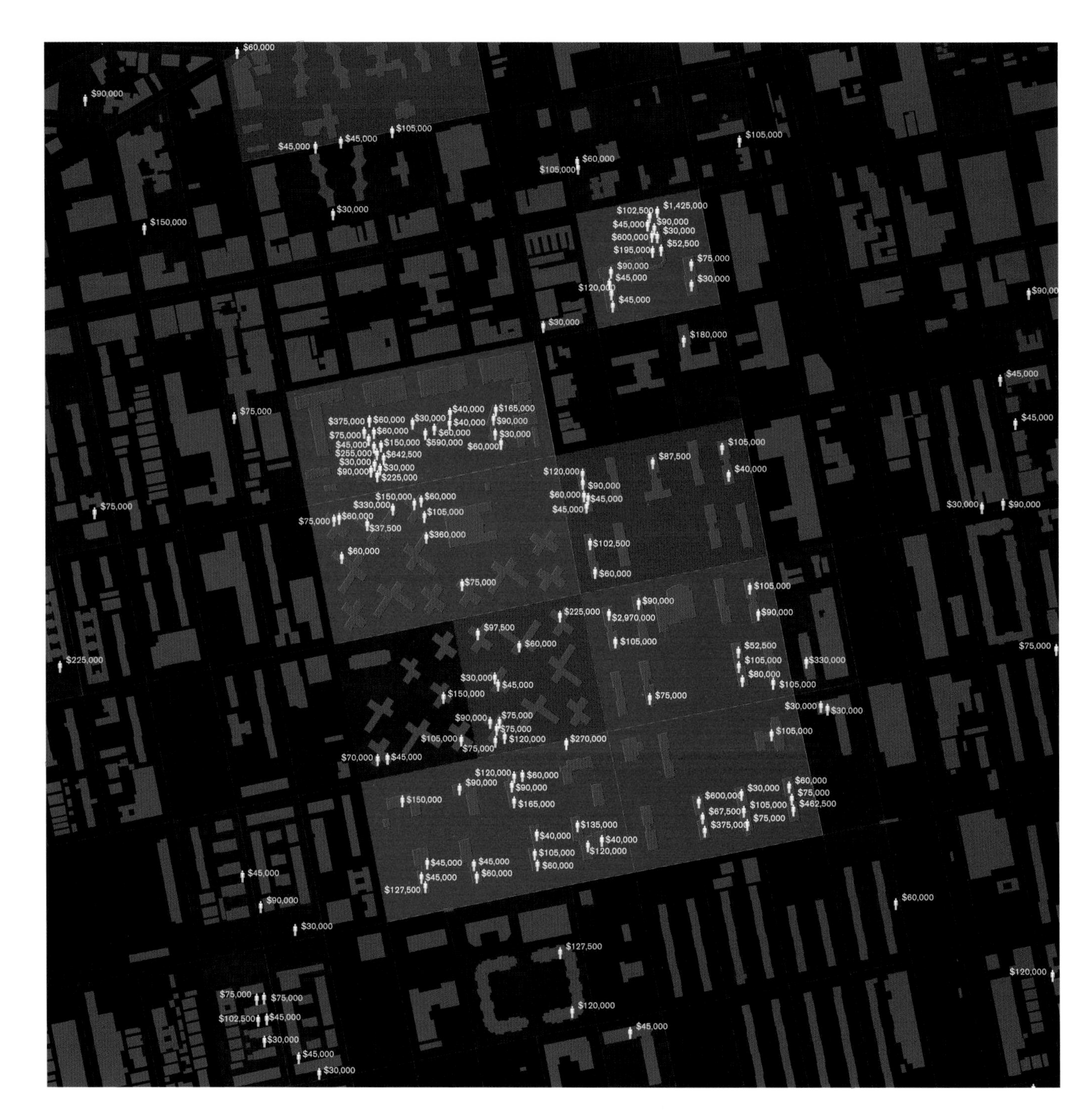

BROWNSVILLE, BROOKLYN

IT COST 17 MILLION DOLLARS TO IMPRISON 109 PEOPLE FROM THESE 17 BLOCKS IN 2003. WE CALL THESE MILLION DOLLAR BLOCKS. ON A FINANCIAL SCALE PRISONS ARE BECOMING THE PREDOMINANT GOVERNING INSTITUTION IN THE NEIGHBORHOOD.

그림 4.13 2008년 뉴욕 현대미술관(MoMA)에서 열린 '디자인과 탄력적인 마음 전시회'의 벽에 걸렸던 이 지도는 뉴욕 브라운스빌(Brownsville)에서만 1천 7백만 달러 이상을 사용했음을 보여준다.

출처: 에릭 카도라, 로라 커간, 데이비드 라인퍼트, 새라 윌리엄스가 제작한 지도, 공간 정보 디자인 랩

그림 4.14 2015년 시카고의 한 단체는 공간 정보 디자인 랩이 2006년에 수행한 1백만 달러 블록 프로젝트의 시각화 양식(블록을 검정색 바탕에 빨간색으로 표시)을 모방했다. 하지만 범례가 빠진 것을 비롯해 몇 가지 실수를 저질렀다. 범례가 없으면 무엇보다 기반 데이터를 윤리적으로 온당하게 수집했는지 파악하기가 어렵다.

출처: 데이터메이드, "시카고의 1백만 달러 블록", 시카고의 1백만 달러 블록(https://chicagosmilliondollarblocks.com/)

보여줌으로써 지도를 보는 이들은 수감률이 높은 수준의 빈곤층 및 인종 차별과 연계돼 있음을 알 수 있다. 1백만 달러 블록의 원인은 물론 다면적이고 어느 한 가지 대답으로 정리할 수 없다. 이 지도는 해법을 제시하려는 게 아니라 문제를 논의하고 메시지를 제시하기 위해 개발됐다. 그것은 미국에서 수백만 달러가 사람들을 수감시키는 데 지출되며, 사람들의 출소와 재수감의 악순환은 거대 비즈니스가 되었다는 사실이다.[20]

이러한 메시지는 복수 형태의 소통 수단을 통해 전달됐다. 2006년 뉴욕시에서 열린 '건축 리그Architecture League' 전시회는 뉴욕(뉴욕주), 위치타(캔자스주), 뉴헤

이븐(코네티컷주), 뉴올리언즈(루이지애나주), 피닉스(애리조나주)의 지도를 일반에 공개했다(그림 4.16). 전시장에 들어서면 브루클린에 있는 거주지에서 업스테이트 뉴욕의 형무소로 수감되는 사람들의 흐름이 비디오로 보여줬는데, 이는 사람들의 대규모 이주에 가까웠다. 비디오는 전시회 방문자들에게 '수감보다 재정착에 1백만 달러가 투자됐다면' 이 지역은 어떻게 바뀌었을지 상상해 보라고 요구한다. 비디오 메시지가 어떤 정책 행위를 시사하지는 않았지만 대중에게 문제를 환기시키고, 그들의 시각에서 재고하라고 요청하면서 궁극적으로 대규모 수감과 그것이 지역 공동체에 미치는 영향에 대한 논의를 불러 일으키기 위한 것이었다. 건축 리그 전시회는 우리 프로젝트가 더 폭넓은 예술과 건축 공동체에 알려지도록 도움을 줬고, 그 덕택에 2008년 뉴욕 현대미술관의 '디자인과 탄력적인 마음' 전시회에도 포함됐다. 현대미술관의 영구 컬렉션이 된 해당 지도는 널리 전시되고, 논의되고, 전파됐다(그림 4.12와 4.13).

1백만 달러 블록 프로젝트의 시각화는 전시회를 통해 공개 토론을 장려했을 뿐 아니라 온라인, 잡지 등 다른 멀티미디어 포럼으로도 소개됐다. 지도와 이미지 포맷이 단순한 덕택에 여러 다른 형태의 미디어로 소통하기도 수월했다. 다른 그룹은 자신들의 도시를 지도화하는 과정에서 우리의 시각적 스타일을 모방했다. 2015년에 선보인 시카고 지도가 특히 두드러졌다(그림 4.14).[21] 온라인에 공개된 이 지도는 온갖 종류의 주장과 논쟁에 활용됐는데, 그중에는 2009년 제정된 '형사정의 재투자법Criminal Justice Reinvestment Act'에 대한 의회의 기금 지원 주장도 있었다. 이는 수감자들의 재활 프로그램에 따로 기금을 편성하도록 강제한 법이다. 이 지도는 형사법과 정책 전문가들만 알고 일반 대중은 미처 알지 못하는 부분을 부각시켰다.

1백만 달러 블록 프로젝트는 형사정책 전문가, 도시계획가, 건축가, 데이터 과학자, 그래픽 디자이너 등 다양한 분야의 인사들이 서로 협력하지 않았다면 불가능했을 작업이었다.[22] 프로젝트의 핵심이 되는 데이터는 공정지도 센터의 우리 파트너가 주정부 대표들로 구성된 위원회와 여러 해 동안 공조하며 쌓은 신뢰 관계를 통해 얻을 수 있었다. 주정부 위원회는 연방 및 주 정부 단위의 교정 부서와 협력해 전국에 산재한 주 교도소의 수감 비용을 줄이기 위한 여러 정책을 논의한다. 데이터를 사용하기에 앞서 사람들의 프라이버시가 침해될 수 있다는 우려가 많았지만, 공정지도 센터와 이전 작업을 통해 우리가 데이터를 윤리적으로 온당하게

그림 4.15 지역 공동체의 구성원들, 도시계획가, 사법정책 전문가, 데이터 과학자들을 워크숍에 초대해 1백만 달러를 어떻게 사용하면 수감자들이 가장 많이 살고 있는 브루클린의 브라운스빌을 개선할 수 있을지 물었다.

출처: 에릭 카도라, 로라 커간, 데이비드 라인퍼트, 새라 윌리엄스가 제작한 지도. 공간 정보 디자인 랩

그림 4.16 건축 리그 전시회

출처: 에릭 카도라, 로라 커간, 데이비드 라인퍼트, 새라 윌리엄스가 제작한 지도. 공간 정보 디자인 랩 제공

사용하리라는 신뢰를 얻었다. 로라 커간이 여러 분야의 전문가와 이해당사자들을 결집해 구성한 우리 팀은 그런 전문성을 데이터 통합부터 그래픽 스타일의 개발, 현행 정책을 반영한 사태의 추이 및 도시의 형태에 미칠 영향까지 프로젝트 전반에 적극 반영했다. 또 프로젝트에 사용된 자료를 여러 포맷으로 공개해 여러 네트워크로 널리 유포될 수 있도록, 그래서 1백만 달러 블록 프로젝트의 메시지가 가능한 한 폭넓게 전달될 수 있도록 했다.

우리 팀은 해당 데이터를 공개하는 방식의 윤리성과 데이터의 잠재적 편향 문제에 관해 폭넓은 논의를 거쳤다. 그 지도는 사람들을 설득하기 위한 것이었으므로, 우리는 데이터의 생래적 편향성을 잘 인식하고 있었다. 그래서 우리는 모든 것을 책임감 있게 표현할 수 있도록 지도를 여러 차례 수정하고 데이터를 정상화하는 데 주력했다. 우리는 지도가 이미 주변부로 밀려난 인구를 더욱 소외시키는 결과로 나타나기를 원치 않았기 때문에, 사법정책 전문가들에게 해당 지도의 윤리성을 평가하도록 하는 것이 필수적이라고 판단했다.

우리 팀이 이 지도를 개발한 지 10년이 넘었지만 필자는 아직도 해당 프로젝트의 메시지가 사람들에게 다양한 영향을 미치고 있음을 발견한다. 2019년 7월, 필자는 뉴욕시에서 시장 직속으로 사법정의를 위한 설계 자문역을 맡은 이피오마 이보Ifeoma Ebo와 패널 토의에 참가한 적이 있다. 이보는 형기를 마친 사람들의 복귀를 돕는 자신의 작업을 설명하면서 1백만 달러 블록 프로젝트의 영향을 언급했다. 이 프로젝트는 뉴욕시 당국만이 아니라 멀게는 오스트레일리아의 사법정의 운동가들에게도 영감을 불어넣었다. 오스트레일리아 정부는 2018년 시행한 사법정의 재투자 정책의 근거로 우리 연구와 지도를 제시했다.[23] 우리 지도에 담긴 메시지는 그처럼 광범위한 영향력을 가졌다.

사용자 중심의 데이터 이야기를 만드는 데 도움이 되는 쌍방향 웹사이트

시각화와 연계된 권력 관계와 편향성에 대한 비판은 주로 한 가지 시점이나 해석밖에 제공할 수 없는 데이터 시각화로는 세계의 복잡성을 제대로 알리기 어렵다는 데 집중된다. 모든 데이터는 복수 해석의 여지가 있다. 데이터의 공익적 이용을 꾀했던 초창기 연구자들도 이 대목에서 곤란을 겪었다. 이들 중 가장 주목할 만한 인물은 사회통계학자인 패트릭 게더스Patrick Geddes(1854-1932)로, 1장에서 언급한 부스 지도의 주인공인 찰스 부스와 동시대 인물이며, 스코틀랜드의 전통을 데이터 해석에 반영하려 시도했다. 게더스는 조사survey가 마을과 지역 계획에 필수적이라고 믿었지만 당대의 많은 조사가 1차원적 수준에 머물러 한계가 많다고 느꼈다. 그래서 '지리, 지질, 기후, 경제 생활 및 사회 기관'을 포함하는 지적도의 개발을 장려했다.[24] 게더스는 지도가 표현의 툴로서 여러 제약을 안고 있다고 봤다. 그는 지도가 도시를 번영하게 만드는 여러 동인動因들의 실제 상호작용을 제대로 보여줄 수 없다고 생각했다.[25] 현대의 데이터 과학자들은 과거보다 훨씬 더 다양하게 데이터를 표현할 수 있다. 이제는 흔해진 웹 맵과 쌍방향 시각화는 이런 관계를 탐사하고 데이터에서 연구자 나름의 의미를 찾아낼 수 있게 해준다. 게더스가 살아있었다면 자신의 신념을 입증하는 데 이 새로운 디지털 기술을 열정적으로 활용했을 것이다.

집필과 강연을 통해 새로운 표현 전략의 필요성을 외친 게더스의 주장은 대개는 그의 주장대로 따르기가 너무 어려웠고, 그의 까다롭고 논쟁적인 품성 때문에 자주 묵살됐다.[26] 그의 주장의 핵심은 도시계획 결정을 내리기 위해서는 먼저 해당 지역의 사람들과 지리학, 그 둘이 어떻게 상호 작용하는지 충분히 이해해야 하며, 이를 관찰할 때 대중을 참여시켜야 한다는 믿음이었다. 이런 개념은 지역 차원의 마을 계획 과정에 파장을 불러왔고, 많은 지역 계획가에게도 영향을 미쳤다(여기에는 루이스 멈포드Lewis Mumford도 포함된다).

게더스는 데이터 분석학의 한계, 즉 도시의 정성적 특성을 정량화하려 시도하는 문제를 처음으로 지적한 연구자 중 한 사람이다. 그 자신도 데이터 개발을 옹호했지만 그와 더불어 데이터 시각화를 통해 그 안에 포함된 통찰을 소통할 수 있는 대안을 모색했다. 그의 가장 주목할 만한 접근법은 성공적인 도시를 만드는 심리적, 사회적, 물리적 요소를 혼합한 다이어그램 '삶의 표기법The Notation of Life(그림 4.17)'으로, 도시의 물리적 형태와 시민들의 사회적 상호작용 간의 관계가 어떻게 시민적 삶을 꽃피울 수 있는지 보여준다.[27]

지도로 제공되는 데이터의 1차원적 표현 방식에 대해 게더스가 품었던 고민은 오늘날 비판적 지도제작자들이 겪는 어려움과 비슷하다. 이들은 지도가 개발되는 이유를 면밀히 조사해야만 권력 관계를 폭로할 수 있으며, 단순히 겉으로 보이는 시각화만으로는 이를 파악하지 못할 수 있다고 주장한다. 앞부분에서 언급한 바 있는 제레미 W. 크램턴은 「사회적 구조로서의 지도: 권력, 소통 및 시각화」라는

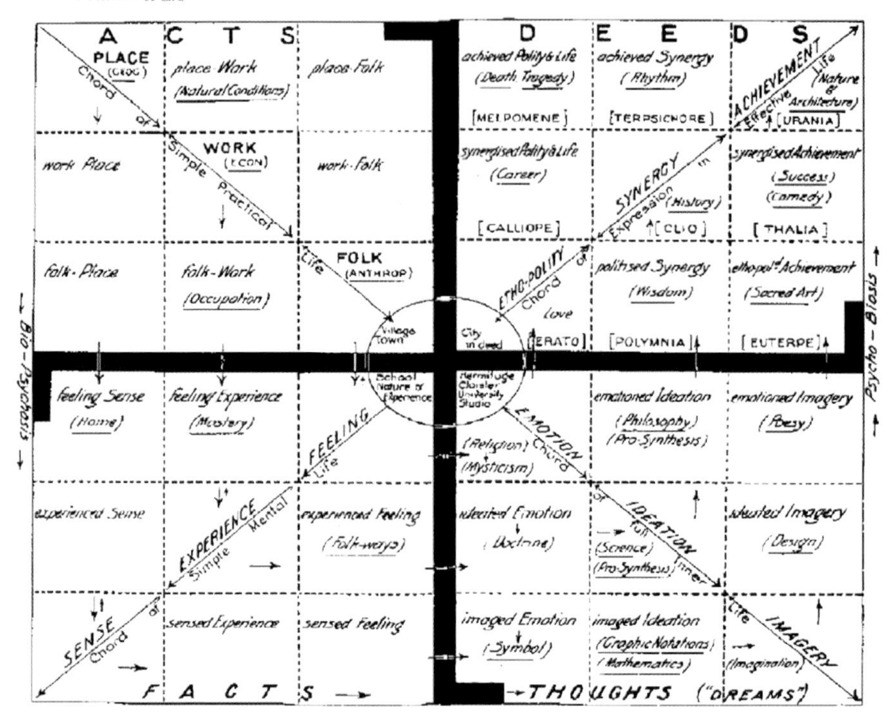

그림 4.17 패트릭 게더스의 '삶의 표기법'.

출처: 게더스, 『Cities in Evolution(진화하는 도시)』, William and Norgate Limited, 1949

논문에서 데이터의 표현이나 시각화에 숨은 권력 관계와 내재된 편향성을 드러내기 위해서는 지도를 그것을 읽는 사람들이 자신의 관점에서 탐구하고 이해할 수 있도록 개발해야 한다고 주장한다. 데이터를 이런 식으로 설계하는 일은 사용자의 데이터 탐색을 도와주는 쌍방향 웹사이트의 등장과 더불어 한층 더 쉬워졌다. 크램턴에 따르면 지도 제작자들은 대중이 지도상의 정보를 어떻게 왜곡됐거나 자신들을 배제한다고 해석하는지에 대해 더 민감해져야 한다고 믿는다. 그리고 지도 제작자들에게 대중의 눈으로 지도를 비평하라고 주문한다.

지역 복권: 디지털 문해력을 돕기 위한 웹 도구

서사敍事, narratives, 이미지 및 인터뷰도 데이터이고, 이렇듯 다양한 데이터 세트를 어떻게 한데 모을지 파악하는 일은 정책 개정의 근거를 마련하는 데 중요하다. 2014년 한 고등학생 그룹은 '시티 디지츠City Digits'라는 수학 커리큘럼의 한 모듈인 '지역 복권Local Lotto'에 참여해 복권이 그들의 지역 공동체에 혜택을 가져올지 여부에 관한 논거를 준비할 때 바로 그렇게 했다. 필자의 연구실(시민 데이터 디자인 랩), 뉴욕 시립대학교 브루클린 칼리지, 그리고 도시교육센터가 공동 개발한 시티 디지츠 커리큘럼은 웹 기반의 인터페이스로, 고등학생들이 그들의 지역 공동체에서 매일 관찰하는 사회정의 관련 주제에 대해 의견을 모으고, 검토하고, 형성하도록 도움으로써 이들의 데이터 문해력을 높이는 데 목적이 있다. 지역 복권 모듈을 통해 학생들은 쌍방향 지도와 참여형 데이터 수집 방식으로 복권에 관한 정량적, 정성적 데이터를 조사할 수 있다. 이 모듈은 학생들에게 지역 및 사회적으로 자신들과 관련된 화제에 대해 청소년들만의 의견을 형성하도록 도와줄 뿐 아니라 쌍방향 포맷을 통해 새로운 형식의 공평한 교실 참여와 학습 기회를 제공한다(그림 4.18-4.24 참조).

지역 복권 모듈은 쌍방향 웹 도구를 사용하는 네 가지 부문으로 구성된다. 첫째, 학생들은 복권 게임에서 당첨확률을 계산하는 방법을 배운다. 둘째, 학생들은 모바일 태블릿에 설치된 지역 복권 툴을 사용해 자기 지역의 복권 구매자와 판매자를 인터뷰하고 그 내용을 수집한다(그림 4.18). 셋째, 학생들은 뉴욕주 복권위원

그림 4.18 지역 복권 교육과정에 참여한 학생들이 자신들의 지역 공동체에서 인터뷰를 하고 있다.
출처: 로리 루벨(Laurie Rubel)

회New York State Lottery Commission에서 얻은 복권 데이터와 2010년 인구조사에서 얻은 공공 데이터를 쌍방향 지도를 사용해 도시 전체 및 지역 차원의 데이터 분석 작업을 벌인다. 넷째, 학생들은 정성적인 인터뷰 데이터와 정량적 지도 데이터를 종합해 복권의 사회적 영향에 대한 그들만의 의견을 구성한다. 학생들은 웹 도구로 '투어tours'라고 불리는 멀티미디어 이야기를 만들어 자신들이 배운 내용을 다른 학생들에게 가르친다. 투어를 개발하는 과정에서 학생들은 데이터를 종합하고, 의견을 구성하는데, 이것은 데이터 문해력의 중요한 요소다(그림 4.24).

지역 복권 모듈에서 테마 지도는 지역별로 구분된 도시의 지도 위에 정량적 데이터를 추가해 시각화함으로써 복권의 사회적 역학 관계를 강조해 보여준다. 궁극적으로 이 지도가 보여주는 것은 저소득층 지역에서 수입 대비 복권 구입 비용이 점점 더 높아지는 경향이다. 그런 해석은 지역의 거리 풍경과 행인과의 인터뷰 사진을 통해 일인칭 시점에서 표현된다(그림 4.21-4.24). 지리적 분석에 사진과 인터뷰를 더함으로써 데이터의 맥락은 더 분명해지고, 사회 문제에 대한 조사는 일방이 아닌 복수의 시각에서 이뤄진다.

지역 복권 교육과정은 테마 지도의 형태로 표현된 정량적 데이터와 학생들이 수집한 인터뷰 내용으로 표현된 정성적 데이터, 그리고 사진을 조합해 데이터 문해력을 가르치는 데 집중한다. 양과 질 양쪽을 모두 고려한 조사로 더 정확하고 입체적인 복권 분석이 가능하며, 지도를 통해 지리적 위치와 사회 문제 간의 관계를 파악할 수 있다. 한 학생 그룹은 복권이 '저소득층 지역을 표적으로 삼기 때문에 사기'라고 주장했다.[28] 이 주장의 근거를 위해 이들은 손님들이 없는 돈을 로또 구입에 낭비하는 게 슬프다고 인터뷰한 델리deli 주인들의 지리적 위치와 지도를 조합했다.

데이터 문해력을 가르치는 것은 근본적으로 정량적, 정성적 데이터에 대한 주장을 구성하는 능력이다. 지역 복권 교육과정에서 이 논쟁은 복권이 지역 공동체에 '유익한가' 아니면 '유해한가'를 따지는 것이었다. 학생들은 웹 도구를 이용해 지도와 데이터를 조합해 자신들의 논거를 세울 수 있었다. 그렇게 논거를 세우기 위해 벌이는 토론은 복권 배후의 정책 문제로 자연스럽게 이어졌고, 공동체의 참여에 중요한 대화를 이끌어냈다.

해당 커리큘럼과 웹 도구의 상호작용적인 기능과 참여적 특성 덕택에 학생들은 자신들이 공감할 수 있는 내용의 데이터를 심층적으로 탐구할 수 있었다. 학생

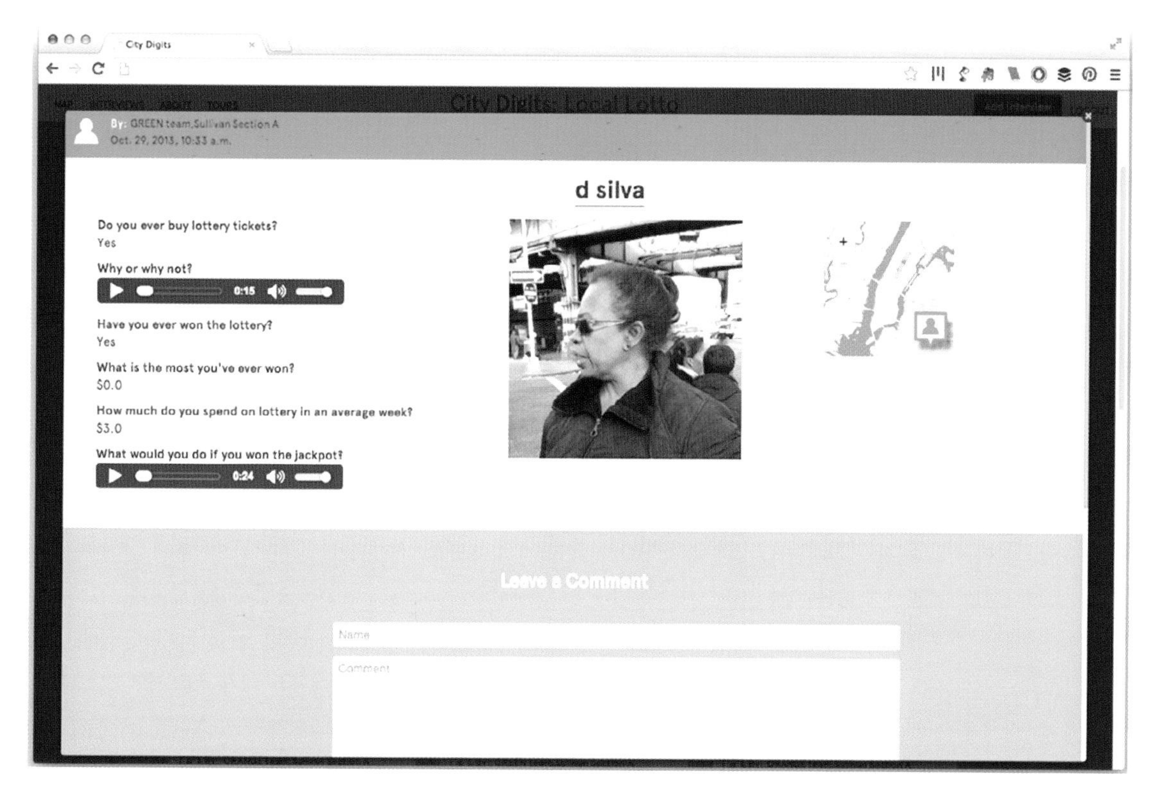

그림 4.19 지역 복권 교육과정의 일부로 학생들은 자신들이 사는 동네 주민들 중 복권을 사는 사람들을 인터뷰했다. 그 인터뷰 내용은 지도에 직접 게시됐다.

출처: 화면 캡처. 새라 윌리엄스와 로리 루벨, 시티 디지츠(https://civicdatadesignlab.mit.edu/City-Digits)

그림 4.20 인터뷰가 진행된 지점은 복권 데이터 지도 위에 표시된다.

출처: 화면 캡처. 새라 윌리엄스와 로리 루벨, 시티 디지츠(https://civicdatadesignlab.mit.edu/City-Digits)

그림 4.21 이 지역 복권 지도는 수입의 몇 퍼센트가 복권 구입비로 지출됐는지 보여준다. 진한 파란색으로 표시된 지역은 수입 대비 로또 구입비 지출 비율이 높은 곳이다.

출처: 화면 캡처. 새라 윌리엄스와 로리 루벨, 시티 디지츠(https://civicdatadesignlab.mit.edu/City-Digits)

그림 4.22 순이익 혹은 손실 지도를 거리 수준으로 확대했다. 녹색 원은 개별 소매점에서 복권 티켓을 사는 데 들어간 비용의 규모를 나타낸다. 보라색 원은 같은 상점에서 복권이 당첨돼 받게 된 상금의 규모를 표시한다.

출처: 화면 캡처. 새라 윌리엄스, 로리 루벨, 시티 디지츠(https://civicdatadesignlab.mit.edu/City-Digits)

그림 4.23 지역 복권 교육과정에 참여한 학생들이 데이터를 증거 삼아 자신들의 주장을 함께 구성하고 있다.

출처: 로리 루벨, 시티 디지츠(https://civicdatadesignlab.mit.edu/City-Digits)

그림 4.24 이 지역 복권 학생 투어는 복권마케팅이 '진실을 누락'하고 있다고 설명한다.

출처: 화면 캡처. 새라 윌리엄스, 로리 루벨, 시티 디지츠(https://civicdatadesignlab.mit.edu/City-Digits)

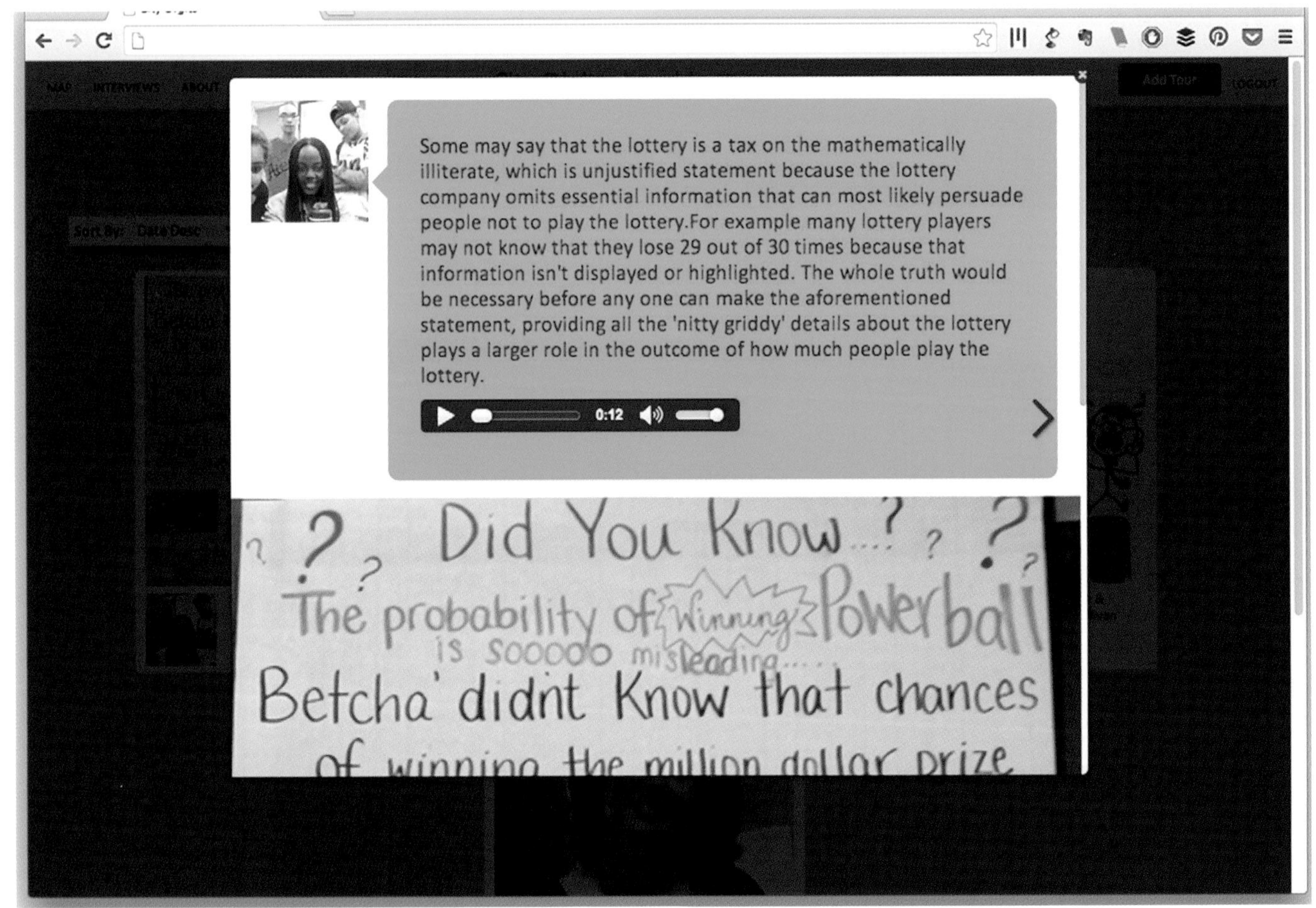

들은 지역 복권 수업의 내용이 더 도전적이기도 하고, 자신들의 실제 생활과 연관됐기 때문에 정규 수학 수업보다 더 열중했노라고 말했다. 동시에 영어를 배웠던 학생들은 지역 복권 수업에 참여하는 데 애를 먹었지만 데이터 수집 과정에서는 주도적 역할을 담당했다. 일부 학생들은 지역 복권 교육과정에서 배운 내용을 혼자 기억하는 데 그치지 않고 복권 티켓을 정기적으로 구입하는 가족 구성원들과도 공유했다고 고백했다. 지역 복권 교육과정은 청소년들에게 사회적으로 중요한 주제를 토론하는 방법뿐 아니라 수학도 가르쳤다. 또 스스로 자신들만의 이야기를 만들게 함으로써 데이터와 그 의미를 주도하는 방법을 알려줬다.

데이터에 대한 스토리는 공공 토론을 위한 증거를 창출한다

신문과 다른 미디어는 오랫동안 공공 토론의 장으로 이용돼 왔고, 많은 뉴스기관은 정책 문제를 논의하는 데 데이터 시각화 기법을 사용하기 시작했다. 온라인 미디어는 쌍방향 '데이터 스토리data stories'를 구축할 수 있게 해주기 때문에 사용자들 스스로 데이터를 검토해 그들만의 질문을 던지고, 그로부터 새로운 대화를 이끌어 낼 수 있다. 이런 시각화 작업은 단일한 스토리 라인만을 제공하는 대신, 독자들에게 그들만의 스토리를 만들도록 유도한다. 그런 특성 때문에 시민 사회의 여러 문제에 대한 다채로운 논의가 가능하다.[29]

한 가지 주목할 만한 사례는 「뉴욕타임스」가 게재한 쌍방향 지도로, "소수집단 우대 정책이 금지된 주에서 소수자들의 대학 등록 비율은 어떻게 변했는가"라는 제목의 인포그래픽은 광범위한 공공 토론을 일으켰고, 그 때문에 미국 대법원에서 사용된 문서에까지 인용됐다. 2014년 4월 게재된 이 그래픽을 통해 독자들은 워싱턴, 플로리다, 텍사스, 캘리포니아, 미시건주 주립대학교의 히스패닉계와 흑인 학생들의 입학 허가율이 소수집단 우대 정책이 금지되기 전과 후에 어떻게 달라졌는지 스스로 따져볼 수 있다. 해당 그래픽이 게재될 당시 대법원은 '슈에트 대 소수집단 우대 정책 방어연대Schuette v. Coalition to Defend Affirmative Action, 2014' 소송에서 양측의 주장을 듣고, 2006년 이후 미시간주에서 시행돼 온 소수집단 우대 정책 금지의 적법성을 판결할 참이었다. 「뉴욕타임스」는 대법원 판결 사안에 대한 독자의 이해를 돕기 위해 문제의 그래픽을 만들었다. 신문 차트와 관련 그래픽은 소수집단 우대 정책이 금지된 이후 인종 소수자의 대학 등록이 전반적으로 감소된 사실

을 보여줬다.[30]

소냐 소토마이어Sonia Sotomayer 대법원 판사는 소수집단 우대 정책 금지가 합법이라는 다수 결정에 대한 공식 반대 의견의 일부로 「뉴욕타임스」에 실린 그래픽을 사용했고, 이 작품은 역사적 논의의 일부가 됐다. 소토마이어 판사는 소수집단 우대 정책의 폐기가 소수민족의 대학 등록에 실질적인 영향을 미친다는 자신의 입장을 뒷받침하는 근거로 「뉴욕타임스」 시각화의 스크린샷을 사용했다(그림 4.25). '학사 학위를 받은 학생들 중 흑인의 비율은 4.4%로 1991년 이후 최저'라고 소토마이어 판사는 지적했다.[31] 「뉴욕타임스」의 그래픽을 증거로 제시하면서 소토마이어 판사는 "예를 들면 UCLA의 경우, 히스패닉계 신입생의 비율은 1995년 23%에서 2011년 17%로 감소했는데, 같은 기간 캘리포니아에서 대입 연령 히스패닉계의 비율이 41%에서 49%로 증가한 점을 감안하면 우려할 만한 경향이다."라고 말했다. 소토마이어 판사는 항상 소수집단 우대 정책을 지지해 왔기 때문에 그래픽 하나로 결정을 내렸을 가능성은 거의 없지만, 해당 데이터를 통해 정책과 소수인종 등록률 간의 관계를 명확히 드러내고 싶었을 것이다.

「뉴욕타임스」는 이 그래픽이 소수집단 우대 정책 금지를 폐지하자는 쪽으로 편향돼 있다는 비판을 받았다. 「독립 유권자 네트워크Independent Voter Network」 뉴스는 "이 모든 숫자는 매우 중요한 정보를 빠뜨렸다. 바로 데이터에 소개된 주를 떠나 다른 주에 소재한 대학으로 간 학생들과 데이터에 소개된 대학에 가기 위해 다른 주에서 건너온 학생들이다. 대학의 소수인종 등록률을 해당 대학이 소재한 주의 전체 소수인종 인구에 대비할 때 그런 데이터를 감안했다면 다른 결과가 나오지 않았을까?"[32]라며 문제를 제기했다. 다른 이들은 대입 연령대의 소수인종 학생들이 아니라 대입 준비가 된 학생들을 비교했어야 한다며 그 주장이 오해를 불러일으킨다고 비판한다.[33] 또 다른 기사에서는 「뉴욕타임스」의 그래픽이 '소수인종'의 정의에 아시아계나 다른 소수인종을 포함하지 않았기 때문에 현실과 다르다고 비판한다.[34] 대법원의 결정을 지지하는 사람들은 그들의 입장을 뒷받침하는 근거로 동일한 데이터 시각화를 종종 재사용했다. 「뉴욕타임스」에 게재돼 널리 알려진 탓에 문제의 그래픽은 저마다 다른 주장의 증거로 활용됐다. 요약하면 해당 그래픽은 논쟁을 불러일으켰고, 그것이야말로 대중 참여의 핵심이다.

"그래픽을 동원한 기사 전달은 저널리즘의 중요한 일부가 됐다."라고 「뉴욕타임스」의 그래픽 편집자인 제레미 화이트Jeremy White는 말한다. 그는 기사의 효과를

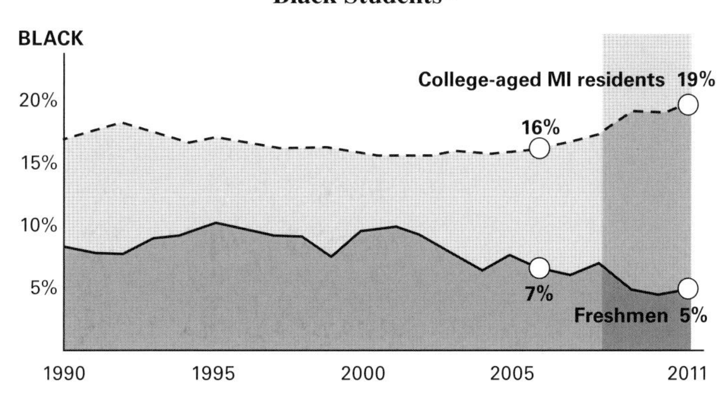

그림 4.25 소수집단 우대 정책을 금지한 미시간주의 결정이 합헌이라는 대법원 결정에 대한 소냐 소토마이어 대법관의 반대 의견서에서 가져온 스크린샷. 이것은 「뉴욕타임스」의 관련 그래픽에서 직접 복사한 것으로, 신문이 어떻게 공론화를 하는 데 도움을 주는지 보여준다.

출처: 소냐 소토마이어, 슈에트 대 소수집단 우대 정책 방어연대 소송, No. 572 U.S. 2014

높이기 위해 거기에 들어갈 그림, 비디오, 이야기, 그래프, 지도 등을 개발하는 역할을 맡고 있다. 웹에서는 이처럼 다양한 형태의 소통 수단이 가능하고, 그래서 사용자들은 더 입체적인 전모를 파악할 수 있다. 영국의 주요 일간지 중 하나인 「가디언」도 이런 종류의 멀티미디어 기사를 만드는 데 능숙해서 수많은 공공 담론을 이끌어냈으며 심지어 미국에서도 화제를 모았다. 그중 한 사례는 "피살자의 수를 세다(2017)"는 기사로, 미국에서 경찰에 피살된 사람들의 숫자를 수집해 만든 그래픽이었다. 「가디언」 독자들은 해당 데이터를 다양한 방식으로 설정해 새로운 통찰을 발견할 수 있으며, 사고 관련 뉴스로 정황을 이해할 수 있다(그림 4.26). "피살자의 수를 세다"에서 흥미로운 점은 「가디언」이 경찰 살해의 놀라운 사례를 소개하는 데 그치지 않고 체계적으로 데이터를 수집함으로써 미국의 치안 정책을 바꾸는 근거로 사용될 수 있도록 했다는 점이다. 「가디언」은 웹사이트에서 데이터를 수집해 폭행 사건을 찾고, 연방과 주 단위의 치안기관이 보고한 것보다 훨씬 더 많은 정보를 발견해 공식 자료에 포함되지 않은 것은 '미신고'로 표시했다. 이 문제는 실제로 전국에 만연해서 정확한 사망 원인이 전국인구통계시스템NVSS, National Vital Statistics System에 잡히지 않는 경우가 많았다. 2017년 하버드대학교의 연구는 이런 사망자를 실제보다 55.2%나 더 적게 집계했으며, 오류는 저소득층 지역에서 더 높았음을 보여줬다.[35] 「가디언」은 자체 데이터베이스를 법무부 통계국BJS 데이터

그림 4.26 「가디언」이 보도한 "피살자의 수를 세다: 미국의 경찰에 의한 피살자 추적(The Counted: Tracking People Killed by Police in the United States)"의 스크린샷

출처: 「가디언」, 2016(https://www.theguardian.com/us-news/series/counted-us-police-killings)

베이스 및 심지어 FBI 보고서와 비교해 불일치되는 부분을 잡아냈다. 관련 기관은 이 사안을 둘러싼 여러 보도에 자극 받아 보고 방식을 바꾸면서 거기에 추가할 시각화도 개발했다.[36]

데이터 활용해 불심검문 종식

데이터 공유는 정부와 법 집행기관의 차별적 정책을 폐지하는 데 필요한 여론의 반발을 이끌어낼 힘이 있다. 오바마 행정부의 열린 데이터 정책에 따라 지역과 연방정부는 이전까지 공개되지 않았던 데이터를 풀었고, 대중은 이 데이터를 사용해 정부에 대한 반박 논리를 세우고 정책 변화를 이끌었다.[37] 한 가지 훌륭한 사례는 뉴욕경찰국NYPD의 불심검문stop-and-frisk 데이터다. 마이클 블룸버그 뉴욕시장은 경찰이 행인을 멈춰 세우고stop, 심문하고question, 몸수색을 하는frisk 권한을 보장한 정책을 수립했다. 이 정책에 따라 경찰관은 '수상한 행동suspicious activity'이라 판단되는

경우 누구든 검문할 수 있지만, 이 범주는 너무 넓고 지극히 주관적이었다.[38] 이 정책은 경찰이 이런 검문 내용을 보고하는 양식인 UF-250 분석 결과 검문의 20%에 대해서만 영장이 발부된 것으로 드러나면서 논란을 불러일으켰다. 2013년 연방 판사가 데이터를 검토한 결과 그런 수치조차 과소 평가된 것이었음을 보여줬다. 사실상 대부분의 검문은 구체적 근거가 없었고, 경찰이 불심검문 정책을 남용했음이 드러났다.[39]

뉴욕시의 불심검문 사례에서 더욱 흥미로운 대목은 법정 소송에서 제시된 증거가 아니라 대부분의 경우 그런 증거 자체가 취득 불가능하다는 사실이다. 2008년 헌법적 권리센터CCR, Center for Constitutional Rights는 새로 수립된 공개데이터 정책을 활용해 2003년부터 2007년까지 집행된 불심검문 데이터를 분석했다. 그에 따르면 불심검문은 4년 사이에 두 배로 늘었고, 그런 검문 중 88%는 범죄로 이어지지 않았다. 또 불심검문 대상자의 85%는 흑인이거나 히스패닉계로 인종 프로파일링racial profiling의 우려를 자아냈다. CCR은 소송이 필요하다고 판단했다. 2008년 CCR은 '플로이드 외 대 뉴욕시 외(Floyd, et al. v. New York City, et al.)'로 표기되는 집단소송을 제기하고, 경찰이 누구를 불심검문할지 판단할 때 인종 프로파일링 방식을 사용한다고 주장했다.[40]

CCR의 임무는 소송을 통해 사회정의를 구현한다는 것으로, 이들은 불심검문에 대한 조사를 시작하면서 경찰 개혁을 꾀하는 여러 기관의 참여를 유도했다. 이 기관은 목표가 같다는 점에 착안해 2011년 '경찰개혁을 위한 공동체 연합CPR, Communities United for Police Reform을 창설하고 목표 달성을 위해 서로 협력하고 조정하기로 합의했다. CPR은 자신들의 목표가 온당하다는 점을 입증하려 시도하는 한편 다양한 회원 기관의 힘을 빌려 대중 교육에 적극 나섰다.

뉴욕시민자유연합NYCLU, New York Civil Liberties Union은 뉴욕시 경찰청의 2011년 데이터를 추가 분석해 불심검문이 소수인종에 치우쳤음을 다시 보여줬다. 이들이 2011년 발표한 보고서에 따르면 2011년에 경찰의 불심검문 대상자 684,330명 가운데 12%만이 체포되거나 소환장을 받았다.[41] 이 분석 결과는 불심검문 정책이 범죄를 예방했다는 경찰청의 주장에 대한 반박의 근거를 마련했다. 여러 시각화를 사용해 분석 결과를 설명한 이 보고서는 「뉴욕타임스」, 「포브스」[42], 「월스트리트저널」 등 여러 언론을 통해 널리 보도됐다. 그 때문에 이 주제는 다음 뉴욕시장 선거의 주요 의제 중 하나로 떠올랐고, 후보자 토론회에서 집중 논의됐다. 후보자 중

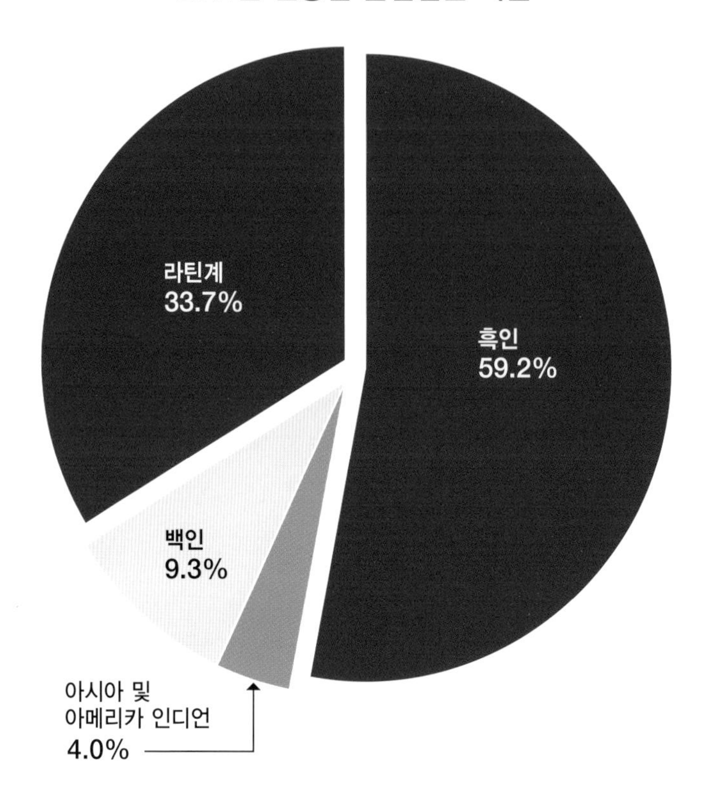

그림 4.27 뉴욕시민자유연합이 2011년 5월 발표한 보고서에 포함된 이 파이 차트는 뉴욕시 경찰청의 불심검문이 대부분 라틴계와 흑인들에게 집중됐음을 보여준다.

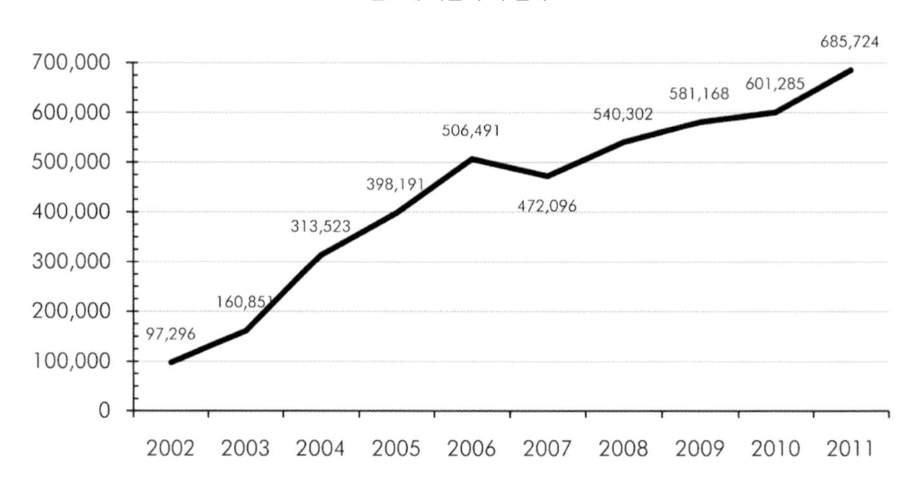

그림 4.28 뉴욕시민자유연합이 2011년 5월 발표한 보고서에서 인용한 이 그래프는 불심검문의 증가세를 보여준다.

한 사람인 빌 드 블라지오Bill de Blasio는 이 정책을 폐지하겠다는 공약을 내걸었고, 결국 2013년 뉴욕시장으로 당선됐다.

뉴욕시의 여러 언론 매체는 뉴욕시민자유연합이 처음 만든 시각화에 그치지 않고, 같은 불심검문 데이터를 근거로 다양한 시각화 자료를 만들어 경찰의 부당한 법 집행을 고발했다. 데이터가 공개되지 않았다면 불가능했을 일이었다. 브루클린의 이슈를 집중 보도하는 독립 잡지 「BKLYR」은 사용자가 다양한 변수를 사용해 경찰의 불심검문 데이터를 분석할 수 있는 시각화 프로그램을 온라인에 올렸다(그림 4.29). 이 시각 데이터는 「와이어드」를 비롯한 여러 뉴스 매체에 소개되고 리트윗되면서 웹에 널리 퍼졌다. 뉴욕의 대표적인 공영 라디오 방송인 WNYC는 가장 큰 화제를 모은 데이터 시각자료를 내놓았다. 400회 이상, 혹은 하루 평균 한 번 이상 불심검문이 벌어진 지역을 분홍색으로 표시한 지도였다(그림 4.30). 이 그래픽 지도는 어떻게 일부 소수인종 지역이 경찰의 표적이 됐는지 보여준다.[43] WNYC의 지도는 그런 표현 방식이 일부 사람들에게 해당 지역 공동체에 더 많은 범죄와 총기가 존재한다는 인상을 심어줬다는 비판도 받았다. 이 지역 주민들이 더 빈번하게, 그리고 종종 부당하게 불심검문을 당했다는 사실을 명확히 밝히지 않는 바람에 지도를 보는 이들은 데이터로부터 편향성을 갖게 될 수 있다는 지적이었다. 데이터를 시각화할 때 어떤 스토리나 주장을 구성할지 신중해야 한다는 사실을 일깨운 사례였다. 예술가 카탈리나 코르타자Catalina Cortazar가 시도한 경우처럼 좀 더 실험적인 시각화 작업도 있었다. 코르타자는 모래시계와 비슷한 작품을 만들었는데, 이것을 거꾸로 세웠을 때 아래로 떨어지지 않는 모래는 뉴욕시에서 불심검문을 당한 백인, 흑인, 라틴계의 비율을 나타낸다.[44]

결국 CCR은 뉴욕시의 불심검문 정책이 위법이라며 연방법원에 소송을 제기했고, 이 재판은 두 달 넘게 지속됐다. 법원은 2013년 5월 해당 정책이 수정헌법 제4조에 위배된다고 판결했다.[45] 판결문은 "뉴욕시는 적어도 1999년 이후 뉴욕시 경찰청의 불심검문 결과 수정헌법 제4조를 위반했다는 실제 통지와 추정 통지constructive notice를 받아 왔다."라면서 "이런 통지에도 불구하고 뉴욕시는 해당 정책과 운영 방식을 의도적으로 고집했을 뿐 아니라 심지어 더 강화했고, 예상한 대로 더 광범위한 수정헌법 4조 위반 행위를 자초했다… 뉴욕시 경찰청은 불심검문이 위헌이라는 명백한 증거에도 모르쇠로 일관했다."라고 지적했다. 판결문은 더 나아가 그러한 증거가 조직적인 인종차별적 행태를 명확히 보여준다는 점을 입증

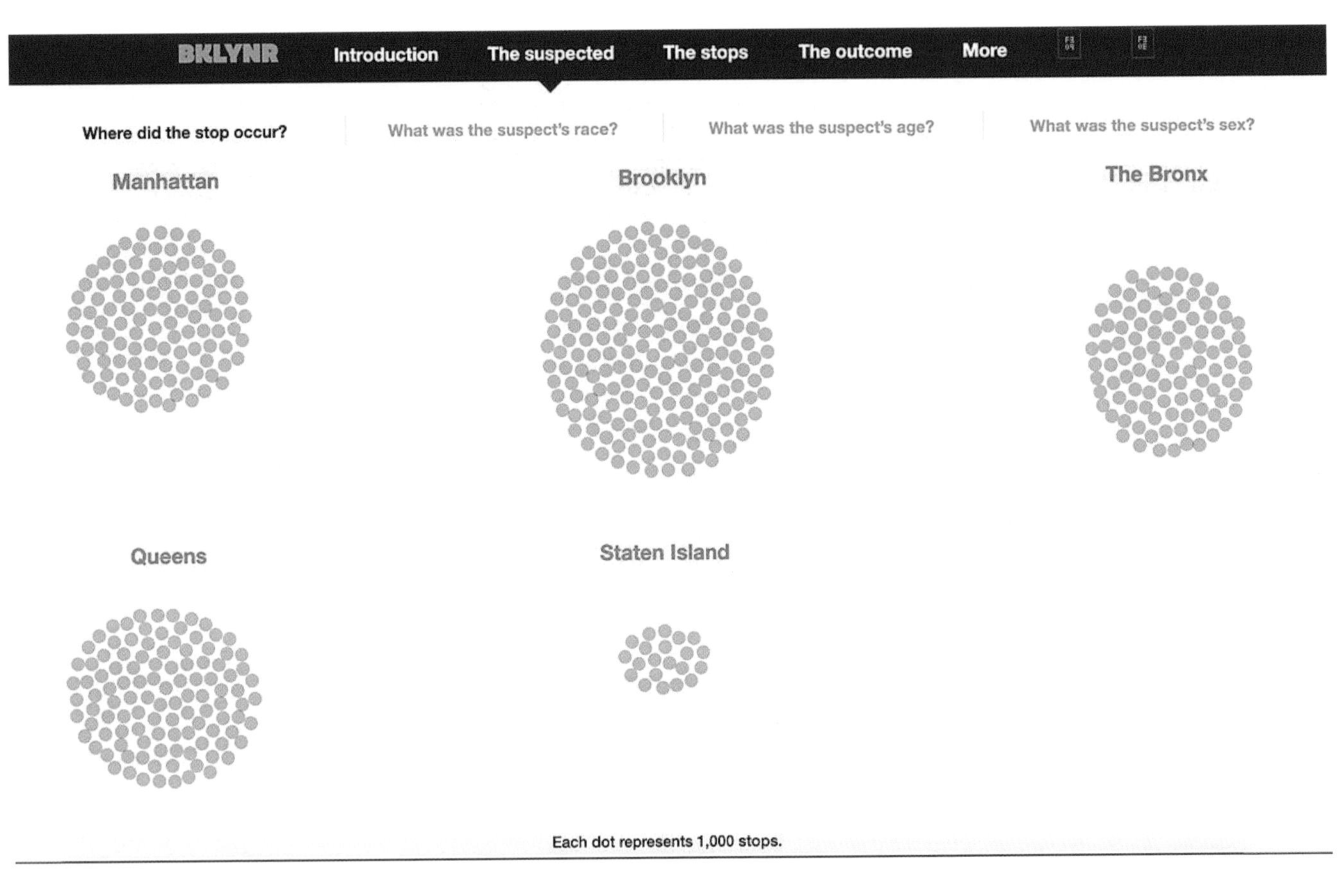

그림 4.29 BKLYNR 블로그에 소개된 불심검문 데이터의 시각화 작업. 여기에서 각각의 점은 인구 비율을 나타내기 때문에 사용자들은 시각적으로 용이하게 데이터를 조작해 볼 수 있다.

출처: "모든 불심검문 지역(All the Stops)", BKLYNR(https://www.bklynr.com/all-the-stops/)

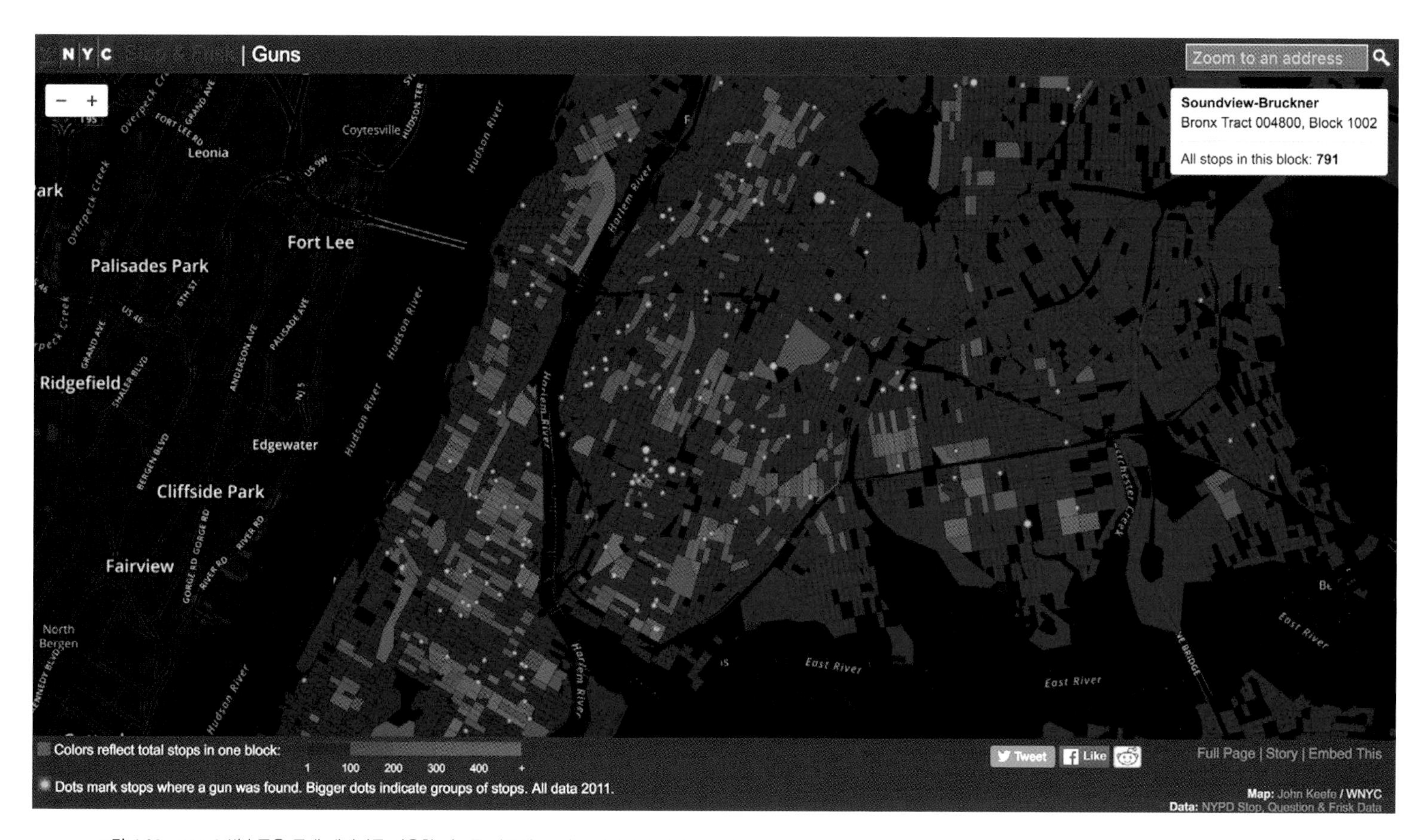

그림 4.30 WNYC 방송국은 공개 데이터를 사용한 지도를 만들었고, 이는 인터넷에 널리 유포됐다. 이 지도는 불심검문 위치와 사람들이 불법으로 총기를 취득하는 장소 간의 상관 관계를 규명하려 시도한다는 비판을 받았다. 문제는 불심검문에 따른 티켓 발부가 특정 지역, 특히 소수인종이 밀집된 지역에 치우친다는 것이었다. 그럼으로써 해당 데이터는 소수인종 지역에 더 많은 총기가 집중된다는 편향적 결과를 낳았다.

출처: 존 키프(John Keefe), "불심검문 | 총기(Stop & Frisk | Guns)", WNYC, 2013(https://project.wnyc.org/stop-frisk-guns/)

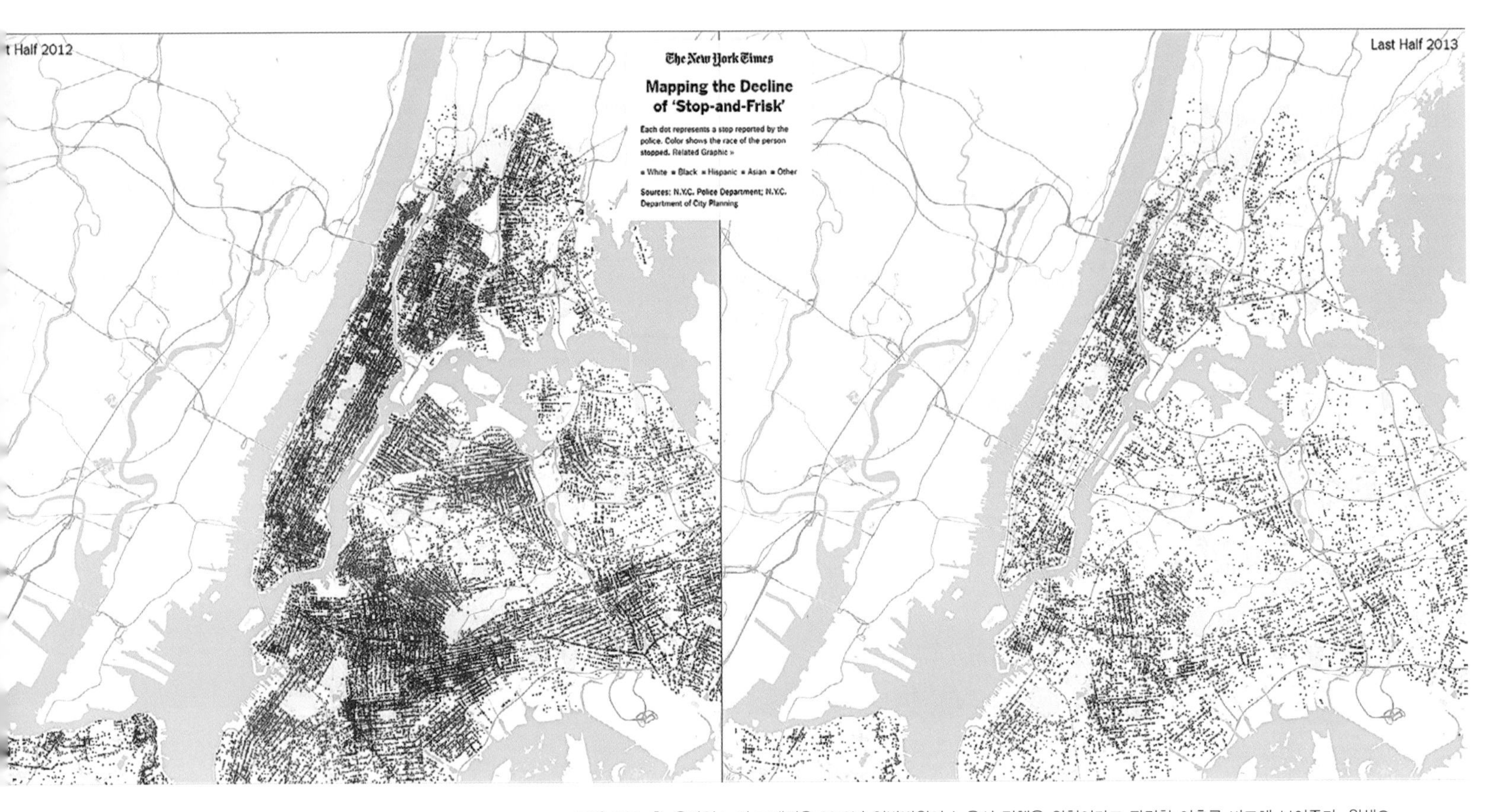

그림 4.31 「뉴욕타임스」의 그래픽은 2013년 연방법원이 뉴욕시 정책을 위헌이라고 판결한 이후를 비교해 보여준다. 원색으로 표현된 부분은 경찰의 검문검색을 받은 인종을 표시한다(녹색은 백인, 파란색은 흑인, 주황색은 히스패닉, 분홍색은 아시아인, 갈색은 기타).

출처: 마이크 보스탁(Mike Bostock), 포드 페센덴, "뉴욕에서 자취를 감춘 경찰의 불심검문('Stop-and-Frisk' Is All but Gone from New York)", 「뉴욕타임스」, 2014년 9월 19일(https://www.nytimes.com/interactive/2014/09/19/nyregion/stop-and-frisk-is-all-but-gone-from-new-york.html)

했다.[46] 판결에 따라 뉴욕시 경찰청은 불심검문 행위를 중단했다. 「뉴욕타임스」는 2014년 불심검문이 사라진 다음에 지역 공동체별로 어떤 변화가 나타났는지 그래픽으로 보여줬다(그림 4.31). 뉴욕시의 불심검문 정책은 2020년 대통령 선거 기간 동안 마이크 블룸버그Mike Bloomberg의 평판에 부정적 영향을 미쳤다. 해당 정책을 초기에 블룸버그 시장이 지지했다는 사실을 대중은 곱게 받아들일 수 없었기 때문이었다.

뉴욕시의 불심검문 정책을 폐지하는 데 데이터가 활용된 여러 방식은 권력과 통제를 위해 개발된 데이터가 어떻게 비윤리적 정책이나 행태를 바로잡는 도구가 될 수 있는지 보여준다. 이런 역전을 가능케 한 것은 난순한 데이터 공유만이 아니라 프로젝트를 바탕으로 한 스토리였다. 정책 전문가와 지역 공동체가 협력해 구축한 데이터의 통찰은 이들의 방대한 네트워크로 전달됐고, 주류 언론과 미디어의 주목을 받았다. 미디어는 그러한 정책의 실상과 폐해를 더욱 많은 사람에게 알려 공공담론의 주제로 만들었다. 이 사례가 대표하는 것은 이 책 전체를 통해 논의해 온 '데이터 액션' 방법론의 실효성이다. 불심검문의 사례는 누구든 공개 데이터를 창의적으로 시각화할 수 있고, 전문가와 협력해 데이터 스토리를 구축할 수 있으며, 그런 내용을 그래픽을 대중에게 널리 알려 여론을 조성함으로써 사회적 변화까지 이끌어낼 수 있음을 보여준다.

데이터 공유는 투명성, 대중 참여 및 협력을 실현한다

오바마 전 대통령은 열린 정부는 '투명성, 대중의 참여 및 협력'을 모색한다고 말한 바 있다.[47] 실질적인 정책 수립을 위한 데이터 사용은 정책 변화를 이끌어내기 위한 윤리적 데이터 사용과 동일한 원칙을 준수해야 한다. 데이터 공유는 투명성을 높이고, 그로부터 공유 관계자들 간에 신뢰 관계가 형성돼 정책 이니셔티브에 힘을 모을 수 있다. 그런 점은 디지털 마타투스 프로젝트에서 입증됐다. 제휴 기관이나 관계자들과 데이터를 더 적극 공유할수록 신뢰 관계도 더 돈독해지고 공동 작업의 효과도 더 높아진다.

투명성은 데이터는 물론 거기에 내포된 편향성까지 노출한다는 뜻이다. 이는 데이터 분석을 통해 그 저변에 깔린 통제와 관리의 시스템을 드러낼 수 있다는 뜻이기도 하다. '1백만 달러 블록' 프로젝트의 수감자 등록 데이터와 불심검문에 관한 이야기는, 권력과 통제에 사용되던 데이터를 어떻게 변모시켜 대중이 정책 변화를 이끌어내는 데 활용될 수 있는지 보여준다. 두 경우 모두에서 유색인종이 많은 지역 공동체가 불이익을 당했다는 점은 치안 과정의 인종적 편향성을 시사한다. 1백만 달러 블록 프로젝트에서 많은 지역 공동체는 수감의 악순환을 벗어나기 위한 자원이 없으며 형무소가 정책적 대답으로 작용한다. 불심검문의 경우 유색인종이 많은 지역과 그곳의 주민들은 수상쩍은 용의자로 간주되기 쉽고, 이는 과잉 치안의 위험성을 높인다.

시각적 수단을 통한 데이터 공유는 저변의 정책을 투명하게 드러낼 수 있지만, 모든 시각화 작업은 작업자의 편향성을 반영할 수밖에 없다. 정책 개발을 유도하기 위한 데이터 시각화에 대중의 참여가 필수적인 이유다. 시각화 작업에 누구의 이해가 걸려 있는지 질문함으로써 우리는 해당 작업의 결과를 비판적으로 바라보고, 거기에 잠재적으로 어떤 편향성이 반영됐을 수 있는지 파악할 수 있다.

다른 기관이나 관계자들과 협력해 데이터 시각화 작업을 진행하면 우리가 미처 깨닫지 못한 우리 자신의 편향성을 파악하는 것은 물론, 시각화를 통해 전달하려는 메시지에 대한 신뢰를 확보할 수 있으며, 무엇보다 해당 메시지를 더 폭넓고 다양한 관객에게 전달할 수 있으므로 우리 작업의 효과도 그만큼 더 커진다. 그러한 협력 효과는 이 책에 소개한 대다수 프로젝트에서 특별한 양념 같은 구실을 한다. 나이로비에서 진행한 마타투스 프로젝트의 경우, 여러 기관과 함께 지도를 제작함으로써 그래픽을 누구나 쉽게 이해할 수 있도록 개선하는 것은 물론 이해당사자들 사이에서 신뢰를 확보할 수 있었다. 그 결과 정부도 그 지도에 믿음을 갖고 도시의 공식 지도로 삼았다. 1백만 달러 블록의 경우 정책전문가들과 협력함으로써 언론이 관심을 가질 만한 주제와 자료를 만들 수 있었다. 협력적 접근법 덕택에 우리는 수많은 비영리 인권 그룹과 단체의 참여를 유도할 수 있었고, 이는 더 폭넓은 네트워크로 우리의 이야기를 확대하는 데 도움이 됐다.

데이터 공유는 처음 의도했던 목적을 넘어 더 광범위하고 지속적인 효력을 지닌다. 뉴욕시 경찰청은 데이터를 일반에 공개함으로써 특히 인종 프로파일링을 이해하는 다른 이니셔티브에도 사용할 수 있었다. 이것은 나이로비시의 경우도 마찬가지였다. 데이터를 자유롭게 공유함으로써 지역의 기술 커뮤니티는 해당 데이터를 기반으로 다양한 자체 기술을 개발할 수 있었다. 뉴욕주 복권위원회가 데이터를 공유한 덕택에 우리는 청소년들에게 복권 관련 정책을 가르칠 수 있었고, 이들은 그 데이터를 일종의 학습 도구로 변모시켰다. 「가디언」은 "피살자의 수를 세다" 특집 기사를 위해 데이터 세트를 구축하고 시각화를 개발한 뒤 이를 공개함으로써 정부의 공식 데이터가 어떻게 이 문제를 적절히 추적하지 못했는지 보여줬다.

사회에서 토론은 중요하다. 공개된 데이터는 명백히 정치적이며, 그 데이터를 시각화한 결과 또한 마찬가지다. 하지만 이는 데이터에 깃든 통찰을 소통하는 데 도움을 줄 뿐 아니라 그런 행위 자체가 정책 개발을 비롯한 중대 변화로 이어질 수 있다. 그 목적이 소토마이어 대법관의 반대의견처럼 사실을 드러내고 설득하는 것이든, 혹은 기후변화에 찬성하거나 반대하기 위한 것이든 데이터 시각화는 어떤 주제나 개념, 사상을 특별한 중요성을 지니는 것으로 부각시켜 준다. 데이터 시각화는 사람들에게 적법하다는 인식을 심어주고, 따라서 여론을 움직일 수 있기 때문에 정책을 개발하거나 개정하기 위한 메시지 전달에 특히 효과적이다. 이것은 물론 전달하려는 메시지가 결국은 시각화를 만든 사람이나 기관의 편향성을 반영하기 때문에 양날의 칼이 될 수 있다. 데이터 시각화 작업을 투명하게 대중의 참여를 유도하면서 여러 이해당사자들과 협력해 진행한다면 편향성을 줄일 수 있겠지만, 우리 모두가 데이터의 시각화가 제공하는 메시지를 비판적으로 판단할 수 있도록 사회 전체적으로 데이터 문해력을 높이는 것이 중요하다.

공공재로서의 데이터

필자는 2019년 콜롬비아 메델린에서 열린 제10회 세계도시정상회담의 시장 포럼Mayors Forum에서 남반구 국가에서 빠르게 발전하는 많은 도시의 계획 결정을 내리기 위한 데이터 구축의 필요성에 관해 강연했다. 콘퍼런스의 한 기업측 참가자는 "문제는 데이터의 필요성이 아닙니다. 우리는 데이터에 파묻힐 지경이에요. 중요한 것은 그런 데이터가 도시 정책에 적절히 활용되도록 분석할 수 있는 자원을 찾는 것입니다."라고 논평했다. 이 발언은 빅데이터 분석에 대한 과신을 둘러싼 심각한 문제 중 하나를 보여준다. 데이터가 많은 것은 맞지만 해당 데이터에 접근할 수 있는 사람과 그렇지 못한 사람 간의 격차도 점점 커지고 있다. 이런 격차가 커지는 이유 중 하나는 민간기업이 처음으로 데이터의 대부분을 보유하고 관리하게 된 데다, 그것을 누구와 어떤 이유로 공유할지 자의적으로 결정할 수 있기 때문이다. 몇몇 거대 도시의 경우 실제로 데이터가 넘쳐나는데, 이는 그렇게 방대한 규모의 데이터를 수집하는 데 필요한 돈이 있기 때문이다. 하지만 일부 공동체, 특히 시골 지역과 개발도상국 도시의 경우 데이터를 생성하거나 구입하는 데 비용이 많이 들거나 그렇게 할 만한 정치적 의지가 없다. 민간기업도 사회 발전을 위해 보유한 데이터를 공유하기도 하지만 대개는 자사에 이익이 되는 경우에만 그렇게 한다. 그럼으로써 이들은 해당 데이터와 거기에 포함된 메시지에 대한 독점적 권력을 유지하며, 그 결과가 반드시 사회의 이익에 도움이 되는 것은 아니다.

민간기업이 소유한 데이터의 압도적 규모에 위기의식을 가진 각국 정부는 유럽연합의 '일반개인정보보호법' 같이 윤리적 데이터 사용을 위한 기준을 마련하기 시작했지만, 전반적으로 여전히 데이터 범람에 압도된 채 제대로 준비되지 못한 상태다. 민간기업이 보유한 데이터를 사회 공익에 사용하기 위해서는 규정을 마련해 기업이 데이터에 포함된 개인 정보를 적절히 보호하고 공익을 위해 사용할 만한 인센티브를 제공해야 한다. 하지만 모든 정부기관이 데이터를 윤리적으로 사용하는 것이 아니기 때문에 정부 규정만으로는 데이터의 윤리적 사용 행태를 담보하기 어렵다. 이를테면 전체주의 정부는 데이터를 국민을 억압하는 수단으로 악용하고, 법규는 또한 기술 혁신보다 뒤처질 때가 많다. 따라서 새로운 법규의 제정을 요구하는 한편, 데이터 전문가들은 데이터의 윤리적 사용을 보장할 수 있는 자체 기준을 만들 필요가 있다. 공공의 이익을 위해 데이터를 사용하는 경우 거기에 윤리적인 문제는 없는지 따져봐야 한다.

빅데이터 시대의 데이터 부족

빅데이터를 둘러싼 온갖 가능성과 약속, 특히 민간기업이 수집하고 보유한 데이터의 규모를 감안하면, 세계 일부 지역에서는 정부가 기본적인 인구 데이터조차 얻기가 매우 어려워서 많은 경우 민간기업이 제공하기로 결정한 데이터만 겨우 얻을 수 있다는 사실은 선뜻 상상하기 어렵다. 2014년 「이코노미스트」는 한 기사에서 "아프리카는 누락된 데이터의 대륙이다. 출생 사실의 절반 이상은 기록조차 되지 않으며, 일부 국가는 지난 수십 년간 한 번도 인구 통계조사(센서스)를 실시하지 않았다."[1]고 보도했다. 세계은행은 「데이터 빈곤: 종식해야 할 또 다른 빈곤Data Deprivation: Another Deprivation to End」이라는 최근 보고서에서 이런 격차를 지적하면서 어떻게 개발도상국의 극심한 데이터 부족이 빈곤 완화를 비롯한 간단하고 지속 가능한 개발 목표조차 제대로 추적하기 어렵게 만드는 이유를 설명한다.[2] 이 보고서에 따르면 57개국은 빈곤도 측정 기준이 하나뿐이거나 아예 없는데, 이는 개발도상국이나 가계 수입이 중간 수준인 세계 나라의 3분의 1이 빈곤 정도를 추적하는 데 필수적인 데이터가 없다는 뜻이다. 그러한 데이터가 없는 주요 원인 중 하나는 그것을 수집할 기술적, 재무적 수단이 정부에 없기 때문이다. 유엔은 「필요한 데이터가 있는 세계A World That Counts」라는 제목의 보고서에서 데이터 부재는 '기본 인권이 무시되는 상황'을 초래할 수 있다고 주장한다.[3] 기본 데이터의 구축이 필수적인 이유는 국민의 생활상이 정확히 파악돼야 하기 때문만이 아니라, 정부와 비정부기관이 인프라와 사회복지 서비스를 개선하는 계획을 세우는 데 필요하기 때문이다. 데이터에 잡히지 않는 사람이나 계층은 결정에서 소외되기 쉽다.[4]

이것은 더없이 실망스러운 부분이다. 왜냐하면 그런 데이터가 엄연히 존재하지만 그것을 활용해 빈곤을 추적하거나 도시 인프라를 건설할 수 있는 사람들의 수중에 있지 않기 때문이다. 예를 들면 전기통신 회사, 페이스북, 구글 같은 민간기업은 철저히 수집된 데이터 배기가스data exhaust를 분석해 인구 데이터를 파악할 수 있지만, 그런 정보를 사회 개선에 사용할 수 있는 당사자들과 공유하지 않는다. 민간기업 입장에서는 데이터를 그와 같은 목적으로 분석하는 데는 많은 비용이 든다. 그래서 광범위한 공중보건 문제처럼 양쪽 모두에 혜택이 보장되는 경우에만 그렇게 한다. 이런 상황은 2020년 코로나바이러스 팬데믹이 전 세계적인 위기 상황으로 확산됐을 때 벌어졌다. 정부가 필요한 정보를 갖지 않은 경우 비정부기관과 글로벌 인권단체가 해당 국가의 민간기업과 대기업으로부터 데이터를 입수해 기본적인 사회복지 서비스를 예측하는 경우도 적지 않다.

데이터는 공공 인프라다

이제 민간기업이 도시, 인구 통계 및 지역 공동체에 대한 데이터를 정부 공공기관보다 훨씬 더 많이 보유하고 있다는 점을 개발도상국이 아닌 미국과 유럽의 맥락에서 살펴보자. 구글의 자율주행 차량 프로그램인 웨이모Waymo를 사례로 들어보겠다. 웨이모의 테스트 차량 한 대는 레이저 광선을 사용하는 라이다LIDAR 센서로 주변을 스캔하면서 하루에 30테라바이트TB 규모의 데이터를 생성한다. 이는 트위터가 매일 생산하는 데이터 분량의 3천 배에 해당한다.[5] 구글의 프로그래머들은 이 데이터를 사용해 '디지털 쌍둥이'로 불리는 물리적 세계의 3차원 이미지를 만들고, 이를 통해 도로상의 자율주행 차량을 안내한다. 이 가상 환경에서 자율주행 차량이나 로봇은 방향을 바꾸고 정지하고, 승객을 태우거나 거리를 가로지르는 보행자를 위해 멈추도록 지시할 수 있다. 이제 이 데이터가 구글이 이미 보유한 개인 데이터인 온라인 구매 내역, 직장, 최근 다녀온 콘서트, 다음 휴가 장소, 심지어 정치관까지 알려주는 데이터와 조합된다고 상상해 보라. 이 데이터가 해당 차량을 위해 구축된 디지털 세계에 추가되면 우리의 운전 경험을 개인화하는 데 사용될 수 있다. 개인의 구매 습관과 동선을 포착했으므로 이 데이터는 운전자가 언제 어디에서 우유를 사려고 할지 예측해 운전하는 동안 그런 사실을 알려줄 수 있다. 이런 유형의 정보를 자율주행 차량의 데이터베이스에 더함으로써 해당 차량은 운전자의 이전 행태에 근거해 결정을 내릴 수 있게 된다.[6]

이 대안 현실은 사실상 새로운 디지털 현실이 미래의 인프라가 될 것이고, 그 자체로 새로운 '공공재public good' 구실을 할 것이다. 사람들은 온갖 유형의 업무를 수행하는 데 이런 데이터를 사용할 것이다. 네트워크로 연결된 컴퓨터가 월드와이드웹을 만들었던 것처럼, 이러한 환경 역시 수많은 기술 혁신에 힘을 실어줄 것이다. 지금 당장은 그러한 능력이 관련 데이터를 생성하는 기업, 웨이모, 테슬라, 포드 같은 자율주행 차량을 시험하는 기업에만 있다. 이 기업은 이미 차량을 넘어 다

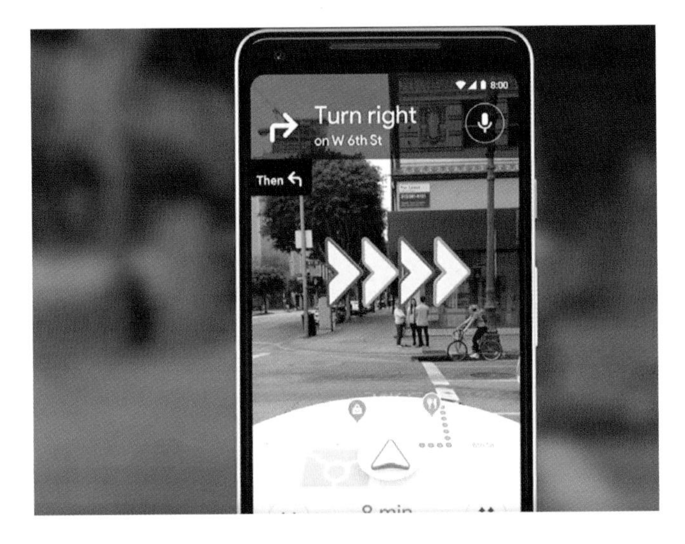

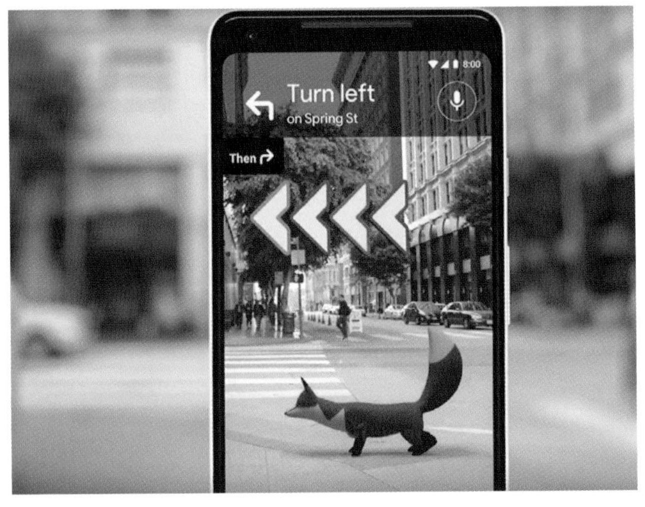

그림 5.1a와 5.1b 구글의 증강현실 앱은 사용자의 길 안내 툴에 디지털 여우를 보여줘 음식점을 추천한다.

출처: 제임스 캔터(James Kanter), "구글 지도에 증강현실 기능을 더한 구글(Google Showcases Augmented-Reality Navigation on Google Maps)", 「비즈니스 인사이더(Business Insider)」, 2018년 5월 9일(https://www.businessinsider.com/google-showcases-augmented-reality-navigation-on-google-maps-2018-5)

그림 5.2 마이크로소프트가 만든 '3D 사운드스케이프(3D Soundscape)'는 시각장애우가 도시를 자유롭게 다닐 수 있도록 도와준다.

출처: 애덤 피터스(Adam Peters), "이 기기는 시각장애우가 도시를 다니기 더 쉽도록 3차원의 소리 지형(soundscpae)을 만들어준다", 「Fast Company」, 2014년 11월 20일(https://www.fastcompany.com/3038691/this-device-creates-a-3d-soundscape-to-help-blind-people-navigate-through-cities)

양한 상품을 만드는 데 가상 세계를 활용하고 있다. 구글은 디지털 환경을 이용해 스마트폰에 증강현실을 더한 길 안내 툴을 개발했다(그림 5.1a와 5.1b). 마이크로소프트는 가상 환경을 사용해 시각 장애자들이 도시를 더 자유롭게 다닐 수 있도록 도와주는 소위 '3D 사운드스케이프3D Soundscapes'를 만드는 데 일부 데이터를 사용하기 시작했다(그림 5.2). 이 새로운 가상 환경을 적용할 수 있는 분야는 무궁무진하다.

그곳이 아프리카든 북아메리카든 데이터는 우리가 사는 세계를 운영하며 현대 생활의 필수 요소다. 필자는 특정한 종류의 데이터는 공공재로 간주돼야 하며, 그러한 데이터를 사회의 개선에 윤리적으로 책임감 있게 사용하기 위한 기본 규칙을 마련해야 한다고 믿는다.

데이터 식민주의

과거에는 정부가 개인 정보를 주로 수집하고 보유했지만 이제는 민간기업이 그런 흐름을 주도하고 있다. 학자들은 개인 정보 소유권에 대한 관계 변화를 새로운 형태의 제국주의라고 부르며, 그로부터 초래되는 데이터 소유권과 통제권의 불균형을 '데이터 식민주의'라고 부른다. 최근 발표한 한 논문에서 짐 대처Jim Thatcher와 공저자들은 이런 개념을 '당대에 진행되는 데이터 상품화에 내재한 권력의 비대칭성'을 강조하기 위해 '사회에서 데이터가 수행하는 역할 변화'를 이해하기 위한 일종의 비유로 소개했다.[7] 이들은 영리 및 비영리 비정부기관이 인프라나 다른 개발권을 취득하고자 할 때 이제는 '데이터'라는 협상 카드를 쥐고 있다. 어떤 경우는 자체 데이터를 사용해 자체 인프라를 구축하면 되기 때문에 아예 협상 카드조차 필요 없을 때도 있다.

데이터 식민주의는 비단 개발도상국과 민간기업의 관계뿐 아니라 북미와 유럽 지역의 맥락에도 적용된다. 이 주제를 다룬 최신작 『The Costs of Connection: How Data Is Colonizing Human Life and Appropriating It for Capitalism연결의 비용: 데이터는 어떻게 인간의 삶을 식민화하고 자본주의에 전용하는가』(Stanford University Press, 2019)[8]에서 공저자인 닉 콜드리Nick Couldry와 율리시즈 메지아스Ulises Mejias는 데이터 식민주의를 "식민주의 체제에서 시작돼 산업 자본주의를 통해 지속돼 온 글로벌 추출extraction 공정의 연장으로, 다만 과거의 추출 대상이 자연자원과 노동력이었던 것과 달리 지금 전용되는 것은 대화를 데이터화한 인간의 삶이다."라고 규정한다. 그러한 데이터화에 참여하는 것은 우리, 세계의 시민들로, 대기업과 수많은 중소기업에 우리 삶의 온갖 시시콜콜한 정보, 우리의 실시간 지리 정보부터 이메일 기록에 이르기까지 모든 데이터를 제공하고 있다. 그러한 데이터를 수집한 기업은 일종의 상품처럼 다른 기업이나 기관에 데이터를 팔고, 이는 광고의 정확도를 높이거나 대중교통 서비스를 향상하기 위한 목적 등 온갖 용도에 사용된다. 요즘 회자되는 '데이터는 새로운 석유'라는 말을 들었을지도 모르겠지만, 『연결의 비용』 저자들에 따르면 우리는 기업의 영리 추구에 착취되는 석유 방울에 해당한다.

『Compromised Data훼손된 데이터』(Bloomsbury Publishing, 2015)[9]의 저자들도 "데이터는 국가의 역할에 대한 신자유주의적 정의를 급속히 확산시키기 위해 사용하는 한편, 시민의 지위를 소비자의 행태로 절하한다."는 비슷한 논지를 펼친다. 데이터 식민주의의 개념은 선뜻 이해하기 어렵기 때문에 필자는 그 의미에 대한 필자 나름의 견해를 밝히고자 한다. 이들 주장의 핵심은 이렇다. 데이터와 그로부터 얻어지는 여러 통찰은 비정부기업과 기관에 의해 수집되기 때문에, 한때 국가에 귀속됐던 책임은 이제 비정부기관으로 이전되고 있다. 그리고 일부 정부가 볼 때 책임 소재의 이전이야말로 문제의 핵심이다. 그것이 자신들의 신자유주의적 의제를 홍보하는 데 도움을 준다는 것이다. 이런 현상의 증거로 종종 사용되는 한 사례는 '오픈데이터 운동open data movement'으로, 전형적으로 정부가 제공하던 서비스를 민간 부문에서 혁신하는 것을 돕자는 취지로 정부가 장려하는 운동이다.[10]

사회에서 기술의 역할이 바뀌는 데 따른 이와 같은 우려는 새로운 게 아니다. 예를 들면 1980년대 많은 사람은 대중매체와 TV 방송이 막강한 권력을 갖고 사회의 관념을 좌우한다고 우려했다. 마셜 매클루언Marshall McLuhan에게 배운 캐나다의 미디어 학자인 톰 맥페일Tom McPhail이 만든 '전자 식민주의electronic colonialism'라는 용어는 어떻게 미디어 기업이 우리 마음속 '심리의 제국psychological empire'을 사로잡아 제어하려 하는지 설명한다.[11] 이것은 우리에 관한 데이터를 직접 추출해 축적하고 독점하는 현대의 데이터 제국과는 구별되는 대목이다. 우리는 여전히 전자 식민주의와 데이터 식민주의 두 형태 모두에 대해 매우 우려한다. 3장에서 언급한 케임브리지 애널리티카 스캔들에서 드러난 것처럼, 가짜 뉴스를 유포하고 우리의 생각에 영향을 미치는 소셜미디어의 위력에 대한 현재의 논의는 아주 좋은 사례다. 데이터는 언제나 권력과 통제의 도구였다. 지금 나타나는 문제는 아마도 우리를 통제하려 시도하는 정부가 아니라 우리를 대표하도록 선출한 적이 없는 민간기업에 있을 것이다. 더 정확하게 말하면 정부기관은 전통적으로 자신들의 수중에 있던 서비스에 대한 관리와 통제 권한을 민간기업에 이양하는 추세인데, 이것이야말로 신자유주의의 핵심이다.

데이터 식민주의는 새로운 개념이 아니다. 식민주의의 주체가 다를 뿐이다. 그것이 국가, 토지소유주 또는 민간기관이든 해당 데이터를 보유한 주체가 권력과 통제권을 갖는다. 하지만 '데이터 식민주의'라는 프레임은 데이터에 대한 통제권이 민간기업으로 이전되는 현재의 흐름 및 그들의 착취적 사용 경향을 더 잘 이해할 수 있게 해준다. 잠재적으로 더 큰 문제는 우리의 개인 정보를 캐내고 수집하고 분석하는 데 사용되는 알고리듬이 정부의 투자로 개발됐다는 사실을 고려하면, 그럴 의도는 아니었다고 해도 정부가 이런 식민지화를 도운 셈이라는 점이다. 구글은 미 국립과학재단의 기금을 지원받아 알고리듬을 개발했다. 그리고 그보다 앞서 미 국방부 산하 국방고등연구기획국DARPA이 인터넷을 만들었다.

공익에 기여하는 개인 데이터

민간기업이 소유한 데이터도 공공재로 취급해 정부의 보호를 받아야 할까? 개인의 데이터도 공공재로 간주해야 한다는 개념은 특히 데이터가 부족하고 기업이 수집한 데이터가 인구에 관한 정보뿐인 인도주의 부문에서 논의돼 왔다. 위기 관리, 공중보건, 교통 계획, 도시 및 경제 개발 등의 사례에서 보듯이 많은 도시가 민간 부문에서 소유한 데이터로부터 많은 혜택을 누렸다.[12]

논의를 진행하기 전에 주요 용어를 먼저 정리하자. 공공재는 사회의 혜택을 위해 (즉 더 큰 선을 위해) 수익 없이 제공되는 재화나 서비스다. 경제학자들은 공공재를 비배제적이고non-excludable, 비경합적인non-rivalrous 것으로 정의한다.[13] 비배제성이란 누군가가 재화에 접근하지 못하도록 막는 것은 광범위한 사회적 비용을 발생시킨다는 것을 의미한다. 이것은 데이터에도 적용된다. 우리 사회는 데이터 없이는 제대로 기능할 수 없다. 비경합성은 소비되더라도 재화가 줄지 않으며, 해당 재화를 생산하는 데 드는 비용도 매우 적다는 것이다. 데이터에 특화된 기업은 거의 모든 상호 작용 과정에서 일정한 종류의 디지털 배기가스를 생산한다는 점에서 데이터의 경우에도 적용된다. 비록 자국 시민들을 위한 공공재를 보호하는 것은 정부의 몫이지만 공공재는 반드시 정부에 의해 제공돼야 할 필요는 없다. 그와 같은 공공재의 한 가지 사례는 전력이다. 전력은 민간기업에 의해 관리되지만 평등한 접근권을 보장하기 위해 정부가 엄격히 규제한다. 경제학자들은 공공재의 비용은 소비자에게 주는 한계수익을 대표하며, 이는 그것을 생산하는 데 소요되는 한계비용과 같다.[14]

하지만 경제학자들은 데이터가 공공재로 간주돼야 하는지를 놓고 계속 논쟁을 벌인다. 조셉 E. 스티글리츠Joseph E. Stiglitz와 할 R. 베리언Hal R. Varian은 1999년 각각 발표한 정보와 지식에 관한 연구에서 그러한 토론의 기반을 닦았다.[15] 이들은 정보와 지식은 생산비가 낮고 다른 사람들이 이를 사용하는 데 추가 비용이 들지 않는다는 점에서 비배제성과 비경합성의 특징을 지니며, 따라서 공공재라고 주장했다. 그러나 정보와 지식은 데이터가 아니다. 경제학자들은 데이터가 공공재인지의 여부에 대해 명확하지 않다. 민간기업이 데이터를 관리하는 경우, 기업이 그에 대한 접근을 제한할 수 있어서 데이터를 배제 가능한 자원으로 만들기 때문이다.[16] 그와 대조적으로 유럽연합이 제정한 일반개인정보보호법은 우리가 민간기업에 제공하는 데이터를 '우리의 개인 재산our individual property'으로 선언하고 있어서 이 문제를 더욱 혼란스럽게 만든다.[17] 하지만 우리가 데이터를 각자 소유한다면 그것이 공공재일 수 있을까?

데이터가 공공재라는 주장은 특정 민간기업이 데이터에서 모종의 가치를 추출하는 데 기반한 비즈니스 모델을 구축해 왔다는 점 때문에 더욱 복잡해진다. 대표적인 사례는 모바일 승차 공유 서비스인 우버Uber다. 우버는 도시의 교통 패턴에 관한 집계 데이터를 공개했지만, 그 데이터는 몇몇 도시에서 이미 수집한 정보와 크게 다르지 않다. 대부분의 도시에서 진짜 가치는 개별 운행 정보에서 나오며, 그를 분석해 교통 체증을 줄이는 방법을 찾는다. 근래 우버가 여러 도시와 협력해 유용한 데이터를 제공할 방법을 모색해 왔다는 점은 주목할 만하다. 이전까지는 자체 데이터를 공개하는 것은 비즈니스를 포기하는 것이나 다름없다고 주장했었다. 만약 해당 데이터를 통해 주행 시간과 비용을 예측한다면 우버의 주장은 사실일 수 있고, 그런 데이터를 공유하는 것은 기업 비밀을 공개하는 것에 버금갈 수도 있다. 다른 기업이 동일한 데이터 분석으로 비즈니스에 활용할 수 있을 것이기 때문이다. 이런 데이터를 집계 형태가 아닌 개별 수준으로 공유할 경우 수많은 프라이버시 문제가 불거질 것은 두말할 필요도 없다. 우버는 정부가 시민들의 프라이버시를 보장하리라고 확신할 수 있을까? 그와 동시에 우버는 공공 인프라, 즉 공공 거리와 도로상에서 사업을 운영한다. 우버는 그렇게 공공 인프라 위에서 영업을 하는 데 따른 부채는 없을까? 우버 입장에서는 그런 압박을 느낄 수밖에 없고, 그래서 일반에 공개할 수 있는 데이터를 판별하려 시도하고 있다.

기업이 자신들이 보유한 데이터의 공개를 꺼리는 것은 놀라운 일이 아니다. 이들은 데이터베이스를 구축하는 데 많은 시간과 돈을 투자했고, 그런 소유권을 인정하는 법률적 전례도 있다. 파이스트 출판사 대 루럴 텔레폰 서비스 컴퍼니의 소송(Feist Publications v. Rural Telephone Service Co., 1991)에서 대법원은 전화번호부에 알파벳 순으로 수록된 이름과 전화번호 같은 사실의 편집은 저작권을 주장할 수 없지만, 옐로 페이지yellow-page 같이 해당 기업이 시간과 돈을 들여 그 번호를 배관공, 청소 서비스, 의료 기관, 레스토랑 같은 범주로 정리해 독창적으로 재구성했기 때문에 해당 기업의 재산이라고 판결했다.

데이터의 소유권과 사용에 관한 법률적 전례는 놀라울 만큼 드물다. 데이터를 누가 어떤 맥락에서 어떻게 사용할 수 있는지에 대해 더 강력한 규제가 필요하다.

앞에서 언급한 자율주행 차량인 웨이모의 사례를 들어보자. 구글이 이 자율주행 차량을 운행하기 위해 만드는 디지털 인프라는 지금 당장, 혹은 미래에 '우리 모두가all of us' 이용할 수 있는 자동화 픽업 및 배달 서비스의 기반 데이터이기도 할 것이다. 만약 특정 인구나 그룹이 구글의 데이터베이스에서 배제된다면 이들은 해당 서비스 영역에서 제외될 것이고, 그로 인해 이들이 거주하는 지역 공동체는 물론 그런 공동체가 소속된 사회에도 해악을 끼칠 것이다. 이제 웨이모 차량이 공공 재산이거나 공공재라고 할 수 있는 도로 위에서 운영된다는 사실을 거기에 더해 보자. 이들은 그러한 운영 방식으로부터 가치를 추출한다. 그렇다면 대중에게, 혹은 대중을 대표하는 정부에 대한 웨이모의 의무는 무엇이냐고 우리는 묻지 않을 수 없다. 웨이모는 공공재인 도로를 사용하는 대가로 그들이 추출한 데이터를 대중 및 정부와 공유해야 마땅하지 않을까?

도시는 민간기업과 업무 협력 관계를 맺을 때 아직은 더 주도적인 입장에 있다. 더욱이 도시 행정가들로서는 그들에게 주어진 권한을 사용할 의무가 있다. 많은 도시는 예산의 50%를 이동이나 교통과 관련된 수수료 즉 주차 위반부터 다리 통행료에 이르기까지 모든 요금에서 확보한다.[18] 도시는 자율주행 차량을 도입하고 교통 인프라에 편입할 때 특정 인구나 그룹이 소외되지 않도록 창의적인 규제 방안을 마련해야 한다. 자율주행 차량이 소외나 불평등을 초래할 위험성은 그것이 대중교통 수단을 불안정하게 만들 잠재력 때문이고, 만약 실제로 불안정해지거나 심지어 와해되는 경우 자율주행 차량을 구입할 여력이 없는 사람들은 통근하거나 자녀들을 학교에 데려다 주고 도시의 서비스에 접근하는 데 필요한 기본적인 이동 수단이 없어 뒤처지고 말 것이다. 우리는 혁신이 사회 주변부 사람들에게 미칠 수 있는 잠재적 위험성을 파악하고 그 해소 방안을 고민해야 한다. 사람이나 짐을 내리고 싣는 구역에 수수료를 물린다든지, 차량의 빈 좌석에 세금을 매긴다든지, 사람이 타지 않은 공차 주차에 요금을 물리는 식으로 도시 인프라를 사용하는 데 따른 비용을 환수할 수 있는 방법도 고려해야 한다. 일부 도시는 자율주행 버스를 정부가 운영할지, 아니면 민간기업에 맡길지를 놓고 고민 중이다. 데이터에 대한 모든 권한을 민간기업에 이양하기 전에 공공 인프라의 사용에 대한 지침을 세워야 한다.

2019년 필자는 세계은행과 세계자원연구원World Resources Institute이 공동 주최한 '교통 혁명Transforming Transit' 콘퍼런스에서 우간다 수도인 캄팔라Kampala의 시장과 토론을 한 적이 있다. 그는 캄팔라의 교통 환경에 우버가 미친 영향을 논의했다. 그는 대부분의 시간을 자신이 우버와 맺은 협정에 대한 아쉬움을 토로하는 데 할애했다. 우버가 캄팔라에 진입했을 때 시 정부는 아무런 규제나 서비스 수수료도 적용하지 않았다. 우버의 혁신을 원했기 때문에 아무런 장벽도 세우지 않은 것이다. 이들이 고려하지 않은 것은 캄팔라의 택시는 전체 수익의 50% 정도를 세금으로 낸다는 점이었다. 그 때문에 택시 운전자들이 세금을 피하기 위해 우버 운전자로 전업한 것은 놀라운 일이 아니었고, 그 결과 시 재정에 상당한 적자를 초래했다. 캄팔라 시장은 그런 사례를 들려주면서 콘퍼런스에 참석한 다른 시장들에게 도시 측이 주도권을 행사할 수 있는 것은 협상할 때뿐이므로 바로 그 기회에 민간기업과 더 효과적으로 운영 협정을 맺으라고 조언했다. 캄팔라시와 우버의 운영 협정은 2년밖에 남지 않았지만, 시의 교통 환경은 크게 변모했고, 도시는 조만간 협의 조건을 재협상할 예정이다. 하지만 대중은 이미 우버에 익숙해졌기 때문에 협상은 훨씬 더 복잡할 전망이다.

비즈니스와 고객의 프라이버시

마이클 블룸버그는 사회 개선을 위한 데이터 사용의 적극적인 옹호자이며, 그가 운영하는 재단의 많은 작업도 이런 방식의 데이터 활용에 초점을 맞춘다. 블룸버그 재단의 데이터 사이언스 책임자인 기드온 만Gideon mann은 개인 데이터가 사회, 의료 서비스, 개발 및 환경 보호 활동에 커다란 혜택을 줄 수 있다고 믿었다고 말한다. 2016년 그는 민간기업이 보유한 대규모 데이터 세트를 적극 활용해야 한다고 주장하는 칼럼을 썼다.

> 민간기업이 수집하고 생성하는 데이터는 놀라운 발견과 연구에 활용될 수 있지만 학계는 해당 데이터에 접근할 수 없다. 이런 접근 제한은 단순히 연구에 장애가 되는 수준보다 훨씬 더 심각한 부작용을 초래한다. 특히 소셜네트워크와 인터넷 기업이 수집하는 소비자 차원의 데이터는 개인에게 특화된 광고보다 훨씬 더 광범위한 활용 잠재력이 있다.[19]

그러나 기드온 본인도 인정하다시피 이 같은 지적이 블룸버그 재단의 입장이기는 하지만, 민간기업으로서는 데이터 보안에 시간과 자원을 들여야 하기 때문에 현실화하기가 종종 어렵다. 여기에서 보안은 단순히 데이터 세트에 포함된 사람들의 개인 프라이버시만이 아니라 중요한 비즈니스 정보의 보호도 포함한다. 현재 그처럼 복잡한 보안을 유지하는 데는 수집한 데이터를 합성하는 데 필요한 직원들의 시간과 법률적 비용을 비롯해 다양한 자원이 요구되지만, 민간기업이 모든 비용을 부담할 만한 인센티브는 없다. 그러므로 민간기업이 데이터를 공익을 위해 제공할 선의가 있다고 해도 적절한 인센티브가 없는 한 그런 일은 성사되기 어렵다.

기드온은 그가 '재난'이라고 표현한 아메리카온라인AOL의 사고 사례에서 영향을 받은 것 같다. 2006년 AOL은 65만 명의 회원들이 석 달에 걸쳐 검색한 2천만여 기록을 연구 목적으로 공개했다. 문제는 비록 AOL 회원들은 프라이버시 보호를 목적으로 고유한 ID가 있었지만 공개된 데이터에는 다른 데이터 세트와 상호 참조할 경우 각 회원의 신원을 노출할 수 있는 개인적으로 식별 가능한 정보가 포함돼 있었다는 점이다. 그런 점을 강조하기라도 하듯 「뉴욕타임스」는 셀마 아놀드Thelma Arnold라는 AOL 회원의 허락을 받아 개별 사용자의 프라이버시가 얼마나 쉽게 침해될 수 있는지, 그래서 이들의 온라인 검색 기록을 추적해 당사자의 신원을 밝혀낼 수 있는지 입증하는 기사를 게재했다.[20] 사흘 뒤 AOL은 해당 데이터를 웹사이트에서 제거했지만 이미 데이터는 인터넷에 퍼져 복제본이 유포되고, 수천 명이 다운로드한 다음이었다. AOL의 최고기술책임자CTO인 모린 고번Maureen Govern은 데이터 침해의 책임을 지고 사임했고, 2006년 9월 AOL에 대한 집단소송이 제기됐다. 이 사건은 데이터 프라이버시와 연구 윤리에 관한 논의를 촉발시켰다.[21] 많은 사람은 완전히 익명화된 데이터를 찾기는 거의 불가능하며, 모든 데이터는 거의 항상 식별될 수 있다고 주장한다. 따라서 자신들이 보유한 데이터를 설령 공익 목적으로라도 공개할 용의가 있는 민간기업을 찾기 어려운 것은 놀라운 일이 아니다.

개인 프라이버시의 문제는 인도주의적 업무에서는 종종 간과되기도 한다. 이를테면 중요한 공중보건 문제를 다루기 위해 비정부기구는 민간기업에 데이터를 요청하면서 공익을 위해 개인의 프라이버시가 일정 수준 침해될 수도 있음을 경고한다. 숀 맥도날드Sean McDonald는 2014년 에볼라Ebola 위기를 그 사례로 제시한다. 세계보건기구는 에볼라의 확산을 추적하기 위해 통화 상세 내역CDR, Call Detail Record 데이터를 거기에 포함된 사람들의 동의 없이 공개해야 한다고 요구했다. 그는 이런 유형의 데이터는 아마도 가장 민감한 정보일 수 있으며, 그것이 재난 사태 때 적절한 보호 대책 없이 사용될 경우 수백만 명의 프라이버시를 침해하게 될 수 있다고 주장한다.[22] 맥도날드는 데이터 사용을 반대한다기보다는 인도주의적 기관이 종종 공익을 명분으로 매우 민감한 데이터를 무신경하게 사용한다는 점을 폭로하려는 것 같다. 그는 이 사례를 들어 재난 기간 동안 이런 데이터를 좀 더 윤리적으로 사용하는 방법을 모색할 필요가 있다고 강조하면서 몇 가지 권고안을 제시한다. 즉 사용되는 모델의 투명성을 확보해 일반 대중이 데이터 분석에 참여할 수 있도록 하고, 데이터의 윤리적 사용을 보장하기 위해 데이터 공유 기준을 마련할 것, 해당 데이터에 포함된 사람들이 '선택', 혹은 자신들의 데이터를 기증하겠다고 명시적으로 동의할 기회를 제공하는 방법 등을 제안한다. '데이터 액션'도 이런 방식의 데이터 사용을 권장한다. 데이터 분석에 일반의 참여를 유도하는 것은 더 윤리적일 뿐 아니라 데이터를 둘러싼 설명을 더 적절하게 제공하는 데에도 필수적이다.

데이터 프라이버시는 2018년 5월 25일 발효된 유럽연합의 일반개인정보보호법GDPR, General Data Protection Regulation의 필수 요소다. 이 법은 유럽연합의 시민과 거주민들에게 더 강력한 프라이버시 권리를 제공한다. GDPR은 1995년 제정된 일반개인정보보호지침General Data Protection Directive보다 더 강력한 보호 대책을 제시한다. 두 법규 모두 1973년 미국 연방거래위원회가 개발한 공정정보 원칙Fair Information Practices에 근간을 두고 있다.[23] 이 초창기의 윤리적 프레임워크는 법적 강제 수단이 거의 없었다. GDPR은 개인식별정보에 대한 본인의 권리를 보호하는 데 필요한 사법적 프레임워크를 지니고 있다.

GDPR 덕분에 시민들은 자신의 개인 데이터가 어떻게 처리되는지에 관한 정보를 요구할 수 있고, 자신의 개인 데이터를 요청할 수 있으며, 개인 정보의 교정이나 삭제를 요구할 수 있고, 개인 데이터의 처리에 제약을 가할 수도 있다.[24] 주목할 것은 설령 민간기업이 유럽이 아닌 미국이나 다른 나라에서 비즈니스를 벌이더라도 유럽연합 주민들의 개인 데이터를 수집하고 사용하는 경우 역시 GDPR의 적용을 받는다는 사실이다. 「뉴욕타임스」는 비공식적인 실험에서 유럽연합 지역의 기자와 미국의 기자가 각자의 개인 정보를 청구했지만 제공받는 정보의 수준은 매우 달랐다. 두 기자 모두 청구한 개인 정보를 빠짐없이 받지는 못했다. 유럽연합의 기자는 더 많은 데이터를 받았지만 여전히 제공되지 않은 정보가 있다는 사실을 알았다.[25] 기업으로서는 정보 청구를 담당할 직원을 뽑는 등 새로운 법규에 적응할 시간이 필요하겠지만, 자신의 개인 데이터라고 하더라도 민간기업이 보유하고 있는 환경에서 개인들이 그에 대한 통제권을 행사하기는 현실적으로 번거롭고 복잡해 보인다.

법규는 기술의 진보와 관련 활동에 항상 뒤처질 수밖에 없다는 데 착안해, 사람들이 데이터를 윤리적으로 인도주의적 목적에 사용할 수 있도록 도와주는 기관이 나타나고 있다. 책임감 있게 데이터를 사용하자는 뜻의 '리스폰서블 데이터Responsible Data'는 그중 하나로, 앰네스티 인터내셔널Amnesty International, 옥스팸Oxfam, 애스퍼레이션 테크Aspiration Tech, 스쿨 오브 데이터School of Data, 휴리닥스Huridocs, 그린호스트Greenhost, 우샤히디, 네덜란드의 라이덴대학교Universiteit Leiden 등 다양한 비영리 기관이 공동 설립했다. 해당 웹사이트에 따르면 리스폰서블 데이터는 사회적 가치를 옹호하고 사회적 발전을 위해 데이터를 새롭거나 다른 방식으로 사용할 때 제기되는 윤리적, 법률적, 사회적 문제와 프라이버시 관련 우려에 적절히 대응해야 할 집단적 의무를 집약한 개념이다. 필자는 이들의 작업이 특히 유용하다고 생각한다. 사람들이 데이터로 해악을 끼칠 위험성을 비판하는 대신 어떻게 하면 데이터를 윤리적으로 사용함으로써 바람직한 결과물을 생성할 수 있을지 고민하도록 도와주는 툴과 자원을 제공하기 때문이다. 이들의 지침은 유용하다. 데이터를 책임감 있게 사용하기 위한 일곱 가지 고려 사항은 '데이터 액션'의 방법론과 여러모로 겹친다. 첫째, 권력의 힘 관계는 데이터를 분석할 때 가장 취약한 집단을 감안하고, 진행 중인 작업에 이들이 어떻게 반응할지 판단하라고 요청한다. 구체적 행동을 위해 데이터를 처리할 때 그 윤리성을 확인할 수 있는 절차를 세우라고 권고한다. 이들은 소위 '예방원칙precautionary principle'을 강조한다. 위험이나 해악 여부를 판단할 수 없다면 해당 작업이 정말로 필요한지 평가해야 한다. 우리는 데이터를 통한 혁신을 속도에 집착하지 말고 신중하게 진행해야 한다. 아직 적절한 법규가 제정되지 못한 만큼 더 높은 수준의 기준을 스스로 마련해야 하며 자체 행동 지침을 개발해 다양성을 추구하고, 편향성을 최소화하며, 미처 간과한 시각은 없는지 평가하는 모범을 보여야 한다. 마지막으로 각각의 상황은 다르며, 일정한 규칙이 어느 한 분야에서 통한다고 해서 다른 분야에도 유효하리라는 보장은 없다는 점을 인식해 신중한 접근법을 취해야 한다.[26]

쌍방에 혜택을 주는 데이터 공유

민간기업이 데이터를 공유하는 이유를 조사해 보면 대체로 숨은 어젠다가 있다. 기업의 어젠다는 때로 사회의 개선에도 도움이 될 수 있으므로 그것이 늘 부정적인 것은 아니다. 하지만 민간기업이 데이터를 공유하려는 '인센티브'가 무엇인지 파악해 자칫 발생할 수 있는 데이터 악용을 경계하는 것이 매우 중요하다. 민간기업이 상호 혜택을 위해 데이터를 공유하는 한 가지 사례는 인구 데이터를 수집하는 작업이다. 사람들이 어디에 사는지 알아야 인프라 개발부터 사회복지 서비스까지 모든 결정을 제대로 내릴 수 있다. 팝그리드 데이터 컬렉티브PopGrid Data Collective는 민간이나 비영리 인구 데이터 생산자들의 협업을 돕고 잠재적 사용자들에게 데이터의 존재를 알리며, 사용자들과 함께 데이터 수요를 판별해 우선순위를 결정하며, 데이터 검증과 문서화에 협력하고, 이니셔티브에 대한 접근을 홍보할 목적으로 2018년 결성됐다.[27] 팝그리드 데이터의 회원들은 모바일 전화기, 가구 조사, 위성 데이터 해석 등 다양한 방법을 써서 데이터를 생성한다.

팝그리드의 가장 대표적인 민간 기여자는 페이스북의 커넥티비티 랩Connectivity Lab으로, 컬럼비아대학교의 국제지구과학정보네트워크센터CIESIN와 협력해 고해상도의 인구 데이터를 개발했다. 가나, 아이티, 말라위, 남아프리카공화국 및 스리랑카에서 시작된 이 작업은 이제 23개 이상의 개발도상국에서 진행되고 있다. 이 프로젝트의 진행 절차는 먼저 위성 이미지(그림 5.3)에서 머신 러닝 기법으로 건물을 탐지하고, 보통 지역 수준으로 존재하는 센서스 인구 데이터를 취득한 뒤 이 데이터를 주택 숫자로 측정한 전체 크기에 따라 정착 지역별로 분리한다. 만약 한 지역에 비슷한 규모의 시골 정착지가 두 개 있고, 이들 정착지를 가진 카운티가 1백 명으로 산출됐다면 팝그리드는 각 정착지에 50명이 사는 것으로 추산한다. 이런 작업을 전체 국가로 확장하기 위해 전체 지역을 가로세로 1백 미터의 그물망 격자로 구분한다(그림 5.4). 만약 한 정착지의 위치가 셀 격자를 지난다면 교차된 부분에 대해 해당 지역 전체 인구 수의 지역 비율을 지정한다.[28] 이전에는 인구조사 지도가 넓은 지역에 걸친 데이터를 제시했지만 이 작업을 통해서는 사람들이 그 방대한 지역 중 구체적으로 어느 곳에 사는지, 그리고 정착지 사이의 무인 지대는 어디인지 파악할 수 있게 된다.

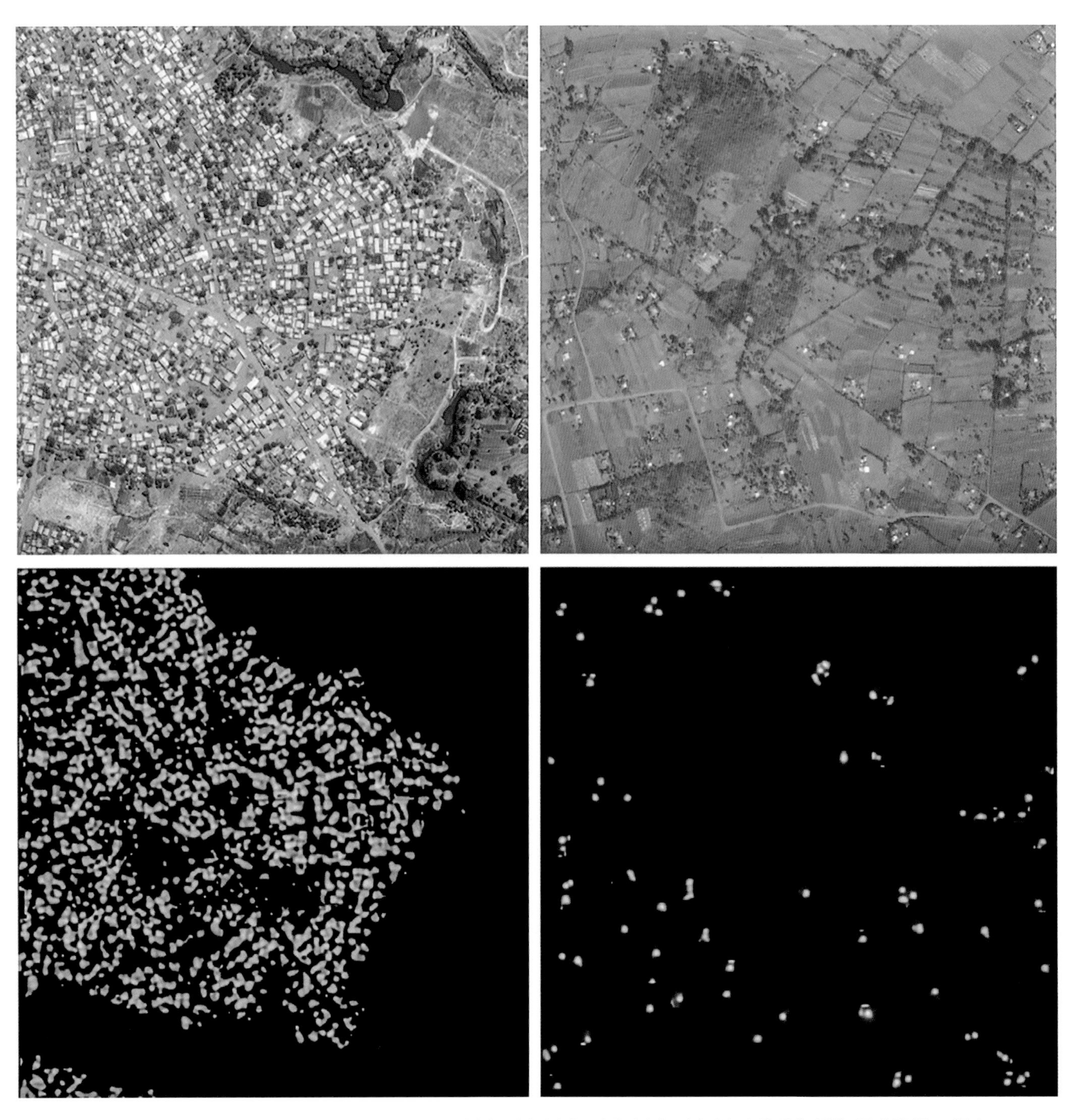

그림 5.3 맨 위 이미지는 위성 데이터를, 아래 이미지는 머신 러닝 기법을 통해 파악한 건물의 위치를 보여준다.

출처: CIESEN(https://code.fb.com/core-data/open-population-datasets-and-open-challenges/)

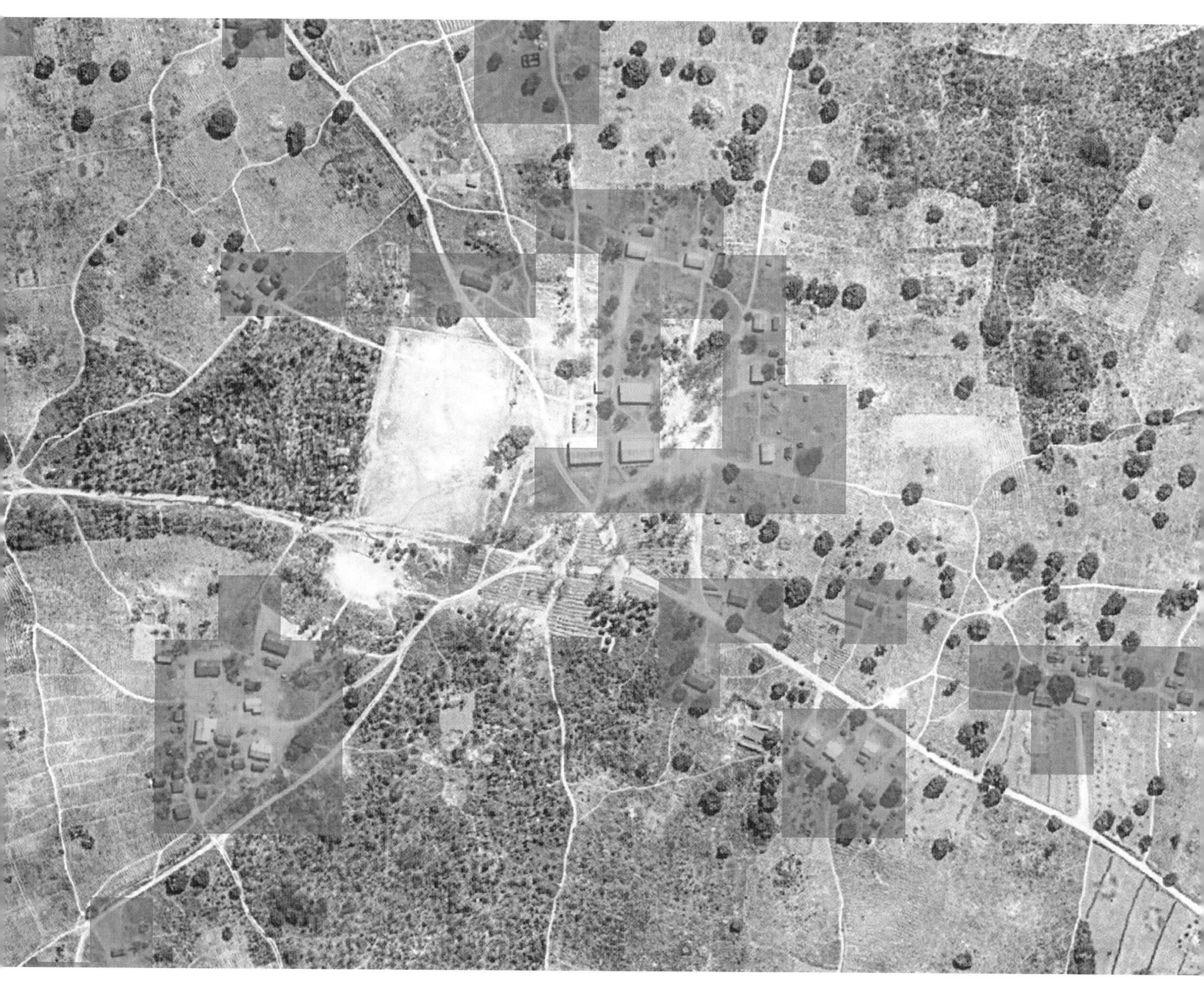

그림 5.4 말라위에 대한 페이스북의 정착지 데이터 이미지. 인구는 건물이 포함된 셀 격자에만 할당된다.

출처: 세계은행(블로그), 2016년 11월 18일(https://blogs.worldbank.org/opendata/first-look-facebook-s-high-resolution-population-maps)

사람들이 정확히 어디에 사는지 알려주는 데이터를 확보하고 나면 페이스북은 시골 정착지의 위치와 인구를 파악해 잠재적인 서비스 계획을 세울 수 있다. 또 이 데이터에 기존의 다른 데이터를 중첩시켜 보면 마을의 도로와 의료 서비스, 혹은 인터넷에 대한 접근성을 확인하는 데 사용할 수 있다. 페이스북/CIESIN 팀은 위성 데이터를 사용해 정착지의 위치를 식별하고, 정착지 규모에 따라 인구를 할당함으로써 많은 시골 지역의 인구를 더 정확하게 집계했다.

상세한 인구 분포 데이터는 재난 상황에서 특히 유용하다. 페이스북의 웹사이트에 따르면 "적십자사는 이미 말라위에서 말라리아 퇴치를 돕기 위해, 그리고 자연재해의 피해자들을 구호하는 데 인구 지도를 사용하고 있다."고 소개하고 있다. 이 데이터 세트는 도시 성장을 탐지하는 데도 유용해서 자카르타시는 빠르게 발전하는 지역의 성장세를 파악하는 데 이를 사용했다.[29] 하지만 다시 강조하건대 이런 데이터를 공개하는 것이 반드시 이타적 행위라고 보기는 어렵다. 페이스북으로서는 그런 국가에서 사업의 기회를 넓힐 수 있기 때문이다. 인터넷 서비스의 개발과 확장은 궁극적으로 페이스북의 수익 증가에 도움을 줄 것이다. 시골 지역은 향상된 인터넷 접근성의 혜택을 받고, 페이스북은 신규 사용자와 더 활발한 사용을 기대할 수 있다.

페이스북의 주민 정착지 데이터는 연구자들로부터 큰 관심을 끌었다. 아시아 고산지대의 식수 부족 문제, 전기화 계획, 전기통신 부문의 지리적 마케팅geomarketing, 이디오피아의 계획 이니셔티브, 우간다의 전기화 계획 및 시에라레온의 코비드-19 대응 등 여러 다양한 연구로 응용 분야가 확산됐다.[30] 현재 19개국의 인구 데이터가 공개된 상태다. CIESIN에 따르면 데이터를 내려받은 사람들 중 거의 절반은 국가당 월 100-300회, 나머지 절반은 50-100회의 빈도를 보였다. 데이터가 가장 자주 다운로드된 다섯 나라는 아이티, 남아프리카 공화국, 스리랑카, 가나와 말라위였다. 아이티와 남아프리카 공화국의 데이터는 2천회 이상 다운로드됐다. 전 세계 어디든 시골 지역의 최신 상세 데이터를 취득하기는 매우 어렵기 때문에 이런 데이터의 공개는 그 의미가 더욱 크다.

데이터 공유 협정의 개발

인구 데이터는 계획을 세우는 데 필수적이다. 운송 데이터도 마찬가지다. 급속히 개발되는 여러 도시의 가장 심각한 문제 중 하나는 혼잡congestion이다. 세계은행은 데이터 공유의 제약을 극복하기 위해 2014년 '공개 운송 데이터 파트너십OTP, Open Transport Partnership'을 만들었다. 이것은 데이터 공유를 가로막는 여러 장벽을 제거함으로써 민간기업의 데이터 제공을 독려하자는 의도다. 데이터 공유의 장벽으로 꼽히는 내용에는 데이터를 집계한 뒤 익명화하는 비용 및 협정 기관이 스스로를 보호하기 위해 법률 계약서를 작성하는 데 드는 시간과 비용이 포함된다. 세계은행은 이지 택시Easy Taxi, 그랩Grab, 르 택시Le.Taxi와 공식 제휴 관계를 맺는 것으로 이 프로젝트를 시작했다. 이들은 30여 개 국에 걸쳐 수백만 고객을 거느린 온라인 승차 공유 서비스 회사다.

세계은행은 동남아시아의 대표적인 택시 호출앱인 그랩과 손잡고, 50만 명이 넘는 그랩 택시 기사들이 생성한 익명의 GPS 데이터를 사용한 오픈소스 플랫폼을 실험적으로 개발했다. 세계은행은 이 플랫폼을 통해 이전에는 불가능했던 교통 체증의 패턴, 차량 이동 시간 등을 쉽고 상세하게 파악할 수 있었다. 이 제휴 관계에서 그랩이 누리는 혜택은 세계은행의 데이터 과학자들이 그랩의 데이터베이스에 접속해 데이터를 재분배 가능한 포맷으로 바꾸는 거의 모든 작업을 수행한다는 점이었다. 세계은행이 데이터 필터링과 집적 작업을 수행함으로써 그랩 측으로서는 따로 비용을 부담할 필요가 없으므로 상호 유익한 관계가 형성됐다. 그랩에 따르면 데이터 집계 및 익명화 작업에 따로 비용이 들지 않는다는 점이 데이터 공유를 결정하는 데 큰 영향을 미쳤다.[31]

세계은행이 만든 그랩 플랫폼의 한 활용 사례는 필리핀이다. 마닐라시는 이 집계 데이터를 사용해 안전과 교통 체증을 해결하는 데 필요한 "정체가 제일 심각한 곳은 언제 어디인가? 언제 어디에서 시민들이 교통 사고에 가장 취약한가? 그리고 가장 결정적으로 사고나 체증을 줄이기 위해 과거에 시에서 투자한 경우, 그 투자는 효과가 있었는가? 투자는 어떤 영향을 미쳤는가? 과거보다 더 잘할 수 있는 방안은 무엇인가?"[32] 등의 주요 질문에 처음으로 대답할 수 있었다. 이 프로젝트는 '도약leapfrogging'이라는 표현 그대로 필리핀 정부는 따로 자체 데이터 모니터링 시스템을 개발할 필요 없이 민간기업의 네트워크에 의존해 운송 계획에 필요한

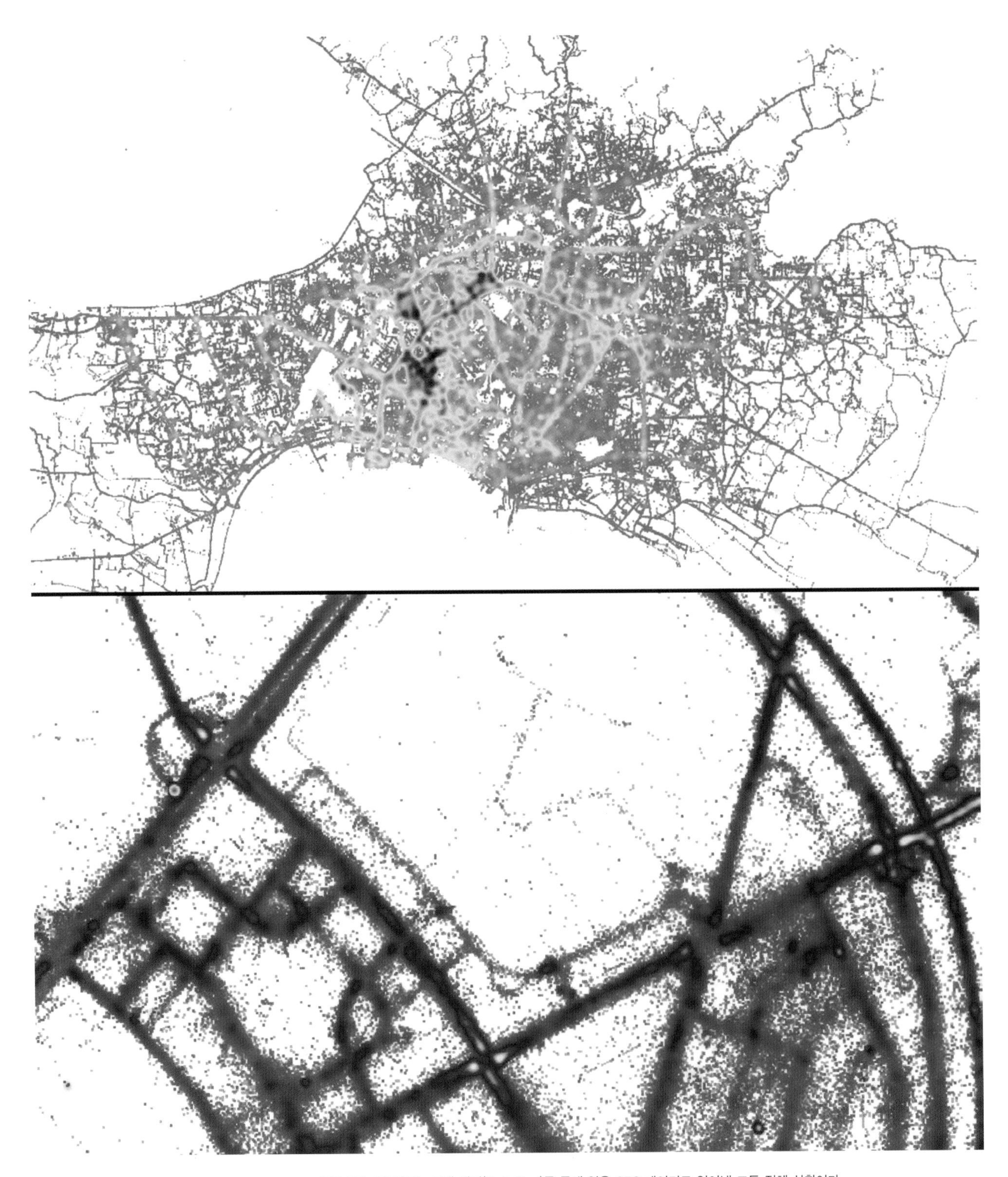

그림 5.5 이 지도는 그랩 택시(Grab Taxi)를 통해 얻은 GPS 데이터로 얻어낸 교통 정체 상황이다.

출처: 홀리 크램벡(Holly Krambeck), "공개 운송 데이터 파트너십", 2017년 1월 20일(https://www.slideshare.net/EMBARQNetwork/the-open-transport-partnership)

데이터를 얻을 수 있었다.

교통 상황을 모니터링하는 데는 돈이 든다. 교통 체증의 결과도 마찬가지다. 세계은행은 이렇게 설명한다.

> 마닐라시에서 교통 체증에 따른 경제 손실은 하루 6천만 달러 이상으로, 저녁 퇴근 시간대 8km를 가는 데 두 시간 이상 걸리는 것은 드문 일이 아니다. 하지만 이런 통계를 제외하면 최근까지도 마닐라시의 교통 체증을 제대로 연구하기는 불가능했다. 교통 데이터를 수집하는 데 필요한 장비와 인력이 가용한 자원 수준보다 훨씬 더 높았기 때문이다. 개발도상국의 도시는 대부분 이와 비슷한 문제를 안고 있다.

마닐라시의 사례는 민간 운송 회사에 의해 수집된 데이터가 어떻게 자체 데이터를 생성할 역량이 없는 나라에서 교통 상황을 분석하는 데 필수적일 수 있는지 보여준다. 그랩의 사례에서 보듯 승차 공유 서비스 기업도 공공 도로망 위에서 비즈니스를 해야 하기 때문에 데이터를 정부와 공유해야 할 인센티브가 충분하다. 교통 환경이 개선되면 이들 비즈니스도 혜택을 본다. 그랩과 세계은행의 경우처럼 상호 유익한 관계는 데이터 공유를 더 촉진할 수 있다.

데이터 접근 조건의 협상

윤리적 데이터 사용을 옹호하는 활동가 및 종종 기업도 표준적인 데이터 라이선스 협정을 만들어 데이터와 관련된 윤리적 문제에 대응하자고 주장하지만 이런 협정은 실상 절반의 성공밖에 거두지 못했다. 판에 박힌 협정은 민간기업과 협의서를 개발하는 번거롭고 복잡한 절차를 개선해보려는 의도에도 불구하고, 실상은 세계은행이나 교육기관처럼 크고 잘 알려진 기관과의 관계에 적용할 때만 비교적 잘 작동하는 것 같다. 하지만 일단 이 기관이 데이터에 접근할 수 있게 되면 정작 이들이 필요로 하는 데이터는 해당 데이터 공유 협정에 포함돼 있지 않은 경우가 많고, 그래서 새로운 협정이 필요해진다. 그리고 여기에는 추가의 시간이 걸린다.

세계은행은 링크드인LinkedIn, 그랩, 웨이즈Waze 등 다양한 유형의 기업과 라이선스 협약을 맺은 경험이 있다. 예컨대 세계은행의 연구자들이 웨이즈 데이터를 사용하고자 한다면, 이들은 연구의 의도와 목적을 서술한 지원서를 세계은행의 데이터팀에 제출한다. 여기에는 사용하려는 데이터에 관한 정보, 사용 목적 및 청구하는 데이터의 시한 등이 포함돼야 한다. 그러면 세계은행의 데이터 과학팀은 웨이즈와 재협상할 필요 없이 이런 청구를 승인하거나 기각한다. 되풀이해서 웨이즈와 협상해야 할 행정적 시간과 절차가 절약되는 셈이다.

세계은행은 휴대폰의 통화 상세 내역CDRs 데이터를 사용하는 수준까지 역량을 높이기로 하고, 2018년 바르셀로나에서 개최된 모바일 월드 콩그레스[33]에서 세계이동통신사업자협회GSMA, Global System for Mobile Communications Association와 제휴 관계를 발표했다. GSMA는 전 세계 8백여 사업자와 3백 개 이상의 이동통신사의 이익을 대변하는 기관이다. 이들과 손을 잡음으로써 세계은행은 개별 사업자와 일일이 협상할 필요없이 간단하게 데이터 공유 협정을 맺을 수 있게 됐다.[34] 두 기관은 이 협력을 통해 "모바일 네트워크 사업자들이 여러 사물인터넷IoT 기기를 통해 수집한 익명 데이터 및 스마트폰 사용으로부터 수집한 데이터를 통해 새로운 통찰을 얻을 것으로 기대한다. 또 우리의 제휴를 계기로 업계의 지도자들, 개발 제휴사 및 정부기관이 개인 프라이버시를 보호하면서도 IoT의 혜택을 최대화할 수 있는 환경을 만드는 데 나서기를 기대한다."라고 발표했다.

성공적인 라이선스 협의로 소속 연구자들의 활동을 지원하는 세계은행과 달리 다른 기관은 원하는 데이터를 얻기 위한 협정을 이끌어내는 데 어려움을 겪고 있다. 기업 및 비영리 단체와 협력해 사회 변화를 이끌어내기 위해 데이터 분석을 사용하는 비영리 단체 '데이터카인드DataKind'는 데이터 이용 라이선스의 조건을 협상하는 데만도 1년 가까이 걸릴 수 있기 때문에 다른 데이터 보유 기관과 2년짜리 계약을 마치는 데 어려움을 겪곤 한다. 설립자인 제이크 포웨이Jake Porway에 따르면, 심지어 민간기업이 데이터카인드와 함께 연구를 수행하기로 계약한 경우에도 해당 기업의 법률팀과 라이선스 협정을 맺는데 워낙 오랜 시간이 걸릴 수 있기 때문에 계약한 연구 조건을 충족시키기 위해 다른 데이터를 찾아야 할 때도 있다. 유니세프UNICEF의 연구원으로 '데이터 선용 블룸버그 펠로Data for Good Bloomberg Fellow'이기도 한 나탈리아 애들러Natalia Adler도 그런 불편을 지적한다. 애들러는 처음에는 미리 협상된 라이선스가 자신의 연구 작업에 도움이 될 것으로 생각하고 변호사까지 사서 계약서를 만들었지만 기업마다 다른 조건을 요구해 통일된 협의서를 만들기가 거의 불가능했다. 결국 새로운 데이터 세트가 필요할 때마다 개별 협정을 만들 수밖에 없었다. 미리 짜놓은 표준 협정이 전혀 통하지 않았다.

민간기업이 번거로운 데이터 라이선스 절차를 해결하는 한 가지 방법은 연구자들을 직원으로 만드는 것이다. 이것은 연구자들이 해당 기업과 동일한 윤리적 책임감을 갖게 함과 동시에 기업은 연구 결과와 발견, 통찰에 대해 소유권을 갖는다는 뜻이다. 이런 방법은 물론 자신이 데이터로부터 개발한 알고리듬의 지적 재산권을 주장하려는 연구자들에게는 심각한 문제가 된다. 연구 결과를 공공의 영역에 맡기는 선택권도 배제되며, 이는 공익 목적으로 재사용될 가능성이 거의 없다는 뜻이다. 기업은 분석 결과를 아무도 볼 수 없도록 엄격히 통제할 것이기 때문에 결국 이런 방식은 사회 전체가 아닌 해당 기업에만 혜택을 안겨줄 뿐이다.

민간기업이 그들의 데이터가 공익 목적에 사용될 수 있도록 적절한 공유 방식을 모색하기 시작한 것은 바람직한 일이지만, 굳이 해당 기업의 직원이 되지 않고도 해당 데이터를 적시에 편리하게 사용할 수 있기 위해서는 많은 노력이 요구된다. 문제의 근본 원인은 여전히 협상에만 여러 해가 걸릴 수 있는 라이선스 협정이다. 협정을 맺는 데 시간과 비용이 드는 데다, 데이터 공유는 민간기업의 핵심 사업이 아니기 때문에 우선순위에서 뒤로 밀리기 일쑤다. 그렇다면 민간기업이 윤리적 라이선스 협정을 통해 데이터를 공유하도록 도울 수는 없을까? 최선의 해법은 민간기업이 이런 협정을 맺는 데 외부 비영리 기관의 도움을 빌리는 것이다. 민간기업으로서는 업무 부담을 덜 수 있다. 세계은행이 소속 연구자들을 망라한 총괄 라이선스 조건을 협상했듯이, 이 비영리 기관은 공중보건 분야부터 형사 사법 분야까지 수많은 특별 이익 집단을 대표해 기업과 협상할 수 있을 것이다. 그런 목적으로 비영리기관을 설립하는 것은 기금 제공자들에게만 유망한 투자가 될 뿐 아니라 민간기업으로서도 일종의 자선 사업을 위한 기반으로 투자할 수 있다.

데이터 자선 사업

공익을 위한 민간기업의 데이터 공유를 일종의 자선 사업으로 간주해 데이터 공유를 이타적 제스처로 보려는 움직임도 있다. '데이터 자선 사업data philanthropy'이라는 개념은 2011년, 지속 가능한 개발과 인도주의적 활동에 빅데이터를 혁신적으로 사용할 방안을 모색하는 이니셔티브인 유엔 글로벌 펄스UN Global Pulse의 로버트 커크패트릭Robert Kirkpatrick이 처음 제안했다. 커크패트릭은 민간기업이 공익 목적으로 데이터를 공유할 수 있는 길이 있다면서 몇 가지 방안을 제시했다. 그중 하나는 일종의 데이터 공동체라고 할 수 있는 '데이터 커먼즈data commons'로, 민간기업이 익명화한 데이터를 제공할 수 있는 저장소를 만들자는 것이다. 그는 또 마이크로소프트의 수석 엔지니어가 제안한 '전략적 누설strategic leaking'의 개념도 상기시킨다.[35] 더 일반적으로 데이터 자선 활동은 개인이나 민간기업이 데이터를 기부하는 형태다.

데이터 자선 사업의 대표적인 사례는 세계 최대 규모의 전기통신기업 중 하나인 오렌지Orange가 설립한 '개발을 위한 데이터D4D, Data for Development 챌린지'다. 오렌지는 아프리카 지역 두 곳의 통화 상세 내역CDR 데이터를 공개해 세계의 연구자들이 공익 목적에 창의적으로 사용할 수 있도록 했다. 수백만 고객의 전화 통화와 문자 메시지를 익명화한 코트디브아르Republic of Cote d'Ivoire와 세네갈Senegal의 CDR 데이터는 각각 2013년과 2014년에 공개됐다. 이 프로젝트에 따르면 공개된 데이터 세트는 (1) 시간대별 안테나와 안테나 간의 추적 기록, (2) 안테나 위치 정보와 2주간에 걸친 고객 5만 명의 개별 궤적, (3) 하위 행정구역 위치 정보와 전체 관찰 기간에 걸친 고객 50만 명의 개별 궤적, (4) 고객 5천 명의 샘플 통신 그래프[36]였다. 이런 데이터 세트를 사용하는 과정에서 D4D 챌린지는 아프리카 지역에 독특한 정책상의 문제도 다뤘다. 예컨대 2014~2015년 '세네갈 오렌지 챌린지'의 우승자들은 의료, 농업 생산, 전력화 계획 등의 주제를 다뤘고, 사회인구학적 특징과 전력화, 빈곤 및 교통 등을 정책 개발의 우선순위로 식별했다.

CDR 데이터는 말라리아와 에볼라 같은 전염성 질병을 추적하는 데도 사용됐다.[37] CDR 데이터는 자연 재해에는 매우 유용하지만, 민간기업은 데이터의 실시간 공유 조건을 협상해야 할 때가 많다. 바로 여기에서 윤리적 문제가 제기된다. 전기통신사는 데이터 당사자들의 프라이버시를 고려하지 않은 채, 자신들의 목적이 더 중요하다고 믿기 때문에 데이터를 제공하는 경우가 많다. 맥도날드는 에볼라 위기에 대한 논평에서 이런 점을 언급했다. '세네갈 오렌지 챌린지Senegal Orange Challenge'는 에볼라 재난이 진정된 후에 개최돼 모종의 통찰을 제공했지만, 재난 중이었다면 훨씬 더 큰 혜택을 제공했을 것이다. 데이터를 제때 취득하는 일은 중요하다. 재난 중 데이터를 사용하는 데 사전 협의한 라이선스가 필수적이라고 맥도날드가 강조하는 것도 그 때문이다.

마이크로소프트의 시민기술Civic Technology 디렉터인 매트 스템펙Matt Stempeck은 공익 목적의 데이터 공유에 '우주와 주요 재난에 관한 국제 헌장International Charter on Space and Major Disasters'을 활용할 수 있을 것이라고 주장한다. 이것은 1999년 유럽우

주기구ESA가 제창한 비구속적 헌장으로 주요 재난이 발생하는 경우 인도주의 차원에서 위성 데이터를 구호기관에 제공한다는 내용이다. 스템펙은 민간기업이 '공익 목적으로 데이터를' 제공함으로써 '부를 의미 있는 방식으로 사회에 환원'할 수 있는지, 특히 학계 연구와 '재난을 당한 도시'에 혜택을 줄 수 있는지 설득력 있게 보여주지만, 정작 그런 작업이 민간기업에 자선 사업의 홍보 효과 외에 어떤 구체적 혜택을 주는지에 대해서는 다소 불분명하다.[38] 전통적인 형태의 자선 사업은 기업에 비용 절감 효과를 주며, 스템펙은 데이터의 자선 활동에서도 이런 효과를 기대할 수 있다고 시사하지만 기업의 반응은 아직 미온적이다. 그중 가장 큰 이유는 프라이버시 침해의 우려다.

옥스포드대학교 디지털 윤리연구소Digital Ethics Lab의 부소장인 마리아로사리아 타데오Mariarosaria Taddeo는 데이터 자선 사업이 겉보기보다 더 복잡하다고 지적한다. 설령 공익 목적이라고 해도 개인 데이터를 공유하는 데는 윤리적 우려가 따른다. 데이터는 사회에 혜택을 주는 방향으로 사용될 수 있지만, 해악을 끼치는 방식으로도 사용될 수 있다. 타데오는 또한 데이터 자선 사업이 일정한 도덕적 목적objective을 가졌더라도 데이터 공개가 항상 윤리적인 것은 아닐 수도 있다는 도덕적 모호성을 강조한다. "데이터 자선 사업은 올바른 윤리적 원칙과 결합됐을 때만 과학적 지식의 향상, 정책 개발과 비상사태 대응 절차의 개선 등의 도덕적으로 선한 결과를 얻는다는 약속을 지킬 수 있다."[39] 타데오는 더 나아가 "공유된 데이터는 자연자원보다 더 공공재에 준한다. 도서관이나 등대, 혹은 공원처럼 이 데이터는 사회와 사회 구성원의 복지를 높여줄 잠재력이 있다."라고 강조한다. 재난 상황에서는 데이터를 공익 목적으로 사용해야 한다는 주장에도 불구하고, CDR 데이터는 위기 상황에서도 여전히 잘 활용되지 않는다고 인구데이터연맹DPA, Data Pop Alliance은 지적한다. 널리 공유되는 경우에도 CDR 데이터가 일정한 정치적 맥락에서 사용되면 위기 대처에 도움이 되지만, 자칫하면 사회와 데이터 당사자들에게 부정적인 영향을 미칠 수도 있다.[40]

블룸버그는 2016년부터 '공익을 위한 데이터 활용 콘퍼런스Data for Good Exchange'를 개최하고 있다. 그뿐 아니라 공익 목적의 데이터 사용에 관한 언론 보도, 콘퍼런스, 총회 등도 활발했다. 그럼에도 불구하고 여러 사회 문제에 대응하기 위해 어떻게 빅데이터를 활용할 수 있는지에 대해 정부, 비정부기관, 연구자 및 민간기업을 효과적으로 안내해 줄 만한 사례는 거의 없다. 아마도 더 큰 제한 사항은 데이터를 팔고 싶어하는 기업에 대한 명확한 인센티브나 데이터를 공익 목적으로 공유하면서도 그에 따른 위험을 극복하고자 하는 기업에 대한 구체적인 지침이 거의 없다는 점이다. 데이터를 보유한 기업 입장에서 이를 적기에 공개하거나 공유하는 일은 우선 순위가 아니라는 점도 걸림돌이다. 데이터를 취득했을 때는 이미 시기를 놓친 다음이기 십상이다. 프라이버시도 장벽으로 작용한다. 따라서 질문은 여전히 남는다. 민간기업은 어떻게 하면 공익 목적으로 데이터를 공유하면서도 고객과 시민의 프라이버시는 물론 자신들의 핵심 비즈니스 모델을 유지할 수 있을까? 이것은 앞으로도 몇 년에 걸쳐 논의하고 연구해야 할 주제다. 시간이 지날수록 민간기업의 데이터 소유 비중은 더욱 커질 것이기 때문이다. 정부 규제에 의존하는 것은 현실적으로 불가능하기 때문에 우리는 이 데이터를 공익 목적에 윤리적이면서 책임감 있게 사용할 수 있는 방법을 모색하는 데 시간과 비용을 투자해야 한다. '데이터 액션'을 실현하기 위해서는 공익 목적으로 데이터에 접근할 수 있는 새롭고 독창적인 방법을 모색해야 한다. 윤리적이고 책임감 있게 데이터를 공유할 수 있는 방법을 찾는 일은 현재 및 미래 '데이터 액션'의 필수 요소다.

결론: 정말 중요한 것은 데이터로 작업하는 방식이다

'데이터 액션'은 본래 원시 형태의 빅데이터 자체로는 무의미하다는 점을 일깨운다. 데이터를 어떻게 변형하고 운용하느냐에 따라 우리의 세계관을 변화시킬 수 있다는 점을 상기시킨다. 더 구체적으로는 명확하고 책임감 있게 데이터와 소통함으로써 그 속에 은폐된 패턴과 이념을 사람들에게 노출시켜 시민 행동과 정책 변화를 이끌어낼 수 있다. 이렇게 데이터와 소통하기 위해서는 올바른 질문을 하고, 적절한 데이터를 찾거나 수집하고, 해당 데이터를 분석 및 해석하며, 그 결과를 광범위한 관객들이 이해하기 쉽도록 시각화할 수 있어야 한다. 이런 방법을 통합할 때 데이터는 지도 위의 단순한 한 지점에서 의미 있는 서사로 변화된다. 그러나 데이터 분석가들은 데이터를 윤리적이고 책임감 있게 사용해 서사를 전달하는 이런 기법에 익숙하지 않기 때문에 이런 방식으로 처리되는 경우는 비교적 드물다.

'데이터 액션'은 사회에 이익을 주는 방향으로 데이터를 사용하는 방법을 알려주고자 하며, 데이터를 비윤리적으로 사용한 과거의 전례로부터 교훈을 얻고, 미래에는 이를 더 윤리적이고 창의적으로 사용할 수 있는 방법을 보여주고자 한다. 공익 목적으로 데이터를 이용하기 위한 일곱 가지 주제가 등장하며, 이는 '데이터 액션'을 위한 원칙을 세우는 데도 도움이 된다.

1. 우리는 데이터를 사용하려는 이유를 면밀히 검토해야 하며, 그것이 잠재적으로 혜택보다 해악을 더 끼칠 위험은 없는지 판단해야 한다.
2. '데이터 액션'을 위한 서사, 곧 이야기를 만들 팀을 꾸리는 것은 그 결과를 효

과적으로 소통하는 데 필수적이지만, 팀워크는 데이터 당사자들에게 아무런 해악이 미치지 않도록 조심하는 데도 도움이 된다.

3. 데이터 구축은 데이터를 관리하고 사용하는 과정에 내재한 권력의 속성을 바꾸는 한편, 데이터 문해력을 비롯한 여러 긍정적 혜택도 낳는다.
4. 데이터를 취득, 정량화 및 모델링하는 고유한 방법을 통해 과거에는 대중의 눈에 띄지 않았던 메시지를 노출시킬 수 있지만, 우리는 이를 윤리적인 방식으로 수행해야 한다(1번 원칙 참조).
5. 실제 현장의 상황을 관찰하고, 데이터 당사자들에게 질문을 던져 그 결과를 해석하는 방식으로 데이터 작업의 유효성을 확인해야 한다.
6. 데이터 공유는 정책 변화의 필요성을 설득하고 관련 논의를 유도하는 데 필수적이다. 데이터 시각화는 그런 목적에 효과적이다.
7. 데이터는 사람이라는 점을 기억해야 하며, 그들에게 아무런 해도 끼쳐서는 안 된다. 규제는 데이터 사용 기준을 정하는 데 도움이 되지만 기술 변화를 제대로 따라잡지 못할 때가 많다. 따라서 자체 기준을 개발하는 것이 바람직하다. 이 원칙을 다음에 이어 차례로 제시한다.

데이터 분석 목적을 면밀히 검토해야 한다

데이터는 사회에 해를 끼칠 수도 혜택을 안길 수도 있다. 따라서 다른 사람들은 물론 우리 자신의 데이터 분석도 그 이유를 면밀히 따져봐야 한다. 데이터는 정책 개발과 변화의 효과적인 도구다. 데이터는 사실과 동일시돼 의문의 여지가 거의 없기 때문에 사람들을 확신시키는 데 유용하다. 하지만 데이터는 작가의 펜이나 미술가의 붓처럼 일종의 도구로서 그것을 사용하는 사람의 관점에서 세상의 그림을 그린다. 데이터를 사실과 동일시하므로 우리는 해당 그림에 아무런 의심도 품지 않는다. 데이터가 사회 변화를 이끌어내는 데 유력하면서도 우려를 자아내는 이유다. 데이터 분석 결과가 사회에 해를 끼치지 않도록 신중해야 하는 이유이기도 하다.

데이터 분석 결과를 사회 변화의 증거로 활용하는 일은 과거의 사례가 보여주듯이 권력층의 이익을 강화하는 쪽으로 작용할 가능성이 크기 때문에 논란의 여지가 있다. 할랜드 바솔로뮤의 수십 년간에 걸친 데이터 사용은 아마도 가장 대표적인 사례일 것이다. 왜냐하면 그가 남긴 노골적인 증거는 그가 세인트루이스를 비롯한 여러 지역에서 흑인 커뮤니티를 소외시키고 분리하기 위해 데이터를 악용했음을 보여줬기 때문이다. 2차 세계대전 이후 도시계획을 위해 개발된 데이터 모델링 기법도 데이터 분석가들이 당대의 도시 문제를 적절히 파악하고 반영할 만한 전문성을 갖추지 못했기 때문에 여러 문제를 노출했다. 이들은 자신들이 가진 데이터가 불완전한지 혹은 부정확한지조차 제대로 판단하지 못했다. 이 초기 모델은 1950년대부터 1970년대까지 활동하며 컴퓨터 계산 하나만으로 도시의 조건을 향상시킬 수 있으리라 믿었던 데이터 분석가들의 오만을 보여준다. 이런 유형의 오만은 오늘날에도 여전히 존재하며 빅데이터에 대한 모든 상황, 조건 및 문제에 답을 제공할 수 있는 능력을 갖추고 있다. 그 대신 분석가들은 도시의 문제를 가장 잘 아는 현장의 전문가들에게 정책과 관련된 질문을 하는 것으로 시작해야 하며, 이런 협업을 통해 더 바람직한 모델이 나올 수 있다고 필자는 믿는다.

어떤 이들에게는 당연하게 들릴 수도 있지만 데이터 분석 작업은 종종 이런 식으로 진행되지 않는다. 구글의 검색어 데이터를 사용해 독감을 예측하는 모델인 '구글 독감 트렌드'에 무슨 일이 생겼는지 살펴보자. 안타깝게도 이 모델에 대한 정책 전문가들의 비판을 무시하는 바람에 실패하고 말았다. 구글이 실수를 바로잡았지만 대중은 더 이상 그 결과를 신뢰할 수 없었다. 그때나 지금이나 데이터 분석 작업에서 해당 분야의 전문가들을 배제하면 기만적이거나 부정확한 결과를 낳게 되고, 이는 결과에 대한 불신을 초래하며 궁극적으로 모델의 실패로 이어진다. 데이터 분석 작업을 혁신하는 과정에 정책 전문가를 포함시키는 것은 매우 중요하다.

전문가 팀 구축은 정책 변화를 위한 데이터 작업에 필수적이다

여기에서 말하려는 핵심은 정책 전문가, 커뮤니티 및 디자이너 등과 협동 작업을 벌이는 것이야말로 분석 작업이 기만적이거나 비윤리적이거나 부정확한 결과로 이어질 위험성을 줄이는 데 필수라는 점이다. 더 중요하게는 전문가 팀 구축이 작업 내용을 원활하게 소통시키는 데 도움을 준다는 것이다. 이것은 데이터 분석 결과에 대한 합의를 이끌어내야 한다기보다는 다른 전문가, 데이터 분석가 및 데이터 작업에 직접 영향을 받는 당사자들을 프로젝트에 참여시키고, 데이터 분석 작업을 비평하도록 장려해야 한다는 뜻이다. 데이터 분석은 해당 이슈를 잘 이해하는 사람들과 피드백을 주고받는 과정도 포함돼야 한다. 그런 협업을 통해 우리는 문제가 되는 정책 이슈를 더 잘 이해할 수 있고, 전문가들은 사안의 미묘한 차이를 설명해줌으로써 데이터 모델의 개선을 도울 수 있다. 다른 시각과 의견은 정부의 건전성에 필수적이다. 협업은 주어진 의견이나 이념을 중심으로 공동체를 구성하며, 이 공동체는 연구 결과를 폭넓게 알리는 데 도움을 준다.

이런 경우의 좋은 사례는 뉴욕시 경찰청의 불심 검문검색 정책에 대한 뉴욕시 민자유연합의 대응이다. 이들은 치안 활동과 인종 차별의 상관 관계에 관심을 가진 여러 기관을 규합해 더욱 큰 규모의 '경찰개혁을 위한 공동체 연합[CPR]'을 만들었다. 이 새로운 공동체는 불심 검문검색 데이터를 수집하고 분석해 그 저변에 숨은 뉴욕시 경찰의 행태를 폭로하는 것을 목표로 삼았다. CPR 멤버들은 다양한 네트워크를 활용해 메시지를 종종 데이터 시각화 형태로 언론에 전달했다. 그러한 협업은 메시지의 폭을 뉴욕시 전반으로 확장시키는 효과를 낳았고, 급기야 2012년 뉴욕시장 선거의 쟁점으로 떠올랐다.

협업을 통한 투명성은 참여 기관 간의 신뢰도 쌓았다. 나이로비시에서 진행된 디지털 마타투스 프로젝트는 데이터 공유가 어떻게 마타투스 기사, 소유주, 정책 전문가, 정부 관료, 비정부기관 및 대중 사이에 신뢰를 만들고, 프로젝트가 도시의 교통 지도를 만드는 수준을 훨씬 넘어 도시의 다른 계획을 세우는 방식까지 변화시켰는지 보여준다. 장기적으로 볼 때 협업은 시간을 절약하는 효과가 있다. 작업의 품질을 높이고, 여러 기관이 참여하는 만큼 그 효과도 더 광범위하며, 참여자 간에 신뢰를 쌓고, 궁극적으로 정책 개발자들의 의제로 발전하기 때문이다.

데이터 구축은 권력 관계를 바꾸고 공동체를 변화시킨다

'데이터 액션'은 데이터 구축을 강조한다. 심지어 빅데이터의 시대에도 어떤 데이터는 빠져 있거나 접근이 불가능하며, 때로는 의도적으로 그렇게 된다는 것을 상기시켜 준다. 그렇게 데이터의 간극을 메워 제대로 수렴되지 않는 사람들인 사회의 소외 계층이 생기지 않도록 해야 한다. 데이터 구축은 정책 개발 과정에서 배제되거나 무시될 수 있는 사람들의 목소리를 높여줄 수 있다. 미국 펜실베이니아주의 프래킹부터 중국 베이징의 대기질 측정 사례까지, 데이터 구축은 반박하기 어려운 과학적 증거를 만들어 정책 변화를 이끌어내는 데 활용될 수 있다. 데이터 구축은 궁극적으로 권력 관계를 바꾼다. 어떤 지역 공동체나 기관이 데이터를 구축하는 경우 해당 데이터를 둘러싼 서사와 논리를 해당 공동체나 기관이 갖게 되므로 역학 관계도 그들의 필요와 이익을 반영하는 쪽으로 기운다. 이들이 구축한 데이터가 대기업이나 정부의 논리에 맞서는 무기로 작동하는 것이다.

데이터 구축은 다른 혜택도 제공한다. 데이터 문해력을 높이고, 같은 목적과 의도에 따라 공동체가 형성되며, 미디어의 관심을 끌어 화제가 됨으로써 정책적 고려 대상이 되는 것이다. 그것이 오픈스트리트맵을 위한 데이터 수집이나 대기질 센서를 설치하는 일, 측정 도구를 만들거나 현장에서 데이터를 수집해 그 결과를 해석하고 발표하는 일은 해당 프로젝트뿐 아니라 데이터 중심 사회에서 더없이 중요한 기술을 배양시켜 준다. 이 프로젝트는 참가자들의 데이터 문해력을 높인다.

데이터 수집 프로젝트는 다양한 그룹이 공통된 목표를 위해 서로 의존하면서 데이터 사용에 필요한 툴을 익혀야 하기 때문에 자연스럽게 새로운 공동체가 형성된다. 2010년 '딥워터 호라이즌Deepwater Horizen' 석유 유출 사고 당시 풍선을 띄워 피해 지역의 지도를 만든 프로젝트가 그런 경우로, 당시 상황은 데이터 자체보다 해당 지역 주민들의 참여를 이끌어내는 과정이 더 중요했다. 여러 환경 단체와 기관, 지역 주민들은 정부가 발표한 석유 유출 데이터의 진위를 확인하기 위해 힘을 모았다. 이들이 자체 데이터를 구축하기 위해 고안한 혁신적 방법, 특히 접근이 제한된 지역으로 풍선을 띄운 시도는 그로부터 수집한 데이터 자체보다 정부의 정책 변화를 유도하는 데 더 결정적인 영향을 미쳤다. 미디어를 활용해 현안을 공유하는 것도 정책 논의를 이끌어내기 위해 데이터를 활용하는 한 방법이다.

창의적으로 정량화하되 데이터는 수집자의 편향성을 담고 있음을 명심하라

현대의 신기술은 데이터의 구축뿐 아니라 데이터에 대한 접근 방식에도 큰 변화를 몰고 왔다. 데이터는 이제 웹사이트를 통해 마이닝mining되거나, 민간기업이 공개한 API를 통해 수집된다. 이들 데이터 세트는 관련 데이터가 없거나 엄격히 통제되는 지역에서 필수 자원 구실을 한다. 필자의 팀이 중국의 유령 도시 실태를 파악하기 위해 벌인 작업은 그런 경우의 대표적 사례라 할 만하다. 유령 도시 다시 말해 공가율이 높은 지역은 중국 부동산 시장의 위험을 상징적으로 보여준다. 이들이 위치는 중국 중앙 정부의 엄격히 통제를 받아 심지어 지방 정부조차 관련 정보에 접근할 수가 없다. 유령 도시 프로젝트는 중국의 소셜미디어 사이트를 활용해 도시 개발 관련 데이터를 수집하고, 도시가 활력을 갖기 위해서는 편의 시설에 대한 접근성이 좋아야 하며, 그렇지 못한 지역의 주거 건물은 비었을 가능성이 높다는 전제에 따라 그런 지역을 식별했다. 그 모델의 실험 결과는 이들 유령 도시가 어디에 존재하는지 파악하게 했을 뿐 아니라, 이들에게 필요한 편의 시설이 무엇인지 알려줌으로써 해당 도시의 활력을 높이기 위해 어떤 투자가 필요한지 도움을 줬다. 데이터를 창의적으로 활용해 정책의 효과도 밝힐 수 있다. 우리의 프로젝트는 중국의 경제 개발 전략이 얼마나 효과적인지 알려주는 구실을 했다.

그러나 데이터를 창의적인 방식으로 활용할 때, 그 데이터는 애초에 특정한 목적으로 수집됐기 때문에 수집자의 편향성을 담고 있다는 점을 명심해야 한다. 유령 도시 프로젝트의 경우 우리가 만든 모델은, 노점상처럼 주변 시설이 비공식적인 경우가 많고, 따라서 소셜미디어에 잘 나오지 않는 오래된 지역에서는 잘 통하지 않았다. 그런 경험을 통해 우리는 진정한 '원시 데이터'는 없으며, 수집될 때부터 일정한 목적과 의도를 반영하기 때문에 그로부터 얻는 결과 또한 부정확할 수 있다는 점을 새삼 확인했다. 수집한 데이터를 면밀히 검토해 그 편향성을 따지는 일은 그래서 중요하다. 데이터가 처음부터 그 자체의 가치를 지닌다는 개념은 많은 데이터 과학자들 사이에서 잘 알려진 내용이지만, 초보 분석가들은 웹에서 데이터를 수집할 때 그런 점을 간과하곤 한다.

데이터의 편향성을 제거하기는 불가능할 때가 많지만, 그러한 편향성을 인식하는 일과 때로 그런 편향성을 이용해 남들이 수집한 데이터에 깔린 가치 시스템을 노출하는 일도 중요하다. 주어진 데이터 세트에서 누가 또는 무엇이 누락됐는지 조사함으로써 심각한 사회적 불평등을 노출할 수도 있다. 응급서비스를 제외한 모든 정부서비스를 제공하는 뉴욕시의 311 전화는 좋은 사례다. 우리 연구에 따르면 이민자들이 집중된 지역은 쓰레기 수거 등 도시 서비스에 대한 불만 전화가 상대적으로 적었다. 이것은 해당 지역민들이 서비스에 만족해서가 아니라 311로 불만 전화를 걸 수 있다는 사실을 몰랐거나 정부서비스에 대한 문화적 규범이 다른 탓이었다. 그런 결과를 토대로 우리는 311 핫라인을 영어 이외의 다른 언어로도 널리 홍보할 필요가 있다고 조언했다. 또 데이터 결여는 디지털 불평등을 시사하며, 기술 이용이 적은 지역은 그만큼 기술 인프라의 개발이 필요하다는 점을 시사한다.

데이터 당사자들과 더불어 현장의 진실을 파악하라

데이터의 편향성을 막기 위해서는 해당 데이터의 당사자나 데이터 분석 결과에 직접 영향을 받는 사람들과 함께 결과를 검증하거나 사실 여부를 파악해야 한다. 시각화를 통한 데이터 공유가 '데이터 액션'에 필수인 이유도 거기에 있다. 굳이 데이터 과학자나 전문가가 아니더라도 누구나 그 분석 내용과 결과를 이해하고 비평할 수 있게 해주기 때문이다. 이 책에 소개한 프로젝트는 모두 데이터에 포함된 사람들과 모델의 결과에 직접 영향을 받게 될 사람들의 비평을 구했다. 웹을 통해 가능해진 쌍방향 비주얼 인터페이스 덕택에 데이터 분석 결과를 더 투명하게 공유하는 것은 물론 사용자의 관심사에 따라 데이터를 여러 다른 방식으로 검토하고 자신의 의견을 개진할 수 있게 됐다. 이런 절차는 프로젝트에 새로운 통찰을 더하는 동시에 데이터 분석 결과를 정확하게 파악할 수 있는 방법을 제공한다. 비판적 지도 제작자들은 지도의 1차원적 관점이 제시된 결과를 판단하는 능력을 제한한다고 주장하는데, 그런 점에서 데이터를 쌍방향으로 제시하는 웹 인터페이스는 이런 약점을 극복하는 데 도움을 준다. 이런 유형의 공유는 유령 도시 프로젝트에서 특히 유용했다. 쌍방향 비주얼 방식은 모델을 더 잘 설명했고, 이해당사자들에게 수집된 데이터를 여러 방식으로 시험하도록 함으로써 더 입체적인 시각에서 유령 도시의 문제를 논의할 수 있게 해줬다.

데이터는 대중에게 역동적인 방식으로 통찰을 제공한다

실제 검증의 차원을 넘어 데이터 공유는 대중에게 통찰력을 제공해 중요한 사회 문제에 대한 의사 결정을 돕기 때문에 정책 개발이나 변화를 위한 '데이터 액션'에 필수적이다. 따라서 정책 변화를 위한 데이터 작업을 벌일 때 그런 변화의 이유와 필요성을 더 폭넓은 관객과 소통할 수 있는 설계자를 포함해야 한다. 이런 경우의 좋은 사례는 죄수를 수감하는 데만 급급한 형사 사법 제도의 문제점을 폭로하기 위한 1백만 달러 블록 프로젝트다. 도시 개별 블록별로 얼마나 많은 사람이 유죄 판결을 받아 거주지에서 멀리 떨어진 형무소로 가는지, 그런 작업에 얼마나 많은 돈이 낭비되는지 그러면서 정작 투옥이나 재범을 부추기는 해당 공동체의 빈곤 문제, 교육과 취업 기회의 부족, 출소 후 재활 기회의 결여 등 구조적 불평등을 해소하고 개선하는 데는 거의 아무런 투자도 없는지 등을 지도로 보여주는 작업이었다. 지도에서 검은색을 배경으로 더욱 두드러져 보이는 빨간색 블록은 우려할 만한 사회 현상을 생생히 보여줬다. 이러한 현상을 측정하는 도구로 도시의 개별 블록을 사용함으로써 보는 이들에게 더욱 강한 설득력을 발휘했다. 1백만 달러 블록 지도는 해법을 제시하지는 않았지만 당면한 사회 문제를 대중의 눈앞에 보여줌으로써 저마다 다른 방식으로 그 지도를 사회 개선의 도구로 삼을 수 있게 했다.

이로써 우리는 다시 출발점으로 돌아온다. 윌리엄 플레이페어가 1786년 최초의 그래픽 차트를 개발한 이후 시각화 작업은 데이터의 적법성을 시각적으로 표현함으로써 여론을 움직이는 효과적 도구로 자리잡았다. 그럼에도 이런 위력은 특정 계층이나 그룹을 띄우고 다른 쪽을 소외시키는 데 사용될 수 있다. 그렇다면 우리는 어떻게 주어진 데이터에서 윤리적인 시각화 작업이나 알고리듬, 혹은 통찰력을 이끌어낼 수 있을까? 우리가 데이터를 어떻게 사용하든 다른 사람들에게 영향을 미칠 수밖에 없기 때문에, 이것은 중요한 질문이다. 필자는 데이터에서 이끌어내려는 통찰이나 서사가 그를 대중에게 쉽게 전달하기 위한 시각화 작업의 내용도 좌우한다고 믿는다.

노예선 브룩스호의 지도의 사례를 떠올려보자. 노예제도 폐지론자는 해당 지도를 노예제의 참상을 드러내는 방향으로 이야기를 만들었고, 지도는 기대한 반응을 얻었다. 그와 더불어 주택 대출을 해서는 안 되는 지역이라며 빨간 선으로 특정 지역을 표시해 차별과 배제를 초래한 주택소유자 대출공사의 사례를 생각해보자. 이런 지도는 유색인종이 모여 사는 지역의 투자 중단과 회수를 부추기는 데 유용됐다. 이 지도는 투자 위험 지역을 표시했고, 이들의 메시지는 의도한 만큼이나 명확했다. 빨간색으로 표시된 부분은 "여기는 들어오지 마!"라고 비명을 지르고 있었다. 그런 작업은 위험과 배제의 메시지였고, 취약한 지역의 생활 환경을 개선하기보다는 이미 잘 되고 있는 지역에 대한 추가 투자를 권장했다. 이제 같은 지도의 이야기가 달랐다면 어땠을지 상상해보자. 취약한 지역을 투자에서 배제하는 대신 거주 환경의 개선을 돕고자 했다면 어땠을까? 환경 개선을 위한 투자가 필요한 지역이 빨간색 대신 초록색으로 표시됐다면 어땠을까? 이 동일한 지도가 경제적 인종적 분열을 완화하는 데 사용될 수 있었을까? 우리가 지도를 어떻게 사용하고 논의하느냐에 따라 다른 사람들이 그 지도를 사용하는 방식도 달라질 것이다.

데이터는 사람이며, 이들에게 해를 끼쳐서는 안 된다

중요하게 고려해야 할 사항은 시각화 작업의 윤리성만이 아니다. 소셜미디어에 올리는 우리의 생각과 아이디어, 우리가 주고받은 모든 이메일 내용, 일상의 여러 움직임 등 우리가 매일 만들어내는 기하급수적 분량의 데이터 안에는 우리 모두가 들어 있다. 데이터는 사람이며, 이들에게 아무런 해도 끼쳐서는 안 된다. 예를 들면 휴대폰의 통화 상세 내역 데이터가 적절한 예방 조치 없이, 혹은 해당 데이터에 어떤 이유로 누구의 접근을 허용할지 설정하지 않은 채 유포된다면, 재난 사고 중 박해받는 사람들의 신원을 의도치 않게 노출할 수 있다. 이런 보호책은 종종 공익의 이름으로 무시되곤 한다. 어떤 사람들은 익명으로 남고 싶어한다. 이런 점은 비공식 경제에서 특히 더 그렇다. 나이로비시의 마타투스 프로젝트에서 우리는 마타투스 소유주들이 지지하는 정류장과 노선이 정확히 지도에 표시되도록 하되, 이들이 피해에 노출되지 않도록 주의를 기울였다. 마타투스 소유주들은 이런 지도의 실용적 필요성을 인식했기 때문에 우리 프로젝트를 지지했다. 하지만 사람들이 매일 이용하는 인프라라고 해도 다른 맥락이나 상황에서는 이것이 범죄에 악용될 수 있다는 점을 쉽게 상상할 수 있다. 따라서 데이터를 구축하기 전에 해당 데이터에 포함된 사람들의 이해를 제대로 반영하는지 따져보는 일이 중요하다.

앞으로도 민간기업은 정부보다 더 많은 데이터를 보유하고 관리할 것이다. 몇몇 국가에서는 이미 이런 상황이 현실화되고 있다. 방대한 양의 데이터에도 불구하고 거기에 접근할 수 있는 사람들과 그렇지 못한 사람들 간의 간극은 더 넓어지는 추세다. 우리가 지금 생산하는 막대한 규모의 데이터는 마치 19세기로 전환되던 시점의 전기와 비슷하게 새롭고 아직 그 틀이 제대로 갖춰지지 않은, 그리고 규제도 받지 않는 인프라로 발전하고 있다. 이 모든 신규 데이터는 공공재에 준하며, 그 정의상 정부의 보호를 받아야 한다. 그러나 대부분의 정부는 이런 종류의 보호대책을 세울 만한 준비가 안 돼 있다. 케임브리지 애널리티카 스캔들과 관련한 미국 의회의 페이스북 청문회는 그처럼 열악한 현실을 잘 보여준다. 청문회에서 명확히 드러난 사실은 페이스북 같은 소셜미디어 회사가 우리 데이터의 재사용을 통해 수익을 올린다는 점을 많은 의원이 이해하지 못한다는 점이었다.

유럽연합의 일반개인정보보호법과 다른 강화된 프라이버시 법규가 현재 방대하게 생산되고 소비되는 데이터에 대한 일반의 이해를 높이기 시작했지만, 정부의 법규는 보통 기술 진보보다 뒤처지게 마련이다. 그 때문에 대중의 자율 규제가 중요하다. 그러나 규제가 항상 본인의 이해와 조화를 이루는 게 아니고, 데이터 기업이 스스로를 항상 잘 감시하는 게 아니라는 점을 고려하면 이것은 쉬운 일이 아니다. 그리고 우리 데이터의 보호 임무를 정부에 일임하는 것이 과연 온당한지도 의심스럽다. 감시 기술은 오용되기 쉽고, 특히 독재 체제에서 데이터는 유용한 억압의 도구가 될 수 있다. 그렇다면 누가 우리 데이터를 보호해야 할까? 이것은 아직 풀리지 않은 질문이다. 그럼에도 우리는 데이터가 윤리적으로 사용되는지 경계해서 살펴야 하고, 비윤리적으로 데이터를 오남용하는 기업이나 기관을 고발해야 한다. 데이터는 궁극적으로 그것을 관리하는 이의 편향성을 내포한다. 따라서 대답은 그런 편향성을 경계하면서 정책 변화와 사회 개선을 위한 '데이터 액션'을 추구해야 한다는 것이다.

노트

들어가며

1. 셰리 안스타인(Sherry Arnstein), "시민 참여의 사다리(A Ladder of Citizen Participation)", 「미국플래너협회 저널(Journal of the American Institute of Planners)」, 35호, 1969
2. 리사 기텔만, 『Raw Data Is an Oxymoron(로우 데이터는 모순어법이다)』, MIT Press, 2013
3. 캐시 오닐, 『대량살상 수학무기: 어떻게 빅데이터는 불평등을 확산하고 민주주의를 위협하는가(Weapons of Math Destruction: How Big Data Increases Inequality and Threatens Democracy)』, 흐름출판, 2017
4. 사피야 우모자 노블, 『구글은 어떻게 여성을 차별하는가(Algorithms of Oppression: How Search Engines Reinforce Racism)』, 한스미디어, 2019
5. 레드라이닝: 은행 및 보험 회사가 특정한 지역에 대한 대출 · 보험 등의 금융 서비스를 거부하는 행위로, 1960년대 미국의 사회학자인 존 맥나이트(John McKnight)가 만든 용어. 그는 레드라이닝을 통해 빈곤층 거주 지역의 사람들에게 대출 · 보험 등의 금융 서비스를 거부하는 당시 미국 은행의 차별적인 관행을 설명했다(출처: 네이버 지식백과).
6. 캐서린 디그나치오, 로렌 클라인, 『Data Feminism(데이터 페미니즘)』, MIT Press, 2020
7. 제임스 C. 스콧, 『국가처럼 보기: 왜 국가는 계획에 실패하는가(Seeing like a State: How Certain Schemes to Improve the Human Condition Have Failed)』, 에코리브르, 2010
8. 석유 자원 채취를 위해 혈암층(shale beds)에 액체를 고압 주입해 파쇄함으로써 셰일가스나 석유를 추출하는 기술 – 옮긴이
9. 데이비드 라인셀(David Reinsel), 존 간츠(John Gantz), 존 리드닝(John Rydning), "변경부터 핵심까지 전 세계의 디지털화(The Digitization of the World from Edge to Core)", https://www.seagate.com/files/www-content/our-story/trends/files/idc-seagate-dataage-whitepaper.pdf
10. 칼 피에르(Carl Pierre), "제타바이트 단위를 알아야 하는 이유(Why You Need to Know What a Zettabyte Is)", https://www.americaninno.com/dc/why-you-need-to-know-what-a-zetabyte-is-infographic/

11. 닉 콜드리, 『The Costs of Connection: How Data Is Colonizing Human Life and Appropriating It for Capitalism(연결의 비용: 데이터는 어떻게 인간의 삶을 식민화하고 자본주의에 전용하는가)』, Stanford University Press, 2019

12. Carpenter v. United States(https://www.supremecourt.gov/opinions/17pdf/16-402diff_1oc3.pdf), 2018

1장

1. 제임스 C. 스콧, 『국가처럼 보기: 왜 국가는 계획에 실패하는가』, 에코리브르, 2010

2. 마틴 불머 외(Martin Bulmer et al.), 『The Social Survey in Historical Perspective, 1880-1940(역사적 관점에서의 사회 조사, 1880-1940년)』, Cambridge University Press, 1991

3. 에티엔 발라즈(Etienne Balazs), 『Chinese Civilization and Bureaucracy(중국 문명과 관료 체제)』, Yale University Press, 1967/수전 E. 알코크 외(Susan E. Alcock et al.), 『Empires: Perspectives from Archaeology and History(제국들: 고고학과 역사의 관점)』, Cambridge University Press, 2001

4. 존 S. 보우먼(John S. Bowman), 『Columbia Chronologies of Asian History and Culture(컬럼비아대학교 아시아사와 문화 연대기)』 Columbia University Press, 2000

5. 윌리엄 플레이페어, 『Commercial and Political Atlas and Statistical Breviary(상업 및 정치적 지도책과 통계 규칙서)』, 원본은 1786년에 출간됐고, 케임브리지대학교 출판부에서 2005년 재출간

6. 폴 베이넌-데이비스(Paul Beynon-Davies), "중요한 실: 데이터의 본질(Significant Threads: The Nature of Data)", 「국제 정보관리 저널(International Journal of Information Management)」, 2009년 29호(https://dl.acm.org/doi/abs/10.1016/j.ijinfomgt.2008.12.003)

7. 마틴 불머, 케빈 베일즈(Kevin Bales), 캐스린 키시 스클라(Kathryn Kish Sklar), 『The Social Survey in Historical Perspective, 1880-1940(역사적 관점에서의 사회 조사, 1880-1940년)』, Cambridge University Press, 1991

8. "기록되지 않은(Off the Map)," 「이코노미스트」, 2014년 11월 13일자 기사(https://www.economist.com/international/2014/11/13/off-the-map)

9. 유엔 기관 간 전문가 그룹(UN IEAG), "기록에 충실한 세계 - 지속 가능한 개발을 위한 데이터 혁명의 전파(A World That Counts-Mobilising the Data Revolution for Sustainable Development)", https://www.undatarevolution.org/wp-content/uploads/2014/11/A-World-That-Counts.pdf, 2014

10. 유엔, "지속 가능한 개발 목표: 지속 가능한 개발 지식 플랫폼(SDGs: Sustainable Development Knowledge Platform)", https://sustainabledevelopment.un.org/sdgs

11. 마고 J. 앤더슨, 『The American Census: A Social History(미국의 인구조사: 사회사)』, Yale University Press, 2015

12. 에밀리 바움가르트너(Emily Baumgaertner), "우려에도 불구하고 인구조사에 미국 시민권 여부 질문을 포함할 것(Despite Concerns, Census Will Ask Respondents if They Are U.S. Citizens)", 「뉴욕타임스」, 2018년 3월 28일자 기사(https://www.nytimes.com/2018/03/26/us/politics/census-citizenship-question-trump.html)

13. 에밀리 배저(Emily Badger), "미국의 권력 관계를 바꿀 수 있는 인구조사 질문(A Census Question That Could Change How Power Is Divided in America)", 「뉴욕타임스」, 2018년 8월 2일자 기사(https://www.nytimes.com/2018/07/31/upshot/Census-question-citizenship-power.html)

14. 마이클 와인즈(Michael Wines), "사망한 공화당 전략가의 하드 드라이브에서 인구조사의 시민권 질문에 관한 새로운 사실 밝혀져(Deceased G.O.P. Strategist's Hard Drives Reveal New Details on the Census Citizenship Question)", 「뉴욕타임스」, 2019년 5월 30일자 기사(https://www.nytimes.com/2019/05/30/us/census-citizenship-question-hofeller.html)

15. 리처드 L. 하슨(Richard L. Hasen), "인구조사에 시민권 질문을 추가한 것은 백인의 투표 영향력을 높이기 위한 것임을 밝힌 새 메모 발견(New Memo Reveals Census Question Was Added to Boost White Voting Power)", 「슬레이트(Slate)」, https://slate.com/news-and-politics/2019/05/census-memo-supreme-court-conservatives-white-voters-alito.html

16. 데이비드 데일리(David Daley), "공화당 게리맨더링 마스터의 비밀 파일(The Secret Files of the Master of Modern Republican Gerrymandering)", 「뉴요커(New Yoker)」, 2019년 9월 6일자 기사(https://www.newyorker.com/news/news-desk/the-secret-files-of-the-master-of-modern-republican-gerrymandering)

17. 저스틴 레빗(Justin Levitt), "선거구 조정 시민 가이드", SSRN, 2018년 6월 28일(https://papers.ssrn.com/abstract=1647221)

18. 술의 제조, 판매, 운송, 수출입을 금지한 1919년의 수정헌법 18조에서 발원한 신념이나 주의. 이 수정헌법이 적용되던 1920~1933년은 흔히 금주법 시대(prohibition era)로 요약된다. – 옮긴이

19. 지도 데이터: 텍사스 주정부 교통국의 오픈 데이터, TxDOT 오픈 데이터 포털(https://gis-txdot.opendata.arcgis.com/datasets/texas-us-house-districts?geometry=-334.512%2C-52.268%2C334.512%2C52.268), 2019 / 교통국 오픈 데이터, 오픈스트리트맵(OpenStreetMap), "플래닛 덤프", https://planet.osm.org, 2017 / "연방 법원, 텍사스주의 3개 선거구 조정 위헌 판결", NPR(https://www.npr.org/sections/thetwo-way/2017/03/11/519839892/federal-court-rules-three-texas-congressional-districts-illegally-drawn), 2019년 1월 30일

20. 패트릭 조이스(Patrick Joyce), 『The Rule of Freedom: Liberalism and the Modern City(자유의 규칙: 자유주의와 현대 도시)』, Verso, 2003

21. "런던과 산업혁명", 블로그 런던토피아(Londontopia), 2018년 7월 24일(https://londontopia.net/history/london-industrial-revolution/)

22. 초창기 통계협회는 대체로 사회학 분야의 전문가들이 주도했고, 그 때문에 통계학을 사용해 사회 문제를 이해하는 데 훨씬 더 관심이 많았다.

23. 1842년 위생 시설 보고서(https://www.parliament.uk/about/living-heritage/transformingsociety/livinglearning/coll-9-health1/health-02/1842-sanitary-report-leeds/)

24. 패트릭 조이스, 『The Rule of Freedom: Liberalism and the Modern City(자유의 규칙)』 / 제프리 G. 윌리엄슨(Jeffrey G. Williamson), 『Coping with City Growth during the British Industrial Revolution(영국 산업혁명기의 도시 성장 대응)』, Cambridge University Press, 2002

25. 앤 하디(Anne Hardy), "모든 질병의 치유는 죽음: 1837–1920년 등기소의 사망 원인 통계의 활용(Death Is the Cure of All Diseases: Using the General Register Office Cause of Death Statistics for 1837–1920), 「의학사회사(Social History of Medicine)」, 7호(https://doi.org/10.1093/shm/7.3.472), 1994

26. IDH 셰퍼드(IDH Shepherd), "후기 빅토리아 시대 런던의 빈곤층을 지도에 반영하기: 다척도 접근법(Mapping the Poor in Late-Victorian London: A Multi-Scale Approach)", 「빈곤측정법(Getting the Measure of Poverty)」, 애시게이트(Ashgate), 1999

27. 찰스 부스(Charles Booth), 리처드 M. 엘만(Richard M. Elman), 앨버트 프리드(Albert Fried), 『Charles Booth's London(찰스 부스의 런던)』, Pantheon Books, 1968

28. 토머스 오스본(Thomas Osborne), 니콜라스 로즈(Nikolas Rose), "공간적 현상기술학: 찰스 부스, 패트릭 기디스(Patrick Geddess)와 공간 만들기", 「환경과 D 계획: 사회와 공간(Environment and Planning D: Society and Space)」 22호, 2004년 4월 1일, https://doi.org/10.1068/d325t

29. 로라 본(Laura Vaughan), "찰스 부스의 지도는 사회를 비추는 거울", 도시 형식과 사회의 지도화(블로그), 2017년 10월 3일, https://urbanformation.wordpress.com/2017/10/03/the-charles-booth-maps-as-a-mirror-to-society/

30. R. 블라디미르 스테펠(R. Vladimir Steffel), "바운더리 가의 주택 단지: 런던 카운티 위원회의 한 도시 재개발 사례, 1889-1914", 「도시계획 리뷰(Town Planning Review)」 47호, 1976년, https://www.jstor.org/stable/40103181

31. 벤 기들리(Ben Gidley), 『The Proletarian Other: Charles Booth and the Politics of Representation(다른 프롤레타리안: 찰스 부스와 표상의 정치학)』, Goldsmiths University of London, 2000

32. 에이미 E. 힐리어(Amy E. Hillier), "레드라인 정하기와 주택 소유자 자금대출 회사(HOLC)", 「도시사저널」, 29호, 2003년 5월 1일(https://doi.org/10.1177/0096144203029004002). '레드라인 정하기'는 특정 지역을 금융 위험이 높은 곳으로 분류해 해당 지역 거주자에게는 자금 대출이나 보험을 거부하는 행위를 말한다.

33. 그렉 밀러(Greg Miller), "샌프란시스코 차이나타운에 자행된 비행을 드러낸 1885년의 지도(1885 Map Reveals Vice in San Francisco's Chinatown and Racism at City Hall)", 「와이어드」, 2013년 9월 30일(https://www.wired.com/2013/09/1885-map-san-francisco-chinatow/)

34. 나얀 샤, 『Contagious Divides(중독성 분열)』, University of California Press, 2001

35. 메리 조 디건(Mary Jo Deegan), "W. E. B. 뒤부아(W. E. B. Du Bois)와 헐 하우스의 여성들, 1895-1899(W. E. B. Du Bois and the Women of Hull-House, 1895-1899", 「아메리칸 소셜리스트(American Sociologist)」, 19호, 1988년 12월 1일(https://doi.org/10.1007/BF02691827)

36. Atlanta Conference of Negro Problems. W. E. B. 뒤부아가 조직한 연례 콘퍼런스로 1896년부터 1914년까지 매년 애틀란타대학교에서 개최됐다. 더 자세한 정보는 위키피디아 참조(https://en.wikipedia.org/wiki/Atlanta_Conference_of_Negro_Problems) – 옮긴이

37. 엘리어트 M. 러드윅(Elliott M. Rudwick), "W. E. B. 뒤부아와 흑인에 대한 애틀랜타대학교 연구(WEB Du Bois and the Atlanta University Studies on the Negro)", 『W. E. B. Du Bois(W. E. B. 뒤부아)』, Routledge, 2017

38. 마틴 불머, 『The Chicago School of Sociology: Institutionalization, Diversity and the Rise of Sociological Research(사회학의 시카고 학파: 제도화, 다양성, 사회학 연구의 부상)』, University of Chicago Press, 1986 / 로버트 E. 파크, 어니스트 W. 버제스, 『The City(도시)』, University of Chicago Press, 2012

39. 다바리안 L. 볼드윈(Davarian L. Baldwin), "시카고 학파의 동심원: 상징적 지도의 역사로부터 배우는 교훈(Chicago's 'Concentric Circles': Thinking through the Material History of an Iconic Map)", 마가렛 살라자르-포르지오(Margaret Salazar-Porzio)와 로렌 사프라넥(Lauren Safranek) 공동 편집, 「다양한 목소리, 하나의 국가: 미국의 인종과 이민에 대한 물질문화적 성찰(Many Voices, One Nation: Material Culture Reflections on Race and Migration in the United States)」, 스미스소니언 박물관, 2017

40. 데이비드 C. 해맥(David C. Hammack), 스탠턴 휠러(Stanton Wheeler), 「사회과학의 형성: 1907-1972년 러셀 세이지 재단에 관한 에세이(Social Science in the Making: Essays on the Russell Sage Foundation)」, 러셀 세이지 재단, 1995

41. 존 A. 피터슨(Jon A. Peterson), 『The Birth of City Planning in the United States(미국에서 도시계획의 탄생)』, Johns Hopkins University Press, 2003, "도시의 지도자들은 아름다운 도시(City Beautiful) 운동의 차원을 넘어 자신들의 전문성을 심화하고, 사법적 권력을 강화하며, 그들의 연구 방법론을 세련화하고, 무엇보다 계획이 실제로 작동하도록 유도하는 데 관심을 갖기 시작했다. 구체적으로 이들은 구역 지정(zoning)을 통해 사유지에 대한 통제권을 행사했다. 절차 면에서 이들은 사회적 조사 연구를 그런 계획의 근거로 삼는 한편, 도시계획 위원회가 자신들이 선호하는 메커니즘을 적용해 결과를 얻을 수 있게 했다."(p. 263)

42. 안드레아스 팔루디(Andreas Faludi), 『A Reader in Planning Theory(계획 이론 교재)』, Pergamon Press, 1973 / A. J. 해리슨(A. J. Harrison), 『Economics and Land Use Planning(경제학과 토지 이용 계획)』, Croom Helm, 1977 / 마크 페닝턴(Mark Pennington), "협력 계획에 대한 하이에크의 자유주의적 비평(A Hayekian Liberal Critique of Collaborative Planning)", 「미래 계획: 계획 이론의 새로운 방향(Planning Futures: New Directions for Planning Theory)」, 2002

43. 엘드리지 러브레이스(Eldridge Lovelace), 『Harland Bartholomew: His Contribution to American Urban Planning(할랜드 바솔로뮤: 미국의 도시계획에 대한 그의 기여)』, Department of Urban and Regional Planning, University of Illinois, 1993

44. 리처드 로스스타인(Richard Rothstein), "퍼거슨 만들기(The Making of Ferguson)," 「어포더블 하우징과 지역 개발 저널」, 24호, https://www.jstor.org/stable/26408162?seq=1, 2015

45. 할랜드 바솔로뮤, 「지역 용도 계획: 도시계획위원회, 미주리주 세인트루이스」, 닉슨-존스 인쇄회사, https://catalog.hathitrust.org/Record/000342898, 1919

46. 할랜드 바솔로뮤, 『Urban Land Uses(도시 토지 이용)』, Harvard University Press, 1932

47. 레이먼드 A. 몰(Raymond A. Mohl), "도로 건설을 멈춰: 미국 도시들의 고속도로 건설 반대운동(Stop the Road: Freeway Revolts in American Cities)", 「도시사저널(Journal of Urban History)」, 30호, 2004년 7월, https://doi.org/10.1177/0096144204265180. / 마이애미시 계획과 구획 위원회, "마이애미 장기 계획: 고속도로 임시 계획에 관한 보고서(The Miami Long Range Plan: Report on Tentative Plan for Trafficways)", 1955 / 윌버 스미스 앤드 어소시에이츠, "플로리다주 데이드 대도시 카운티(A Major Highway Plan for Metropolitan Dade County, Florida)", 플로리다주 주도로 부서와 데이드 카운티 위원회에 제출한 보고서, 1956년. / 스미스 앤드 어소시에이츠, "고속도로의 대안: 마이애미 다운타운, 데이드 카운티, 플로리다(Alternates for Expressways: Downtown Miami, Dade County, Florida)", 1962

48. 몰, "도로 건설을 멈춰" / 마이애미시 계획과 구획 위원회, "마이애미 장기 계획" / 윌버 스미스 앤드 어소시에이츠, "플로리다 주 데이드 대도시 카운티", "고속도로의 대안"

49. 피터 홀(Peter Hall), "격동의 80년대: 미국 도시계획의 도전(The Turbulent Eighth Decade: Challenges to American City Planning)", 「Journal of the American Planning Association」, 55권 3호, 1989(https://doi.org/10.1080/01944368908975415)

50. 로베르타 브랜디스 그라츠(Roberta Brandes Gratz), 『The Battle for Gotham: New York in the Shadow of Robert Moses and Jane Jacobs(고담시의 전쟁: 뉴욕시에 드리운 로버트 모제스와 제인 제이콥스의 그늘)』, Nation Books, 2010

51. 그라츠, 『고담시의 전쟁』 / 제인 제이콥스(Jane Jacobs), 『The Death and Life of Great American Cities(위대한 미국 도시들의 생과 사)』, Random House, 1961

52. 셰리 안스타인(Sherry Arnstein), "시민 참여의 사다리(A Ladder of Citizen Participation)", 「Journal of the American Institute of Planners」, 35호, 1969(https://www.tandfonline.com/doi/abs/10.1080/01944366908977225)

53. 존 포리스터, 『Planning in the Face of Power(권력에 맞선 도시계획)』, University of California Press, 1988

54. 제임스 J. 글래스, "계획 과정의 시민 참여: 목적과 기법 간의 관계(Citizen Participation in Planning: The Relationship Between Objectives and Techniques)", 「Journal of the American Institute of Planners」, 45호, 1979년 4월(https://doi.org/10.1080/01944367908976956)

55. 존 포리스터, 『The Deliberative Practitioner: Encouraging Participatory Planning Processes(숙려적(熟慮的)인 계획가: 참여적 계획)』, MIT Press, 1999

56. 케빈 린치, 『도시환경디자인(The Image of the City)』, 광문각, 2010(전자책)

57. 제니퍼 S. 라이트, 『From Warfare to Welfare: Defense Intellectuals and Urban Problems in Cold War America(전쟁에서 복지로: 냉전시대 미국에서 국방 지식인과 도시 문제)』, Johns Hopkins University Press, 2003

58. 트레버 J. 반스(Trevor J. Barnes), "지리학의 지하세계: 군산 복합체, 수학적 모델링, 그리고 정량 혁명(Geography's Underworld: The Military-Industrial Complex, Mathematical Modelling and the Quantitative Revolution)", 「Geoforum」, 39권 1호, 2008년 1월(https://doi.org/10.1016/j.geoforum.2007.09.006)

59. 피터 홀, "격동의 80년대: 미국 도시계획의 도전", 「Journal of the American Planning Association」, 55권 3호, 1989(https://doi.org/10.1080/01944368908975415)

60. 마크 발리아나토스(Mark Vallianatos), "로스앤젤레스시에서 '빅데이터'와 '스마트시티'의 초기 역사를 밝히다(Uncovering the Early History of the 'Big Data' and the 'Smart City' in LA)", 「Boom」, https://boomcalifornia.com/2015/06/16/uncovering-the-early-history-of-big-data-and-the-smart-city-in-la/

61. 리처드 L. 마이어(Richard L Meier), 『A Communications Theory of Urban Growth(도시 성장의 커뮤니케이션 이론)』, MIT Press, 1962

62. 앤서니 M. 타운센드(Anthony M. Townsend), 『Smart Cities: Big Data, Civic Hackers, and the Quest for a New Utopia(스마트시티: 빅 데이터, 시민 해커들 그리고 신 유토피아를 찾는 여정)』, Norton, 2013

63. 제임스 N. 그레이(James N. Gray), 데이비드 프레슬(David Pessel), 프라빈 P. 바라이야(Pravin P. Varaiya), "포리스터의 도시 지역 모델에 대한 한 비평(A Critique of Forrester's Model of an Urban Area)", 「시스템, 인간, 그리고 사이버네틱스에 관한 IEEE의 논의(IEEE Transactions on Systems, Man, and Cybernetics)」, 2호, 1972

64. 마이클 배티(Michael Batty), 폴 M. 토렌스(Paul M. Torrens), "복잡계에서의 모델링과 예측(Modelling and Prediction in a Complex World)", 「Complexity and the Limits of Knowledge in Futures」, 37호, 2005년 9월 1일(https://doi.org/10.1016/j.futures.2004.11.003)

65. 더글러스 B. 리 주니어, "대규모 모델을 위한 장송곡(Requiem for Large-Scale Models)," 「Journal of the American Institute of Planners」, 39권 3호, 1973년 5월(https://doi.org/10.1080/01944367308977851)

66. 롭 키친(Rob Kitchin), "실시간 도시? 빅데이터와 스마트 도시주의(The Real-Time City? Big Data and Smart Urbanism)", 「GeoJournal」, 79호, 2014년 2월 1일(https://doi.org/10.1007/s10708-013-9516-8)

67. 존 피클스, "논쟁, 토론, 그리고 대화: GIS 사회이론 논의와 대안들에 대한 우려(Arguments, Debates, and Dialogues: The GIS-Social Theory Debate and the Concern for Alternatives)" 폴 A. 롱리(Paul. A. Longley), 마이클 F. 굿차일드(Michael F. Goodchild), D. J. 맥과이어(D. J. MacGuire), 데이비드 W. 린드(David W. Rhind) 공동 편집, 「Geographical Information Systems: Principles, Techniques, Applications, and Management」 2판에 수록, John Wiley and Sons, 2005 / 프랜시스 코티(Francis Koti), 대니얼 와이너(Daniel Weiner), "케냐에서 참여적 GIS를 사용한 도시 주변부의 거주 공간 재규정((Re) Defining Peri-Urban Residential Space Using Participatory GIS in Kenya)", 「Electronic Journal of Information Systems in Developing Countries」, 25호, 2006년 6월(https://doi.org/10.1002/j.1681-4835.2006.tb00169.x)

68. 존 피클스, 『Ground Truth: The Social Implications of Geographic Information Systems(지상 실측 정보: 지리정보시스템의 사회적 함의)』, Guilford Press, 1995 / 트레버 해리스(Trevor Harris), 대니얼 와이너, "권능 부여, 소외화, 그리고 '공동체의 이익을 통합한' GIS(Empowerment, Marginalization, and 'Community-Integrated' GIS)", 「Cartography and Geographic Information Systems」, 25호, 1998(https://doi.org/10.1559/152304098782594580) / 새라 A. 엘우드(Sarah A Elwood), "공동체 계획에서 GIS의 활용: 권능 부여에 대한 다차원 분석(GIS Use in Community Planning: A Multidimensional Analysis of Empowerment)", 「Environment and Planning A」, 34호, 2002년 5월(https://doi.org/10.1068/a34117)

69. 에릭 고든(Eric Gordon), 스티븐 쉬라(Steven Schirra), 저스틴 홀랜더(Justin Hollander), "몰입형 계획: 신기술을 이용한 공공 참여의 개념적 모델(Immersive Planning: A Conceptual Model for Designing Public Participation with New Technologies)", 「Environment and Planning B: Planning and Design」, 38호, 2011년 6월(https://doi.org/10.1068/b37013)

70. 새라 엘우드, 헬가 라이트너(Helga Leitner), "GIS와 이웃 재활성화를 위한 공간적 지식 생산: 국가의 우선 사항과 공동체의 비전(GIS and Spatial Knowledge Production for Neighborhood Revitalization: Negotiating State Priorities and Neighborhood Visions)", 「Journal of Urban Affairs」, 25호, 2003(https://doi.org/10.1111/1467-9906.t01-1-00003) / 카이런 베일리(Keiron Bailey), 테드 그로사트(Ted Grossardt), "구조화된 공공 참여를 향해: 정의, 지리학 및 협업적 지리공간적/지리시각적 의사결정 지원 시스템(Toward Structured Public Involvement: Justice, Geography and Collaborative Geospatial/Geovisual Decision Support Systems)," 「Annals of the Association of American Geographers」, 100호, 2010(https://doi.org/10.1080/00045600903364259)

71. 재니스 B. 앨콘 외(Janis B. Alcorn et al), "지도화의 선한 마법을 활용하는 열쇠(Keys to Unleash Mapping's Good Magic)", 「PLA 노트」, 39호, 2000 / 지아코모 램볼디(Giacomo Rambaldi), "누가 지도의 범례를 소유하는가?(Who Owns the Map Legend?)", 「URISA 저널」, 17호, 2005

72. 데이비드 S. 사위키(David S. Sawicki), 윌리엄 J. 크레이그(William J. Craig), "데이터의 민주화: 공동체 그룹 간의 간극 좁히기(The Democratization of Data: Bridging the Gap for Community Groups)", 「Journal of the American Planning Association」, 62호, 1996년 12월(https://doi.org/10.1080/01944369608975715) / 리나 고스(Rina Ghose), "공공 참여적 GIS에서 규모의 정치학과 협회의 네트워크(Politics of Scale and Networks of Association in Public Participation GIS)", 「Environment and Planning A」, 39호, 2007 / 웬디 A. 켈로그(Wendy A Kellogg), "필드로부터: 공동체 기반 조직이 GIS를 활용해 이웃의 환경정보시스템을 개발하는 경우에 대한 관찰(From the Field: Observations on Using GIS to Develop a Neighborhood Environmental Information System for Community-Based Organizations)", 11호, 1999

73. "IBM 스마트시티-미래 도시-미국(IBM Smarter Cities-Future Cities-United States)," 2016년 8월 3일(http://www.ibm.com/smarterplanet/us/en/smarter_cities/overview/)

74. 나타샤 싱거(Natasha Singer), "IBM, 스마트시티 개념을 리우데자네이로로 가져가다(IBM Takes 'Smarter Cities' Concept to Rio de Janeiro)", 「뉴욕타임스」, 2012년 3월 3일(https://www.nytimes.com/2012/03/04/business/ibm-takes-smarter-cities-concept-to-rio-de-janeiro.html)

75. 피트 스와비(Pete Swabey), "IBM, 시스코, 그리고 스마트시티의 비즈니스(IBM, Cisco and the Business of Smart Cities)", 「Information Age」, 2012년 2월 23일(https://www.information-age.com/ibm-cisco-and-the-business-of-smart-cities-2087993/)

76. "데이터 대홍수(The Data Deluge)", 「이코노미스트」, 2010년 2월 25일(https://www.economist.com/leaders/2010/02/25/the-data-deluge)

77. "마이크로소프트의 시티넥스트: 곧 당신 근처의 도시로 옵니다(Microsoft CityNext: Coming to a City Near You)", 「Stories」, 2013년 7월 10일(https://news.microsoft.com/2013/07/10/microsoft-citynext-coming-to-a-city-near-you/)

78. 스티븐 골드스미스, 수전 크로포드, 『The Responsive City: Engaging Communities Through Data-Smart Governance(호응하는 도시: 영리한 데이터 기반 거버넌스를 통한 공동체 참여)』, John Wiley & Sons, 2014

79. 수전 파인스타인, 제임스 데필리피스(James DeFilippis), 『Readings in Planning Theory(계획 이론 개요)』, John Wiley & Sons, 2015

2장

1. 여기에서 '시민(citizen)'이라는 용어는 폭넓게 이해된다. '시민 데이터(citizen data)'의 수집 주체는 해당 공동체의 발전에 기여하고자 참여한 모든 사람을 포괄하기 때문에 실상 공식 시민들뿐 아니라 비시민(noncitizens), 이민 거주자 및 불법 이민자일 수도 있다.

2. 라인젤(Reinsel), 간츠(Gantz), 라이드닝(Rydning), "전 세계의 디지털화: 변경으로부터 핵까지(The Digitization of the World: From Edge to Core)", https://www.seagate.com/files/www-content/our-story/trends/files/idc-seagate-dataage-whitepaper.pdf

3. 로버트 체임버스(Robert Chambers), "참여적 지도화와 GIS: 누구의 지도인가? 누가 힘을 얻고 누가 힘을 빼앗기는가? 누가 얻고 누가 잃는가?(Participatory Mapping and Geographic Information Systems: Whose Map? Who Is Empowered and Who Disempowered? Who Gains and Who Loses?)", 「Electronic Journal of Information Systems in Developing Countries」, 25호, 2006(https://onlinelibrary.wiley.com/doi/abs/10.1002/j.1681-4835.2006.tb00163.x) / 웬린(Wen Lin), "대응지도제작법(Counter-cartographies)", 「Introducing Human Geographies」, 2013
4. 파울로 프레이리, 『페다고지(Pedagogy of the Oppressed)』, 그린비, 2018
5. 로버트 체임버스, "참여적 시골 평가의 기원과 실제(The Origins and Practice of Participatory Rural Appraisal)", 「World Development」, 22호, 1994년 7월 1일(https://doi.org/10.1016/0305-750X(94)90141-4)
6. 레이먼드 A. 몰, "도로를 봉쇄하라: 미국 도시의 고속도로 반란(Stop the Road: Freeway Revolts in American Cities)", 「Journal of Urban History」, 30호, 2004(https://journals.sagepub.com/doi/10.1177/0096144204265180)
7. 이들 다양한 용어에 대해서는 다음을 참조할 것: J. 브라이언 할리(J. Brian Harley), "지도, 지식 그리고 권력(Maps, Knowledge, and Power)", 「Geographic Thought: A Praxis Perspective」, 2009 / 제레미 W. 크램튼, 존 크라이지어(John Krygier), "비판적 지도제작 개론(An Introduction to Critical Cartography)", 「An International E-Journal for Critical Geographies」, 4호, 2006(https://www.acme-journal.org/index.php/acme/article/view/723) / 새라 엘우드(Sarah Elwood), "참여적 GIS의 주요 문제: 해체, 재구축 그리고 새로운 연구 방향(Critical Issues in Participatory GIS: Deconstructions, Reconstructions, and New Research Directions)", 「Transactions in GIS」, 10호, 2006(https://onlinelibrary.wiley.com/doi/abs/10.1111/j.1467-9671.2006.01023.x) / 대니얼 수이(Daniel Sui), 새라 엘우드, 마이클 굿차일드(Michael Goodchild), 『Crowdsourcing Geographic Knowledge: Volunteered Geographic Information (VGI) in Theory and Practice(크라우드소싱을 통한 지리적 지식: 자발성 지리정보의 이론과 실제)』, Springer, 2013
8. 제프리 A. 버크, 드보라 에스트린(Deborah Estrin), 마크 한센(Mark Hansen) 외, "참여 감지(Participatory Sensing)", Center for Embedded Network Sensing, 2006(https://escholarship.org/uc/item/19h777qd)
9. 드보라 에스트린 외(Deborah Estrin et al.), "참여적 센싱: 응용과 아키텍처 [인터넷 예측](Participatory Sensing: Applications and Architecture [Internet Predictions])", 「IEEE Internet Computing」, 14호, 2010(https://ieeexplore.ieee.org/document/5370818)
10. 에릭 파울로스(Eric Paulos), 리처드 J. 호니키(Richard J. Honicky), 엘리자베스 굿맨(Elizabeth Goodman), "센싱 환경(Sensing Atmosphere)", 「Human-Computer Interaction Institute」, 203호, 2007
11. 주 펑페이(Pengfei Zhou), 정 양칭(Yuanqing Zheng), 리 모(Mo Li), "얼마나 오래 기다려야 하지? 참여적 센싱에 기반한 모바일 전화기를 통한 버스 도착 시간 예측(How Long to Wait?: Predicting Bus Arrival Time with Mobile Phone Based Participatory Sensing)", 제10회 모바일 시스템, 애플리케이션, 서비스에 관한 국제 콘퍼런스, 2012(https://ieeexplore.ieee.org/document/6636304)
12. 사상크 레디(Sasank Reddy), 드보라 에스트린, 매니 스리바스타바(Mani Srivastava), "참여적 센싱의 데이터 수집을 위한 채용 프레임워크(Recruitment Framework for Participatory Sensing Data Collections)", 편재적 컴퓨팅에 관한 국제 콘퍼런스(International Conference on Pervasive Computing), 2010

13. 마이클 F. 굿차일드, "시민을 센서로 이용하다: 자발성 지리학의 세계(Citizens as Sensors: The World of Volunteered Geography)", 「GeoJournal」, 69호, 2007(https://link.springer.com/article/10.1007/s10708-007-9111-y)

14. 파스칼 나이스(Pascal Neis), 알렉산더 지프(Alexander Zipf), "자발성 지리 정보 프로젝트의 참여자 활동 분석 – 오픈스트리트맵의 경우(Analyzing the Contributor Activity of a Volunteered Geographic Information Project–The Case of OpenStreetMap)", 「ISPRS International Journal of Geo-Information」, 1호, 2012년 9월(https://doi.org/10.3390/ijgi1020146)

15. 첫 번째 '지리정보학을 위한 무료 및 오픈소스 소프트웨어(FOSS4G, The first Free and Open Source Software for Geoinformatics)' 콘퍼런스도 2006년에 열렸고, 이후 매우 인기 있는 행사가 됐다.

16. 오픈소스는 말 그대로 누구나 자유롭게 소스코드에 접근하고 기여할 수 있는 소프트웨어다. 오픈스트리트맵과 FOSS4G를 중심으로 성장한 공동체는 컴퓨터를 이용한 지도 제작 부문에서 오픈소스의 개념에 '쿨'한 이미지를 더했다. 예컨대 필자는 2018년 보스턴에서 열린 FOSS4G 콘퍼런스에 참가했는데, 아크GIS(ArcGIS)를 비롯한 많은 상업용 지도 회사가 눈에 띄었다. 이들이 참가한 목적 중 하나는 스스로를 '오픈소스'로 홍보하기 위함이었다.

17. 모린 판, "잿빛 하늘이 '그린' 게임에 대한 희망을 흐리다; 2008년 올림픽 전에 오염을 규제하겠다는 중국 정부의 약속에도 불구하고 비밀주의가 회의를 부추기고 있다(Gray Wall Dims Hopes of 'Green' Games; China Has Vowed to CurbPollution Before '08 Olympics, but Its Secrecy Is Feeding Skepticism)", 「워싱턴포스트」, 2007년 10월 16일자

18. 조너선 왓츠(Jonathan Watts), "차량 운행 중지에도 베이징 스모그가 지속되자 중국은 바람이 올림픽을 도와주길 기원하는 상황(China Prays for Olympic Wind as Car Bans Fail to Shift Beijing Smog)", 「가디언」, 2007년 8월 21일자(https://www.theguardian.com/world/2007/aug/21/china.jonathanwatts)

19. 짐 야들리, "베이징의 올림픽 사명: 스모그 하늘을 파랗게 바꾸라(Beijing's Olympic Quest: Turn Smoggy Sky Blue)", 「뉴욕타임스」, 2007년 12월 29일자(https://www.nytimes.com/2007/12/29/world/asia/29china.html)

20. 모린 판, "만약 저 조치로 공기가 깨끗해지지 않는다면…스모그 제거 총력전 펼치는 중국 '최악 시나리오'에 근거한 계획 발표(If That Doesn't Clear the Air... China, Struggling to Control Smog, Announces 'Just-in-Case' Plan)", 「워싱턴포스트」, 2008년 7월 31일자

21. 패트릭 L. 키니 외(Patrick L. Kinney et al.), "할렘 인도의 PM(2.5)와 디젤 배기 가스 입자의 대기 농도: 공동체 기반 파일럿 연구(Airborne Concentrations of PM(2.5) and Diesel Exhaust Particles on Harlem Sidewalks: A Community-Based Pilot Study)", 「Environmental Health Perspectives」, 108호, 2000(https://pubmed.ncbi.nlm.nih.gov/10706526/)

22. 인사이트!와 폭력에 반대하는 유색인종 여성들(Incite! and Women of Color Against Violence), 『The Revolution Will Not Be Funded: Beyond the Non-Profit Industrial Complex(혁명기금은 없다: 비영리-산업 복합체를 넘어)』, South End, 2007

23. 로이 M. 해리슨(Roy M. Harrison), 지앙신 인(Jianxin Yin), "대기 중의 미세먼지: 입자의 어떤 특성이 건강에 가장 큰 영향을 미치는가?(Particulate Matter in the Atmosphere: Which Particle Properties Are Important for Its Effects on Health?)", 「Science of the Total Environment」, 249호, 2000년 4월 17일(https://doi.org/10.1016/S0048-9697(99)00513-6)

24. 지밍 하오(Jiming Hao), 리타오 왕(Litao Wang), "중국의 도심 대기 향상 방안: 베이징의 경우(Improving Urban Air Quality in China: Beijing Case Study", 「대기 및 폐기물 관리협회 저널」, 55호, 2005 (https://www.tandfonline.com/doi/pdf/10.1080/10473289.2005.10464726)

25. 일산화탄소 센서는 화학 반응을 이용해 일산화탄소 수준을 측정한다. 화학물질을 이용한 센서들은 더 오래 사용할수록 그 정확도가 떨어질 수밖에 없다. 우리는 LASCAR 전자 쇼핑몰에서 신형 일산화탄소 센서를 구입한 다음 베이징으로 출국하기 전 이들 센서를 최적화했다.

26. 광학 센서와 질량 기반 센서(mass-based sensors) 중 어느 쪽이 미세먼지를 더 정확하게 측정하느냐에 대해서는 논란이 있다. 광학 기술을 사용한 미세먼지 센서는 미세 입자가 빛에 의해 형성되는 그림자를 측정한다. 질량 기반 기기는 공기를 필터 백으로 펌프질해 입자를 포집하면 그 백은 실험실로 이송돼 입자의 구성과 크기를 측정하고 분석한다. 양쪽의 장단점을 검토한 뒤 우리는 당시 가장 성능이 뛰어나다고 평가된 마이크로더스트(MICRODUST)의 광학 센서를 구입했다. 입자 구성을 분석할 수 있다는 점에서 필터 백도 장점이 있지만 실시간 리포팅은 불가능할 터였다. 우리는 적절한 설정을 통해 실시간 광학 센서가 베이징의 대기에 포함된 미세먼지의 양을 가장 빠르고 정확하게 추산해줄 것으로 판단했다. 프라나스 발트레나스(Pranas Baltrenas)와 민다우가스 크바사우스카스(Mindaugas Kvasauskas)의 논문 "질량방식과 광학 방식을 사용한 입자 농도의 실험적 비교"를 참고할 것.「Journal of Environmental Engineering and Landscape Management」, 13호, 2005(https://www.tandfonline.com/doi/abs/10.1080/16486897.2005.9636847)

27. 이 센서는 베이징의 대기 질 조건에 맞춰 설정됐다.

28. 비록 마라톤은 공식적으로 다른 날짜에 열렸지만, 우리의 실험은 동일한 날짜인 2008년 8월 24일에 진행됐다.

29. 석유 자원 채취를 위해 혈암층(shale beds)에 고압으로 액체를 주입, 파쇄해 셰일가스나 석유를 추출하는 기술 - 옮긴이

30. 나타샤 비센스(Natasha Vicens), "프래킹 사이트 부근의 한 주민은 어떻게 대기 질에 대한 환경보호국의 주목을 이끌어냈는가", 「PublicSource」, 2016년 12월 15일(https://www.publicsource.org/how-one-resident-near-fracking-got-the-epa-to-pay-attention-to-her-air-quality/)

31. 제니퍼 개브리스, 『Program Earth: Environmental Sensing Technology and the Making of a Computational Planet(지구 프로그램: 환경 센서 기술과 컴퓨터로 측정하는 지구)』, 49호, University of Minnesota Press(https://www.upress.umn.edu/book-division/gabrys_pdf), 2016

32. 제레미 W. 피터스(Jeremy W. Peters), "BP와 정부 관계자, 멕시코만 석유 유출 정보 봉쇄(BP and Officials Block Some Coverage of Gulf Oil Spill)", 「뉴욕타임스」, 2010년 6월 9일자(https://www.nytimes.com/2010/06/10/us/10access.html)

33. 패트릭 존슨(Patrik Jonsson), "멕시코만 석유 유출: 앨 고어, BP의 언론 통제 강력 비판(Gulf Oil Spill: Al Gore Slams BP for Lack of Media Access)", 「크리스천 사이언스 모니터」, 2010년 6월 15일자 (https://www.csmonitor.com/USA/Politics/2010/0615/Gulf-oil-spill-Al-Gore-slams-BP-for-lack-of-media-access)

34. 도로시 L. 호지슨(Dorothy L. Hodgson), 리처드 A. 슈뢰더(Richard A. Schroeder), "탄자니아에서 공동체 자원을 대항 지도화하는 데 따른 딜레마(Dilemmas of Counter-Mapping Community Resources in Tanzania)", 「개발과 변화(Development and Change)」, 33호, 2002(https://doi.org/10.1111/1467-7660.00241)

35. 퍼블릭 랩 기여자, "풍선을 이용한 지도화 툴킷(Balloon Mapping Kit)", https://store.publiclab.org/collections/featured-kits/products/mini-balloon-mapping-kit?variant=48075678607

36. 크라우드(군중)와 클라우드(The Crowd & The Cloud), "대중을 위한 DIY 과학: 퍼블릭 랩의 제프 워런 인터뷰(DIY Science for the People: Q&A with Public Lab's Jeff Warren)", 「블로그 미디엄」, 2017년 3월 27일(https://medium.com/@crowdandcloud/diy-science-for-the-people-q-a-with-public-labs-jeff-warren-c45b6689a228)

37. 앤야 그로너(Anya Groner), "양동이와 풍선으로 멕시코 만을 치유하다(Healing the Gulf with Buckets and Balloons)", 「Guernica」, 2016년 9월 8일(https://www.guernicamag.com/anya-groner-healing-the-gulf-with-buckets-and-balloons/)

38. 파올로 크라베로(Paolo Cravero), "식품 안전을 위한 지도화(Mapping for Food Safety)", IIED(International Institute for Environment and Development), 2015년 12월 21일(https://www.iied.org/mapping-for-food-safety)

39. 애즈비 브라운 외(Azby Brown et al.), "세이프캐스트: 후쿠시마 이후 방사능 측정과 커뮤니케이션을 위한 성공적 시민-과학(Safecast: Successful Citizen-Science for Radiation Measurement and Communication after Fukushima)", 「Journal of Radiological Protection」, 36호, 2016(https://iopscience.iop.org/article/10.1088/0952-4746/36/2/S82)

40. "세이프캐스트의 첫 모바일 감시 장비(First Safecast Mobile Recon)", 세이프캐스트 블로그, 2011년 4월 24일(https://blog.safecast.org/2011/04/first-safecast/) (역자님! 없는 사이트로 나옵니다!)

41. "호기심 많은 사람이 직접 해볼 수 있는 프로젝트(Hands-On Projects for Curious Minds)", 키트허브 홈페이지(https://kithub.cc/)

42. 제프 하우 "크라우드소싱의 부상(The Rise of Crowdsourcing)", 「와이어드」, 2006년 6월 1일(https://www.wired.com/2006/06/crowds/)

43. 알렉 펠스티너(Alek Felstiner), "크라우드소싱의 노동 환경: 크라우드소싱 업계의 취업과 노동법(Working the Crowd: Employment and Labor Law in the Crowdsourcing Industry)", 「Berkeley Journal of Employment and Labor Law」, 32호, 2011(https://www.jstor.org/stable/24052509?seq=1) / 알라나 세뮤얼스(Alana Semuels), "인터넷의 새로운 유형의 저임금 지옥을 만든다(The Internet Is Enabling a New Kind of Poorly Paid Hell)", 「Atlantic」, 2018년 1월 23일(https://www.theatlantic.com/business/archive/2018/01/amazon-mechanical-turk/551192/)

44. 조너선 왓츠(Jonathan Watts), "2017년 주당 거의 4명 꼴로 환경 운동가들이 살해돼(Almost Four Environmental Defenders a Week Killed in 2017)", 「가디언」, 2018년 2월 2일자(https://www.theguardian.com/environment/2018/feb/02/almost-four-environmental-defenders-a-week-killed-in-2017)

45. 글로벌 사우스(Global South)는 아프리카와 라틴 아메리카, 그리고 중동 지역을 포함한 아시아의 개발 도상국을 가리킨다. 사회경제적 및 정치적으로 '글로벌 노스(Global North)'와 대비되는 용어다. – 옮긴이

46. 디트마 오펜후버(Dietmar Offenhuber), 카를로 라티(Carlo Ratti), 『Waste Is Information: Infrastructure Legibility and Governance(쓰레기는 정보다: 인프라의 판별과 거버넌스)』, MIT Press, 2017

47. 새라 크린(Sarah Crean), “도시의 대기 질 위기는 나아지고 있지만 문제는 조용히 지속되고 있다(While Quietly Improving, City's Air Quality Crisis Quietly Persists)”, 「Gotham Gazette」, 2014년 6월 19일자(http://www.gothamgazette.com/government/5111-while-improving-quiet-crisis-air-quality-persists-new-york-city-asthma-air-pollution)

48. 제브 로스 외(Zev Ross et al.), “뉴욕시 공기 오염원에 대한 시공간적 추산: 출산 결과 연구에 사용하기 위한 노출 배정(Spatial and Temporal Estimation of Air Pollutants in New York City: Exposure Assignment for Use in a Birth Outcomes Study)”, 「Environmental Health」, 12호, 2013년 6월 27일(https://doi.org/10.1186/1476-069X-12-51)

49. 제인 E. 클로허티(Jane E. Clougherty), 로라 D. 쿠브잰스키(Laura D. Kubzansky), “호흡기 보건에서 대기 오염이 초래하는 사회적 스트레스와 취약성을 조사하기 위한 프레임워크(A Framework for Examining Social Stress and Susceptibility to Air Pollution in Respiratory Health)”, 「Environmental Health Perspectives」, 117호, 2009년 9월 1일(https://doi.org/10.1289/ehp.0900612)

50. 뉴욕시 보건 및 정신위생과의 이야드 케리베크(Iyad Kheirbek)인터뷰, 2015년 1월

51. 2014년 서아프리카 에볼라 대응-오픈스트리트맵 위키(https://wiki.openstreetmap.org/wiki/2014_West_Africa_Ebola_Response)

52. 우샤히디(https://www.ushahidi.com/)

53. 아이다 노하임-해그툰(Ida Norheim-Hagtun), 패트릭 마이어, “아이티에서 크라우드소싱을 통해 재난 사태를 지도화하다(Crowdsourcing for Crisis Mapping in Haiti)”, 「Innovations: Technology, Governance, Globalization」, 5호, 2010(https://direct.mit.edu/itgg/article/5/4/81/9636/Crowdsourcing-for-Crisis-Mapping-in-Haiti)

54. 제시카 라미레즈(Jessica Ramirez), “‘우샤히디’ 기술이 아이티와 칠레의 인명을 구하다(‘Ushahidi’ Technology Saves Lives in Haiti and Chile)”, 「뉴스위크」, 2010년 3월 3일자(https://www.newsweek.com/ushahidi-technology-saves-lives-haiti-and-chile-210262)

55. 패트릭 마이어, “크라우드소싱과 위성 사진을 사용한 허리케인 샌디의 건물 피해 평가(Crowdsourcing the Evaluation of Post-Sandy Building Damage Using Aerial Imagery)”, 「IRevolutions 블로그」, 2012년 11월 1일(https://irevolutions.org/2012/11/01/crowdsourcing-sandy-building-damage/)

56. 데이터 과학 개론(IDA, Introduction to Data Science), “About” 페이지(https://www.idsucla.org/about)

57. 론 이글래시(Ron Eglash), 후안 E. 길버트(Juan E. Gilbert), 엘렌 포스터(Ellen Foster), “문화를 반영한 컴퓨터 교육을 향해(Toward Culturally Responsive Computing Education)”, 「ACM 커뮤니케이션」, 56호, 2013년 7월(https://doi.org/10.1145/2483852.2483864) / 아멜리아 맥나마라(Amelia McNamara), 마크 핸슨(Mark Hansen), “십대에게 데이터 과학 가르치기(Teaching Data Science to Teenagers)”, 제9회 교수통계에 대한 국제 콘퍼런스, 2014(https://iase-web.org/icots/9/proceedings/pdfs/ICOTS9_9C2_MCNAMARA.pdf)

58. 니콜 라자(Nicole Lazar), 크리스틴 프랭클린(Christine Franklin), “빅 픽처: 학생들을 데이터 중심 세계에 적응하도록 가르치는 방법(The Big Picture: Preparing Students for a Data-Centric World)”, 「Chance」, 28호, 2015(https://www.researchgate.net/publication/284224437_The_Big_Picture_Preparing_Students_for_a_Data-centric_World)

3장

1. 스티븐 레비, 『해커, 광기의 랩소디: 세상을 바꾼 컴퓨터 혁명의 영웅들(Hackers: Heroes of the Computer Revolution)』, 한빛미디어, 2019
2. 패트릭 그린필드(Patrick Greenfield), "케임브리지 애널리티카 파일: 지금까지의 이야기(The Cambridge Analytica Files: The Story so Far)", 「가디언」, 2018년 3월 25일자(https://www.theguardian.com/news/2018/mar/26/the-cambridge-analytica-files-the-story-so-far)
3. 애너벨 래섬(Annabel Latham), "케임브리지 애널리티카 스캔들(Cambridge Analytica Scandal)", The Conversation(http://theconversation.com/cambridge-analytica-scandal-legitimate-researchers-using-facebookdata-could-be-collateral-damage-93600)
4. "브렉시트와 트럼프 캠페인의 배후 인물이 연계된 사실을 밝혀낸 기자(Reporter Shows the Links between the Men behind Brexit and the Trump Campaign)", NPR(https://www.npr.org/2018/07/19/630443485/reporter-shows-the-links-between-the-men-behind-brexit-and-the-trump-campaign)
5. 매튜 로젠버그(Matthew Rosenberg), "케임브리지 애널리티카 데이터 마이닝 당사자인 코건, 페이스북을 명예 훼손으로 고소(Academic behind Cambridge Analytica Data Mining Sues Facebook for Defamation)", 「뉴욕타임스」, 2019년 3월 15일(https://www.nytimes.com/2019/03/15/technology/aleksandr-kogan-facebook-cambridge-analytica.html)
6. 매튜 주크 외(Matthew Zook et al.), "책임감 있는 빅데이터 연구를 위한 10가지 간단한 규칙(Ten Simple Rules for Responsible Big Data Research)," 「PLOS Computational Biology」, 13호, 2017년 3월 30일(https://doi.org/10.1371/journal.pcbi.1005399)
7. 공동체 전체를 소외시키는 한 가지 주목할 만한 방식은 '범죄의 지도화(crime mapping)'이다. 범죄 발생 지점을 정확히 표시해 그런 지점이 몰린 부분을 우범 지역으로 표시하는 것이다. 거주민 전체를 범죄 용의자로 모는 사태를 막기 위해서는 인종적 변수에 대한 고려와 신중한 데이터 분석이 요구된다.
8. 토드 헤이즐턴(Todd Haselton), "구글은 당신이 구매한 모든 것들의 목록을 당신의 지메일을 사용해 기록한다. 심지어 이메일을 삭제한 경우에도" CNBC, 2019년 7월 5일(https://www.cnbc.com/2019/07/05/google-gmail-purchase-history-cant-be-deleted.html)
9. "아이덴티티 해결 서비스 및 데이터 추가(Identity Resolution Service & Data Onboarding)", LiveRamp, 2019년 7월 13일(https://liveramp.com/)
10. 2008년 우리는 소셜미디어를 비윤리적으로 활용한 사례도 발견한다. 하버드대학교는 연구자들에게 신입생 학급의 모든 페이스북 계정을 제공했고, 이들 계정의 모든 정보는 복사돼 다른 데이터와 상호 참조됐다. 비록 이 프로젝트에서 수집된 데이터는 이름, 이메일 주소, 전화번호 등 식별 가능한 정보를 제거했지만 해당 데이터가 포스팅된 지 몇 시간 안에 연구자들은 참가자들이 누구인지 곧바로 식별해냈다.
11. 밍제 탕(Mingzhe Tang), N. 에드워드 쿨슨(N. Edward Coulson), "중국 주택 공적 기금이 주택 보유에 미치는 영향(The Impact of China's Housing Provident Fund on Homeownership, Housing Consumption and Housing Investment)", 「Regional Science and Urban Economics」, 63호, 2017(https://www.sciencedirect.com/science/article/abs/pii/S0166046216303313)
12. 에드워드 글레이저 외(Edward Glaeser et al), "중국 특유의 부동산 붐(A Real Estate Boom with Chinese Characteristics)", 「Journal of Economic Perspectives」, 31호, 2017(https://www.aeaweb.org/articles?id=10.1257/jep.31.1.93)

13. 마이클 배티, "도시 성장의 기로에서(At the Crossroads of Urban Growth)", 「Environment and Planning B: Planning and Design」, 41호, 2014(https://journals.sagepub.com/doi/10.1068/b4106ed) / 징 우(Jing Wu), 조셉 교르코(Joseph Gyourko), 용헝 덩(Yongheng Deng), "중국 주택 시장의 위기 평가: 우리가 아는 내용과 알아야 할 내용(Evaluating the Risk of Chinese Housing Markets: What We Know and What We Need to Know)", 「China Economic Review」, 39호, 2016년 7월 1일(https://doi.org/10.1016/j.chieco.2016.03.008) / 웨이드 셰퍼드(Wade Shepard), 『Ghost Cities of China: The Story of Cities without People in the World's Most Populated Country(중국의 유령 도시: 세계 최대 인구 국가의 사람 없는 도시 이야기)』, Zed Books, 2015 / 크리스천 서리스(Christian Sorace), 윌리엄 허스트(William Hurst), "중국의 환상 도시화와 유령 도시의 병리학(China's Phantom Urbanisation and the Pathology of Ghost Cities)", 「Journal of Contemporary Asia」, 46호, 2016(https://www.tandfonline.com/doi/abs/10.1080/00472336.2015.1115532)

14. 광후아 치 외(Guanghua Chi et al.), "지리 데이터에 기반한 중국의 유령 도시 분석(Ghost Cities Analysis Based on Positioning Data in China)", 「ArXiv」, 2015년 10월 28일(http://arxiv.org/abs/1510.08505)

15. 샤오빈 진 외(Xiaobin Jin et al.), "새로 부상하는 지리 데이터를 이용한 중국의 도시 활력도 평가와 유령 도시 식별(Evaluating Cities' Vitality and Identifying Ghost Cities in China with Emerging Geographical Data)", 「Cities」, 63호, 2017년 3월(https://doi.org/10.1016/j.cities.2017.01.002) / 용링 야오 외(Yongling Yao et al.), "국방기상위성프로그램의 스캐닝 시스템을 활용한 중국 도시 지역의 공가율 평가(House Vacancy at Urban Areas in China with Nocturnal Light Data of DMSP-OLS)", 「Proceedings of 2011 IEEE International Conference on Spatial Data Mining and Geographical Knowledge Services」, 2011(https://doi.org/10.1109/ICSDM.2011.5969087)

16. 1선 도시(Tier 1), 2선 도시, 3선 도시 등은 중국의 도시 등급 및 분류 시스템이다. 중국 정부는 이런 구분을 공식화하지 않기 때문에 실제 목록은 존재하지 않지만 대체로 정치적 영향력과 상업적 규모에 기반해 분류되는 것으로 보인다. 베이징, 상하이, 광저우, 선전은 1선 도시로, 선양, 장춘, 청두, 항저우, 우한, 시안 등은 2선 도시로 분류된다. - 옮긴이

17. 예측성 데이터 모델은 보통 통계적 방법을 사용한다. 예측 모델을 개발하고 싶다면 통계학 수강은 기본이다. 아니면 데이터 과학자나 통계학자를 팀에 포함해야 한다. 이 모델에 관한 상세한 설명은 "중국의 유령 도시: 소셜미디어 데이터를 통한 도시 빈집 판별(Ghost Cities of China: Identifying Urban Vacancy through Social Media Data)"을 참조하라(새라 윌리엄스, 웬페이 수(Wenfei Xu), 신 빈 탄(Shin Bin Tan), 마이클 J. 포스터(Michael J. Foster), 챙핑 첸 (Changping Chen), 「Cities」, 94호 2019(https://www.sciencedirect.com/science/article/abs/pii/S0264275118307510)

18. 이런 식의 설명은 마치 프로젝트가 철저히 선형 궤적을 따르는 것처럼 보이지만, 그 과정은 도중에 다양한 발견이 있는 물결 모양의 선에 더 가까웠다. 예를 들면 데이터를 내려받아 완전한 세트를 만드는 작업은 쉽지 않았다. 그리고 가설은 서 있었지만 정확히 어떤 데이터를 사용하게 될지도 아직 몰랐다. 어떤 데이터 세트는 사용할 수 없다는 점을 알아내는 자체도 이 같은 작업에서는 중요했다.

19. 셔윈 로젠(Sherwin Rosen), "임금 기반의 도시 및 삶의 질 지수(Wage-Based Indexes of Urban, Quality of Life)", 「Current Issues in Urban Economics」, 1979

20. 에드워드 L. 글레이저, 제드 콜코, 앨버트 사이즈, "소비자 도시(Consumer City)", 「Journal of Economic Geography」, 1호, 2001(https://doi.org/10.1093/jeg/1.1.27)

21. 시퀴 쩡(Siqi Zheng), 매튜 E. 칸(Matthew E. Kahn), "경제 호황기의 토지와 주거용 재산 시장(Land and Residential Property Markets in a Booming Economy)", 「Journal of Urban Economics」, 63호, 2008년 3월 1일(https://doi.org/10.1016/j.jue.2007.04.010) / 시퀴 쩡, 유밍 푸(Yuming Fu), 홍유 리우(Hongyu Liu), "중국 도시에서의 삶의 질에 대한 수요(Demand for Urban Quality of Living in China)", 「Journal of Real Estate Finance and Economics」, 38호, 2009년 4월 1일(https://doi.org/10.1007/s11146-008-9152-0) / W. 딩(W. Ding), S. 쩡(S. Zheng), X. 구오(X. Guo), "일자리와 편의시설에 대한 접근권의 가치("Value of Access to Jobs and Amenities)", 「 Tsinghua Science and Technology 」, 15호, 2010년 10월(https://doi.org/10.1016/S1007-0214(10)70106-1) / 데이지 J. 황(Daisy J. Huang), 찰스 K. 렁(Charles K. Leung), 바오지 쿠(Baozhi Qu), "은행 융자와 지역 편의시설은 중국의 도시 주택 가격을 설명하는가?(Do Bank Loans and Local Amenities Explain Chinese Urban House Prices?)", 「China Economic Review」, 34호, 2015년 7월 1일(https://doi.org/10.1016/j.chieco.2015.03.002)

22. 중국의 소셜미디어 사이트에서 스크레이핑한 데이터는 지리 정보가 틀린 경우가 많다는 점도 지적해야겠다. 이는 중국 정부가 데이터 복제를 더 어렵게 만들기 위해 시행한 조치 탓이지만, 이런 에러를 바로잡아 주는 알고리듬도 많이 나와 있다. 우리는 우리가 사용한 모든 데이터에 이런 보정 조치를 취해야 했다.

23. 웨이 루오(Wei Luo), 파후이 왕(Fahui Wang), "GIS 환경에서 의료 서비스에 대한 공간적 접근성을 측정하는 방법(Measures of Spatial Accessibility to Health Care in a GIS Environment)", 「Environment and Planning B: Planning and Design」, 30호, 2003년 12월 1일(https://doi.org/10.1068/b29120) / 마크 F. 가글리아도 외(Mark F Guagliardo et al.), "의사에 대한 접근성(Physician Accessibility)",「Health & Place」, 10호, 2004년 9월 1일(https://doi.org/10.1016/j.healthplace.2003.01.001) / 마크 F. 가글리아도, "1차 의료 서비스에 대한 공간적 접근성(" Spatial Accessibility of Primary Care)", 「International Journal of Health Geographics」, 3호, 2004년 2월 26일(https://doi.org/10.1186/1476-072X-3-3)

24. 데이비드 M. 레빈슨(David M. Levinson), "일에 대한 접근성과 여정(Accessibility and the Journey to Work)", 「Journal of Transport Geography」, 6호, 1998년 3월 1일(https://doi.org/10.1016/S0966-6923(97)00036-7) / 메이-포 콴(Mei-Po Kwan), "젠더, 가정-일의 연결, 그리고 비고용 활동의 공간-시간 패턴(Gender, the Home-Work Link, and Space-Time Patterns of Nonemployment Activities)", 「Economic Geography」, 72호, 1999년 10월 1일(https://doi.org/10.1111/j.1944-8287.1999.tb00126.x) / 셀리마 술타나(Selima Sultana), "직업/주택 불균형과 애틀란타 대도시권의 통근 시간(Job/Housing Imbalance and Commuting Time in the Atlanta Metropolitan Area)", 「Urban Geography」, 23호, 2002년 12월 1일(https://doi.org/10.2747/0272-3638.23.8.728) / 파후이 왕, W. 윌리엄 마이너(W. William Minor), "일자리가 있는 곳(Where the Jobs Are)", 「Annals of the Association of American Geographers」, 92호, 2002(https://doi.org/10.1111/1467-8306.00298) / 폴 와델(Paul Waddell), 구드문두르 F. 울파르손(Gudmundur F. Ulfarsson), "접근성과 복합체(Accessibility and Agglomeration)," 운송연구위원회의 82회 연례 회동, 워싱턴 DC, 2003 / 마크 W. 호너(Mark W. Horner), "도시 통근의 공간적 차원(Spatial Dimensions of Urban Commuting)", 「Professional Geographer」, 56호, 2004년 5월 1일(https://doi.org/10.1111/j.0033-0124.2004.05602002.x) / 대니얼 볼드윈 헤스(Daniel Baldwin Hess), "버펄로-나이아가라 지역 빈곤층 성인의 고용 접근성(Access to Employment for Adults in Poverty in the Buffalo-Niagara Region)", 「Urban Studies」, 42호, 2005년 6월 1일(https://doi.org/10.1080/00420980500121384)

25. 수전 L. 핸디(Susan L. Handy), "지방과 지역 차원의 접근성(Regional Versus Local Accessibility)", 「Built Environment」, 18호, 1992

26. 챈드라 바트(Chandra Bhat), 제이 카리니(Jay Carini), 라줄 미스라(Rajul Misra), "가정 차원 활동을 일으키고 조직하기 위한 모델(Modeling the Generation and Organization of Household Activity Stops)", 「Transportation Research Record: Journal of the Transportation Research Board」, 1676호, 1999년 1월 1일(https://doi.org/10.3141/1676-19)

27. 월터 G. 핸슨(Walter G. Hansen), "접근성은 어떻게 토지 사용 행태에 영향을 미치는가(How Accessibility Shapes Land Use)", 「Journal of the American Institute of Planners」, 25호, 1999년 5월 1일(https://doi.org/10.1080/01944365908978307)

28. 이 도시 지역은 진정으로 비어 있는 것이 아니기 때문에 우리는 그 결과를 '저활용(underutilized)'이라고 표현했다. 저활용되는 토지는 개발의 여지가 있기 때문에 결과의 내용을 명확하고 정확하게 표현하는 일은 중요하다. 우리가 설정한 범주는 (1) 공사 중, (2) 공사 중단, (3) 비었거나 완공됐지만 아무도 입주하지 않음, 그리고 (4) 과거 공산당원 주택(비었거나 일부만 거주) 등이었다.

29. 이쒸에 자오 연구원 인터뷰, 2016년 10월 12일

30. 브렌트 헥트(Brent Hecht), 모니카 스티븐스(Monica Stephens), "도시 이야기: 자발적으로 제공된 지리 정보에서의 도시 편향성(A Tale of Cities: Urban Biases in Volunteered Geographic Information)" 「ICWSM」, 14호, 2014(https://experts.umn.edu/en/publications/a-tale-of-cities-urban-biases-in-volunteered-geographic-informati)

31. 루크 안셀린(Luc Anselin), 새라 윌리엄스, "디지털 이웃(Digital Neighborhoods)", 「Journal of Urbanism: International Research on Placemaking and Urban Sustainability」, 9호, 2016년 10월 1일(https://doi.org/10.1080/17549175.2015.1080752)

32. 멜리사 패리시 외(Melissa Parrish et al.), "위치 기반 소셜 네트워크: 모바일 기기를 통한 참여의 특성(Location-Based Social Networks: A Hint of Mobile Engagement Emerges)", 「Forrester Research」, 2010 / 데릭 루스(Derek Ruths), 위르겐 페퍼(Jürgen Pfeffer), "대규모 행태 연구를 위한 소셜미디어 이용(Social Media for Large Studies of Behavior)", 「Science」, 346호, 2014년 11월 28일(https://doi.org/10.1126/science.346.6213.1063) / 메이브 듀건(Maeve Duggan), 조애나 브레너(Joanna Brenner), 『The Demographics of Social Media Users(소셜미디어 이용자의 인구학)』, 14호, 2012, 퓨 연구센터의 "인터넷과 미국인의 삶 프로젝트(https://www.pewresearch.org/internet/2013/02/14/the-demographics-of-social-media-users-2012/)"

33. 프랜시스 하비(Francis Harvey), "지리 정보를 자발적으로 밝히거나 기여할 것인가? 크라우드소싱으로 만든 지리 정보를 표시할 때 진실성 검토하기(To Volunteer or to Contribute Locational Information? Towards Truth in Labeling for Crowdsourced Geographic Information)", 『Crowdsourcing Geographic Knowledge(크라우드소싱을 통한 지리적 지식)』, 대니얼 수이(Daniel Sui), 새라 엘우드, 마이클 굿차일드 공동 편집, Springer, 2013(https://doi.org/10.1007/978-94-007-4587-2_3)

34. 엘리자베스 커리드, 새라 윌리엄스, "화제의 지리학: 로스앤젤레스와 뉴욕의 예술, 문화 및 사회적 환경(The Geography of Buzz: Art, Culture and the Social Milieu in Los Angeles and New York)", 「Journal of Economic Geography」, 10호, 2009(https://academic.oup.com/joeg/article-abstract/10/3/423/910972)

35. 멜레나 라이직(Melena Ryzik), "화제의 지리학, 문화의 도시적 영향에 관한 한 연구(The Geography of Buzz,' a Study on the Urban Influence of Culture)", 「뉴욕타임스」 2009년 4월 6일자(https://www.nytimes.com/2009/04/07/arts/design/07buzz.html)

36. 케빈 린치, 『도시환경디자인(The Image of the City)』, 광문각, 2010(전자책)

37. 새라 윌리엄스, "지금 여기! 소셜미디어와 심리적 도시(Here Now! Social Media and the Psychological City)", 「Inscribing a Square–Urban Data as Public Space」, Springer, 2012

38. 가이 랜슬리(Guy Lansley), 폴 A 롱리(Paul A. Longley), "런던에서 트위터 화제의 지리학(The Geography of Twitter Topics in London)", 「Computers, Environment and Urban Systems」, 58호, 2016 / 번드 레시 외(Bernd Resch et al.), "학제간 공간–시간–언어학 알고리듬으로 트위터에서 감정 정보를 취득하는 방식의 시민 주도 도시계획(Citizen–Centric Urban Planning through Extracting Emotion Information from Twitter in an Interdisciplinary Space–Time–Linguistics Algorithm)", 「Urban Planning」, 1호, 2016(https://doi.org/10.17645/up.v1i2.617)

39. 애나 코백스–교리 외(Anna Kovacs–Gyori et al.), "해시태그 런던2012: 트위터 데이터의 정서 분석을 통한 시민 참여 도시계획(#London2012: Towards Citizen–Contributed Urban Planning Through Sentiment Analysis of Twitter Data)", 「Urban Planning」, 3호, 2018(https://doi.org/10.17645/up.v3i1.1287) / 아옐렛 갤–추르 외(Ayelet Gal–Tzur et al.), "교통 정책 목표를 달성하기 위한 소셜미디어의 잠재력(The Potential of Social Media in Delivering Transport Policy Goals)", 「Transport Policy」, 32호, 2014(https://doi.org/10.1016/j.tranpol.2014.01.007)

40. 게리 W. 에반스(Gary W. Evans), 『Environmental Stress(환경적 스트레스)』, Cambridge University Press, 1984

41. 루카 마리아 아옐로(Luca Maria Aiello), 로사노 시파넬라(Rossano Schifanella), 다니엘르 퀘르시아(Danielle Quercia), 프란체스코 아예타(Francesco Aietta), "재잘대는 지도: 소셜미디어 데이터를 이용한 도시 지역의 소음 지도 구축(Chatty Maps: Constructing Sound Maps of Urban Areas from Social Media Data)", 「Royal Society Open Science」, 3호, 2016년 3월 1일(https://doi.org/10.1098/rsos.150690)

42. 다니엘르 퀘르시아 외, "냄새의 지도: 도시 냄새의 디지털 라이프(Smelly Maps: The Digital Life of Urban Smellscapes)", ArXiv:1505.06851[Cs.SI], 2015년 5월 26일(http://arxiv.org/abs/1505.06851)

43. 저스틴 크랜쇼 외(Justin Cranshaw et al.), "라이브후즈 프로젝트: 소셜미디어를 활용한 도시 역동성의 이해(The Livehoods Project: Utilizing Social Media to Understand the Dynamics of a City)", 「Proceedings of the Sixth International AAAI Conference on Weblogs and Social Media」, 2012(https://ojs.aaai.org/index.php/ICWSM/article/view/14278)

44. T. W. 그레인 외(T. W. Grein et al.), "지구촌의 질병 소문: 전염병 발생 검증(Rumors of Disease in the Global Village: Outbreak Verification)", 「Emerging Infectious Diseases」, 6호, 2000(https://wwwnc.cdc.gov/eid/article/6/2/00–0201_article) / 데이비드 L. 하이만(David L Heymann), 게나엘 R. 로디에르(Guénaël R Rodier), "연결된 세계의 위험 지역(Hot Spots in a Wired World)", 「Lancet Infectious Diseases」,1호, 2001(https://doi.org/10.1016/S1473–3099(01)00148–7) / 엔쿠차 M. 미카나타외(Nkuchia M. M'ikanatha et al.), "인터넷을 활용한 전염성 질병 감시와 발생 조사(Use of the Internet to Enhance Infectious Disease Surveillance and Outbreak Investigation)", 「Biosecurity and Bioterrorism: Biodefense Strategy, Practice, and Science」, 4호, 2006(https://doi.org/10.1089/bsp.2006.4.293)

45. 존 S 브라운스타인 외(John S. Brownstein et al.), "국경 없는 감시(Surveillance Sans Frontières)", 「PLOS Medicine」, 5호, 2008(https://doi.org/10.1371/journal.pmed.0050151)

46. 루미 추나라(Rumi Chunara), 제이슨 R. 앤드루스(Jason R. Andrews), 존 S. 브라운스타인, "2010년 아이티 지역 콜레라 발생의 초기 역학(疫學) 패턴을 예측할 수 있게 도와준 소셜 및 뉴스미디어(Social and News Media Enable Estimation of Epidemiological Patterns Early in the 2010 Haitian Cholera Outbreak)", 「American Journal of Tropical Medicine and Hygiene」, 86호, 2012(https://doi.org/10.4269/ajtmh.2012.11-0597)

47. 타하 A. 카스-후트, 헨드 할히나위(Hend Alhinnawi), "소셜미디어와 공중보건(Social Media in Public Health)", 「British Medical Bulletin」, 108호, 2013(https://academic.oup.com/bmb/article/108/1/5/346208)

48. 인도주의적 추적기(https://www.humanitariantracker.org)

49. 도메니코 지아노네(Domenico Giannone), 루크레지아 라이클린(Lucrezia Reichlin), 데이비드 스몰(David Small), "나우캐스팅: 거시경제적 데이터의 실시간 정보 콘텐츠(Nowcasting: The Real-Time Informational Content of Macroeconomic Data)", 「Journal of Monetary Economics」, 55호, 2008(https://doi.org/10.1016/j.jmoneco.2008.05.010)

50. 마르타 밴부라 외(Marta Banbura et al.), "나우캐스팅과 실시간 데이터 흐름(Now-Casting and the Real-Time Data Flow)", 「Handbook of Economic Forecasting」, 2호, 2013(https://www.ecb.europa.eu/pub/pdf/scpwps/ecbwp1564.pdf)

51. 알리 알레사(Ali Alessa), 미아드 패지푸르(Miad Faezipour), "소셜네트워킹 사이트를 통한 인플루엔자 감지와 예측에 관한 리뷰(A Review of Influenza Detection and Prediction through Social Networking Sites)", 「Theoretical Biology & Medical Modelling」, 15호, 2018(https://doi.org/10.1186/s12976-017-0074-5)

52. 제레미 긴스버그 외(Jeremy Ginsberg et al.), "검색엔진의 검색 데이터를 활용한 인플루엔자 전염병 감지(etecting Influenza Epidemics Using Search Engine Query Data)", 「Nature」, 457호, 2009(https://doi.org/10.1038/nature07634)

53. 미구엘 헬프트(Miguel Helft), "독감 전파를 추적하는 데 검색어를 활용한 구글(Google Uses Web Searches to Track Flu's Spread)", 「뉴욕타임스」, 2008년 11월 11일자(https://www.nytimes.com/2008/11/12/technology/internet/12flu.html) / "독감 트렌드의 다음 장(The Next Chapter for Flu Trends)", 구글의 AI 블로그, 2018년 10월 15일(http://ai.googleblog.com/2015/08/the-next-chapter-for-flu-trends.html)

54. 사만사 쿡 외(Samantha Cook et al.), "2009년 인플루엔자 바이러스 A(H1N1) 팬데믹 기간 미국에서 구글 독감 트렌드 모델의 퍼포먼스 평가(Assessing Google Flu Trends Performance in the United States during the 2009 Influenza Virus A (H1N1) Pandemic)", 「PLOS ONE」, 6호, 2011(https://doi.org/10.1371/journal.pone.0023610)

55. 도널드 R. 올슨 외(Donald R. Olson et al.), "계절성 및 팬데믹 인플루엔자에 대한 구글 독감 트렌드의 재평가(Reassessing Google Flu Trends Data for Detection of Seasonal and Pandemic Influenza)", 「PLOS Computational Biology」, 9호, 2013(https://doi.org/10.1371/journal.pcbi.1003256)

56. 데이비드 레이저 외(David Lazer et al.), "구글 독감의 우화(The Parable of Google Flu)", 「Science」, 343호, 2014(https://doi.org/10.1126/science.1248506)

57. 조셉 제프리 클렘치크 외(Joseph Jeffrey Klembczyk et al.), "인플루엔자 관련 응급실 방문 숫자와 비교 검증한 구글 독감 트렌드의 공간 가변성(Google Flu Trends Spatial Variability Validated Against Emergency Department Influenza-Related Visits)", 「Journal of Medical Internet Research」, 18호, 2016(https://doi.org/10.2196/jmir.5585)

58. "구글 독감 트렌드 모델의 대실패가 주는 교훈(What We Can Learn from the Epic Failure of Google Flu Trends)", 「Wired」, 2018년 10월 17일(https://www.wired.com/2015/10/can-learn-epic-failure-google-flu-trends/)

59. 로라 블리스(Laura Bliss), "독감 모델링의 불완전한 과학(The Imperfect Science of Mapping the Flu)", 「CityLab」, 2018년 1월 20일(https://www.citylab.com/design/2018/01/the-imperfect-science-of-mapping-the-flu/551387)

60. 라이언 번즈(Ryan Burns), "디지털 인도주의의 지식 정치학이 종료되는 순간(Moments of Closure in the Knowledge Politics of Digital Humanitarianism)", 「Geoforum」, 53호, 2014년 5월 1일(https://doi.org/10.1016/j.geoforum.2014.02.002)

61. 새라 뷰에그 외(Sarah Vieweg et al.), "두 자연 재해에 대한 마이크로블로깅 연구(Microblogging during Two Natural Hazards Events)", 「Proceedings of the SIGCHI Conference on Human Factors in Computing Systems」, 2010(https://dl.acm.org/doi/abs/10.1145/1753326.1753486) / 케이트 스타버드 외(Kate Starbird et al.), "위급 상황의 수다(Chatter on the Red)", 「Proceedings of the 2010 ACM Conference on Computer Supported Cooperative Work」, https://dl.acm.org/doi/10.1145/1718918.1718965

62. 케이트 스타버드, 레이사 페일런(Leysia Palen), "전달할까? 대규모 위기 상황의 리트윗(Pass It On?: Retweeting in Mass Emergency)", International Community on Information Systems for Crisis Response and Management, 2010(http://faculty.washington.edu/kstarbi/iscram_Retweet_FinalPaper.pdf) / 폴 S. 얼(Paul S. Earle), 대니얼 C. 보우든(Daniel C. Bowden), 미셸 가이(Michelle Guy), "트위터를 이용한 지진 탐지(Twitter Earthquake Detection)", 「Annals of Geophysics」, 54호, 2012(https://doi.org/10.4401/ag-5364)

63. 스테파니 부사리(Stephanie Busari), "테러 상황 트윗하기(Tweeting the Terror)", CNN.com, 2008(https://www.cnn.com/2008/WORLD/asiapcf/11/27/mumbai.twitter/)

64. 제이콥 로그스타디우스 외, "위기추적기(CrisisTracker)", 「IBM Journal of Research and Development」, 57호, 2013년 9월(https://doi.org/10.1147/JRD.2013.2260692)

65. 네지 알테이(Nezih Altay), 멜리사 라본테(Melissa Labonte), "인도주의적 정보 경영과 교환의 과제(Challenges in Humanitarian Information Management and Exchange)", 「Disasters」, 38호, 2014(https://doi.org/10.1111/disa.12052)

66. 케이트 크로포드, 메건 핀(Megan Finn), "재난 데이터의 한계: 재난 이해를 위해 소셜미디어를 사용하는 데 따른 분석 및 윤리 차원의 과제", 「GeoJournal」, 80호, 2015(https://doi.org/10.1007/s10708-014-9597-z)

67. 네지 알테이, 멜리사 라본테, "인도주의적 정보 경영과 교환의 과제" / 네이선 모로 외(Nathan Morrow et al.), "우샤히디 아이티 프로젝트에 대한 독립적 평가" 2011(https://www.researchgate.net/publication/265059793_Ushahidi_Haiti_Project_Evaluation_Independent_Evaluation_of_the_Ushahidi_Haiti_Project)

68. 찰스 두히그(Charles Duhigg), "기업은 어떻게 당신의 비밀을 알아내는가?(How Companies Learn Your Secrets)", 「뉴욕타임스 매거진」, 2012년 2월 16일(https://www.nytimes.com/2012/02/19/magazine/shopping-habits.html)

4장

1. "제임스 매디슨이 W. T. 배리에게(James Madison to W. T. Barry), 1822년 8월 4일", 미국 의회도서관(https://www.loc.gov/resource/mjm.20_0155_0159/?st=list)
2. 윌리엄 플레이페어, 『Commercial and Political Atlas and Statistical Breviary(상업 및 정치적 지도책과 통계 규칙서)』, 원본은 1786년에 출간됐고, 케임브리지대학교 출판부에서 2005년 재출간
3. 마일즈 A. 킴볼(Miles A. Kimball), "장밋빛 그래픽으로 본 런던(London through Rose-Colored Graphics)", 「Journal of Technical Writing and Communication」, 36호, 2006년 10월(https://doi.org/10.2190/K561-40P2-5422-PTG2). 플레이페어는 당대 수많은 발명품을 내놓았지만 퍽 기이한 인물이었다. 그는 여러 미심쩍은 금융 계획에 연루된 결과 구빈원(救貧院) 신세를 지게 됐다. 그의 시각화 작업을 논의할 때 그의 성격이 도마에 오르곤 한다. 워낙 다른 사람들을 설득하는 수단을 만드는 데 뛰어났기 때문에 시각화 작업 역시 그렇게 다른 사람들을 속이기 위한 의도는 아니었을까 하는 의문이 들기도 한다.
4. 빅터 베커스(Victor Bekkers), 레베카 무디(Rebecca Moody), "시각 이벤트와 전자정부(Visual Events and Electronic Government)", 「Government Information Quarterly」, Elsevier, 2011(https://www.sciencedirect.com/science/article/abs/pii/S0740624X11000554?via%3Dihub)
5. 마누엘 카스텔스(Manuel Castells), 『커뮤니케이션 권력(Communication Power)』, 한울, 2014 / 빅터 베커스, 레베가 무디, "시각 이벤트와 전자정부(Visual Events and Electronic Government)"
6. "1788년의 노예무역법에 따른 영국 노예선 '브룩스'호의 적재 현황(Stowage of the British Slave Ship 'Brookes' under the Regulated Slave Trade, Act of 1788)", 「The Abolition Seminar」, 2019(https://www.abolitionseminar.org/brooks/)
7. 앤드루 밀른-스키너(Andrew Milne-Skinner), "리버풀의 노예제 박물관: 축복인가 저주인가(Liverpool's Slavery Museum: A Blessing or a Blight?)", 「Racism, Slavery, and Literature」, 2010
8. 에이얼 와이즈먼(Eyal Weizman), "서론: 포렌시스(Introduction: Forensis)", 「포렌시스: 공공의 진실(Forensis: The Architecture of Public Truth)」, 2014
9. "브룩스호-대서양 연안 노예 무역의 시각화(The Brookes-Visualising the Transatlantic Slave Trade)", https://www.history.ac.uk/1807commemorated/exhibitions/museums/brookes.html. 이런 점에서 해당 이미지는 통제의 상징이다. 특정한 시각으로 노예 무역을 바라보고 기억하도록 요구하기 때문이다. 주목할 것은 이 그림이 오직 한 가지 관점인 노예 제도의 잔혹성을 목도하는 노예폐지론자의 시각만 보여줄 뿐 실제로 그런 잔인성에 시달리는 노예들의 시각은 보여주지 않는다는 점이다.
10. 새라 윌리엄스, 엘리자베스 마르첼로(Elizabeth Marcello), 재클린 M. 클로프(Jacqueline M. Klopp), "오픈소스 케냐를 향해: 나이로비의 GIS 데이터를 만들고 공유하기(Toward Open Source Kenya: Creating and Sharing a GIS Database of Nairobi)", 「미국지리학자협회 연보」, 104호, 2014(https://doi.org/10.1080/00045608.2013.846157)

11. 더욱 흥미로운 것은 일본국제협력사업단의 최근 마스터플랜에 이 토지 이용 지도를 사용한다는 점이다. 이 기관은 오픈소스 지도를 만드는 데 사용된 도시를 위해 만들어진 원래의 토지 이용 지도에 접근할 수 없었다.

12. 교육 방식이 대체로 영국 시스템에 기반을 둔 케냐에서 지도는 나이로비의 문화적 지표의 일부라는 점에 주목할 필요가 있다. 지리학의 여러 작업도 교육 커리큘럼에 포함돼 있음은 물론이다.

13. 새라 윌리엄스 외, "디지털 마타투스: 모바일 기술을 활용한 이동성의 시각화(Digital Matatus: Using Mobile Technology to Visualize Informality)", ACSA 103회 연례회의에서 발표, 2015

14. 길버트 코에치(Gilbert Koech), 크리스피누스 웨케사(Chrispinus Wekesa), "케냐: 나이로비의 교통 지도 발표(Kenya: Nairobi Transit Map Launched)", 「Star」, 2014년 1월 29일(https://allafrica.com/stories/201401290479.html)

15. @ma3route, "Ma3Route는 운송 데이터를 크라우스소싱으로 수집해 사용자들에게 교통, 마타투 경로 및 운전 정보를 제공하는 모바일/웹/SMS 플랫폼이다.", http://www.ma3route.com/

16. 제레미 W. 크램턴, "사회적 구조로서의 지도: 권력, 소통 및 시각화(Maps as Social Constructions: Power, Communication and Visualization)", 「Progress in Human Geography」, 25호, 2001(https://journals.sagepub.com/doi/pdf/10.1191/030913201678580494)

17. 데이비드 하비, "지리학의 역사와 현재 조건(On the History and Present Condition of Geography)", 「Professional Geographer」, 36호, 1984년 2월 1일(https://doi.org/10.1111/j.0033-0124.1984.00001.x)

18. J. 브라이언 할리, "지도, 지식 그리고 권력(Maps, Knowledge, and Power)", 「Geographic Thought: A Praxis Perspective」, 2009(https://www.muthar-alomar.com/wp-content/uploads/2013/01/Geographic-Thought.pdf)

19. 로라 커간, 『Close Up at a Distance: Mapping, Technology, and Politics(원거리 클로즈업: 지도화, 기술 및 정치학)』, MIT Press, 2013

20. 미셸 알렉산더(Michelle Alexander), 『The New Jim Crow: Mass Incarceration in the Age of Colorblindness(새로운 짐 크로우의 시대: 반인종차별 시대의 대규모 수감 현상)』, The New Press, 2012

21. 데이터메이드(DataMade), "시카고의 1백만 달러 블록(Chicago's Million Dollar Blocks)", https://chicagosmilliondollarblocks.com/

22. 공간 정보 디자인 랩의 디렉터이자 기금의 수석 조사관인 로라 커간이 이 다양한 그룹을 한데 모았다.

23. 오스트레일리아 사법 개혁 위원회(Australian law Reform Commission), "사법정의 재투자는 어떻게 작동하는가?(How Does Justice Reinvestment Work?)" 2018년 11월 1일(https://www.alrc.gov.au/publication/pathways-to-justice-inquiry-into-the-incarcerationrate-of-aboriginal-and-torres-strait-islander-peoples-alrc-report-133/4-justice-reinvestment/how-does-justice-reinvestment-work)

24. 패트릭 게더스, 카푸르탈라(Kapurthala)의 마을 계획: 카푸르탈라의 마하라자에게 제출한 보고서(Town Planning in Kapurthala: A Report to the HH The Maharaja of Kapurthala), 1917

25. 크리스틴 M. 보이어(Christine M. Boyer), 『Dreaming the Rational City: The Myth of American City Planning(이성적 도시를 꿈꾸며: 미국 도시계획의 신화)』, MIT Press, 1986. 게더스는 '카메라 옵스큐라

(Camera Obscura)'라는 이름의 프로젝트를 통해 사용자들에게 전망 타워에서 도시의 실시간 상호 작용을 관찰하라고 주문했다. 그는 이렇게 먼 거리에서 도시를 관찰함으로써 어떻게 사람들이 서로에게 영향을 미치는지 더 잘 이해할 수 있다고 생각했다. 얼마간 추상적인 프로젝트였지만 게더스가 1차원적 지도의 개념과 씨름한 것만은 분명하게 시사한다. 그리고 이것은 도시계획가들에게 다른 각도에서 도시를 바라보도록 유도한 그의 한 시도였다. 필자는 장소를 새로운 방식과 시각으로 바라보려 애쓴 게더스의 시도가 매혹적이면서도 낯설게 느껴진다.

26. 헬렌 멜러(Helen Meller), 『Patrick Geddes: Social Evolutionist and City Planner(패트릭 게더스: 사회적 진화론자와 도시계획가)』, Routledge, 2005

27. 볼커 M. 웰터(Volker M. Welter), 이에인 보이드 화이트(Iain Boyd Whyte), 『Biopolis: Patrick Geddes and the City of Life(바이오폴리스: 패트릭 게더스와 삶의 표기법)』, MIT Press, 2002

28. 새라 윌리엄스 외, "시티 디지츠(City Digits): 지역 복권 교육과정: 복권 조사를 통한 청소년의 데이터 문해력 개발(City Digits: Local Lotto: Developing Youth Data Literacy by Investigating the Lottery)", 「Journal of Digital and Media Literacy」, 2014년 12월 15일

29. 새라 윌리엄스, "데이터 시각화는 공동 참여 과정에서 지식의 벽을 허문다(Data Visualizations Break Down Knowledge Barriers in Public Engagement)", 『The Civic Media Reader(시민 미디어 개론)』, 에릭 고든(Eric Gordon), 폴 미하일리디스(Paul Mihailidis) 공동 편집, MIT Press, 2016

30. 포드 페센덴(Ford Fessenden), 조시 켈러(Josh Keller), "소수집단 우대 정책이 금지된 주에서 소수자들의 대학 등록 비율은 어떻게 변했는가(How Minorities Have Fared in States with Affirmative Action Bans)", 2019년 1월 7일(https://www.nytimes.com/interactive/2013/06/24/us/affirmative-action-bans.html)

31. 윌슨 훈(Wilson Huhn), "슈에트 대 소수집단 우대 정책 방어연대" 소송, No. 572 U.S. 2014(https://ideaexchange.uakron.edu/cgi/viewcontent.cgi?article=1000&context=conlawakronamicus)

32. "소수집단 우대 정책 금지는 소수인종 학생들에게 불이익을 주는가?(Do Affirmative Action Bans Hurt Minority Students?)", IVN.us, 2014년 4월 29일(https://ivn.us/2014/04/29/affirmative-action-bans-hurt-minority-students-states-show-mixed-results/)

33. "대학의 '등록 간극'에 대한 「뉴욕타임스」 기사를 바로잡다(Correcting the New York Times on College 'Enrollment Gaps", AEI, 2013년 6월 25일(http://www.aei.org/publication/correcting-the-new-york-times-on-college-enrollment-gaps/)

34. "「뉴욕타임스」는 아시아계 미국인들을 소수집단 우대 정책 연구에서 제외했다", 2019년 1월 7일(https://dailycaller.com/2014/04/23/new-york-times-excludes-asian-americans-from-affirmative-action-study/)

35. 자마일스 라티(Jamiles Lartey), "미국 경찰의 살해 숫자는 절반으로 축소돼 보고된다는 사실이 「가디언」의 데이터로 밝혀졌다(US Police Killings Undercounted by Half, Study Using Guardian Data Finds)", 「가디언」, 2017년 10월 11일(https://www.theguardian.com/us-news/2017/oct/11/police-killings-counted-harvard-study)

36. 존 스웨인(Jon Swaine), "경찰은 새로운 미국 시스템에 맞춰 경관이 연루된 사망 사건을 보고해야 (Police Will Be Required to Report Officer-Involved Deaths under New US System)", 「가디언」, 2016년 8월 8일(https://www.theguardian.com/us-news/2016/aug/08/police-officer-related-deaths-department-of-justice)

37. 진 버고(Jeanne Bourgault), "글로벌 차원의 열린 데이터 운동은 어떻게 저널리즘을 변모시켰는가(How the Global Open Data Movement Is Transforming Journalism)", 「와이어드」, 2013(https://www.wired.com/insights/2013/05/how-the-global-open-data-movement-is-transforming-journalism/) / 브렛 골드스타인(Brett Goldstein), 로렌 다이슨(Lauren Dyson) 공동 편집, 『Beyond Transparency: Open Data and the Future of Civic Innovation(투명성을 넘어: 오픈 데이터와 시민 혁신의 미래)』, Code for America Press, 2013

38. 제프리 페이건(Jeffrey Fagan)은 이 불심검문 정책에 대해 범죄 행위가 의심되는 순찰 지역에 초점을 맞춘 치안 형식에서 유래했다고 그의 연구에서 지적한다. '우범 지역(hot spots)'으로 분류되거나 주택이 제대로 관리되지 않는 (이를테면 깨진 창문) 구역은 모두 혐의 지역으로 분류됐다. 이런 관념은 물리적 공간으로부터 수상한 용의자로 전이돼 경찰에게 검문 권한을 주는 결과로 나타났다.

39. 제프리 페이건, 아만다 겔러(Amanda Geller), "각본대로: 거리 치안에서 '테리 스톱' 구간에 대한 의심의 논리(Following the Script: Narratives of Suspicion in Terry Stops in Street Policing)", 「SSRN 학술논문」, 2014년 8월 1일(https://papers.ssrn.com/abstract=2485375), '테리 스톱(Terry Stop)'은 '불심검문(stop-and-frisk)'과 동의어로 쓰이는데, 테리 대 오하이오주(Terry v. Ohio)의 대법원 소송에서 유래했다. 경관이 어느 개인에 대해 무기를 소지했거나 범죄 행위를 저질렀거나 저지를 것으로 의심하는 경우 그를 멈춰 세우고 의복 위로 더듬는 몸수색을 할 수 있다. 대법원 판례에 따라 테리 스톱은 미국의 수정헌법 제4조를 위반하지 않는 것으로 여겨진다. – 옮긴이

40. "사례 연구: 뉴욕의 불심검문 정책(Case study: New York's Stop-and-Frisk Policies)", 「Catalysts for Collaboration」, 2013(https://catalystsforcollaboration.org/case-study-floyd-v-city-of-new-york/)

41. 뉴욕시민자유연합의 2011년 데이터 분석 자료(https://www.nyclu.org/sites/default/files/publications/NYCLU_2011_Stop-and-Frisk_Report.pdf)

42. 제이슨 오버홀처(Jason Oberholtzer), "숫자로 본 불심검문(Stop-And-Frisk by the Numbers)", 「포브스」, 2012(https://www.forbes.com/sites/jasonoberholtzer/2012/07/17/stop-and-frisk-by-the-numbers/#5a02ed656703)

43. 뉴욕시 경찰청의 불심검문 데이터를 바탕으로 WNYC 방송국이 제작한 지도(https://people.cs.uct.ac.za/~mkuttel/VISProjects2016/4AllieEtAl/index.html)

44. "물리적 시각화 작업의 목록(List of Physical Visualizations)", 2019(http://dataphys.org/list/stop-and-frisk-physical-data-filtering/)

45. 대니얼 덴버(Daniel Denvir), "불심검문 개혁의 핵심 요소: 공개 데이터(The Key Ingredient in Stop and Frisk Reform: Open Data)", 「CityLab」, 2015년 8월 25일(http://www.citylab.com/crime/2015/08/the-missing-ingredient-in-stopand-frisk-accountability-open-data/402026/) / 샘 블룸(Sam Blum), "새로운 데이터 시각화로 불심검문의 인종적 불평등 노출(New Data Visualizations Reveal the Racial Disparity of Stop and Frisk)", 「Brooklyn Magazine」, 2015년 6월 23일(http://www.bkmag.com/2015/06/23/new-data-visualizations-reveal-the-racial-disparity-of-stop-and-frisk/) / 트레이시 미어즈(Tracey Meares), "프로그래밍 에러: 불심검문의 합법성을 사고가 아닌 프로그램으로 이해하기(Programming Errors: Understanding the Constitutionality of Stop and Frisk as a Program, Not an Incident)", 2014(https://doi.org/10.13140/2.1.4252.6404)

46. "획기적 판결: 뉴욕시 경찰청의 불심검문이 위헌일 뿐 아니라 인종 차별적이라고 연방법원 판결(Landmark Decision: Judge Rules NYPD Stop and Frisk Practices Unconstitutional, Racially Discriminatory", 헌법적 권리 센터(https://ccrjustice.org/node/1269)

47. 버락 오바마(Barack Obama), "투명성과 열린 정부(Transparency and Open Government)", 주요 정부기관장에게 보낸 메모, 2009년 1월 21일(https://obamawhitehouse.archives.gov/the-press-office/transparency-and-open-government)

5장

1. 「이코노미스트」, "데이터의 빈부 격차(Off the Map)," 2014년 11월 13일(https://www.economist.com/news/international/21632520-rich-countries-are-deluged-data-developing-ones-aresuffering-drought)
2. 우마르 세라주딘 외(Umar Serajuddin et al.), 「데이터 빈곤: 종식해야 할 또 다른 빈곤」, 세계은행, 2015(http://documents1.worldbank.org/curated/en/700611468172787967/pdf/WPS7252.pdf)
3. 데이터 혁명 그룹(Data Revolution Group), "필요한 데이터가 있는 세계(A World That Counts)", 2014(http://www.undatarevolution.org/wp-content/uploads/2014/11/A-World-That-Counts.pdf)
4. 다나 보이드(danah boyd), 케이트 크로포드(Kate Crawford), "빅데이터를 향한 결정적 질문: 문화적, 기술적, 학술적 현상에 대한 도발적 문제 제기(Critical Questions for Big Data: Provocations for a Cultural, Technological, and Scholarly Phenomenon)", 「Information, Communication & Society」, 15호, 2012(https://www.tandfonline.com/doi/abs/10.1080/1369118X.2012.678878)
5. 숀 오케인(Sean O'Kane), "테슬라와 웨이모가 자율주행차의 주요 문제를 해결하는 방법: 데이터(How Tesla and Waymo are tackling a major problem for self-driving cars: data)", 「Verge」, 2018년 4월 19일(https://www.theverge.com/transportation/2018/4/19/17204044/tesla-waymo-self-driving-car-data-simulation)
6. 새라 윌리엄스, "미래의 도시는 누가 관리하는가?(Who Owns the City of the Future?)", 「Cooper Hewitt Design Journal」, 2018년 겨울호(https://www.cooperhewitt.org/2018/12/03/who-owns-the-city-of-the-future/)
7. 짐 대처, 데이비드 오설리번(David O'Sullivan), 딜런 마무디(Dillon Mahmoudi), "강탈에 의한 축적을 통한 데이터 식민주의: 일상의 데이터에 대한 새로운 은유(Data Colonialism through Accumulation by Dispossession: New Metaphors for Daily Data)", 「Environment and Planning D: Society and Space」, 34호, 2016(https://escholarship.org/uc/item/5bf9164g)
8. 닉 콜드리, 율리시즈 메지아스, 『The Costs of Connection: How Data Is Colonizing Human Life and Appropriating It for Capitalism(연결의 비용: 데이터는 어떻게 인간의 삶을 식민화하고 자본주의에 전용하는가)』, Stanford University Press, 2019
9. 그렉 엘머(Greg Elmer), 가넬리 랭글로이스(Ganaele Langlois), 조애나 레든(Joanna Redden), 『Compromised Data: From Social Media to Big Data(훼손된 데이터: 소셜미디어부터 빅데이터까지)』, Bloomsbury Publishing, 2015
10. 조 베이츠(Jo Bates), "현대 신자유주의 국가에서 정보 정책의 전략적 중요성(The Strategic Importance of Information Policy for the Contemporary Neoliberal State: The Case of Open Government Data in the United Kingdom)", 「Government Information Quarterly」, 31호, 2014(https://www.sciencedirect.com/science/article/abs/pii/S0740624X14000951)

11. 토머스 L. 맥페일, 에버렛 M. 로저스(Everett M. Rogers), 『Electronic Colonialism: The Future of International Broadcasting and Communication(전자 식민주의: 국제 방송과 통신의 미래)』, Sage, 1981

12. 리넷 테일러(Linnet Taylor), "공공재로서 빅데이터의 윤리학(The Ethics of Big Data as a Public Good: Which Public? Whose Good?)", https://royalsocietypublishing.org/doi/10.1098/rsta.2016.0126

13. 할 R. 베리언, 『Microeconomic Analysis(미시경제 분석)』, 3판, Norton, 1992

14. 라파엘 멜가레호-헤레디아(Rafael Melgarejo-Heredia), 레슬리 카(Leslie Carr), 수전 홀포드(Susan Halford), "공공 웹과 공공재(The Public Web and the Public Good)," 웹 과학에 관한 제8회 ACM 콘퍼런스에서 발표. 「WebSci」, 2016(https://doi.org/10.1145/2908131.2908181)

15. 조셉 E. 스티글리츠, 『Knowledge as a Global Public Good(글로벌 공공재로서의 지식)』, Oxford University Press, 1999(https://doi.org/10.1093/0195130529.003.0015) / 할 R. 베리언, "정보재 시장(Markets for Information Goods)", 99호, 「Citeseer」, 1999

16. 리넷 테일러, "공공재로서 빅데이터의 윤리학", 「SSRN 학술 논문」, 2016년 8월(https://papers.ssrn.com/abstract=2820580)

17. 나데즈다 푸르토바(Nadezhda Purtova), "개인 데이터가 누구의 재산도 아니라는 오해(Illusion of Personal Data as No One's Property)", 「SSRN 학술 논문」, 2013년 10월(https://papers.ssrn.com/abstract=2346693)

18. 마이크 매시애그(Mike Maciag), "무인승용차는 어떻게 도시에 큰 골칫거리일 수 있는가(How Driverless Cars Could Be a Big Problem for Cities)", 「Governing」, 2017(https://www.governing.com/topics/finance/gov-cities-traffic-parking-revenue-driverlesscars.html)

19. 기드온 만, "개인 데이터와 공공재(Private Data and the Public Good)," 2016년 5월 17일, 2016(https://medium.com/@gideonmann/private-data-and-the-public-good-9c94c656ff28)

20. 마이클 바바로(Michael Barbaro), 톰 젤러 주니어(Tom Zeller Jr), "AOL의 검색자 No. 4417749의 얼굴 공개(A Face Is Exposed for AOL Searcher No. 4417749)", 「뉴욕타임스」, 2006년 8월 9일(https://www.nytimes.com/2006/08/09/technology/09aol.html)

21. 케이티 해프너(Katie Hafner), "연구자들은 AOL의 로그 기록을 사용하고 싶어 하면서도 주저한다(Researchers Yearn to Use AOL Logs, but They Hesitate)", 「뉴욕타임스」, 2006년 8월 23일(https://www.nytimes.com/2006/08/23/technology/23search.html)

22. 숀 M. 맥도날드, "에볼라: 빅데이터의 재난 – 프라이버시, 재산 및 재난 실험법(Ebola: A Big Data Disaster-Privacy, Property, and the Law of Disaster Experimentation)", 「Centre for Internet and Society」, 2016(https://cis-india.org/papers/ebola-a-big-data-disaster)

23. 경제협력개발기구(OECD), "프라이버시 보호와 개인 데이터의 국경 간 흐름에 관한 OECD의 가이드라인(OECD Guidelines on the Protection of Privacy and Transborder Flows of Personal Data)", 1980(http://www.oecd.org/internet/ieconomy/oecdguidelinesontheprotectionofprivacyandtransborderflowsofpersonaldata.htm)

24. 유럽연합(EU), "2018년 발효된 일반 개인정보보호법의 주요 규칙(2018 Reform of EU Data Protection Rules)", https://ec.europa.eu/commission/priorities/justice-and-fundamental-rights/data-protection/2018-reform-eu-data-protection-rules_en

25. 나타냐 싱거, 프라샨트 S. 라오(Prashant S. Rao), "영국 대 미국: 개인 정보 청구로 얼마나 많은 정보를 받을 수 있을까?(U.K. vs. U.S.: How Much of Your Personal Data Can You Get?)", 「뉴욕타임스」, 2018년 5월 20일(https://www.nytimes.com/interactive/2018/05/20/technology/what-data-companies-have-on-you.html)

26. "리스폰서블 데이터란 무엇인가?(What Is Responsible Data)," 2019(https://responsibledata.io/what-is-responsible-data/)

27. 이 그룹에 가입된 곳으로는 국제지구과학정보네트워크센터(Center for International Earth Science Information Network), 지구연구원(Earth Institute), 컬럼비아대학교, 뉴욕시립대학교(CUNY), 인구연구원(CIDR, Institute for Demographic Research), 페이스북의 커넥티비티 랩, Internet.org, ESRI, 독일항공우주센터(DLR, German Aerospace Center), 유럽위원회 합동연구센터(JRC, European Commission?Joint Research Centre), 이미지캣(ImageCat, Inc.), 오크리지 국립연구원(ORNL, Oak Ridge National Laboratory), 미국인구통계국(U.S. Census Bureau), 월드팝(WorldPop), 빌 & 멜린다 게이츠 재단(Bill & Melinda Gates Foundation), 구글 어스 엔진(Google Earth Engine), 유엔 글로벌지리정보관리전문가위원회(UN Committee of Experts on Global Geospatial Information Management), 유엔 인구 분과(UN Population Division), 유엔 인구 펀드(UNFPA, UN Population Fund), 세계은행 등이다.

28. 토바이어스 티케(Tobias Tiecke), "공개 인구 데이터 세트와 그에 따른 과제 – 페이스북 코드(Open Population Datasets and Open Challenges?Facebook Code)", https://code.fb.com/core-data/open-population-datasets-and-open-challenges/

29. 쇼타 이이노 외(Shota Iino et al.), "SAR 이미지를 활용한 신경네트워크 기반의 단기 변화 모니터링에 정확도 높은 분포 지도 사용(Generating High-Accuracy Urban Distribution Map for Short-Term Change Monitoring Based on Convolutional Neural Network by Utilizing SAR Imagery)", 「Earth Resources and Environmental Remote Sensing/GIS Applications VIII」, 2017(https://www.spiedigitallibrary.org/conference-proceedings-of-spie/10428.toc?SSO=1)

30. CIESIN의 조 슈마허(Joe Schumacher) 인터뷰, 2018년 3월

31. 세계은행 소속의 운송 전문가인 홀리 크램벡(Holly Krambeck) 인터뷰, 2018년 8월

32. 세계은행, "운송 혁명을 일구는 공개 교통 데이터", 2019년 12월 19일(http://www.worldbank.org/en/news/feature/2016/12/19/open-traffic-data-to-revolutionize-transport)

33. Mobile World Congress. 전 세계 이동통신사와 휴대전화 제조사 및 장비업체의 연합기구인 세계이동통신사업자협회(GSMA)가 주최하는 글로벌 이동·정보통신 산업 전시회 – 옮긴이

34. 세계은행, "세계은행 그룹과 GSMA, 사물인터넷 빅데이터의 개발과 활용을 위한 파트너십 발표", 2018년 2월 26일(https://www.worldbank.org/en/news/press-release/2018/02/26/world-bank-group-and-gsma-announce-partnership-to-leverage-iot-big-data-for-development)

35. 로버트 커크패트릭, "새로운 형태의 자선 사업: 데이터 기부(A New Type of Philanthropy: Donating Data)", 「Harvard Business Review」, 2013년 3월(https://hbr.org/2013/03/a-new-type-of-philanthropy-don)

36. 빈센트 D. 블론델 외(Vincent D. Blondel et al.), "개발을 위한 데이터: 모바일 전화 데이터에 대한 D4D 챌린지(Data for Development: The D4D Challenge on Mobile Phone Data)", 「ArXiv」, 2012년 9월 29일(http://arxiv.org/abs/1210.0137)

37. 에이미 웨솔로브스키 외(Amy Wesolowski et al.), "논평: 에볼라 발병의 억제–모바일 네트워크 데이터의 잠재력과 과제(Commentary: Containing the Ebola Outbreak–the Potential and Challenge of Mobile Network Data)", 「PLoS Currents」, 6호, 2014년 9월 29일(https://www.ncbi.nlm.nih.gov/pmc/articles/PMC4205120/) / 에이미 웨솔로브스키 외, "인간의 이동성이 말라리아에 미치는 영향의 정량화(Quantifying the Impact of Human Mobility on Malaria)", 「Science」, 338호, 2012년 10월 12일(https://doi.org/10.1126/science.1223467)

38. 매트 스템펙, "데이터 공유는 기업 자선 사업의 한 형태다(Sharing Data Is a Form of Corporate Philanthropy)", 「Harvard Business Review」, 2014년 7월 24일(https://hbr.org/2014/07/sharing-data-is-a-form-of-corporate-philanthropy)

39. 마리아로사리아 타데오, "데이터 자선 사업과 정보 사회를 위한 인프라윤리학(Data Philanthropy and the Design of the Infraethics for Information Societies)", 2016년 12월(https://doi.org/10.1098/rsta.2016.0113)

40. 엠마누엘 레투제(Emmanuel Letouzé), 파트리크 빙크(Patrick Vinck), L 카모리에(L Kammourieh), "휴대폰 데이터 분석의 법률, 정치학 및 윤리학(The Law, Politics and Ethics of Cell Phone Data Analytics)", 인구데이터연맹(Data-Pop Alliance) 백서 시리즈, 세계은행 그룹, 하버드 인도주의 이니셔티브(Harvard Humanitarian Initiative), MIT 미디어 랩과 해외개발연구원(Media Lab and Overseas Development Institute), 2015년 4월

참고자료

"1842 Sanitary Report", UK Parliament, December 16, 2018(https://www.parliament.uk/about/living-heritage/transformingsociety/livinglearning/coll-9-health1/health-02/1842-sanitary-report-leeds/)

"2014 West Africa Ebola Response-OpenStreetMapWiki", Accessed January 25, 2019(https://wiki.openstreetmap.org/wiki/2014_West_Africa_Ebola_Response)

Aiello Luca Maria, Schifanella Rossano, Quercia Daniele, Aletta Francesco, "Chatty Maps: Constructing Sound Maps of Urban Areas from Social Media Data", 「Royal Society Open Science」, 3, no. 3, March 1, 2016: 150690(https://doi.org/10.1098/rsos.150690)

Susan E. Alcock, Terence N. D'Altroy, Kathleen D. Morrison, Carla M. Sinopoli, 『Empires: Perspectives from Archaeology and History』, Cambridge: Cambridge University Press, 2001

Alcock, Susan E., et al. "Keys to Unleash Mapping's Good Magic", 「PLA Notes」, 39, no. 2, 2000: 10-13

Alessa, Ali, Miad Faezipour, "A Review of Influenza Detection and Prediction through Social Networking Sites", 「Theoretical Biology & Medical Modelling」, 15, February 1, 2018(https://doi.org/10.1186/s12976-017-0074-5)

Alexander, Michelle, 『The New Jim Crow: Mass Incarceration in the Age of Colorblindness』, New York: The New Press, 2012

"All the Stops" Bklynr, Accessed January 10, 2019(https://www.bklynr.com/all-the-stops/)

Altay, Nezih, Melissa Labonte, "Challenges in Humanitarian Information Management and Exchange: Evidence from Haiti", 「Disasters」, 38, no. s1, 2014: S50-72(https://doi.org/10.1111/disa.12052)

Anderson, Margo J. 『The American Census: A Social History, Second Edition』, New Haven: Yale University Press, 2015.

Anselin, Luc, Sarah Williams, "Digital Neighborhoods", 「Journal of Urbanism: International Research on Placemaking and Urban Sustainability」, 9, no. 4, October 1, 2016: 305-328(https://doi.org/10.1080/17549175.2015.1080752)

Arnstein, Sherry, "A Ladder of Citizen Participation", 「Journal of the American Institute of Planners」, 35, no. 4, 1969: 216–224

Badger, Emily, "A Census Question That Could Change How Power Is Divided in America", 「New York Times」, August 2, 2018(https://www.nytimes.com/2018/07/31/upshot/Census-question-citizenship-power.html)

Bailey, Keiron, Ted Grossardt, "Toward Structured Public Involvement: Justice, Geography and Collaborative Geospatial/Geovisual Decision Support Systems", 「Annals of the Association of American Geographers」, 100, no. 1, 2010: 57–86(https://doi.org/10.1080/00045600903364259)

Balazs, Etienne, 『Chinese Civilization and Bureaucracy: Variations on a Theme』, New Haven: Yale University Press, 1967

Baldwin, Davarian L., "Chicago's 'Concentric Circles': Thinking through the Material History of an Iconic Map", 「In Many Voices, One Nation: Material Culture Reflections on Race and Migration in the United States」, edited by Margaret Salazar-Porzio, Joan Fragaszy Troyano, Lauren Safranek, 179–191, Washington, DC: Smithsonian Institution, 2017

Banbura, Marta, Domenico Giannone, Michele Modugno, Lucrezia Reichlin, "Now-Casting and the Real-Time Data Flow", 「Handbook of Economic Forecasting」, 2, no. Part A, 2013: 195–237

Barbaro, Michael, Tom Zeller Jr., "A Face Is Exposed for AOL Searcher No. 4417749." 「New York Times」, August 9, 2006(https://www.nytimes.com/2006/08/09/technology/09aol.html)

Barnes, Trevor J., "Geography's Underworld: The Military-Industrial Complex, Mathematical Modelling and the Quantitative Revolution", 「Geoforum」, 39, no. 1, January 2008: 3–16(https://doi.org/10.1016/j.geoforum.2007.09.006)

Bartholomew, Harland, 『The Zone Plan』, St. Louis, MO: Nixon-Jones Printing, 1919(https://catalog.hathitrust.org/Record/000342898)

Bartholomew, Harland, 『Urban Land Uses』, Cambridge, MA: Harvard University Press, 1932

Bartholomew, Harland, City Plan Commission. 「Zoning for St. Louis: A Fundamental Part of the City Plan」, St. Louis, MO, 1918(https://ia902708.us.archive.org/5/items/ZoningForSTL/Zoning%20for%20STL.pdf)

Bates, Jo, "The Strategic Importance of Information Policy for the Contemporary Neoliberal State: The Case of Open Government Data in the United Kingdom", 「Government Information Quarterly」, 31, 2014: 388–395

Batty, Michael. "At the Crossroads of Urban Growth", 「Environment and Planning B: Planning and Design」, 41, 2014: 951–953

Batty, Michael, Paul M. Torrens, "Modelling and Prediction in a Complex World", 「Special issue: Complexity and the Limits of Knowledge in Futures」, 37, no. 7, September 1, 2005: 745–766(https://doi.org/10.1016/j.futures.2004.11.003)

Baumgaertner, Emily, "Despite Concerns, Census Will Ask Respondents If They Are U.S. Citizens", 「New York Times」, March 28, 2018(https://www.nytimes.com/2018/03/26/us/politics/census-citizenship-question-trump.html)

Bekkers, Victor, Rebecca Moody. "Visual Events and Electronic Government: What Do Pictures Mean in Digital Government for Citizen Relations?", 「Government Information Quarterly」, 28, no. 4, October 1, 2011: 457–465(https://doi.org/10.1016/j.giq.2010.10.006)

Bengtsson, Linus, Xin Lu, Anna Thorson, Richard Garfield, Johan von Schreeb, "Improved Response to Disasters and Outbreaks by Tracking Population Movements with Mobile Phone Network Data: A Post–Earthquake Geospatial Study in Haiti", 「PLoS Medicine」, 8, no. 8, August 30, 2011(https://doi.org/10.1371/journal.pmed.1001083)

Beynon–Davies, Paul, "Significant Threads: The Nature of Data", 「International Journal of Information Management」, 29, no. 3, June 1, 2009: 170–188(https://doi.org/10.1016/j.ijinfomgt.2008.12.003)

Bhat, Chandra, Jay Carini, Rajul Misra, "Modeling the Generation and Organization of Household Activity Stops", 「Transportation Research Record: Journal of the Transportation Research Board 1676」, January 1, 1999: 153–161(https://doi.org/10.3141/1676–19)

Bliss, Laura, "How to Map the Flu", 「CityLab」, Accessed January 26, 2019(https://www.citylab.com/design/2018/01/the–imperfect–science–of–mapping–the–flu/551387/)

Blondel, Vincent D., Markus Esch, Connie Chan, Fabrice Clerot, Pierre Deville, Etienne Huens, Frédéric Morlot, Zbigniew Smoreda, Cezary Ziemlicki, "Data for Development: The D4D Challenge on Mobile Phone Data", 「ArXiv:1210.0137」, September 29, 2012(http://arxiv.org/abs/1210.0137)

Blum, Sam, "New Data Visualizations Reveal the Racial Disparity of Stop and Frisk", 「Brooklyn Magazine」, June 23, 2015(http://www.bkmag.com/2015/06/23/new–data–visualizations–reveal–the–racial–disparity–of–stop–and–frisk/)

Booth, Charles, Richard M. Elman, Albert Fried, 『Charles Booth's London』, New York: Pantheon Books, 1968

Bostock, Mike, and Ford Fessenden, "'Stop–and–Frisk' Is All but Gone From New York", 「New York Times」, September 19, 2014(https://www.nytimes.com/interactive/2014/09/19/nyregion/stop–and–frisk–is–all–but–gone–from–new–york.html)

Bourgault, Jeanne, "How the Global Open Data Movement Is Transforming Journalism", 「Wired」, 2013(https://www.wired.com/insights/2013/05/how–the–global–open–data–movement–is–transforming–journalism/)

Bowman, John S., 『Columbia Chronologies of Asian History and Culture』, New York: Columbia University Press, 2000

boyd, danah, Kate Crawford, "Critical Questions for Big Data: Provocations for a Cultural, Technological, and Scholarly Phenomenon", 「Information, Communication & Society」, 15, no. 5, 2012: 662–679

Boyer, Christine M., 『Dreaming the Rational City: The Myth of American City Planning』, Cambridge, MA: MIT Press, 1986

Brown, Azby, Pieter Franken, Sean Bonner, Nick Dolezal, Joe Moross, "Safecast: Successful Citizen–Science for Radiation Measurement and Communication after Fukushima", 「Journal of Radiological Protection」, 36, no. 2, 2016: S82

Brownstein, John S., Clark C. Freifeld, Ben Y. Reis, Kenneth D. Mandl. "Surveillance Sans Frontières: Internet-Based Emerging Infectious Disease Intelligence and the HealthMap Project", 「PLOS Medicine」, 5, no. 7, July 8, 2008: e151(https://doi.org/10.1371/journal.pmed.0050151)

Bulmer, Martin, 『The Chicago School of Sociology: Institutionalization, Diversity, and the Rise of Sociological Research』, Chicago: University of Chicago Press, 1986

Bulmer, Martin, Kevin Bales, Kathryn Kish Sklar, 『The Social Survey in Historical Perspective, 1880–1940』, Cambridge: Cambridge University Press, 1991

Bulmer, Martin, Kevin Bales, Kathryn Kish Sklar, Kathryn Kish Sklar, 『The Social Survey in Historical Perspective, 1880–1940』, Cambridge: Cambridge University Press, 1991

Burgess, Ernest Watson, "Map of the Radial Expansion and the Five Urban Zones", n.d. Ernest Watson Burgess Papers, University of Chicago Library

Burke, Jeffrey A., Deborah Estrin, Mark Hansen, Andrew Parker, Nithya Ramanathan, Sasank Reddy, Mani B. Srivastava, "Participatory Sensing", 「UCLA Center for Embedded Network Sensing」, 2006(https://escholarship.org/uc/item/19h777qd)

Burns, Ryan, "Moments of Closure in the Knowledge Politics of Digital Humanitarianism", 「Geoforum」, 53, May 1, 2014: 51–62(https://doi.org/10.1016/j.geoforum.2014.02.002)

Busari, Stephanie, "Tweeting the Terror: How Social Media Reacted to Mumbai", CNN.com, 2008(https://www.cnn.com/2008/WORLD/asiapcf/11/27/mumbai.twitter/)

Byington, Margaret Frances, Paul Underwood Kellogg, Russell Sage Foundation, Homestead: The Households of a Mill Town, 1910(https://archive.org/details/homesteadhouseho00byinuoft/page/n189)

"Case Study: NYC v Floyd", Catalysts for Collaboration, Accessed January 10, 2019(https://catalystsforcollaboration.org/casestudy/nycfloyd.html)

Castells, Manuel, 『Communication Power』, Oxford: Oxford University Press, 2013

Chambers, Robert, "Participatory Mapping and Geographic Information Systems: Whose Map? Who Is Empowered and Who Disempowered? Who Gains and Who Loses?", 「Electronic Journal of Information Systems in Developing Countries」, 25, no. 1, 2006: 1–11

Chambers, Robert, "The Origins and Practice of Participatory Rural Appraisal", 「World Development」, 22, no. 7, July 1, 1994: 953–969(https://doi.org/10.1016/0305-750X(94)90141-4)

Chi, Guanghua, Yu Liu, Zhengwei Wu, Haishan Wu, "Ghost Cities Analysis Based on Positioning Data in China", 「ArXiv:1510.08505」, October 28, 2015(http://arxiv.org/abs/1510.08505)

Chunara, Rumi, Jason R. Andrews, John S. Brownstein, "Social and News Media Enable Estimation of Epidemiological Patterns Early in the 2010 Haitian Cholera Outbreak", 「American Journal of Tropical Medicine and Hygiene」, 86, no. 1, January 1, 2012: 39–45(https://doi.org/10.4269/ajtmh.2012.11-0597)

City of New York Board of Estimate and Apportionment, 『Use District Map』, New York: City of New York, 1916(https://digitalcollections.nypl.org/items/510d47e4-80df-a3d9-e040-e00a18064a99)

City Plan Commission, 『Map of the City of St. Louis: Distribution of Negro Population, Census of 1930(Realtors' Red Line Map), 1934. Map(http://collections.mohistory.org/resource/221591)

Clougherty Jane E., Laura D. Kubzansky, "A Framework for Examining Social Stress and Susceptibility to Air Pollution in Respiratory Health", 「Environmental Health Perspectives」, 117, no. 9, September 1, 2009: 1351–1358(https://doi.org/10.1289/ehp.0900612)

Cook, Samantha, Corrie Conrad, Ashley L. Fowlkes, Matthew H. Mohebbi, "Assessing Google Flu Trends Performance in the United States during the 2009 Influenza Virus A (H1N1) Pandemic", 「PLOS ONE」, 6, no. 8, August 19, 2011: e23610(https://doi.org/10.1371/journal.pone.0023610)

"Correcting the New York Times on College 'Enrollment Gaps'", AEI, June 25, 2013(https://www.aei.org/society-and-culture/correcting-the-new-york-times-on-college-enrollment-gaps/)

Couldry, Nick, 『The Costs of Connection: How Data Is Colonizing Human Life and Appropriating It for Capitalism, 1st edition』, Stanford, CA: Stanford University Press, 2019

Crampton, Jeremy W., "Maps as Social Constructions: Power, Communication and Visualization", 「Progress in Human Geography」, 25, no. 2, 2001: 235–252

Crampton, Jeremy W., John Krygier, "An Introduction to Critical Cartography", 「ACME: An International E-Journal for Critical Geographies」, 4, no. 1, 2006: 11–33

Cranshaw, Justin, Raz Schwartz, Jason Hong, Norman Sadeh, "The Livehoods Project: Utilizing Social Media to Understand the Dynamics of a City", Proceedings of the Sixth International AAAI Conference on Weblogs and Social Media, 2012

Cravero, Paolo, "Mapping for Food Safety", International Institute for Environment and Development, December 21, 2015(https://www.iied.org/mapping-for-food-safety)

Crawford, Kate, Megan Finn, "The Limits of Crisis Data: Analytical and Ethical Challenges of Using Social and Mobile Data to Understand Disasters", 「GeoJournal」, 80, no. 4, August 1, 2015: 491–502(https://doi.org/10.1007/s10708-014-9597-z)

Crean, Sarah, "While Improving, City's Air Quality Crisis Quietly Persists", 「Gotham Gazette」, June 19, 2014(http://www.gothamgazette.com/government/5111-while-improving-quietcrisis-air-quality-persists-new-york-city-asthma-air-pollution)

The Crowd & The Cloud, "DIY Science for the People: Q&A with Public Lab's Jeff Warren", 「Medium (blog)」, March 27, 2017(https://medium.com/@crowdandcloud/diy-science-for-the-people-q-a-with-public-labs-jeff-warren-c45b6689a228)

Currid, Elizabeth, Sarah Williams, "The Geography of Buzz: Art, Culture and the Social Milieu in Los Angeles and New York", 「Journal of Economic Geography」, 10, no. 3, 2009: 423–451

David Daley, "The Secret Files of the Master of Modern Republican Gerrymandering", 「New Yorker」, September 6, 2019(https://www.newyorker.com/news/news-desk/the-secret-files-of-the-master-of-modern-republican-gerrymandering)

Data Revolution Group, "A World That Counts." Data Revolution Group, 2014(http://www.undatarevolution.org/wp-content/uploads/2014/11/A-World-That-Counts.pdf)

DataMade, "Chicago's Million Dollar Blocks", 「Chicago's Million Dollar Blocks」, January 7, 2019(https://chicagosmilliondollarblocks.com/)

Deegan, Mary Jo, "W. E. B. Du Bois and the Women of Hull-House, 1895-1899", 「American Sociologist」, 19, no. 4, December 1, 1988: 301-311(https://doi.org/10.1007/BF02691827)

Denvir, Daniel, "The Key Ingredient in Stop and Frisk Reform: Open Data", 「CityLab」, August 25, 2015(http://www.citylab.com/crime/2015/08/the-missing-ingredient-in-stop-and-frisk-ccountability-open-data/402026/)

D'Ignazio, Catherine, Lauren F. Klein, 『Data Feminism』, Cambridge, MA: MIT Press, 2020

"Diagram of a Slave Ship", 1801, https://www.bl.uk/learning/timeline/item106661.html

Ding, W., S. Zheng, X. Guo, "Value of Access to Jobs and Amenities: Evidence from New Residential Properties in Beijing", 「Tsinghua Science and Technology」, 15, no. 5, October 2010: 595-603(https://doi.org/10.1016/S1007-0214(10)70106-1)

"Do Affirmative Action Bans Hurt Minority Students?", 「IVN.us」, April 29, 2014(https://ivn.us/2014/04/29/affirmative-action-bans-hurt-minority-students-states-show-mixed-results/)

Du Bois, W. E. B., [A Series of Statistical Charts Illustrating the Condition of the Descendants of Former African Slaves Now in Residence in the United States of America] Negro Business Men in the United States, Circa 1900, 1 drawing: ink and watercolor, 710 x 560 mm, LOT 11931, no. 57 (M) [P&P], Library of Congress Prints and Photographs Division(https://www.loc.gov/pictures/item/2014645363/)

Du Bois, W. E. B., [The Georgia Negro] Income and Expenditure of 150 Negro Families in Atlanta, Ga., U.S.A. Circa 1900, Drawing: ink, watercolor, and photographic print, 710 x 560 mm (board), LOT 11931, no. 31 [P&P], Library of Congress Prints and Photographs Division(https://www.loc.gov/pictures/item/2013650354/)

Du Bois, W. E. B., Isabel Eaton, 『The Philadelphia Negro: A Social Study 14』, Published for the University, 1899

Duggan, Maeve, Joanna Brenner, 「The Demographics of Social Media Users, 2012」, Vol. 14, Pew Research Center's Internet & American Life Project Washington, DC, 2013

Duhigg, Charles, "How Companies Learn Your Secrets", 「New York Times」, February 16, 2012(https://www.nytimes.com/2012/02/19/magazine/shopping-habits.html)

Earle, Paul S., Daniel C. Bowden, Michelle Guy, "Twitter Earthquake Detection: Earthquake Monitoring in a Social World", 「Annals of Geophysics」, 54, no. 6, January 14, 2012(https://doi.org/10.4401/ag-5364)

Eastman, Crystal, Work-Accidents and the Law, 1910(https://archive.org/details/cu31924019223035/page/n231)

Eglash, Ron, Juan E. Gilbert, Ellen Foster, "Toward Culturally Responsive Computing Education", 「Communications of the ACM」, 56, no. 7, July 2013: 33-36(https://doi.org/10.1145/2483852.2483864)

Elmer, Greg, Ganaele Langlois, Joanna Redden, 『Compromised Data: From Social Media to Big Data』, New York: Bloomsbury Publishing, 2015

Elwood, Sarah, "Critical Issues in Participatory GIS: Deconstructions, Reconstructions, and New Research Directions", 「Transactions in GIS」, 10, no. 5, 2006: 693–708

Elwood, Sarah A., "GIS Use in Community Planning: A Multidimensional Analysis of Empowerment", 「Environment and Planning A」, 34, no. 5, May 2002: 905?22(https://doi.org/10.1068/a34117)

Elwood, Sarah, Helga Leitner, "GIS and Spatial Knowledge Production for Neighborhood Revitalization: Negotiating State Priorities and Neighborhood Visions", 「Journal of Urban Affairs」, 25, no. 2, 2003: 139–157(https://doi.org/10.1111/1467-9906.t01-1-00003)

Estrin, Deborah, K. Mani Chandy, R. Michael Young, Larry Smarr, Andrew Odlyzko, David Clark, Viviane Reding, Toru Ishida, Sharad Sharma, Vinton G. Cerf, "Participatory Sensing: Applications and Architecture [Internet Predictions]", 「IEEE Internet Computing」, 14, no. 1, 2010: 12–42

European Union, "2018 Reform of EU Data Protection Rules", 2018(https://ec.europa.eu/commission/priorities/justice-and-fundamental-rights/data-protection/2018-reform-eu-data-protection-rules_en)

Evans, Gary W., 『Environmental Stress』, Cambridge: Cambridge University Press, 1984

Fagan, Jeffrey, Amanda Geller, "Following the Script: Narratives of Suspicion in Terry Stops in Street Policing", 「SSRN Scholarly Paper」, Rochester, NY: Social Science Research Network, August 1, 2014(https://papers.ssrn.com/abstract=2485375)

Fainstein, Susan, James DeFilippis, 『Readings in Planning Theory』, Hoboken, NJ: John Wiley & Sons, 2015

Faludi, A. 『A Reader in Planning Theory』, New York: Pergamon Press, 1973

Fan, Maureen, "Gray Wall Dims Hopes of 'Green' Games; China Has Vowed to Curb Pollution Before '08 Olympics, but Its Secrecy Is Feeding Skepticism", 「Washington Post」, October 16, 2007

Fan, Maureen, "If That Doesn't Clear the Air . . . China, Struggling to Control Smog, Announces 'Just-in-Case' Plan", 「Washington Post」, July 31, 2008

"Federal Court Rules Three Texas Congressional Districts Illegally Drawn." NPR.org., Accessed January 30, 2019(https://www.npr.org/sections/thetwo-way/2017/03/11/519839892/federal-court-rules-three-texas-congressional-districts-illegally-drawn)

Felstiner, Alek, "Working the Crowd: Employment and Labor Law in the Crowdsourcing Industry", 「Berkeley Journal of Employment and Labor Law」, 32, 2011: 143–204

Fessenden, Ford, Josh Keller, "How Minorities Have Fared in States With Affirmative Action Bans", January 7, 2019(https://www.nytimes.com/interactive/2013/06/24/us/affirmative-action-bans.html)

Forester, John, 『Planning in the Face of Power』, Oakland: University of California Press, 1988

Forester, John, 『The Deliberative Practitioner: Encouraging Participatory Planning Processes』, Cambridge, MA: MIT Press, 1999

Form-Based Codes Institute, "Zoning for Equity: Raising All Boats?Form-Based Codes Institute at Smart Growth America: Form-Based Codes Institute at Smart Growth America", 2019(https://formbasedcodes.org/blog/zoning-equity-raising-boats/)

"Freeway History: Overtown., MIAMI, January 3, 2019(http://miamiplanning.weebly.com/freeway-history--overtown.html)

Freire, Paulo, 『Pedagogy of the Oppressed』, New York: Bloomsbury Publishing, 2018

Gabrys, Jennifer, 「Program Earth: Environmental Sensing Technology and the Making of a Computational Planet」, Vol. 49, Minneapolis: University of Minnesota Press, 2016

Gal-Tzur, Ayelet, Susan M. Grant-Muller, Tsvi Kuflik, Einat Minkov, Silvio Nocera, Itay Shoor, "The Potential of Social Media in Delivering Transport Policy Goals", 「Transport Policy」, 32, 2014: 115-123(https://doi.org/10.1016/j.tranpol.2014.01.007)

Gauff Consultants, Nairobi / Proposed MRTS Commuter Rail Network, 2014

Geddes, Patrick, 『Cities in Evolution』, London: William and Norgate Limited, 1949

Geddes, Sir Patrick, 『Town Planning in Kapurthala: A Report to the HH the Maharaja of Kapurthala』, 1917

Ghose, Rina, "Politics of Scale and Networks of Association in Public Participation GIS", 「Environment and Planning A」, 39, no. 8, 2007: 1961-1980

Giannone, Domenico, Lucrezia Reichlin, David Small, "Nowcasting: The Real-Time Informational Content of Macroeconomic Data", 「Journal of Monetary Economics」, 55, no. 4, May 2008: 665-676(https://doi.org/10.1016/j.jmoneco.2008.05.010)

Gidley, Ben, 『The Proletarian Other: Charles Booth and the Politics of Representation』, London: Goldsmiths University of London, 2000

Ginsberg, Jeremy, Matthew H. Mohebbi, Rajan S. Patel, Lynnette Brammer, Mark S. Smolinski, Larry Brilliant, "Detecting Influenza Epidemics Using Search Engine Query Data", 「Nature」, 457, no. 7232, February 2009: 1012-1014(https://doi.org/10.1038/nature07634)

Gitelman, Lisa, 『"Raw Data" Is an Oxymoron』, Cambridge, MA: MIT Press, 2013

Glaeser, Edward, Wei Huang, Yueran Ma, Andrei Shleifer, "A Real Estate Boom with Chinese Characteristics", 「Journal of Economic Perspectives」, 31, no. 1, 2017: 93-116

Glaeser, Edward L., Jed Kolko, Albert Saiz, "Consumer City", 「Journal of Economic Geography」, 1, no. 1, 2001: 27-50(https://doi.org/10.1093/jeg/1.1.27)

Glass, James J., "Citizen Participation in Planning: The Relationship Between Objectives and Techniques", 「Journal of the American Planning Association」, 45, no. 2, April 1979: 180-189(https://doi.org/10.1080/01944367908976956)

Goldsmith, Stephen, Crawford, Susan, 『The Responsive City: Engaging Communities Through Data-Smart Governance』, Hoboken, NJ: John Wiley & Sons, 2014

Goldstein, Brett, Lauren Dyson, eds, 『Beyond Transparency: Open Data and the Future of Civic Innovation』, San Francisco: Code for America Press, 2013

Goodchild, Michael F., "Citizens as Sensors: The World of Volunteered Geography", 「GeoJournal」, 69, no. 4, 2007: 211–221

Google, "Google Maps Tiles", n.d. via Safecast.org

Gordon, Eric, Steven Schirra, Justin Hollander, "Immersive Planning: A Conceptual Model for Designing Public Participation with New Technologies", 「Environment and Planning B: Planning and Design」, 38, no. 3, June 2011: 505–519(https://doi.org/10.1068/b37013)

Gratz, Roberta Brandes, 『The Battle for Gotham: New York in the Shadow of Robert Moses and Jane Jacobs』, New York: Nation Books, 2010

Gray, James N., David Pessel, Pravin P. Varaiya, "A Critique of Forrester's Model of an Urban Area", 「IEEE Transactions on Systems, Man, and Cybernetics」, no. 2, 1972: 139–144

Greenfield, Patrick, "The Cambridge Analytica Files: The Story So Far", 「Guardian」, March 25, 2018(https://www.theguardian.com/news/2018/mar/26/the-cambridge-analytica-files-the-story-so-far)

Grein, T. W., K. B. Kamara, G. Rodier, A. J. Plant, P. Bovier, M. J. Ryan, T. Ohyama, D. L. Heymann, "Rumors of Disease in the Global Village: Outbreak Verification", 「Emerging Infectious Diseases」, 6, no. 2, 2000: 97–102

Groner, Anya, "Healing the Gulf with Buckets and Balloons", 「Guernica」, September 8, 2016(https://www.guernicamag.com/anya-groner-healing-the-gulf-with-buckets-and-balloons/)

Guagliardo, Mark F., "Spatial Accessibility of Primary Care: Concepts, Methods and Challenges", 「International Journal of Health Geographics」, 3, no. 1, February 26, 2004: 3(https://doi.org/10.1186/1476-072X-3-3)

Guagliardo, Mark F, Cynthia R Ronzio, Ivan Cheung, Elizabeth Chacko, Jill G Joseph, "Physician Accessibility: An Urban Case Study of Pediatric Providers", 「Health & Place」, 10, no. 3, September 1, 2004: 273–283(https://doi.org/10.1016/j.healthplace.2003.01.001)

Hafner, Katie, "Researchers Yearn to Use AOL Logs, but They Hesitate", 「New York Times」, August 23, 2006(https://www.nytimes.com/2006/08/23/technology/23search.html)

Hall, Peter, "The Turbulent Eighth Decade: Challenges to American City Planning", 「Journal of the American Planning Association」, 55, no. 3, September 30, 1989: 275–282(https://doi.org/10.1080/01944368908975415)

Hammack, David C., Stanton Wheeler, 『Social Science in the Making: Essays on the Russell Sage Foundation』, 1907–1972, Russell Sage Foundation, 1995

Handy, Susan L., "Regional Versus Local Accessibility: Neo-Traditional Development and Its Implications for Non-Work Travel on JSTOR", 「Built Environment」, 18, no. 4, 1992: 253–267

Hansen, Walter G., "How Accessibility Shapes Land Use", 「Journal of the American Institute of Planners」, 25, no. 2, May 1, 1959: 73–76(https://doi.org/10.1080/01944365908978307)

Hao, Jiming, Litao Wang, “Improving Urban Air Quality in China: Beijing Case Study”, 「Journal of the Air & Waste Management Association」, 55, no. 9, 2005: 1298–1305

Hardy, Anne, “‘Death Is the Cure of All Diseases’: Using the General Register Office Cause of Death Statistics for 1837?1920”, 「Social History of Medicine」, 7, no. 3, December 1, 1994: 472–492(https://doi.org/10.1093/shm/7.3.472)

Harley, J. Brian, “Maps, Knowledge, and Power”, 「Geographic Thought: A Praxis Perspective」, 2009, 129–148

Harris, Trevor, Daniel Weiner, “Empowerment, Marginalization, and ‘Community-Integrated’ GIS”, 「Cartography and Geographic Information Systems」, 25, no. 2, 1998: 67–76(https://doi.org/10.1559/152304098782594580)

Harrison, A., 『Economics and Land Use Planning』, London: Croom Helm, 1977

Harrison, Roy M., Jianxin Yin, “Particulate Matter in the Atmosphere: Which Particle Properties Are Important for Its Effects on Health?”, 「Science of the Total Environment」, 249, no. 1 April 17, 2000: 85–101(https://doi.org/10.1016/S0048-9697(99)00513-6)

Harvey, David, “On the History and Present Condition of Geography: An Historical Materialist Manifesto”, 「Professional Geographer」, 36, no. 1, February 1, 1984: 1–11(https://doi.org/10.1111/j.0033-0124.1984.00001.x)

Harvey, Francis, “To Volunteer or to Contribute Locational Information? Towards Truth in Labeling for Crowdsourced Geographic Information”, In Crowdsourcing Geographic Knowledge: Volunteered Geographic Information (VGI) in Theory and Practice, edited by Daniel Sui, Sarah Elwood, and Michael Goodchild, 31–42, Dordrecht: Springer Netherlands, 2013(https://doi.org/10.1007/978-94-007-4587-2_3)

Haselton, Todd, “Google Still Keeps a List of Everything You Ever Bought Using Gmail, Even If You Delete All Your Emails”, 「CNBC」, July 5, 2019(https://www.cnbc.com/2019/07/05/google-gmail-purchase-history-cant-be-deleted.html)

Hecht, Brent, Monica Stephens, “A Tale of Cities: Urban Biases in Volunteered Geographic Information”, 「CWSM」 14, 2014: 197–205

Helft, Miguel, “Google Uses Web Searches to Track Flu's Spread”, 「New York Times」, November 11, 2008(https://www.nytimes.com/2008/11/12/technology/internet/12flu.html)

Hess, Daniel Baldwin, “Access to Employment for Adults in Poverty in the Buffalo-Niagara Region”, 「Urban Studies」, 42, no. 7, June 1, 2005: 1177–1200(https://doi.org/10.1080/00420980500121384)

Heymann, David L, Gu?na?l R Rodier, “Hot Spots in a Wired World: WHO Surveillance of Emerging and Re-Emerging Infectious Diseases”, 「Lancet Infectious Diseases」, 1, no. 5, December 1, 2001: 345–353(https://doi.org/10.1016/S1473-3099(01)00148-7)

Hillier, Amy E., “Redlining and the Home Owners' Loan Corporation”, 「Journal of Urban History」, 29, no. 4, May 1, 2003: 394–420(https://doi.org/10.1177/0096144203029004002)

Hodgson, Dorothy L., Richard A. Schroeder, "Dilemmas of Counter-Mapping Community Resources in Tanzania", 「Development and Change」, 33, no. 1, 2002: 79–100(https://doi.org/10.1111/1467-7660.00241)

Horner, Mark W., "Spatial Dimensions of Urban Commuting: A Review of Major Issues and Their Implications for Future Geographic Research", 「Professional Geographer」, 56, no. 2, May 1, 2004: 160–173(https://www.tandfonline.com/doi/full/10.1111/j.0033-0124.2004.05602002.x)

Howe, Jeff, "The Rise of Crowdsourcing", 「Wired」, June 1, 2006(https://www.wired.com/2006/06/crowds/)

Huang, Daisy J., Charles K. Leung, Baozhi Qu, "Do Bank Loans and Local Amenities Explain Chinese Urban House Prices?", 「China Economic Review」, 34, July 1, 2015: 19–38(https://doi.org/10.1016/j.chieco.2015.03.002)

Huhn, Wilson, Schuette v. Coalition to Defend Affirmative Action, US Supreme Court, No. 572 U.S. 2013

"Humanitarian Tracker", Humanitarian Tracker, October 15, 2018(https://www.humanitariantracker.org)

"IBM Smarter Cities-Future Cities-United States", August 3, 2016(http://www.ibm.com/smarterplanet/us/en/smarter_cities/overview/)

"Identity Resolution Service & Data Onboarding", 「LiveRamp」, Accessed July 13, 2019(https://liveramp.com/)

IDH Shepherd, "Mapping the Poor in Late-Victorian London: A Multi-Scale Approach", In 『Getting the Measure of Poverty』, 148–176, London: Aldershot, Ashgate, 1999

IEAG, UN, "A World That Counts-Mobilising the Data Revolution for Sustainable Development", New York: United Nations, 2014

Iino, Shota, Riho Ito, Kento Doi, Tomoyuki Imaizumi, Shuhei Hikosaka, "Generating High-Accuracy Urban Distribution Map for Short-Term Change Monitoring Based on Convolutional Neural Network by Utilizing SAR Imagery", In Earth Resources and Environmental Remote Sensing/GIS Applications VIII, 10428:1042803, 2017

Incite! and Women of Color against Violence, The Revolution Will Not Be Funded: Beyond the Non-Profit Industrial Complex, South End Press, 2007

Inka Khipu(Fiber Recording Device), Circa 1400–1532, Cords, knotted and twisted; cotton and wool, Overall: 85×108cm(https://clevelandart.org/art/1940.469)

Interview with Iyad Kheirbek of [New York City Department of Mental Health and Hygiene], January 2015

Jacobs, Jane, 『The Death and Life of Great American Cities』, New York: Random House, 1961

"James Madison to W. T. Barry, August 4, 1822", Image, Library of Congress, Washington, DC. Accessed January 26, 2019(https://www.loc.gov/resource/mjm.20_0155_0159/?st=list)

Jin, Xiaobin, Ying Long, Wei Sun, Yuying Lu, Xuhong Yang, Jingxian Tang, "Evaluating Cities' Vitality and Identifying Ghost Cities in China with Emerging Geographical Data", 「Cities」, 63, March 1, 2017: 98–109(https://doi.org/10.1016/j.cities.2017.01.002)

Jonsson, Patrik, "Gulf Oil Spill: Al Gore Slams BP for Lack of Media Access", 「Christian Science Monitor」, June 15, 2010(https://www.csmonitor.com/USA/Politics/2010/0615/Gulf-oil-spill-Al-Gore-slams-BP-for-lack-of-media-access)

Joyce, Patrick, 『The Rule of Freedom: Liberalism and the Modern City』, London: Verso, 2003

Kanter, Jame, "Google Showcases Augmented-Reality Navigation on Google Maps?Business Insider", 「Business Insider」, May 9, 2018(https://www.businessinsider.com/google-showcases-augmented-reality-navigation-on-google-maps-2018-5)

Kass-Hout, Taha A., Hend Alhinnawi, "Social Media in Public Health", 「British Medical Bulletin」, 108, no. 1, 2013: 5-24

Keefe, John, "Stop & Frisk | Guns", 「WNYC」, 2013(https://project.wnyc.org/stop-frisk-guns/)

Kellog, Paul Underwood, "Figure 1.1.", In The Pittsburgh Survey: Findings in Six Volumes, Ed. 1909. 112 East 64th Street, New York, NY 10065: © Russell Sage Foundation, n.d.

Kellogg, Paul Underwood, The Pittsburgh Survey; Findings in Six Volumes. Vol. 5, 1909(https://archive.org/details/pittsburghsurvey05kelluoft/page/xvi)

Kellogg, Wendy A., "From the Field: Observations on Using GIS to Develop a Neighborhood Environmental Information System for Community-Based Organizations", 11, no. 1, 1999: 19

Kimball, Miles A., "London through Rose-Colored Graphics: Visual Rhetoric and Information Graphic Design in Charles Booth's Maps of London Poverty", 「Journal of Technical Writing and Communication」, 36, no. 4, October 2006: 353-381(https://doi.org/10.2190/K561-40P2-5422-PTG2)

Kinney, Patrick L., Maneesha Aggarwal, Mary E. Northridge, Nicole A. Janssen, Peggy Shepard, "Airborne Concentrations of PM (2.5) and Diesel Exhaust Particles on Harlem Sidewalks: A Community-Based Pilot Study", 「Environmental Health Perspectives」, 108, no. 3, 2000: 213

Kirkpatrick, Robert, "A New Type of Philanthropy: Donating Data", 「Harvard Business Review」, March 21, 2013(https://hbr.org/2013/03/a-new-type-of-philanthropy-don)

Kitchin, Rob, "The Real-Time City? Big Data and Smart Urbanism", 「GeoJournal」, 79, no. 1, February 1, 2014: 1-14(https://doi.org/10.1007/s10708-013-9516-8)

"KitHub Kits for Learning about Environmental Monitoring and STEAM", KitHub, Accessed January 25, 2019(https://kithub.cc/)

Klembczyk, Joseph Jeffrey, Mehdi Jalalpour, Scott Levin, Raynard E. Washington, Jesse M. Pines, Richard E. Rothman, Andrea Freyer Dugas, "Google Flu Trends Spatial Variability Validated Against Emergency Department Influenza-Related Visits", 「Journal of Medical Internet Research」, 18, no. 6, 2016: e175(https://doi.org/10.2196/jmir.5585)

Koti, Francis, Daniel Weiner, "(Re) Defining Peri-Urban Residential Space Using Participatory GIS in Kenya", 「Electronic Journal of Information Systems in Developing Countries」, 25, no. 1, June 2006: 1-12(https://doi.org/10.1002/j.1681-4835.2006.tb00169.x)

Kovacs-Gyori, Anna, Alina Ristea, Clemens Havas, Bernd Resch, Pablo Cabrera-Barona, “#London2012: Towards Citizen-Contributed Urban Planning Through Sentiment Analysis of Twitter Data”, 「Urban Planning」, 3, no. 1, 2018: 75–99(https://doi.org/10.17645/up.v3i1.1287)

Krambeck, Holly, Interview with Holly Krambeck, transportation specialist, World Bank, Phone call, August 2018

Krambeck, Holly, “The Open Transport Partnership”, presented at the Transforming Transportation, Washington, DC., January 20, 2017(https://www.slideshare.net/EMBARQNetwork/the-open-transport-partnership)

Kurgan, Laura, 「Close Up at a Distance: Mapping, Technology, and Politics」, Cambridge, MA: MIT Press, 2013

Kwan, Mei-Po, “Gender, the Home-Work Link, and Space-Time Patterns of Nonemployment Activities”, 「Economic Geography」 75, no. 4, October 1, 1999: 370–394(https://doi.org/10.1111/j.1944-8287.1999.tb00126.x)

“Landmark Decision: Judge Rules NYPD Stop and Frisk Practices Unconstitutional, Racially Discriminatory”, 「Center for Constitutional Rights」, Accessed July 21, 2019(https://ccrjustice.org/node/1269)

Lansley, Guy, Paul A. Longley, “The Geography of Twitter Topics in London”, 「Computers, Environment and Urban Systems」, 58, 2016: 85–96

Lartey, Jamiles, “US Police Killings Undercounted by Half, Study Using Guardian Data Finds”, 「Guardian」, October 11, 2017(https://www.theguardian.com/us-news/2017/oct/11/police-killings-counted-harvard-study)

Latham, Annabel, “Cambridge Analytica Scandal: Legitimate Researchers Using Facebook Data Could Be Collateral Damage”, 「The Conversation」, Accessed July 6, 2019(http://theconversation.com/cambridge-analytica-scandal-legitimate-researchers-using-facebookdata-could-be-collateral-damage-93600)

Lazar, Nicole, Christine Franklin, “The Big Picture: Preparing Students for a Data-Centric World”, 「Chance」, 28, no. 4, 2015: 43–45

Lazer, David, Ryan Kennedy, Gary King, Alessandro Vespignani, “The Parable of Google Flu: Traps in Big Data Analysis”, 「Science」, 343, no. 6176, March 14, 2014: 1203–1205(https://doi.org/10.1126/science.1248506)

Lee, Douglass B., “Requiem for Large-Scale Models”, 「Journal of the American Institute of Planners」, 39, no. 3, May 1973: 163–178(https://doi.org/10.1080/01944367308977851)

Letouzé, Emmanuel, Patrick Vinck, L Kammourieh, “The Law, Politics and Ethics of Cell Phone Data Analytics”, Data-Pop Alliance White Paper Series. Data-Pop Alliance, World Bank Group, Harvard Humanitarian Initiative, MIT Media Lab and Overseas Development Institute. April 2015

Levinson, David M., “Accessibility and the Journey to Work”, 「Journal of Transport Geography」, 6, no. 1, March 1, 1998: 11–21(https://doi.org/10.1016/S0966-6923(97)00036-7)

Levitt, Justin, "A Citizen's Guide to Redistricting", SSRN Scholarly Paper. Rochester, NY: Social Science Research Network, June 28, 2008(https://papers.ssrn.com/abstract=1647221)

Levy, Steven, 『Hackers: Heroes of the Computer Revolution』, Vol. 14, Garden City, NY: Anchor Press/Doubleday, 1984

Light, Jennifer S., 『From Warfare to Welfare: Defense Intellectuals and Urban Problems in Cold War America』, Baltimore: Johns Hopkins University Press, 2003

Lin, Wen, "COUNTER-CARTOGRAPHIES", 「Introducing Human Geographies」, 2013, 215

"List of Physical Visualizations", Accessed January 27, 2019(http://dataphys.org/list/stop-and-frisk-physical-data-filtering/)

"Livehoods: New York", Accessed August 2, 2019(http://livehoods.org/maps/nyc)

"London and the Industrial Revolution", 「Londontopia(blog)」, Accessed June 27, 2019(https://londontopia.net/history/london-industrial-revolution/)

London School of Economics and Political Science, "Charles Booth's London", Accessed August 2, 2019(https://booth.lse.ac.uk/map/13/-0.1565/51.5087/100/0)

Lovelace, Eldridge, 『Harland Bartholomew: His Contribution to American Urban Planning』, Urbana: Department of Urban and Regional Planning, University of Illinois, 1993

Lu, Xin, Linus Bengtsson, Petter Holme, "Predictability of Population Displacement after the 2010 Haiti Earthquake", Proceedings of the National Academy of Sciences of the United States of America 109, no. 29, July 17, 2012: 11576-11581(https://doi.org/10.1073/pnas.1203882109)

Luo, Wei, Fahui Wang, "Measures of Spatial Accessibility to Health Care in a GIS Environment: Synthesis and a Case Study in the Chicago Region", 「Environment and Planning B: Planning and Design」, 30, no. 6, December 1, 2003: 865-884(https://doi.org/10.1068/b29120)

Lynch, Kevin, Some Major Problems, Boston : MIT Libraries, 1960, Perceptual Map, MC 208, Box 6, MIT Dome(https://dome.mit.edu/handle/1721.3/36515)

Lynch, Kevin, 『The Image of the City』, Cambridge, MA: MIT Press, 1960

@ma3route, "Ma3Route Is a Mobile/Web/SMS Platform That Crowd-Sources for Transport Data and Provides Users with Information on Traffic, Matatu Directions and Driving Reports", Accessed August 1, 2019(http://www.ma3route.com/)

Maciag, Mike, "How Driverless Cars Could Be a Big Problem for Cities", Governing, 2017(https://www.governing.com/topics/finance/gov-cities-traffic-parking-revenue-driverless-cars.html)

Mann, Gideon, "Private Data and the Public Good", May 17, 2016(https://medium.com/@gideonmann/private-data-and-the-public-good-9c94c656ff28)

MapMill, Image of Map Mill App Courtesy of PublicLab.Org, n.d. Website, "Mapping Vice in San Francisco-Mapping the Nation Blog" Accessed June 29, 2019(http://www.mappingthenation.com/blog/mapping-vice-in-san-francisco/)

"Maps of Gilded Age San Francisco, Chicago, and New York?Mapping the Nation Blog", Accessed June 29, 2019(http://www.mappingthenation.com/blog/maps-of-gilded-age-san-francisco-chicago-and-new-york/)

McDonald, Sean M., "Ebola: A Big Data Disaster-Privacy, Property, and the Law of Disaster Experimentation", Centre for Internet and Society, no. 2016.01, 2016

McNamara, Amelia, Mark Hansen, "Teaching Data Science to Teenagers", In Proceedings of the Ninth International Conference on Teaching Statistics, 2014

McPhail, Thomas L., Everett M. Rogers, 『Electronic Colonialism: The Future of International Broadcasting and Communication』, Sage Beverly Hills, 1981

Meares, Tracey, "Programming Errors: Understanding the Constitutionality of Stop and Frisk as a Program, Not an Incident", 2014(https://doi.org/10.13140/2.1.4252.6404)

Meier, Patrick, "Crowdsourcing the Evaluation of Post-Sandy Building Damage Using Aerial Imagery", 「IRevolutions(blog)」, November 1, 2012(https://irevolutions.org/2012/11/01/crowdsourcing-sandy-building-damage/)

Meier, Patrick, "Human Computation for Disaster Response", In Handbook of Human Computation, 95-104, New York: Springer, 2013(https://doi.org/10.1007/978-1-4614-8806-4_11)

Meier, Richard L., 『A Communications Theory of Urban Growth』, Cambridge, MA: MIT Press, 1962

Melgarejo-Heredia, Rafael, Leslie Carr, Susan Halford, "The Public Web and the Public Good", In Proceedings of the 8th ACM Conference on Web Science, 330-332, WebSci '16. New York: ACM, 2016(https://doi.org/10.1145/2908131.2908181)

Meller, Helen, 『Patrick Geddes: Social Evolutionist and City Planner』, London: Routledge, 2005

Miami City Planning and Zoning Board, "The Miami Long Range Plan: Report on Tentative Plan for Trafficways", Miami, 1955

"Microsoft CityNext: Coming to a City near You", Stories, July 10, 2013(https://news.microsoft.com/2013/07/10/microsoft-citynext-coming-to-a-city-near-you/)

M'ikanatha, Nkuchia M., Dale D. Rohn, Corwin Robertson, Christina G. Tan, John H. Holmes, Allen R. Kunselman, Catherine Polachek, Ebbing Lautenbach, "Use of the Internet to Enhance Infectious Disease Surveillance and Outbreak Investigation", Biosecurity and Bioterrorism: Biodefense Strategy, Practice, and Science 4, no. 3, September 1, 2006: 293-300(https://doi.org/10.1089/bsp.2006.4.293)

Miller, Greg, "1885 Map Reveals Vice in San Francisco's Chinatown and Racism at City Hall", 「Wired」, September 30, 2013(https://www.wired.com/2013/09/1885-map-san-francisco-chinatow/)

Milne-Skinner, Andrew, "Liverpool's Slavery Museum: A Blessing or a Blight?'", Racism, Slavery, and Literature(Frankfurt/M.: Peter Lang 2010), 2010, 183-195

Mohl, Raymond A., "Stop the Road: Freeway Revolts in American Cities", 「Journal of Urban History」, 30, no. 5, July 2004: 674-706(https://doi.org/10.1177/0096144204265180)

Morrow, Nathan, Mock, Nancy, Papendieck, Adam, Kocmich, Nicholas, "Independent Evaluation of the Ushahidi Haiti Project", 2011(https://www.researchgate.net/profile/Nathan_Morrow/publication/265059793_Ushahidi_Haiti_Project_Evaluation_Independent_Evaluation_of_the_Ushahidi_Haiti_Project/links/5451ef8f0cf2bf864cbaaca9/Ushahidi-Haiti-Project-Evaluation-Independent-Evaluation-of-the-Ushahidi-Haiti-Project.pdf)

Neis, Pascal, Alexander Zipf, "Analyzing the Contributor Activity of a Volunteered Geographic Information Project?The Case of OpenStreetMap", 「ISPRS International Journal of Geo-Information」, 1, no. 2, September 2012: 146-165(https://doi.org/10.3390/ijgi1020146)

"New Memo Reveals Census Question Was Added to Boost White Voting Power", Accessed June 26, 2019(https://slate.com/news-and-politics/2019/05/census-memo-supreme-court-conservatives-white-voters-alito.html)

New York City Department of Health and Mental Hygiene, "The New York City Community Air Survey: Neighborhood Air Quality 2008-2014", April 2016(https://www1.nyc.gov/assets/doh/downloads/pdf/environmental/comm-air-survey-08-14.pdf)

"New York Times Excludes Asian-Americans from Affirmative Action Study", 「Daily Caller」, January 7, 2019(https://dailycaller.com/2014/04/23/new-york-times-excludes-asian-americans-from-affirmative-action-study/)

Norheim-Hagtun, Ida, Patrick Meier, "Crowdsourcing for Crisis Mapping in Haiti", Innovations: Technology, Governance, Globalization 5, no. 4, 2010: 81-89

NYCLU, "NYPD STOP-AND-FRISK ACTIVITY IN 2011 (2012)", 2012(https://www.nyclu.org/en/publications/report-nypd-stop-and-frisk-activity-2011-2012)

"NYCLU_2011_Stop-and-Frisk_Report.Pdf", Accessed January 10, 2019(https://www.nyclu.org/sites/default/files/publications/NYCLU_2011_Stop-and-Frisk_Report.pdf)

"NYPD Stop-and-Frisk Data", Accessed January 10, 2019(https://people.cs.uct.ac.za/~mkuttel/VISProjects2016/4AllieEtAl/index.html)

Obama, Barack, "Transparency and Open Government", Memorandum for the Heads of Executive Departments and Agencies, January 21, 2009(https://obamawhitehouse.archives.gov/the-press-office/transparency-and-open-government)

Oberholtzer, Jason, "Stop-And-Frisk By The Numbers", 「Forbes」, 2012(https://www.forbes.com/sites/jasonoberholtzer/2012/07/17/stop-and-frisk-by-the-numbers/#5a02ed656703)

"Off the Map", 「Economist」, November 13, 2014(https://www.economist.com/international/2014/11/13/off-the-map)

Offenhuber, Dietmar, Carlo Ratti, 『Waste Is Information: Infrastructure Legibility and Governance』, Cambridge, MA: MIT Press, 2017

O'Kane, Sean, "Tesla and Waymo Are Taking Wildly Different Paths to Creating Self-Driving Cars", 「The Verge」, April 19, 2018(https://www.theverge.com/transportation/2018/4/19/17204044/tesla-waymo-self-driving-car-data-simulation)

Olson, Donald R., Kevin J. Konty, Marc Paladini, Cecile Viboud, Lone Simonsen, "Reassessing Google Flu Trends Data for Detection of Seasonal and Pandemic Influenza: A Comparative Epidemiological Study at Three Geographic Scales", 「PLOS Computational Biology」, 9, no. 10, October 17, 2013: e1003256(https://doi.org/10.1371/journal.pcbi.1003256)

OpenStreetMap contributors, "Planet Dump Retrieved from Https://Planet.Osm.Org", 2017, Organisation for Economic Cooperation and Development(OECD). "OECD Guidelines on the Protection of Privacy and Transborder Flows of Personal Data", September 23, 1980(http://www.oecd.org/internet/ieconomy/oecdguidelinesontheprotectionofprivacyandtransborderflowsofpersonaldata.htm)

Osborne, Thomas, Nikolas Rose, "Spatial Phenomenotechnics: Making Space with Charles Booth and Patrick Geddes", 「Environment and Planning D: Society and Space」, 22, no. 2, April 1, 2004: 209–228(https://doi.org/10.1068/d325t)

Palmer, J. J. N., "WARWICKSHIRE, PAGE 1", Open Domesday, n.d.(https://opendomesday.org/book/warwickshire/01/)

Pappalardo, L., D. Pedreschi, Z. Smoreda, F. Giannotti, "Using Big Data to Study the Link between Human Mobility and Socio-Economic Development", In 2015 IEEE International Conference on Big Data (Big Data), 871–878, 2015(https://doi.org/10.1109/BigData.2015.7363835)

Park, Robert E., Ernest W. Burgess, 『The City』, Chicago: University of Chicago Press, 2012

Parrish, Melissa, G. Sarah, R. Emily, W. Jennifer, "Location-Based Social Networks: A Hint of Mobile Engagement Emerges", Forrester Research, 2010

Pastor-Escuredo, David, Alfredo Morales-Guzmán, Yolanda Torres-Fernández, Jean-Martin Bauer, Amit Wadhwa, Carlos Castro-Correa, Liudmyla Romanoff, et al. "Flooding through the Lens of Mobile Phone Activity", IEEE Global Humanitarian Technology Conference (GHTC 2014), October 2014, 279–286(https://doi.org/10.1109/GHTC.2014.6970293)

Paulos, Eric, Richard J. Honicky, Elizabeth Goodman, "Sensing Atmosphere", Human-Computer Interaction Institute, 2007, 203

Pennington, Mark, "A Hayekian Liberal Critique of Collaborative Planning", Planning Futures: New Directions for Planning Theory, 2002, 187–208

Peters, Adam, "This Device Creates A 3-D Soundscape To Help Blind People Navigate Through Cities", Fast Company, November 20, 2014(https://www.fastcompany.com/3038691/this-device-creates-a-3d-soundscape-to-help-blind-people-navigate-through-cities)

Peters, Jeremy W., "BP and Officials Block Some Coverage of Gulf Oil Spill", New York Times, June 9, 2010(https://www.nytimes.com/2010/06/10/us/10access.html)

Peterson, Jon A., 『The Birth of City Planning in the United States, 1840–1917』, Baltimore: Johns Hopkins University Press, 2003

Pickles, J., "Arguments, Debates, and Dialogues: The GIS?Social Theory Debate and the Concern for Alternatives", In Paul. A. Longley, Michael F. Goodchild, D. J. MacGuire, and David W. Rhind (eds.), Geographical Information Systems: Principles, Techniques, Applications, and Management (2nd ed.), New York: John Wiley and Sons, 2005, 12

Pickles, John, 『Ground Truth: The Social Implications of Geographic Information Systems』, Guilford Press, 1995

Playfair, William, 『Commercial and Political Atlas and Statistical Breviary(Original Version Was Published in 1786)』, Cambridge: Cambridge University Press, 2005

"Public Lab: A DIY Environmental Science Community", 2019(https://publiclab.org/)

Public Lab Contributors, "Balloon Mapping Kit," n.d.(https://store.publiclab.org/collections/featured-kits/products/mini-balloon-mapping-kit?variant=48075678607)

Purtova, Nadezhda, "Illusion of Personal Data as No One's Property", SSRN Scholarly Paper, Rochester, NY: Social Science Research Network, October 29, 2013(https://papers.ssrn.com/abstract=2346693)

Quercia, Daniele, Rossano Schifanella, Luca Maria Aiello, Kate McLean, "Smelly Maps: The Digital Life of Urban Smellscapes", 「ArXiv:1505.06851」, May 26, 2015(http://arxiv.org/abs/1505.06851)

Rambaldi, Giacomo, "Who Owns the Map Legend?", 「URISA Journal」, 17, no. 1, 2005: 5–13

Ramirez, Jessica, "'Ushahidi' Technology Saves Lives in Haiti and Chile", 「Newsweek」, March 3, 2010(https://www.newsweek.com/ushahidi-technology-saves-lives-haiti-and-chile-210262)

Reddy, Sasank, Deborah Estrin, Mani Srivastava, "Recruitment Framework for Participatory Sensing Data Collections", In International Conference on Pervasive Computing, 138–155, New York: Springer, 2010

Reinsel, David, John Gantz, John Rydning, "The Digitization of the World From Edge to Core", Accessed January 25, 2019(https://www.seagate.com/files/www-content/our-story/trends/files/idc-seagate-dataage-whitepaper.pdf)

"Reporter Shows The Links Between The Men Behind Brexit And The Trump Campaign", NPR.org, Accessed July 6, 2019(https://www.npr.org/2018/07/19/630443485/reporter-shows-the-links-between-the-men-behind-brexit-and-the-trump-campaign)

Resch, Bernd, Anja Summa, Peter Zeile, Michael Strube, "Citizen-Centric Urban Planning through Extracting Emotion Information from Twitter in an Interdisciplinary Space-Time-Linguistics Algorithm", 「Urban Planning」, 1, no. 2, 2016: 114–127(https://doi.org/10.17645/up.v1i2.617)

Rogstadius, J., M. Vukovic, C. A. Teixeira, V. Kostakos, E. Karapanos, J. A. Laredo, "CrisisTracker: Crowdsourced Social Media Curation for Disaster Awareness", 「IBM Journal of Research and Development」, 57, no. 5, September 2013: 4:1–4:13(https://doi.org/10.1147/JRD.2013.2260692)

Rosen, Sherwin, "Wage-Based Indexes of Urban, Quality of Life", 「Current Issues in Urban Economics」, 1979, 74–104

Rosenberg, Matthew, "Academic behind Cambridge Analytica Data Mining Sues Facebook for Defamation", 「New York Times」, March 15, 2019(https://www.nytimes.com/2019/03/15/technology/aleksandr-kogan-facebook-cambridge-analytica.html)

Ross, Zev, Kazuhiko Ito, Sarah Johnson, Michelle Yee, Grant Pezeshki, Jane E Clougherty, David Savitz, Thomas Matte, "Spatial and Temporal Estimation of Air Pollutants in New York City: Exposure Assignment for Use in a Birth Outcomes Study", Environmental Health 12, June 27, 2013: 51(https://doi.org/10.1186/1476-069X-12-51)

Rothstein, Richard, "The Making of Ferguson", Journal of Affordable Housing and Community Development Law 24, 2015: 165–204

Rudwick, Elliott M., "WEB Du Bois and the Atlanta University Studies on the Negro", In WEB Du Bois, 63?74, New York: Routledge, 2017

Ruths, Derek, Jürgenn Pfeffer, "Social Media for Large Studies of Behavior", 「Science」, 346, no. 6213, November 28, 2014: 1063–1064(https://doi.org/10.1126/science.346.6213.1063)

Ryzik, Melena, "'The Geography of Buzz,' a Study on the Urban Influence of Culture", 「New York Times」, April 6, 2009(https://www.nytimes.com/2009/04/07/arts/design/07buzz.html)

Safecast, "Safecast Tile Map", 2019(http://safecast.org/tilemap/)

Safecast, Marc Rollins, "Safecast Blog Image Compilation", n.d.(https://blog.safecast.org/)

Sanborn Map Company, "Image 3 of Sanborn Fire Insurance Map from Boston, Suffolk County, Massachusetts", 5, 1888(http://hdl.loc.gov/loc.gmd/g3764bm.g03693188805)

Sanborn Map Company, David Hodenfield, "Description and Utilization of the Sanborn Map (Compiled from the 1940 and 1953 Editions)", FIMo–How to Interpret Sanborn Maps, 2019(http://www.historicalinfo.com/fimo-interpret-sanborn-maps/#Utilization)

Sawicki, David S., William J. Craig, "The Democratization of Data: Bridging the Gap for Community Groups", 「Journal of the American Planning Association」, 62, no. 4, December 31, 1996: 512–523(https://doi.org/10.1080/01944369608975715)

Scott, James C., 『Seeing like a State: How Certain Schemes to Improve the Human Condition Have Failed』, New Haven: Yale University Press, 1998

"SDGs: Sustainable Development Knowledge Platform", Accessed July 14, 2019(https://sustainabledevelopment.un.org/sdgs)

Semuels, Alana, "The Internet Is Enabling a New Kind of Poorly Paid Hell", 「Atlantic」, January 23, 2018(https://www.theatlantic.com/business/archive/2018/01/amazon-mechanical-turk/551192/)

Serajuddin, Umar, Hiroki Uematsu, Christina Wieser, Nobuo Yoshida, Andrew Dabalen, 『Data Deprivation: Another Deprivation to End』, Wahington, DC: World Bank, 2015

Shah, Nayan, 『Contagious Divides: Epidemics and Race in San Francisco's Chinatown』, Vol. 7. Berkeley: University of California Press, 2001

Shaw, Clifford, "Map No. III Showing Addresses of 8591 Alleged Male Juvenile Delinquents Dealt with by the Juvenile Police Probation Officers during the Year 1927, Ten to Seventeen Years of Age / Prepared by Research Sociologists; Behavior Research Fund, Chicago", 1929(https://luna.lib.uchicago.edu/luna/servlet/view/search?q=_luna_media_exif_filename=G4104-C6E625-1927-S5.tif)

Shepard, Wade, 『Ghost Cities of China: The Story of Cities without People in the World's Most Populated Country』, London: Zed Books, 2015

Singer, Natasha, "I.B.M. Takes 'Smarter Cities' Concept to Rio de Janeiro", 「New York Times」, March 3, 2012(https://www.nytimes.com/2012/03/04/business/ibm-takes-smarter-cities-concept-to-rio-de-janeiro.html)

Singer, Natasha, Prashant S. Rao, "U.K. vs. U.S.: How Much of Your Personal Data Can You Get?", 「New York Times」, May 20, 2018(https://www.nytimes.com/interactive/2018/05/20/technology/what-data-companies-have-on-you.html)

Snow, John, 『On the Mode of Communication of Cholera』, London: John Churchill, 1855

Sorace, Christian, Hurst, William, "China's Phantom Urbanisation and the Pathology of Ghost Cities", 「Journal of Contemporary Asia」, 46, no. 2, 2016: 304-322

Sotomayor, Sonia, Schuette v. Coalition to Defend Affirmative Action, US Supreme Court, No. 572 U.S. 2014

Stanziola, Phil, Mrs. Jane Jacobs, Chairman of the Comm. to Save the West Village Holds up Documentary Evidence at Press Conference at Lions Head Restaurant at Hudson & Charles Sts / World Telegram & Sun Photo by Phil Stanziola, December 5, 1961, Photographic Print, LC-USZ-62-137838, Library of Congress(https://www.loc.gov/pictures/item/2008677538/)

Starbird, Kate, Leysia Palen, 『Pass It On?: Retweeting in Mass Emergency』, International Community on Information Systems for Crisis Response and Management, 2010

Starbird, Kate, Leysia Palen, Amanda L. Hughes, Sarah Vieweg, "Chatter on the Red: What Hazards Threat Reveals about the Social Life of Microblogged Information", In Proceedings of the 2010 ACM Conference on Computer Supported Cooperative Work, 241-250, ACM, 2010

Steffel, R. Vladimir, "The Boundary Street Estate: An Example of Urban Redevelopment by the London County Council, 1889?1914", 「Town Planning Review」, 47, no. 2, 1976: 161-173

Stempeck, Matt, "Sharing Data Is a Form of Corporate Philanthropy", 「Harvard Business Review」, July 24, 2014(https://hbr.org/2014/07/sharing-data-is-a-form-of-corporate-philanthropy)

Stieglitz, C. M., Sponsor of Battery Bridge / World Telegram & Sun Photo by C. M. Stieglitz, 1939, Photographic print, NYWTS-BIOG-Moses, Robert-Ex-Parks Commissioner [item] [P&P], Library of Congress Prints and Photographs Division Washington, DC

Stiftelsen Flowminder, "Flowminder.Org World Pop Map", 2015(https://web.flowminder.org/worldpop)

Stiglitz, Joseph E., 『Knowledge as a Global Public Good』, Oxford: Oxford University Press, 1999(https://www.oxfordscholarship.com/view/10.1093/0195130529.001.0001/acprof-9780195130522-chapter-15)

"'Stowage of the British Slave Ship "Brookes" under the Regulated Slave Trade, Act of 1788'", The Abolition Seminar, Accessed July 19, 2019(https://www.abolitionseminar.org/brooks/)

Sui, Daniel, Sarah Elwood, Michael Goodchild, Crowdsourcing Geographic Knowledge: Volunteered Geographic Information (VGI) in Theory and Practice, New York: Springer Science & Business Media, 2012

Sultana, Selima, "Job/Housing Imbalance and Commuting Time in the Atlanta Metropolitan Area: Exploration of Causes of Longer Commuting Time", 「Urban Geography」, 23, no. 8, December 1, 2002: 728-749(https://doi.org/10.2747/0272-3638.23.8.728)

Swabey, Pete, "IBM, Cisco and the Business of Smart Cities", 「Information Age」, February 23, 2012(https://www.information-age.com/ibm-cisco-and-the-business-of-smart-cities-2087993/)

Swaine, Jon, "Police Will Be Required to Report Officer-Involved Deaths under New US System", 「Guardian」, August 8, 2016(https://www.theguardian.com/us-news/2016/aug/08/police-officer-related-deaths-department-of-justice)

Taddeo, Mariarosaria, "Data Philanthropy and the Design of the Infraethics for Information Societies", Philosophical Transactions of the Royal Society A 374, no. 2083, December 28, 2016: 20160113(https://doi.org/10.1098/rsta.2016.0113)

Tang, Mingzhe, N. Edward Coulson, "The Impact of China's Housing Provident Fund on Homeownership, Housing Consumption and Housing Investment", 「Regional Science and Urban Economics」, 63, 2017: 25-37

Taylor, Linnet, "The Ethics of Big Data as a Public Good: Which Public? Whose Good?", SSRN Scholarly Paper, Rochester, NY: Social Science Research Network, August 9, 2016(https://papers.ssrn.com/abstract=2820580)

Taylor, Linnet, "The Ethics of Big Data as a Public Good: Which Public? Whose Good?", Philosophical Transactions of the Royal Society A 374, no. 2083, 2016: 20160126

Texas Department of Transportation(TxDOT), "Texas US House Districts", TxDOT Open Data Portal, 2019(https://gis-txdot.opendata.arcgis.com/datasets/texas-us-house-districts?geometry=-334.512%2C-52.268%2C334.512%2C52.268)

Thatcher, Jim, David O'Sullivan, Dillon Mahmoudi, "Data Colonialism through Accumulation by Dispossession: New Metaphors for Daily Data", 「Environment and Planning D: Society and Space」, 34, no. 6, December 1, 2016: 990-1006(https://doi.org/10.1177/0263775816633195)

"The Brookes-Visualising the Transatlantic Slave Trade", Accessed July 19, 2019(https://www.history.ac.uk/1807commemorated/exhibitions/museums/brookes.html)

"The Counted: Tracking People Killed by Police in the United States", 「Guardian」, 2016(https://www.theguardian.com/us-news/series/counted-us-police-killings)

"The Data Deluge", 「Economist」, February 25, 2010(https://www.economist.com/leaders/2010/02/25/the-data-deluge)

"The Next Chapter for Flu Trends", Google AI Blog(blog), October 15, 2018(http://ai.googleblog.com/2015/08/the-next-chapter-for-flu-trends.html)

Thrasher, Frederic M., 『The Gang: A Study of 1,313 Gangs in Chicago』, Chicago: University of Chicago Press, 1927

Tiecke, Tobias, "Open Population Datasets and Open Challenges", Facebook Code, n.d.(https://code.fb.com/core-data/open-population-datasets-and-open-challenges/)

Topalov, Christian, "The City as Terra Incognita: Charles Booth's Poverty Survey and the People of London, 1886-1891", 「Planning Perspectives」, 8, no. 4, October 1, 1993: 395-425(https://doi.org/10.1080/02665439308725782)

Townsend, Anthony M., 『Smart Cities: Big Data, Civic Hackers, and the Quest for a New Utopia』, New York: Norton, 2013

University of Chicago, "Social Base Map of Chicago: Showing Industrial Areas, Parks, Transportation, and Language Groups / Prepared by the University of Chicago Local Community Research Committee", 1926(http://pi.lib.uchicago.edu/1001/cat/bib/39315)

"Ushahidi", Accessed January 25, 2019(https://www.ushahidi.com/)

Vallianatos, Mark, "Uncovering the Early History of 'Big Data' and the 'Smart City' in Los Angeles", Boom California(blog), June 16, 2015(https://boomcalifornia.com/2015/06/16/uncovering-the-early-history-of-big-data-and-the-smart-city-in-la/)

Varian, Hal R., Markets for Information Goods. Vol. 99. Citeseer, 1999

Varian, Hal R., 『Microeconomic Analysis, Third Edition』, New York: Norton, 1992

Vaughan, Laura, "The Charles Booth Maps as a Mirror to Society", Mapping Urban Form and Society (blog), October 3, 2017(https://urbanformation.wordpress.com/2017/10/03/the-charles-booth-maps-as-a-mirror-to-society/)

Vicens, Natasha, "How One Resident near Fracking Got the EPA to Pay Attention to Her Air Quality", 「PublicSource」, December 15, 2016(https://www.publicsource.org/how-one-resident-near-fracking-got-the-epa-to-pay-attention-to-her-air-quality/)

Vieweg, Sarah, Amanda L. Hughes, Kate Starbird, Leysia Palen, "Microblogging during Two Natural Hazards Events: What Twitter May Contribute to Situational Awareness", In Proceedings of the SIGCHI Conference on Human Factors in Computing Systems, 1079-1088, ACM, 2010

Waddell, Paul, Gudmundur F. Ulfarsson, 『Accessibility and Agglomeration: Discrete-Choice Models of Employment Location by Industry Sector, Vol. 63』, 82nd Annual Meeting of the Transportation Research Board, Washington, DC, 2003

Wang, Fahui, W. William Minor, "Where the Jobs Are: Employment Access and Crime Patterns in Cleveland", 「Annals of the Association of American Geographers」, 92, no. 3, 2002: 435-450(https://doi.org/10.1111/1467-8306.00298)

Watts, Jonathan, "Almost Four Environmental Defenders a Week Killed in 2017", 「Guardian」, February 2, 2018(https://www.theguardian.com/environment/2018/feb/02/almost-four-environmental-defenders-a-week-killed-in-2017)

Watts, Jonathan, "China Prays for Olympic Wind as Car Bans Fail to Shift Beijing Smog", 「Guardian」, 21, 2007

Weizman, Eyal, "Introduction: Forensis", 「Forensis: The Architecture of Public Truth」, 2014, 9-32

Wekesa, Gilbert Koech and Chrispinus, "Kenya: Nairobi Transit Map Launched", 「Star」, January 29, 2014(https://allafrica.com/stories/201401290479.html)

Welter, Volker M, Whyte, Iain Boyd, 『Biopolis: Patrick Geddes and the City of Life』, Cambridge, MA: MIT Press, 2002

Wesolowski, Amy, Caroline O. Buckee, Linus Bengtsson, Erik Wetter, Xin Lu, Andrew J. Tatem, "Commentary: Containing the Ebola Outbreak?the Potential and Challenge of Mobile Network Data", 「PLoS Currents」 6, September 29, 2014(http://currents.plos.org/outbreaks/article/containing-the-ebola-outbreak-the-potential-and-challenge-of-mobile-network-data/)

Wesolowski, Amy, Nathan Eagle, Andrew J. Tatem, David L. Smith, Abdisalan M. Noor, Robert W. Snow, Caroline O. Buckee, "Quantifying the Impact of Human Mobility on Malaria", 「Science」, 338, no. 6104, October 12, 2012: 267–270(https://doi.org/10.1126/science.1223467)

"What Is Responsible Data?", 「Responsible Data(blog)」, Accessed July 28, 2019(https://responsibledata.io/what-is-responsible-data/)

"What We Can Learn From the Epic Failure of Google Flu Trends", 「Wired」, October 17, 2018(https://www.wired.com/2015/10/can-learn-epic-failure-google-flu-trends/)

Wilbur Smith and Associates, "A Major Highway Plan for Metropolitan Dade County, Florida", New Haven, CT: Prepared for State Road Department of Florida and Dade County Commission, 1956

Wilbur Smith and Associates, "Alternates for Expressways: Downtown Miami, Dade County, Florida", New Haven, CT, 1962

Williams, Sarah, "Here Now! Social Media and the Psychological City", In Inscribing a Square-Urban Data as Public Space, New York: Springer, 2012

Williams, Sarah, Erica Deahl, Laurie Rubel, Vivian Lim, "City Digits: Local Lotto: Developing Youth Data Literacy by Investigating the Lottery", 「Journal of Digital and Media Literacy」, 2015

Williams, Sarah, Jacqueline Klopp, Peter Waiganjo, Daniel Orwa, Adam White, "Digital Matatus: Using Mobile Technology to Visualize Informality", Proceedings ACSA 103rd Annual Meeting: The Expanding Periphery and the Migrating Center, 2015

Williams, Sarah, Elizabeth Marcello, Jacqueline M. Klopp, "Toward Open Source Kenya: Creating and Sharing a GIS Database of Nairobi", 「Annals of the Association of American Geographers」, 104, no. 1, January 2, 2014: 114–130(https://doi.org/10.1080/00045608.2013.846157)

Williams, Sarah, Wenfei Xu, Shin Bin Tan, Michael J. Foster, Changping Chen, "Ghost Cities of China: Identifying Urban Vacancy through Social Media Data", 「Cities」, 94, 2019: 275–285

Williamson, Jeffrey G., 『Coping with City Growth during the British Industrial Revolution』, Cambridge: Cambridge University Press, 2002

Wilson, Robin, Elisabeth zu Erbach-Schoenberg, Maximilian Albert, Daniel Power, Simon Tudge, Miguel Gonzalez, Sam Guthrie, et al. "Rapid and Near Real-Time Assessments of Population Displacement Using Mobile Phone Data Following Disasters: The 2015 Nepal Earthquake", 「PLoS Currents」, 8, February 24, 2016(https://doi.org/10.1371/currents.dis.d073fbece328e4c39087bc086d694b5c)

Wines, Michael, "Deceased G.O.P. Strategist's Hard Drives Reveal New Details on the Census Citizenship Question", 「New York Times」, May 30, 2019(https://www.nytimes.com/2019/05/30/us/census-citizenship-question-hofeller.html)

World Bank, "Open Traffic Data to Revolutionize Transport", December 19, 2019(http://www.worldbank.org/en/news/feature/2016/12/19/open-traffic-data-to-revolutionize-transport)

World Bank, "World Bank Group and GSMA Announce Partnership to Leverage IoT Big Data for Development", February 26, 2018(http://www.worldbank.org/en/news/press-release/2018/02/26/world-bank-group-and-gsma-announce-partnership-to-leverage-iot-big-data-for-development)

Wu, Jing, Joseph Gyourko, Yongheng Deng, "Evaluating the Risk of Chinese Housing Markets: What We Know and What We Need to Know", 「China Economic Review」, 39, July 1, 2016: 91–114(https://doi.org/10.1016/j.chieco.2016.03.008)

Yao, Y., Y. Li, "House Vacancy at Urban Areas in China with Nocturnal Light Data of DMSP-OLS", In Proceedings 2011 IEEE International Conference on Spatial Data Mining and Geographical Knowledge Services, 457–462, 2011(https://doi.org/10.1109/ICSDM.2011.5969087)

Yardley, Jim, "Beijing's Olympic Quest: Turn Smoggy Sky Blue", 「New York Times」, December 29, 2007

Zheng, Siqi, Yuming Fu, Hongyu Liu, "Demand for Urban Quality of Living in China: Evolution in Compensating Land-Rent and Wage-Rate Differentials", 「Journal of Real Estate Finance and Economics」, 38, no. 3, April 1, 2009: 194–213(https://doi.org/10.1007/s11146-008-9152-0)

Zheng, Siqi, Matthew E. Kahn, "Land and Residential Property Markets in a Booming Economy: New Evidence from Beijing", 「Journal of Urban Economics」, 63, no. 2, March 1, 2008: 743–757(https://doi.org/10.1016/j.jue.2007.04.010)

Zhou, Pengfei, Yuanqing Zheng, Mo Li, "How Long to Wait?: Predicting Bus Arrival Time with Mobile Phone Based Participatory Sensing", In Proceedings of the 10th International Conference on Mobile Systems, Applications, and Services, 379–392, ACM, 2012

Zook, Matthew, Solon Barocas, danah boyd, Kate Crawford, Emily Keller, Seeta Peña Gangadharan, Alyssa Goodman, et al., "Ten Simple Rules for Responsible Big Data Research", 「PLOS Computational Biology」, 13, no. 3, March 30, 2017: e1005399(https://doi.org/10.1371/journal.pcbi.1005399)

찾아보기

W

Z

옮긴이 소개

김상현

캐나다에서 정보공개 및 프라이버시 전문가로 일하고 있다. 토론토대학교, 앨버타대학교, 요크대학교에서 개인정보보호와 프라이버시, 사이버 보안을 공부했다. 캐나다 온타리오주 정부와 앨버타주 정부, 브리티시 컬럼비아[BC]주의 의료서비스 기관, 밴쿠버 아일랜드의 수도권청[Capital Regional District] 등을 거쳐 지금은 캘리언 그룹[Calian Group]의 프라이버시 관리자로 일하고 있다. 저서로 『디지털의 흔적을 찾아서』(방송통신위원회, 2020), 『유럽연합의 개인정보보호법, GDPR』(커뮤니케이션북스, 2018), 『디지털 프라이버시』(커뮤니케이션북스, 2018), 『인터넷의 거품을 걷어라』(미래 M&B, 2000)가 있고, 번역서로는 에이콘출판사에서 출간한 『인류의 종말은 사이버로부터 온다』(2022), 『프라이버시 중심 디자인은 어떻게 하는가』(2021), 『마크 저커버그의 배신』(2020), 『에브리데이 크립토그래피 2/e』(2019), 『보이지 않게, 아무도 몰래, 흔적도 없이』(2017), 『보안의 미학 Beautiful Security』(2015), 『똑똑한 정보 밥상 Information Diet』(2012), 『불편한 인터넷』(2012), 『디지털 휴머니즘』(2011) 등이 있다.

옮긴이의 말

언론 보도에서 완벽한 객관성과 중립성을 담보하기는 사실상 불가능하다고들 말한다. 어떤 사안이나 사건을 취재해 보도할지 선택하는 순간부터 일정 부분 편견이 작용할 수밖에 없기 때문이다. 그 편견은 한 개인의 주관적 편견일 수도 있고, 역사와 문화에 의해 뿌리 깊게 형성된 사회적 편견일 수도 있다.

이러한 본질적 딜레마는 '데이터data'에도 적용된다. 저자는 편견 없는 데이터 분석학을 개발하기는 어렵다고 말한다. 왜 그런가? 데이터를 만들고 수집하는 방식은 애초에 그 목적과 따로 분리할 수 없기 때문이다. 리사 기텔만이 지은 『Raw Data Is an Oxymoron로우 데이터는 모순어법이다』(MIT Press, 2013)라는 저서에서 '처리되지 않은 데이터'라는 뜻의 '로우 데이터raw data'는 엄격한 의미에서 존재하지 않는다고 주장하는 이유도 그와 무관하지 않다. 저자는 주목할 만한 역사적 사례를 통해 데이터의 수집과 사용이 어떻게 왜곡됐는지, 지배 계급의 권력을 강화하고 이익을 극대화하며 불평등을 더욱 심화하는 데 오용되거나 남용됐는지 생생하게 설명한다. 이는 데이터를 공공재로 바라보고, 사회의 발전과 공익을 위해 활용해야 할 필요성을 독자들에게 강조하기 위한 포석이다.

'빅데이터'라는 단어가 현대의 키워드로 떠오르고, 디지털 시대의 새로운 석유로 각광받는 현대 사회에서 데이터가 우리의 일상과 사회 전반에 미치는 영향과 파장은 과거 그 어느 때보다도 더 깊고 광범위할 수밖에 없다. 『대량살상 수학무기: 어떻게 빅데이터는 불평등을 확산하고 민주주의를 위협하는가』(흐름출판, 2017)에서 캐시 오닐Cathy O'Neil은 그릇되거나 왜곡된 데이터에 기반한 알고리듬은

간접적인 '대량살상' 무기가 될 수 있다고 경고한다. 그런가 하면 사피야 우모자 노블Safiya Umoja Noble은 저서 『구글은 어떻게 여성을 차별하는가』(한스미디어, 2019)에서 검색 알고리듬이 어떻게 인종적, 성적 차별을 더욱 강화하는 암울한 결과로 이어질 수 있는지 실증한다. 검색 알고리듬이 인종적 편견에 휘둘린 데이터를 근거로 작성된 탓이다.

문제는 '데이터' 하나에 있는 것처럼 보이지만 그 배후에는 개인, 인종, 사회, 역사, 문화, 정치 등 사뭇 다양하고 종합적인 인간사가 뒤얽혀 있다. 저자는 "단어의 모음이 이야기를 만들듯이 또는 물감을 사용하는 미술가가 세상의 이미지를 보여주듯이, 데이터는 아이디어를 축조하고 전달하기 위한 매체다. 종이 위의 단어나 캔버스에 칠해진 물감처럼 데이터를 통해 공유되는 메시지는 당사자의 생각과 아이디어를 대표한다."고 비유한다. 그 때문에 데이터는 인권 유린과 침해, 사회적 불평등을 더욱 악화하는 위험을 안고 있는가 하면, 도리어 그런 사회적 병폐를 치유하고 공익을 신장하는 잠재력도 지니고 있다. 『공익을 위한 데이터』는 이 같은 데이터의 정치성과 그것을 만들고 수집하고 사용하는 사람들의 이데올로기를 반영한다는 점을 인식하고, 어떻게 하면 사회 발전과 공익을 위해 선용할 수 있는지 고민한다. 그리고 어떻게 하면 데이터를 억압이 아닌 권리 증진의 수단으로 만들 수 있는지를 제안한다.

이 책의 장점은 데이터의 위험과 기회를 논의하고 고민하는 데 그치지 않고 구체적인 행동 강령을 제시하는 데까지 나아간다는 점이다. 책의 제목이자 방법론이기도 한 '데이터 액션'은 지금까지의 데이터 사용 방식을 비판적으로 바라보고, 그로부터 정책을 바람직한 방향으로 개선할 수 있는 길을 모색한다. 저자의 '데이터 액션' 캠페인은 데이터를 구축하자Build it!, 데이터를 해킹하자Hack it! 그리고 데이터를 공유하자Share it!는 세 갈래로 구성된다.

- **데이터를 구축하자!**: 데이터는 결코 날것이 아니라 의도에 따라 수집된 것인 만큼 어떤 계층, 계급의 목소리가 빠졌는지 파악한 다음, 지역 공동체와 데이터 전문가가 포함된 각계 당사자들이 공조해 모두의 목소리가 골고루 반영되도록 정책 개발과 실행에 필요한 데이터를 구축하자는 제안이다.
- **데이터를 해킹하자!**: 이미 공개적으로 존재하는 데이터의 양은 방대하다. 혁신적으로 데이터를 찾아 취득하고 분석해 정책 변화를 이끌어내자는 제안이다.

이를 위해서는 분석 결과를 영리하게 소통하는 일이 필수적이며, 데이터 사용을 둘러싼 여러 윤리적 논의가 필요한 대목이기도 하다.

- **데이터를 공유하자!**: 데이터 공유는 일반의 정보 접근과 지식 습득을 돕고, 궁극적으로 더 나은 시민적 결정을 가능케 한다면서 데이터를 원시적[raw] 형태로, 그리고 시각화를 통해 적극 공유하자는 제안이다.

빅데이터로 대표되는 디지털 사회는 또 다른 형태의 불평등을 초래한다. 바로 데이터에 접근할 수 있는 사람들과 그렇지 못한 사람들 간의 간극이다. 얼마 전까지도 정부의 독점적 권력에 가깝던 데이터 수집과 축적, 활용 트렌드는 이제 빅테크를 비롯한 민간기업으로 빠르게 이동하고 있다. 빅테크가 우리의 개인 정보를 자원으로 채취해 통제의 수단으로 이용하는 '데이터 식민주의[data colonialism]'에 대한 우려도 여기서 나온다.

저자는 '데이터 액션'의 행동 강령이 그런 문제점에 대한 일종의 해법이 될 수 있다고 강조한다. 데이터를 모든 사람에게 유용한 '공공재'로 간주하고, 적절한 규제를 통해 누구나 평등하게 사용할 수 있게 해야 한다는 주장이다. 그리고 그런 주장은 저자가 직접 참여한 여러 프로젝트의 사례를 통해 구체적 방법론으로 제시하고 있다.

시의성 높은 좋은 책을 번역할 기회를 주신 에이콘출판사 권성준 사장님께 감사를 드리며, 늘 든든한 후원자로 응원을 아끼지 않는 아내 김영신과 두 아들 동준, 성준에게도 사랑한다는 말을 전한다.

지은이 소개

새라 윌리엄스 Sarah Williams

미국 매사추세츠 공과대학MIT 건축과 계획 대학원School of Architecture and Planning의 기술 및 도시계획과 부교수이자 시민 데이터 디자인 랩의 디렉터다. 지리학, 조경학, 도시계획학을 전공한 윌리엄스는 「메트로폴리탄 매거진Metropolitan Magazine」이 선정한 도시계획과 기술 분야의 주도적 사상가 25명에 포함됐다. 윌리엄스의 디자인 작업은 구겐하임 박물관, 뉴욕시 현대미술관MoMA, 쿠퍼 휴윗 박물관Cooper Hewitt Museum을 비롯한 여러 박물관에서 널리 전시된 바 있다.

감사의 말

『공익을 위한 데이터』의 핵심 주장은 데이터를 사용해 사회 변화를 이끌어내기 위해서는 다양한 그룹 간의 협업이 필요하다는 것이다. 이런 사실을 감안하면 이 책을 쓰기까지 내가 감사해야 할 사람들의 수가 '빅데이터'에 가깝다는 점은 놀랄 일이 아니지만 특히 몇몇 분들은 언급하고자 한다.

먼저 큰 지지를 보내준 MIT 동료들에게 깊은 감사를 드린다. 이렇게 너그러운 사람들과 함께 일하게 돼 정말 행운이다. 특히 각 장에서 내가 하고 싶은 이야기를 논의하고 검토해준 앤 스프린Anne Sprin에게 감사한다. 앤은 내가 편집자를 찾도록 도와줬을 뿐만 아니라 직접 편집에도 참여했다. 또한 내게 보내준 신뢰와 믿음은 내게 형언할 수 없는 힘이 됐다. 내 아이디어를 책으로 엮어내도록 격려해준 에런 벤-조셉Eran Ben-Joseph에게도 감사의 인사를 전한다. 초고를 읽고 격려해준 캐서린 디그나치오에게도 고맙다. 또한 MIT의 시민 데이터 디자인 랩에서 함께 작업한 여러 연구자, 학생, 직원들께도 감사의 말을 전하고 싶다. 이 책을 위해 함께 작업한 여러 편집자, 특히 1장의 내용을 개선해 준 리사 핼러데이Lisa Halliday와 메건 허스태드Megan Hustad에게 감사를 표한다. 책을 마무리하는 데 도움을 준 패트리시아 보두앙Patricia Baudoin에게 특별한 감사를 전한다. 패트리시아의 유연성, 적절한 질문과 비평, 꾸준함, 인내심과 격려는 내게 큰 힘이 됐다. 연구, 인터뷰 및 마지막 작품에 이르기까지 도움을 준 딜런 핼펀Dylan Halpern, 릴리 부이Lily Bui, 카루나 메타Karuna Mehta, 안채원Chaewon Ahn 등 MIT 학생들에게도 고마움을 전한다. MIT 출판부의 편집자 기타 데비 마낙탈라Gita Devi Manaktala와 내 초고를 리뷰하기 위해 그녀가 선정한 외부 리뷰어들에게도 감사의 마음을 전한다.

이 책의 각 장은 내가 주도한 프로젝트 중 하나를 상세하게 소개하기 때문에 해당 프로젝트에 참여한 협력자들을 언급하지 않을 수 없다. 먼저 디지털 마타투스Digital Matatus 프로젝트의 핵심 팀원들인 재클린 M. 클로프Jacqueline M. Klopp, 피터 웨이간조 와가차Peter Waiganjo Wagacha, 댄 오르와Dan Orwa와 애덤 화이트Adam White에 감사의 마음을 전한다. 내가 '데이터 액션' 방법론을 고안하게 된 것은 디지털 마타투스 프로젝트를 통해서였다. 2006년 처음으로 나를 나이로비로 초청한 주인공이 재클린이었다. 그로부터 15년 가까이 연구를 진행하는 동안 나이로비는 내게 제2의 고향이 됐는데, 이는 처음 나를 초대해준 재클린 덕분이었다. 정치과학자인 재클린은 내게 내 전문분야 밖의 사람들과 긴밀히 협력하는 일이 얼마나 큰 위력을 발휘하는지 가르쳐줬다. 나이로비대학교 컴퓨터과학과의 피터 웨이간조 와가차와 댄 오르와는 케냐의 국민과 기술에 대해 많은 것을 알려줬다. 나는 디지털 마타투스 프로젝트를 도와준 나이로비대학교와 MIT의 학생들인 웬페이 수Wenfei Xu, 알렉시스 하울랜드Alexis Howland, 에밀리 에로스Emily Eros, 엘리자베스 레서Elizabeth Resor, 리다 콰드리Rida Qadri, 카딤 칸Kadeem Kahn, 스티븐 오소로Stepehen Osoro, 콜린스 문디Collins Mundi, 데릭 룽가호Derick Lung'aho, 잭슨 무투아Jackson Mutua, 새뮤얼 카리우Samuel Kariu, 피터 카미리르Peter Kamirir, 카멜로 이그나콜로Carmelo Ignaccolo를 기억하고자 한다. 록펠러 재단에 재직할 때 디지털 마타투스 프로젝트에 첫 번째 기금을 지원한 벤저민 데 라 페냐Benjamin de la Pena 씨에게 감사드린다.

유령 도시는 '데이터 액션' 방법론을 개발하는 데 도움이 된 또 다른 프로젝트였다. 시민 데이터 디자인 랩의 수석 연구자로서 프로젝트에 기여한 웬페이 수에게 특별한 감사를 전하고 싶다. 유령 도시 프로젝트의 핵심 연구팀원인 제쿤 시옹Zhekun Xiong, 창핑 첸Changping Chen, 마이클 포스터Michael Foster, 신 빈 탠Shin Bin Tan 그리고 에지 오즈기린Ege Ozgirin에게도 감사드린다. 한국 서울에서 유령 도시 전시회를 개최하는 데 도움을 준 안채원에게도 고맙다는 말을 전한다.

베이징 올림픽 기간에 최초의 실시간 데이터 수집 프로젝트를 감행하는 위험을 무릅써준 AP통신사에 감사한다. 지금은 「월스트리트저널Wall Street Journal」에 재직 중인 시먼드 챈Siemond Chan에게 특히 감사한다. 시먼드의 확고한 지원이 없었다면 이 프로젝트는 불가능했을 것이다.

이 책에서 논의되는 세 가지 주요 프로젝트를 넘어 오랫동안 수많은 연구를 함께했고, 특히 시티 디지츠에 힘을 보태준 어번 페다고지Urban Pedagogy의 크리스틴 가스파Christine Gaspar와 발레리아 모길레비치Valeria Mogilevich 그리고 '화제의 지리학Geography of Buzz'에 참여한 엘리자베스 커리드-핼킷Elizabeth Currid-Halkett에게 감사하고 싶다. 7년간 컬럼비아대학교 건축, 계획, 보전 대학원GSAPP, Graduate School of Architecture, Planning, and Preservation의 공간 정보 디자인 랩을 함께 이끌어준 로라 커건Laura Kurgan에게 특별한 감사를 전한다. 우리는 이 책에 소개한 '건축과 정의' 프로젝트를 함께 진행했다. 로라는 멘토이자 동료이고 친구이며, 로라의 조언과 비평에 감사한다. 공간정보디자인 랩에 재직하는 동안 GSAPP의 학장을 맡았던 마크 위글리Mark Wigley에게도 감사의 말을 전한다. 그의 지원 덕분에 내 아이디어를 시험하고 공식화할 수 있었다. 이 책에도 소개된 여러 프로젝트에 참여한 수석연구원들인 조지아 불렌, 후안 프란시스코 살다리아가, 에리카 디알Erica Deahl 그리고 헤이레틴 궁크Hayretin Gunc에게도 고맙다.

마지막으로 나를 아낌없이 지원해준 친구, 동료, 가족에게 감사해야겠다. 내게 인내심을 보여주고 격려하고 응원해준 여러분께 이 책을 바친다. 이 책이 나올 수 있었던 것은 여러분의 응원 덕택이며, 그런 격려가 없었다면 나는 책을 쓸 수 없었을 것이다. 특히 저널리스트로 일하셨고, 그를 통해 내가 시민 서비스에 관심을 갖도록 영감을 준 아버지께 그리고 역시 저널리스트로 날카로운 편집적 시각으로 내 집필에 도움을 준 새어머니 마르시아 마이어스Marcia Myers께 고맙다는 말씀을 올린다.

이 책이 '데이터 액션' 방법론을 개발하고 정교화하는 데 기여한 여러 프로젝트를 상세히 다루고 있지만, 개별 프로젝트의 내용은 다른 매체를 통해서도 소개됐다. 나는 본문에서 출처를 밝혔지만 2, 3, 4장에서 소개한 프로젝트의 더 상세한 내용을 특히 여기서 언급하고자 한다. 2장에서 논의한 베이징 올림픽 프로젝트의 내용은 디트머 오펜후버Dietmar Offenhuber와 카트야 섹트너Katja Schechtner가 공동 편집한 『Accountability Technologies Tools for Asking Hard Questions어려운 질문을 위한 책임성 기술 툴)』(AMBRA, 2013)에 "베이징의 대기 질 추적: 공익을 위한 데이터 추적Beijing Air Tracks: Tracking Data for Good"이라는 제목으로 실렸다. 3장에서 논의한 유령 도시 프로젝트는 새라 윌리엄스, 웬페이 수, 마이클 포스터, 창핑 첸 및 신 빈 탠이 공동저술한 「중국의 유령 도시: 소셜미디어 데이터를 통한 도시 공가율 식별Ghost Cities of China: Identifying Urban Vacancy through Social Media Data」(2019)이라는 제목의 논문으로 발표됐다.

4장에서 다룬 디지털 마타투스 프로젝트는 새라 윌리엄스, 애덤 화이트, 피터 웨이간조 와가차, 댄 오르와 그리고 재클린 클로프Jacqueline Klopp가 공저한 "디지털 마타투스 프로젝트: 휴대폰을 활용해 나이로비의 민간 버스 시스템을 위한 오픈소스 데이터 만들기The Digital Matatus Project: Using Cell Phones to Create an Open Source Data for Nairobi's Semi-formal Bus System"(「Journal of Transport Geography」, 49호, 2015)라는 제목으로 소개됐다. 이 책에서 프로젝트는 어떻게 데이터를 분석, 수집, 검증, 발표함으로써 '데이터 액션'을 성취할 수 있는지 강조하기 위해 그 내용을 요약했기 때문에 더 상세한 기술적 내용을 알고 싶다면 이들 문헌을 참조하길 바란다.

공익을 위한 데이터

사회 발전을 위한 데이터 액션 활용법

발 행 | 2023년 1월 28일

옮긴이 | 김 상 현
지은이 | 새라 윌리엄스

펴낸이 | 권 성 준
편집장 | 황 영 주
편 집 | 김 진 아
임 지 원
디자인 | 윤 서 빈

에이콘출판주식회사
서울특별시 양천구 국회대로 287 (목동)
전화 02-2653-7600, 팩스 02-2653-0433
www.acornpub.co.kr / editor@acornpub.co.kr

ISBN 979-11-6175-716-2
http://www.acornpub.co.kr/book/data-action

책값은 뒤표지에 있습니다.